西安事變・八年抗戰與楊虎城

楊瀚—著

目錄

西安事變·八年抗戰與

楊虎城

前言1
還原歷史的真相

西安事變已經過去了七十六年，這段歷史雖已過去，但塵埃並未落定。

◆一篇歷史感言引發兩岸較力

從西安事變後到一九五五年的十八年間，除蔣介石一九三七年十二月發表了一篇《西安半月記》作爲國民黨方面的官方基調來反映這個事件外，不論是國民黨、共產黨還是社會輿論對這個歷史事件雖不時有所提及。但是誰都沒有再就這個事件做出詳實的敘述。其原因從國民黨蔣介石方面是害怕世人了解事變的原委、過程、真相；共產黨方面忙著打天下、建國安邦；輿論界並不掌握事件的史實。

一九五五年，在西安事變中曾親身參與營救蔣介石的郭增愷，出於對老友楊虎城的情感和對歷史的責任。以少有的知情者身分寫下了標題為《一個沒有交代清楚的問題》——〈西安事變〉十八周年感言，這篇長達十萬字的文章。在香港《熱風》雜誌上連載發表。使西安事變的真相從一個新的角度第一次系統公佈於世。

郭增愷的文章一出，戳穿了蔣介石長期隱瞞事變真相，編造和歪曲歷史事實的許多謊言。在海內外引起強烈的反響與震動。

看到這篇文章，蔣介石急了，為了繼續維持自己的臉面和謊言，他一面派特務給郭增愷寄去裝有子彈的恐嚇信，同時啓用被他已軟禁了二十年的張學良。

一九五六年十一月十三日，蔣介石單獨召見負責管理張學良的保密局少將劉乙光，詢問張學良的讀書、身體及年齡，命劉向張宣佈蔣的兩項禁令：不准收聽中共廣播；不准同警衛人員接近。張聞聽之後，頗有震雷貫耳之感，「反覆思維，深自反省」。緊接著又下達了讓張學良寫出西安事變回憶的指令。張學良在日記中這樣記述：「老劉前日連夜去台北。今日返，午飯後來余屋，告知我，彼係被總統召見，告他令我寫一篇西安事變同共產黨勾結經過的事實，再三囑咐要真實寫來，並說此為歷史上一重大事件。言後又再告劉囑余要安靜。」（注：老劉即劉乙光）於是，張學良按照蔣介石的吩咐，開始撰寫西安事變回憶，一個月後完成了初稿。

一九五六年十二月十八日，劉乙光到達台北，將張學良的回憶長函面交蔣介石。同月二十日，蔣即傳喚劉乙光，聲稱「（張學良）對共產黨（的認識）已有進步，我甚安慰。他將來對革命還可以有貢獻。」同時命劉將郭增愷的文章轉交張學良，要張在回憶錄中加以駁斥：「這

前言1：
還原歷史的真相

篇東西（指郭文）對我們倆都有關係，必須有以辟明以示後人。」言談之間，給劉的感覺是，蔣「需要甚急」。

郭增愷因不是張學良的部下，事過多年，張對郭已不記清了。但爲了完成蔣交代的任務，張學良苦思凝想後將「回憶」修改了兩小段，另寫了《慨中國文人之無行》一文來交差。張在該文中說：「有郭增愷其人者，當年在西北公路局任職，爲楊虎城之嬖佞。……此人真不知羞恥者。」

「我等當年讀過蔣總統日記之後，自認抗日之事已有著落，追悔孟浪，不明領袖謀國苦衷，恭送總統回京，自動隨從請罪，說不到什麼條件成交，更談不到見證，就是有見證的話，恐亦輪不到該郭增愷名下。」

同時，張學良並於十二月廿一日致蔣一函，聲稱讀郭文之後「可氣亦殊可笑」。函云：「此人爲誰，良誠已忘卻，假如良所知的那人是對，彼乃一小丑角色。他不是共黨，他是屬於共黨尾巴的第三黨，在第三黨中也不是什麼重要者。當年曾爲楊虎城嬖幸官僚政客之流亞也。在回憶文中難將其人攙入，茲僅就其故說之處，針對如上，以證其無的之言，另寫一紙以駁之，未審可用否？」

蔣介石拿到了這篇討郭的檄文，忐忑不安的心總算平靜了一些。當下，他沒有再逼張學良寫其他材料，因爲他已經取得了張學良爲他在歷史所上的政治保險單——《回憶西安事變》。根據他對張的了解與把握，只要張自己寫下來了，致死不會再翻案了。他想，當年參與談判的楊虎城已被他殺了，張學良已成這樣，郭增愷有張學良去駁斥已十分有力了，今後西安事變的歷史就可由他任意書寫了。但他怎麼也沒想到，宋子文在事變後用英文寫下了親歷西安事變的經過，四十年後在美國史丹佛大學向世界公佈。這份歷史資料，從一個特殊的角度戳穿了他煞費苦心編撰的《對張、楊訓詞》、《西安半月記》等謊言。

自一九五七年年初起，張學良又遵蔣介石之命，開始撰寫範圍更廣的回憶。四月廿二日完成，命名爲《雜憶隨感漫錄》。該稿一部分回憶張作霖，題爲《我的父親和我的家世》；另一部分回憶自己，題爲《我的生活》。其中涉及西安事變的有《我之與國民黨》和《出洋歸國與管束》兩節。張在該稿中指責中共「包藏禍心，別有所圖」，讚揚蔣在西安事變中「剛正嚴厲」，自貶行動魯莽，思想幼稚，可恥而又可笑，等等。

一九五八年，蔣介石將張學良所寫的西安事變回憶在台灣高級幹部中公開。這些內容很快就傳到了大陸，在相關人士中引起震動。許多人出於對張學良的熱愛與盲目崇拜，當時否認這份回憶錄的真實性，稱之是台灣方面完全僞造的。而周恩來卻是心知肚明的，他在一九六一年十二月紀念西安事變廿五周年招待會上，欣然接受楊虎城之子楊拯民的建議，在大陸成立一個高規格的西安事變資料徵集組織，開始了對這個歷史事件的研究，西安事變的史料遂從那時開始逐步走向公開。

針對張學良在台灣的處境與狀況。一九六二年，周恩來經過一番考慮後，寫了一封只有十六字，沒有具名的短信，向這位老朋友表達了政治上的關懷。這十六個字是：「爲國珍重，善自養心；前途有望，後會可期。」

周恩來的密信，是由當時的中共中央調查部精心安排，通過與張學良家有親戚關係的朱湄筠女士，經香港送到台灣，並巧妙地送到了張學良的手裏。張學良自看到周恩來的信後，便沒有再寫政治性的文章了。

應該肯定，是郭增愷的《一個沒有交代清楚的問題》，引發了台灣海峽兩邊，國共雙方對西安事變的再度關注。

◆還原歷史的艱辛

根據周恩來的指定，由中共中央統戰部負責西安事變資料的收集工作。之後成立了由劉鼎、南漢宸、高崇民、趙壽山、楊明軒、閻寶航、劉瀾波、王炳南、呂正操、申伯純等組成的西安事變史領導小組。隨之，全國政協著手向曾經參與事變的各方當事人，知情人徵集材料，請其寫回憶文章，進行史料的徵集編寫。

正當徵集工作進行時，「文化大革命」驟然而起，此工作被迫停止。「文革」中，爲保存這批已徵集到的資料，許多人不畏艱險，想方設法總算保存下了一批珍貴的史料。其中反映楊虎城歷史的珍貴史料，在「文革」前，多由曾擔任過楊虎城秘書主任的王菊人先生負責整理保管。「文革」中爲怕遭毀壞、遺失，王先生和陝西省民盟的一些同志冒著風險，將這些珍貴的資料砌在了一堵牆中，遂使這批資料保存至今。但也有一些珍貴的歷史資料在「文革」中流失了，其中就有楊虎城在西安事變後赴美國、歐洲考察期間的日記。這本日記，原本是楊虎城的家屬捐獻給國家的，在「文革」中被人以「借閱」的名義從全國政協的庫房中拿走，變爲了其個人的收藏物。

一九七九年，隨著全國政協工作的恢復，西安事變史領導小組的工作也得到了恢復。但是，當年的許多成員卻在文革期間先後作古。爲了這項具有歷史意義的工作，中央決定再行充實小組成員。由劉鼎、劉瀾波、呂正操、王炳南、粟又文、謝方、平傑三、童小鵬、宋黎、萬毅、楊拯民、汪鋒、閻揆要、孔從洲、高揚、史永等組成了新的西安事變史領導小組。領導小組工作恢復後，首先把原先徵集的材料依照去粗取精，去僞存真的原則，進行了篩選研究；並查閱了中央已經公開的有關檔案；訪問了還在世的當事人；參考了海外學者關於西安事變的論述；還參閱了台灣方面公開的相關材料，著手編寫出版了「西安事變簡史」。

這個簡史在一九八六年西安事變五十周年時發表。同時一些當年參加「事變」的人士也紛紛撰寫回憶文章，使中國近代史上最富有驚險色彩的這段歷史，逐漸見諸世人。使人們對這段歷史的發展有了更多的了解。但是，當時由於諸多的限制與顧慮，許多歷史資料與歷史真相還不能公佈。

當時大陸方面主要所顧及的：先是張學良在台灣還沒有獲得自由，怕危及他的生命安全；

後是希望張學良獲得自由後，能夠回到大陸來。而台灣方面則一直要維護蔣介石的「領袖權威」。這樣便使得人們對事變的了解不能全面，對楊虎城對事變的作用了解更不能深入。

特別是在海外，當蔣介石在一九四九年殺害了楊虎城，爲了掩蓋自己違反政治倫理，滅絕人性的暴行，對外嚴密封鎖了消息。在台灣，很長一段時期在書籍和文章中提及西安事變時，都儘量不出現楊虎城的名字。企圖讓這位曾任中國國民黨中央監察委員、二級上將的楊虎城從歷史中消失。後來隨著蔣家父子兩代統治的結束，楊虎城才逐漸在台灣爲人所知。而作爲這一暴行的責任者中國國民黨，卻始終沒有對非法囚禁、殺害楊虎城及家人、部屬的行爲做出任何的說明。

今天，隨著人類的不斷進步，歷史的不斷發展。西安事變的真相隨著歷史資料的逐漸公開，也越來越爲人知曉。隨之，楊虎城對國家、民族的貢獻也就凸顯了出來。

◆以史為鑒，振興民族

多年來，海峽兩岸人士對西安事變的研究角度，大都集中在共產黨和國民黨的興衰、利益方面。事變雖然是在國共鬥爭的大背景下發生的，但事變的醞釀、策劃，共產黨完全不知情。促成事變爆發的根本因素，是日本帝國主義對中國的侵略，和中華民族不願屈從外人統治、奴役的民族主義；同時也是自一九一一年來，中國人追求民主，反對封建專制政治的民主精神的一次大爆發。只有從這兩個角度去認識、研究西安事變，方能理出錯綜複雜的歷史頭緒，解讀出當事人種種奇異的表現。

我撰寫這部《西安事變·八年抗戰與楊虎城》，是希望從一個角度還原歷史，讓後人知道，楊虎城這位中國的民族、民主主義者，爲了國家的存亡、民族的振興，是如何拋頭顱灑熱血的。他的一生體現了：人民爲大，民族爲上。

前言2

西安事變——祖父楊虎城人生中最輝煌的一頁

一九五四年十二月，我出生在甘肅省玉門市。因當時父母都在條件十分艱苦的玉門石油管理局工作。在我剛滿月後，就被送到西安由祖母張蕙蘭扶養。於是我學齡前的童年就是在張蕙蘭祖母的身邊度過的。

由此，對祖父的最初認識是從祖母家開始的。

在我記事後不久的一年初冬時分，祖母家的大客廳裏的條案上擺起一個身著西裝戴眼鏡男人的大相片。在相片面前設了香案，燃起了一些蠟燭和貢香；香案前還有一個供桌，上面擺著一些點心和水果。最特別的是這諸多的貢品中，有一碗由祖母親自用菠菜製作的綠色麵條。午飯後，開始有許多大人陸續聚集到我家，聚集在客廳裏交談。傍晚時，人們肅立在大客廳裏向這個大相片講話，我被叫到人前，站在最前面和大人們一起向大相片行三鞠躬禮。

西安事變·八年抗戰與楊虎城

以後每年這個時節，都有這個活動。我長大點後從家人口中得知，相片裏的人是我祖父，叫楊虎城，是個將軍，來家的近百人都曾是他的部下。再後來，一個親戚給我念了一本描寫重慶「白公館」、「渣滓洞」大屠殺的小冊子，我才知道祖父楊虎城是因爲要求抗日被蔣介石派特務用匕首殺害的，是烈士。

祖母平日裏零星也對我講一些祖父的生活與性格特點，但從沒詳細地說過楊家的身世，我想是她不願勾起心中的痛苦吧。我在祖母身邊一直生活到要上小學時，才回到父母身邊。

一九六六年，「文化大革命」爆發。當時十二歲的我，在學校也想參加「紅衛兵」，可入「紅衛兵」要查三代。而我對家世並不知道，回家問了母親才知我的曾祖父是個木匠。

一九六九年春節來臨了，那時中國大陸的「文化大革命」正如火如荼，我家已兩年沒有團聚在一起過春節了。可喜的是，父親在被關了一年的「牛棚」後，回到家中，我們全家過了一個團圓節。過節期間的一天晚上，父親召集全家說「我現在覺得有必要將咱們家的歷史告訴你們知道。」父親從祖父家遭橫禍，百里扶梓講起，從西安事變講到祖父遇害；從他進延安參加革命，講到毛澤東在延安接見他詢問祖父情況的過程……。這晚，在近三個小時裏他講了許多，十分激動。我們五個子女被他深深感染，被那些聞所未聞的歷史、家史所震驚，所感動。那一年我剛十四歲，第一次完整地接觸到楊虎城與西安事變。

一九九六年我移居到加拿大後，接觸到許多台灣的朋友。在與他們的交談往來中瞭解到，西安事變和楊虎城在台灣大多數人都不清楚。知道的也僅知道是張學良作亂犯上抓了蔣介石，

前言2：
西安事變——祖父楊虎城人生中最輝煌的一頁

根本不瞭解前因後果。而我對自己的祖父也瞭解得並不多，對西安事變知道的更是膚淺。

這一點是從我一九九九年到美國見過張學良將軍後才逐漸認識到的。

祖父對張學良將軍的真誠，在我父親楊拯民身上得到了充分繼承。他與張將軍的四弟張學思在抗日戰爭期間，曾同在延安「馬列學院」學習，期間他們成了好朋友。解放後，來往不斷。文革前，張學思在天津搞「四清」經常來我家與父親暢談。張將軍的胞弟張學銘也是父親的好朋友。特別在「文革」之後，他有大事總願找父親商議。我結婚時，他還送了禮物。張將軍的五弟張學森，也是父親的好朋友。幾年前，張學森在北京突然去世。為了辦理好喪事，父親不顧自己的身體健康與年事，一天曾數次去見其家屬，忙前忙後。對其女兒張閭衡更是關懷備至，從政治、生意到生活上都給予了力所能及的幫助與關懷。父親對張家的事，始

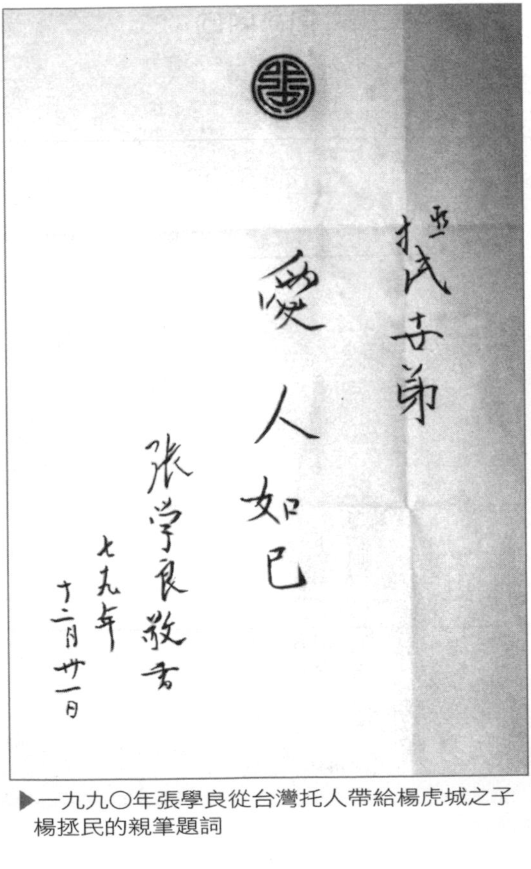

▶一九九〇年張學良從台灣托人帶給楊虎城之子楊拯民的親筆題詞

終當成自家的事，有時甚至超過自家的事來辦。

一九九一年，張學良將軍在遭受長達五十多年的幽禁後獲得赴美探親的自由。消息傳來，大家都很高興。鄧小平發出：「你們要關心這個人」的指示。隨即，開始了組團赴美看張的準備。當時，中央有一種意見是讓父親去。首先因爲他的身分並且他與張有過直接接觸（這樣的人當時已很少了），更重要的是他長期從事過統戰工作，有著豐富的鬥爭經驗與政策底蘊。能夠做張的工作。爲完成此行父親做了充分的準備。但遺憾的是中央派了他人赴美，錯過了一次促張回

▶楊瀚偕女兒在夏威夷與張學良合影

前言2：
西安事變——祖父楊虎城人生中最輝煌的一頁

國的時機。從此，父親就有一個心願：有生之年要見張將軍一面。在以後的數年中，父親時時關注著張的一切，經常托人帶去問候與思念。

一九九六年春，中共中央批准了父親赴美探張的要求。他非常高興，要我與他同行。就在我們完成了各項準備（辦好了簽證）打算訂機票時，北京醫院檢查出父親患了癌症，醫生提出要馬上手術。父親問，手術後一個月內能否恢復？如能。他就做手術，因爲他要去見張學良。醫生當時告訴他可以恢復時，父親當即表示儘快手術。是在要去見張的信念促使下，父親在七十六歲高齡做了這次大手術，承受了極大的痛苦。不料，手術後身體恢復極差，探張之旅只得擱下。病榻中他對我講：「你先出國，等我好一些了，咱們再去美國看張。」

到了一九九八年，父親身體稍有恢復，探張的念頭又起。這年九月我與他通長途電話時，我們討論了新的赴美探張計畫。誰料想，一個月後，就在他參加政協常務會議其間，悄然辭世而去。未能見到張學良將軍成了他最後未了的心願。

一九九九年六月，我抱著了卻父親遺願（希望能見張學良一面）和對這位曾與祖父一起同過生死，敢「把天戳個窟窿」英雄的崇敬，偕女兒好好踏上去夏威夷的旅途。六月六日在閭衡、閭芝兩位大姐熱情的安排下，我和女兒見到了世紀老人張學良。第二年我再次赴夏威夷參加了他的百歲壽誕慶祝活動。活動中我還與台灣來的郝柏村將軍進行了友好交談。兩次夏威夷之行了卻了父親代表楊虎城後代看望前輩的心願，但卻無法完成父親促其榮歸故土的想法。

在與張將軍的接觸中，感到他不願再提西安事變和楊虎城，促使我萌生了探索其中隱情的想法。多年來在中國大陸，人們對祖父楊虎城以很高的評價，但遺憾的是缺少對他的深入研究（包括我本人）。此前，幾十年間，僅出版了米暫沉先生撰寫的《楊虎城將軍》、吳長翼先生撰寫的《千古功臣楊虎城》等少數描寫楊虎城生平和思想的傳記著作。從見張學良將軍後，我便開始收集、研究有關楊虎城、西安事變的資料。

二〇〇五年間，在我幫助母親陳因整理父親的回憶錄遺稿《往事》時，爲核對史實，查閱了大量有關楊虎城與西安事變的資料。透過這些資料，我對楊虎城有了前所未有的認識，由此產生了撰寫一本能夠儘量真實全面反映祖父楊虎城壯烈一生書籍的衝動。

於是我奮筆疾書，經過一年時間廢寢忘食、夜以繼日的努力，終於在二〇〇六年八月，在加拿大寫出了祖父的一生。我當時的心情十分複雜，既有完成後的喜悅，又感於祖父不畏生死，只求救國的偉大精神，但卻極度痛心祖父被囚禁的後半輩子。尤其當我寫到祖父等人慘遭殺害時，更不禁潸然淚下。

西安事變應該說是祖父最輝煌的一頁，也徹底改變了他的一生，祖父爲此付出了生命的代價。但祖父追求真理、熱愛國家民族的精神永存於我的心中。

謹以此書獻給祖父在天之靈。

引子

一九三六年十二月十二日凌晨，時任西北「剿總」副司令的張學良和十七路軍總指揮、西安綏靖公署主任楊虎城，率領東北軍、十七路軍，發動「兵諫」，用武力扣留了正在西安視察、部署，準備對紅軍進行大規模圍剿的國民政府軍委會委員長蔣介石。提出了以下八項政治主張。

（一）改組南京政府，容納各黨各派共同負責救國。
（二）停止一切內戰。
（三）立即釋放上海被捕之愛國領袖。
（四）釋放全國一切政治犯。
（五）開放民眾愛國運動。
（六）保障人民集會結社一切之政治自由。
（七）確實遵行孫總理遺囑。

（八）立即召開救國會議。

此事件後又被稱爲——西安事變。

「兵諫」在中國歷史上非常罕見，它是運用軍事手段迫使最高當權者改變政治路線，具有軍事政變的性質。

這種做法，在中國一直不爲當權者所容，還被一些推崇封建「忠君」思想的人視爲「作亂犯上」。因此，在對西安事變的研究、宣傳，特別是對事變的主要策劃、領導人楊虎城的研究、宣傳上，一直存在一定的誤區與缺憾。一些不了解歷史和故意貶低楊虎城歷史作用的人，把西安事變的發生歸咎爲「楊虎城被紅軍打怕了，才接受了共產黨的統一戰線的主張；蔣介石要調十七路軍離開陝西，觸及楊虎城的核心利益」等等。爲還原歷史，需要從楊虎城愛國主義世界觀的形成、他與蔣介石、張學良和中國共產黨的關係等方面進行深入的解析，方能理出其中的頭緒。

一、出事之因

楊虎城從少年時代就是一個不堪壓迫，不斷探索的人。他從參加辛亥革命起接受民主革命的思想，在他事業的發展過程中，愛國、反對帝國主義侵略逐漸成爲了他的基本理念。

◆愛國情懷

一八九三年十一月廿六日，楊虎城出生於陝西省蒲城縣一個貧困農民家中。他自幼聰慧，但因家境貧寒，只上過兩年私塾。少年時期就做了童工，十六歲時父親被清廷殺害；在當地，他組織起濟貧扶弱的「孝義會」。而後演變成對抗官府、爲當地農民撐腰的農民組織「中秋會」。

一九一一年，辛亥革命的風暴席捲陝西大地，楊虎城帶領兩百餘名中秋會員參加了革命軍。

一九一七年，孫中山先生發動了討袁護法運動。一九一八年，陝西靖國軍成立。楊虎城率領以「中秋會」爲基礎的一團人馬參加了靖國軍，在護法戰爭中英勇作戰，屢見戰功。一九二二年，陝西靖國軍失敗。楊虎城堅持信念與立場，不向北洋政府投降，他率部轉戰千里到陝北蟄居。在此期間，他派人與孫中山取得了直接的聯繫。一九二四年中國國民黨召開第一次代表大會，楊虎城派代表參加了這次會議。孫中山在大會期間親自爲楊虎城辦了加入國民黨的手續。楊虎城信仰孫中山的三民主義，積極擁護他「三大政策」。

一九二七年，他與李虎臣率領不足一萬之旅堅守西安，抗擊了八萬之眾北洋軍的進攻與圍困達半年之久。有力地支援了廣東國民政府發動的北伐戰爭。先解圍後，他部納入了馮玉祥的系列，東出潼關赴河南、安徽一帶與北洋軍作戰。

一九二七年下半年，國民黨與共產黨徹底分裂，轟轟烈烈的大革命失敗了。這時的楊虎城思想上非常苦悶。

一九二八年春天，爲探索真理，了解世界、思考未來、尋求出路，楊虎城偕夫人謝葆真、秘書米暫沉三人由上海乘「長崎丸號」東渡日本，去了解世界。在日本，他先到神戶，後轉到東京，住在東京近郊的大岡山，後又移居東中野。此間，爲了隱蔽低調，他化名「呼塵」。

楊虎城到日本不久，一九二八年的五月，日本帝國主義製造了「濟南慘案」❶。面對日寇的暴行，擔任北伐軍總司令的蔣介石不敢抵抗，命令北伐軍繞道離開了濟南城。接著六月，日本人又製造了「皇姑屯事件」。炸死張作霖，企圖借機霸佔東北。這時，日本國內發生了金融危機。田中內閣上台後，一方面以特別貸款緩和金融恐慌；一方面採取「對華積極政策」，即在中國實行軍事進攻的政策。

楊虎城在日本期間，看到了壟斷資本的日益擴張和廣大勞動人民貧困不斷加大的兩極分化；看到了日本軍國主義者正在啓動戰爭機器，企圖用對外擴張來解決國內日趨嚴重的矛盾。將這些事件與日本國內的各種矛盾聯繫起來，楊虎城清楚地認識到，日本帝國主義的對外侵略勢不可免，而其發動侵略的主要對象就是中國。他從這裏認識到中國革命與日本帝國主義的關係，這對於他樹立起堅定不移的抗日愛國思想、在部隊中堅持進行抗日教育，具有決定性的作用。

一九三一年「九一八」事變發生，面對日本的侵略和蔣介石政權的無能，楊虎城憂心如焚。他在「九一八」事變後第五天（**九月廿三日**）公開發表了《楊虎城泣告全國》書。他說：「連奉副司令（**指張學良**）指皓、號兩電，通告日軍侵據瀋陽、營口、安東、長春等處，解除我國軍警武裝，噩耗傳來，髮指皆裂。」「虎城分屬軍人，職司衛國，枕戈待旦，志切死綏，痛心外患方深，惟冀同仇敵愾，披瀝陳詞，只希垂察。」❷

同時在瀋陽失守後，蔣介石寫下了這樣的日記：

民國二十年九月十九日星期六

昨晚倭寇無故攻擊我瀋陽兵工廠，並佔領我營房。接報，已佔領我瀋陽與長春並有佔領牛莊消息。是其欲乘粵逆叛變之時，內部分裂，而侵略東省矣。內亂不止，叛逆毫無悔禍之心，國民亦無愛國之心，社會無組織，政府不健全，如此民族，以理論，決無存在於今日世界之道恃，而況天哭匪禍，相逼而來之時乎，余所持（恃）者，惟一片愛國心，此時明知危局在即，亦惟有鞠盡瘁死而後已耳。

民國二十年九月二十日星期日

日本侵略東省，是已成之事，無法補救。如我國內能從此團結一致，未始非轉禍為福之機。故對內部，當謀團結也。聞瀋陽、長春、營口被倭寇強佔以後，心神哀痛，如喪考妣。苟為我祖我宗之子孫，則不收回東省，永無人格矣。子勉之。內亂平定不遑，故對外交太不注意。臥薪嚐膽，教養生聚忍辱負重，是我今日之事也。上午與敬之、真如、天翼協商。下午由南昌出發回京。❸

從這兩段日記中，人們不難看到蔣介石的一片愛國之心，但同時看到他並沒有愛國的舉動。面對東三省的丟失，蔣委員長既沒調兵遣將，更未下達抵抗的命令。一個是要「職司衛國，枕戈待旦，志切死綏，痛心外患方深，惟冀同仇敵愾，披歷陳詞，只希垂察。」一個則是

「已成之事，無法補救。」這是多麼大的差異呀！

一九三一年十月十日，楊虎城在十七路軍國慶紀念會的講話中，進一步表明他對抗日問題的認識與決心。他說：「目前是我們國家危急存亡的關頭，卻值國慶紀念，實在無甚可慶，我們要努力報復國仇，誓雪國恥。第一要排除私人意見，停止內爭。大家確實團結起來，認清對外目標，在中央指揮之下，一致的動作。第二要充實我們的力量，拿我們十七路武裝的同志來說，全體官兵要加緊訓練，要準備隨時可以和日本或其他帝國主義決一死戰。本軍十餘年來，每次作戰，多為打倒軍閥，現在準備更進一步的工作，打倒帝國主義。古語云：『皮之不存，毛將焉附。』我們國家如滅亡，我們個人，還能獨立存在嗎？況且保衛國家，尤其是軍人天職，現在國難臨前，我們要本著向來的革命犧牲精神，為國拚命，『寧為戰死鬼，不作亡國奴』，是要我們每個同志要切記，而且要奉行的。」❹

楊虎城是國民黨高級將領中公開強烈要求抗日救國的第一人。他從「九一八」事變後就走上了為挽救國家民族危亡，堅決抗日的不歸路。也從那時起，他將自己的一切政治、軍事、經濟計畫與活動都納入了抗日救國的大方針和目標下。他此後的講話，特別是對部隊的講話、訓詞，必定要講抗日問題；他對陝西經濟建設的指導原則從造福桑梓，轉為建立可靠的西北抗日後方基地。

楊虎城為了弄清蔣介石的抗日態度與戰略，希望蔣能領導全國軍民抗日。在一九三二年初，楊虎城派秘書米暫沉到天津，找到與蔣介石關係十分密切的大公報負責人張季鸞，試圖從張季鸞那裏了解到蔣介石對日的真實態度。

張季鸞對米暫沉說：「目前的政府是中國幾十年來最強有力的政府，整個中國的軍事力量統一於蔣先生；汪精衛是今天在中國政治上號召力最強的，蔣、汪合作的政府，不能再比這個更強了；就財政說，宋子文辦財政，比之梁士詒、王克敏等也不知要強多少倍。東北問題，是幾十年來中國歷史遺留下來的問題，只是在今天爆發，譬如長期病人，早已病入膏肓，不可救藥了，甚至早已死亡，只是『九一八』事變才發喪，因而使南京政府做了孤哀子。我們不應該歸咎於今天的政府，這樣的政府尚且應付不下來，更沒有人可以應付了。希望虎城先生注意，不必多所主張！」[5]

▶主持《大公報》言論的張季鸞先生

張季鸞的這番話，道出了蔣介石對日本侵佔東北的基本立場與態度。在蔣的利益劃分上，東北原就不是他的，日本人要拿，就拿去。正好削弱了張學良的力量，還利於國家統一呢。要究責任，你去找清政府吧！

當時中國社會存在著三大矛盾：一是日本帝國主義侵略與中華民族存亡的矛盾；二是以中

國共產黨為代表的新政治力量與以蔣介石為代表的統治階級的矛盾；三是在統治階級內部以蔣介石為代表利益集團與其他利益集團和政治力量的矛盾。在蔣介石的政治天平上，集團利益從來都是最重的那一頭。在他處理三大矛盾的順序上，首先是解決黨內的反對派；次之是共產黨；最後才是日本。概括起來就是「攘外必先安內」。在蔣介石的日記中，從一九二八年日本軍隊製造了「濟南慘案」後，他在日記中每天都要寫「雪恥」二字。但是從一九二八年到一九三六年這八年裏找不到他雪恥的計畫與行動，而對其他力量的鎮壓與戰爭卻連年不斷，血流成河。

◆積極行動

楊虎城是個理想主義者，也是一個言行如一的人，他認定的事情就要一直做下去的。當他下了要堅決抗日的決心後，就對抗日活動皆給予積極的支持，對青年學生的抗日要求與活動，都特別予以暗中保護。

一九三一年十二月，西安學生抗日救國會舉行遊行示威，有五千多人參加，先後到陝西省政府和第十七路軍總指揮部新城請願。楊虎城帶病到新城大操場向學生講話：「今天聽說各位舉行愛國運動，精誠救國，我是十二分的同情，同時我的病也可以輕一點。至於請願呈文亦經

看過，所列各條，我均即轉呈中央辦理，毫無疑問。」❻

十二月十八日，陝西全省學生抗日救國會在西安騾馬市口舉行擴大宣傳周，到會五千多名學生。學生們搗毀阻攔學生舉行抗日宣傳的國民黨陝西省黨部，打碎黨部負責人田毅安住宅之物。對於學生的行動，楊不但沒有鎮壓，還讓省政府秘書長南漢宸出面與學生認真對話，滿足了學生們的抗日要求。

一九三二年一月廿八日深夜廿三點三十分，日軍在上海閘北天通庵路突然向十九路軍發動襲擊。十九路軍在愛國將領蔣光鼐、蔡廷鍇的率領下，奮起抗戰，開始了一二八淞滬抗戰。戰爭中，十九路軍將士在上海人民的支援和全國愛國力量的聲援下，浴血奮戰，打退了日軍的多次進攻，粉碎了日軍佔領上海的企圖。

從一月廿八日到五月九日十九路軍從上海撤退，其間日軍增兵達六七萬之多，且有大量海空軍的配合，而十九路軍僅得到張治中第五軍的支援。武器彈藥得不到補充，當時戰場迫切需要平射炮和高射炮，經向南京軍政部一再呼籲請領，軍政部始終不發一槍一彈。軍政部甚至通令各部隊說：「十九路軍有三師十六團，無須援兵，盡可支持。各軍將士非得軍政部命令而自由行動者，雖意出愛國，亦須受抗命處分。」同時南京軍政部還剋扣軍餉，截留各地民眾給十九路軍的捐款。

楊虎城對十九路軍的愛國行動表示讚賞，對南京軍政部的賣國行爲十分憤慨。一方面他發出通電，表示聲援；另一方面他違抗軍政部的命令，秘密地將十七路軍從國外購買，剛運抵上海的一批武器送給了十九路軍，有力地支援了一二八抗戰。

一九三二年三月，日本帝國主義在東北建立起傀儡政權「滿洲國」。楊虎城聞知，於三月廿五日發出《聲討東北叛逆通電》，在通電中他再次表示：「虎城分屬軍人，志切討逆，枕戈待命，誓保國疆。迫切陳詞，祇祈垂察。」此後，三月廿六日安徽省政府主席陳調元發表宥電，響應楊虎城之討逆電。三月廿九日，浙江省政府主席魯滌平回電，響應楊虎城的討逆電。這說明楊虎城的舉動代表了當時國民政府當權者中一批愛國者的抗日情緒。

一九三三年三月，日軍佔領熱河，進迫長城各關口，蔣介石親自到石家莊指揮。楊虎城主動到石家莊去見蔣介石，要求率部隊參加對日作戰。陪同楊去見蔣的李志剛說：「在聽了楊的抗日要求後，蔣又慢又低地對楊說：『現在抗日還用不著你的部隊，你回去好好地訓練部隊，就好了。』同時告誡楊：『你讀書少，不知道古今興衰全在用人的得失，例如，胡逸民欺騙了我，也欺騙了你，以前我告訴過你，你還用他，以後用人的事，要多加考慮，你那裏還有些不三不四的人，回去要查查。』蔣介石的這種態度，對楊虎城的滿腔抗日熱情澆了一盆涼水。」

同年春，日本間諜小泉浩太夥同美國人艾克佛、瑞典人多福壽到西北地方從事間諜活動。被楊部發現，從他們所帶物品中搜出了私下繪製的新疆、青海、寧夏等地的地圖和與少數民族勾結的信函及密碼。楊虎城非常痛恨帝國主義的這種侵略行徑，他明知「涉外無小事」。但考慮，如將這三個外國人交給南京政府，懼怕洋人的蔣介石一定會不了了之。於是他將這三個外國間諜秘密處決後才上報南京。後來，果然引起了外交交涉，蔣介石也很重視，並以處理不好要撤楊虎城的職務來威脅，楊虎城以被土匪截殺，找了兩個死刑犯槍斃搪塞了過去。

一九三四年五月，馮玉祥、吉鴻昌、方振武等在張家口組織起察綏抗日同盟軍，開展收復失地的軍事活動。在同盟軍抗日期間，楊虎城首先在輿論上遙爲聲援，並通過他的老部下許權中，當時任抗日同盟軍十八師師長，向同盟軍提供了大批武器和其他援助，派去一批中下級軍事幹部充實許的實力。同盟軍在蔣介石的破壞下失敗後，他將許權中又招回陝西，繼續委以重任。許權中在西安事變中發揮了重要作用，事變後仍堅持支持楊虎城的政治主張。

楊虎城從張季鸞處了解到了蔣介石對日態度的底，又通過在石家莊面見蔣，直接感受到了蔣介石的抗戰態度。更主要的是，他從「九一八」、「一二八」、日本間諜案和鎮壓抗日學生運動的一系列事件中認識到指望蔣介石主動抗日是沒有希望的；而國家、民族不抗日就會滅亡，他和他的團體也會滅亡。蔣介石如果堅持對內搞獨裁，對外搞投降，只會被人民所拋棄。由此下了「我們不能跟著蔣介石殉葬，只有他幹他的，我們幹我們的」❼抗日決心。

一九三四年九月十八日，楊虎城在「國難」紀念日的閱兵活動中公然打出了「摒決內戰統一意志以圖救亡」的標語，最早在國內提出建立「抗日統一」戰線的思想。

注釋：

❶濟南慘案又稱五三慘案。第二次北伐進行期間，日本恐怕中國一旦統一，必不能任其肆意侵略，

是以竭力阻撓北伐之進行。日本以保護僑民為名，派兵進駐濟南、青島及膠濟鐵路沿線。一九二八年，國民革命軍於五月一日克復濟南，日軍遂於五月三日派兵侵入中國政府所設的山東交涉署，將交涉員蔡公時割去耳鼻，然後槍殺，將交涉署職員全部殺害，並肆意焚掠屠殺。此案中，中國官民被焚殺死亡者，達一萬七千餘人，受傷者二千餘人，被俘者五千餘人。

❷《楊虎城泣告全國電》，陝西人民出版社，《楊虎城將軍言論選集》，第四九頁。

❸抄錄於美國史丹佛大學胡佛研究中心《蔣中正日記》。

❹賈自新：《楊虎城年譜》，中國文史出版社，二〇〇七年版，第二四九至二五一頁。

❺米暫沉：《楊虎城將軍》，中國青年出版社，一九九八年版，第七十頁

❻賈自新：《楊虎城年譜》，中國文史出版社，二〇〇七年版，第二六〇頁。

❼米暫沉：《楊虎城將軍》，中國青年出版社，一九九八年版，第七〇頁

二、楊虎城與蔣介石

楊虎城與蔣介石的政治關係是從一九二九年開始的，兩者之間經歷了一個由不識到合作，合作中由相互依賴到矛盾凸顯，矛盾激化到最後決裂的過程，這個過程大約有六年的時間。兩人的出身、理念根本就不同，合作的基礎就是相互利用。當楊虎城執掌陝西政權和「九一八」事變發生後，兩人的矛盾逐漸顯現，暗中鬥爭逐漸激烈，隨著日本帝國主義對我國侵略的不斷加劇，最終導致了兩個人政治上的決裂——西安事變發生。

◆亂世圖存

在轟轟烈烈的大革命失敗後的一九二八年四月，楊虎城爲了尋求今後發展的方向，了解世界的進步與發展，他東渡日本進行學習。在日本期間，他會見了鄧演達的代表連瑞琦。與連在日本箱根車站的候室裏商談了他回國後的發展計畫。「這個計畫具體是：（一）楊虎城決定回到部隊，並約我一同回國去活動。（二）部隊脫離馮玉祥，直屬南京中央，歸蔣介石直接指揮，以圖擴充發展。（三）盡一切力量，使部隊到西北，建立革命根據地。（四）部隊幹部，儘量吸收武漢政府退下來的青年幹部，主要是未公開的共產黨員與國民黨左派。（五）利用反動派內部矛盾擴展革命勢力，同時聯絡友軍互相幫助。（六）部隊中的共產黨活動，一律採取秘密方式，萬一暴露，設法送往安全地帶。以上六條意見，作為我們回國後的計畫和行動目標。」❶楊虎城回國後，基本上就是按這個計畫從事的。

楊虎城從日本回國前，與蔣介石沒有任何政治關係，他那時隸屬於馮玉祥的國民軍系統。一九二八年底，當他從日本回國到南京晉見馮玉祥後準備回部隊時，一天意外地收到何應欽送來的一份請柬，約他吃飯。酒席間，何應欽冠冕堂皇地對楊恭維了一番，並談到蔣介石對他如何關切及電促其回國的情況，最後送了一份密電本，讓他以後與南京方面多聯繫。

之後，楊虎城率領部隊在山東剿匪，也沒有與蔣介石聯繫。直到一九二九年四月，蔣介石與馮玉祥的關係瀕於破裂。馮遂下達「時局不靖，集結兵力，縮短防線」的命令，要暫編第二十一師隨孫良誠由山東向河南轉移。這時楊虎城未聽其命，沒有向河南轉移。其原因主要有三點：（一）部隊內部的大多數中上級幹部，不願跟馮的部隊撤退。（二）膠東地方雖暫時得到安定，但原來的匪軍殘餘以及張宗昌所屬部隊，仍在膠濟路沿線日本佔領區活動，希圖伺機再起。（三）地方百姓也不願意楊的部隊離開。就在此時，何應欽來電謂：「膠東匪氛未靖，地方治安可慮，該部應即駐防原地，維持秩序，所有部隊經費、番號等問題，中央當負責解決，諸希來京面談」。據此，楊虎城便到南京見何應欽，然後見到蔣介石。

蔣介石面授楊部番號爲新編第十一師（後因與四川賴心輝師番號相重，遂又由南京政府電令改為新編第十四師）。部隊服裝給養，統由山東省政府就近撥給。楊虎城徑返莒縣裝備整編部隊。按中央軍三三制改編爲一師三旅，每旅三團，人約一萬四五千人，槍約萬支。從此這支部隊脫離了馮玉祥而附隨到蔣介石部隊的序列，參加了一年多的軍閥混戰。

◆戰中建功

一九二九年五月十六日，馮玉祥系的劉郁芬、宋哲元、孫良誠、韓複榘等將領通電指責蔣介石賣國，促其下野，擁護馮玉祥爲「護黨救國軍」西北總司令。五月廿六日，蔣介石系唐生智、李品仙、何成浚等將領通電討馮，數馮玉祥十罪。

隨著蔣、馮戰爭的準備開始。六月份，蔣介石爲部署對馮玉祥的軍事到了北平。六月廿三日，楊虎城由濟南赴北平謁蔣介石，請示該師開石家莊的事宜。

時爲楊虎城部參議的趙鵬九說：一九二九年夏季，蔣介石到了北平，是準備對馮玉祥的西北軍開刀作軍事部署，楊虎城爲自己的存在也到了北平。蔣問楊如何解決西北軍問題，楊告以

「威逼分化」四個字，蔣驚異而吃驚，連云：「虎城不是粗人」。楊虎城見蔣後又被改變了軍事任務。蔣介石爲了防備馮軍由河南荊紫關東出切斷平漢鐵路，威脅武漢。就把守備老河口的重要任務交由楊虎城部來擔任。八月間，蔣正式下令：十四師半個月內全部集中於膠濟鐵路附近，乘火車直達平漢鐵路花園車站下車，再徒步至老河口，所遺防務由陳調元派隊接防；並邀楊到南京一見。

楊虎城見蔣時，蔣對他備加慰勉，說他在山東時的軍紀好，當面密示調動他的部隊是爲了防備馮玉祥部由荊紫關東進，並問他的部隊是否能與馮軍作戰？楊表示他才脫離馮的節制，馬上就去打馮，不甚合適，但如果使他守一個地方，馮軍來攻激發了部下敵對情緒，就一定能堅守到底。蔣認爲他的話很對，決定使他守備襄樊的前哨老河口。後經蔣的幕僚研究，認爲老河口太靠後，不是擋住馮軍出荊紫關的要路，乃使楊改守南陽。

改守南陽決定後，蔣又當面問楊能守多久？楊說：「只要有米麵吃，有子彈打，命令他守多久他就能守多久。」蔣聞之大喜，說：「你曾堅守西安八個月，我相信你可以守住南陽，至於糧食子彈，自然充分供應。」楊遵照蔣的命令，發電報給部隊：到老河口後繼續轉向南陽進發。蔣爲了穩固楊部，又給楊加委了「南陽守備司令」的名義。新十四師到達南陽後，蔣介石從漢口發來大米一萬包，麵粉一萬袋，步機槍子彈一百萬發及手榴彈、野炮彈和一些修工事的工具。新十四師以一萬兩千人計算，可足夠半年之用。同時配給了楊部無線電一小隊，報話機一部，隊員十餘人，楊部自此始有了無線電通訊設備。

一九二九年冬，蔣、馮戰爭爆發，馮玉祥卻被閻錫山軟禁在了山西五台閻的老家，馮的總司令由宋哲元代理。雙方主力在洛陽以西作戰，宋哲元派劉汝明部由商雒出荊紫關東進。蔣的戰略部署則很呆板，他令唐生智的第五路軍在洛陽一帶對付馮軍主力，楊部則在南陽死守，等著對方。而楊虎城對這種佈置不以爲然，他派商雒籍貫的一些官兵化裝回鄉，偵察荊紫關以西的敵情。當他偵知劉汝明部並無後續部隊支援，只是孤軍出關時。斷然改變坐守南陽的戰法爲「以攻爲守」，主動出擊，在西峽口設伏兵，伏擊劉汝明部。劉部由於無備，先頭部隊被打得大敗，向西退去。十一月廿五日，新編第十四師攻佔內鄉，俘敵五百餘名。楊部佔領內鄉後繼續攻擊前進，在淅川以東之三十里鋪，與敵遭遇，激戰一晝夜。劉部終於不支，撤退到磨泥灣、馬蹬一帶，兩次組織反撲。所部因楊虎城親臨前線，軍心鼓舞，勇氣倍增。劉軍則因屢敗之餘，雖勉強掙扎，但敗勢已無法挽回。交戰不久，即全線動搖，大敗潰退，竄回荊紫關，楊部繼續追擊，劉軍棄關不守，一直潰退至陝西商雒一帶。十二月四日，楊部到達荊紫關，原計劃將部隊略事整治便打回陝西。當時，部隊已將商雒地區的地圖發下，準備繼續向商雒地區進攻時，忽然接到劉峙電令，告唐生智倒戈反蔣，武漢危急，調楊部迅速回師南陽待命。楊虎城遂下令將荊紫關、淅川等地放棄，固守內鄉，以鞏固南陽地區防務，其餘全部回師南陽。

當楊部回師南陽後不久，接到了南京政府的嘉獎令，新十四師改爲陸軍十七師。

一九二九年冬，擔任蔣介石討逆軍第五路總指揮的唐生智在洛陽以西剛打敗了馮軍主力後，卻又與馮玉祥攜手言歡，自封爲「護黨救國軍」總司令通電討蔣。唐率主力由平漢線南下，進攻武漢，總司令部設在駐馬店。

唐生智的討蔣通電事先並未徵得楊虎城的同意，卻列入了楊的名字。唐生智通電反蔣時，楊虎城正在淅川指揮部隊追擊馮玉祥部劉汝明，他說：「唐孟瀟太看不起人了！我革命的時候，你還是北洋軍閥的小嘍囉。對蔣介石造反沒有什麼不可以，但至少你應當事前和我商量商量，你這樣搞太看不起人了！我跟蔣是雜牌，跟你唐孟瀟也是雜牌，你們雙方都是軍閥，沒有什麼優劣之分。」楊虎城雖對唐不滿，但為了爭取主動，也未通電否認，只是電告當時任楊部駐南京的辦事處處長李志剛向蔣方表示否認。蔣介石對唐生智的突然叛變，十分驚慌，認為如果唐軍進入武勝關，湖南的何鍵也會起來回應，會攻武漢。如果武漢失守，就丟了半壁江山。他派劉峙為江右討逆總指揮，在河南信陽一帶佈防消極堵截。蔣令楊虎城留一部守南陽外，主力開赴信陽歸劉峙指揮。

一天早晨，楊虎城收到電台送來一封通過鄭州電報局轉來閻錫山擁蔣討唐的通電，當他聽完電文後，立刻下令：留下第三旅守南陽，以第一旅附第二旅的一個團、一個遊擊支隊為攻擊部隊；第二旅的兩個團進住方城和賒旗鎮作為後方與前線的支撐；自己親率直屬隊至前線督戰。

部隊連夜向駐馬店出動，第二天拂曉，楊虎城趕到了馮欽哉部的駐地賒旗鎮。當他得知馮並沒有按命令行動，且還未起床時非常生氣。當時，天上下起了大雪，道路已被大雪覆蓋，馮欽哉以雪大為由不願出發。楊虎城嚴厲地說：「你不願意去，叫勉之把隊伍帶上跟我走！」說完馬上就要出發。馮欽哉看情勢不對，馬上改口說：「我馬上出發，不過你總得把任務交代清楚，究竟去打誰？」楊虎城聽此言方改變了臉色，拿出閻錫山的電報讓馮看，並對馮說：「本來我看見蔣家的天下不穩了，因而決定同唐孟瀟（生智）合作。可是昨天我接到這封電報後，一想是由鄭州電報局轉來，你想鄭州是唐孟瀟的後方，閻錫山討他的通電，能由他的後方電報局轉到各方面，證明他的方寸已亂，還能成什麼氣候！先下手爲強，因而我決定奔襲駐馬店，給他個冷不防，戳穿他的心臟。」馮欽哉聽了楊虎城的這番開導，笑著說：「不用說了，你同青苑他們在這裏休息一下，叫子恒歸我指揮，我給咱打頭陣，我們經春水、牛蹄之線前進，你們在後邊打接應就是了，咱們來他個『李愬雪夜襲蔡州』。」❷

當時，大雪覆蓋了道路，人馬行軍十分艱難，經常發生人或牲口掉到溝坑的險情。就連楊虎城也連人帶馬都掉入了雪坑，費了好大勁，才拉上來。部隊克服了種種困難，終於在一九二九年十二月三十一日下午先後到達距駐馬店三十華里的沙河店地區。

一九二九年十二月三十一日的午夜時分，楊虎城部趁敵不備，兩個旅的主力混進了駐馬店城區，隨即發動攻擊。一時間，槍聲四起，火光沖天，駐馬店內亂成一片。唐生智的前敵總指揮晏勳甫不知去向，指揮機能完全破壞，部隊無法形成有組織的戰鬥力，只有到處亂跑，束手待俘。早飯時分，楊虎城率師部到達駐馬店。楊虎城徑自在市內到處巡視，一方面檢查軍紀，另外調整部署，做好戰鬥準備。唐生智得知楊虎城部襲擊駐馬店後，立即部署部隊反撲。但他錯誤地認爲攻進駐馬店的，只是楊部的少數人，因而僅以一營一團的兵力反撲，結果一九三〇年一月一日上午至三日早晨連續兩天的進攻，均被各個擊破。當他們發現判斷錯誤，集中兵力準備總攻時，爲時已晚，楊虎城部已全部進入陣地，嚴陣以待。

一月四日拂曉，是反攻最激烈的一次。龔浩集中了兩個旅的兵力，由駐馬店西南猛攻，偏碰上早已做好準備的楊子恒部。同時，在駐馬店俘獲的中央炮兵團也全部加入戰鬥。雖然龔浩、劉興兩師的戰鬥力並不弱於楊虎城部，但徒以疏忽在前，自大於後，才使楊虎城部得以從容部署，反客爲主，因而進攻數次，均未得逞，只好知難而退，集中到駐馬店以東地區，形成對峙的局面。

楊虎城佔領駐馬店，給唐生智以致命的打擊。當蔣介石、劉峙初接到楊虎城告捷的電報時，都不信楊虎城建了這麼大的奇功。據說劉峙還疑惑楊虎城與唐生智設立圈套，誘殲第一師的主力，遲遲不進，因而一再電詢進入市內的是否正規部隊，進去了多少，龔浩、劉興兩師是否動搖。直到唐生智部與楊虎城部激戰一晝夜後，龔浩、劉興兩師離開平漢線轉移到駐馬店以東地區時，劉峙才派鐵甲車到確山來聯絡。第一師與十七師在確山會師後，決定將龔浩、劉興兩師包圍於駐馬店東郊而殲滅之。根據以上的決定，楊虎城當即下達了攻擊命令。夜間十一時攻擊開始，楊虎城於一月七日夜十時左右，親到駐馬店東寨前沿指揮。攻擊開始後，戰鬥很激烈，劉興師幾次將第二旅韓寅生團壓迫到駐馬店東寨牆根，楊虎城的手槍營也參加了戰鬥，楊虎城還親到寨牆上指揮，他的秘書王菊人緊跟在他的身後，連王菊人的帽子都被子彈打穿了，衛士好幾個負傷。由於楊虎城堅持在前線指揮，部隊沒有退卻，繼而轉危爲安。

與此同時，鄭州附近的魏益三部也落井下石，將唐生智後方的鄭州倉庫沒收。長葛洲一帶的徐源泉部亦通電討唐。龔浩、劉興雖係唐生智的基幹，但面對四面楚歌，無心戀戰，在與楊虎城部激戰不到五小時，即向遂平、西平、漯河一帶撤退。一月八日上午，劉峙乘鐵甲車來到駐馬店，代表蔣介石慰勉楊虎城，同時與楊虎城商定：第一師、第十七師與四十八師共同對唐生智部形成包圍，將其殲滅在漯河、郾城一帶。當天下午楊部即按照指定的路線開始了追擊。在幾支部隊的合圍下，先是唐生智化裝出走，後來龔浩、劉興也丟下部隊悄悄溜了。剩下群龍無首的部隊在漯河車站全部繳械投降。

至此，討唐戰爭因楊虎城發動駐馬店戰役的勝利而結束。楊虎城部俘獲唐部官兵四五千人，繳獲野炮六七十門，步、機槍三千多枝，其他軍用物資極多。一月九日，唐生智通電下野，表示悔過。一月十三日，劉峙通電宣佈，「討唐任務已告完畢」。在討唐戰爭中，蔣介石原來把楊虎城當陪襯用，計畫只要求楊部能側擊唐軍的右翼，協助劉峙主力作戰。不成想楊虎城竟獨挑了大樑，用奇襲戰法一舉解決了戰爭的關鍵，實出乎意料。當收到楊的報捷電後，蔣除覆電對楊備極嘉獎，並著查報有功官兵以憑敘獎外，並立即批發了獎金十萬元；接著明令把十七師擴編爲第七軍，由楊虎城任軍長兼十七師師長。

馮欽哉爲了邀功，他在攻入駐馬店後用繳獲的電台用明碼越級給蔣介石發了一個電報，說他率部已攻佔了駐馬店。蔣爲了拉攏馮，戰後親自召見了他，當面給予誇獎。由此，蔣、馮之間建立了直接關係，爲馮欽哉在西安事變時投蔣叛楊埋下了伏筆。

為了表彰楊虎城在討唐戰爭中所立奇功，南京國民政府於一九三〇年一月和二月先後授予楊虎城二等、三等寶鼎勳章各一枚。駐馬店戰役是楊虎城軍事生涯中的傑出代表作之一。也是他自從軍以來，獨立策劃發動的規模最大、繳獲最多、影響最大的戰例。之後，楊虎城率部返回南陽。因繳獲甚多，負責看守的手槍營轉運了數月方才運完。蔣介石對此役的繳獲也十分垂涎，幾次去電，要走了絕大多數的大炮。楊僅留下少數補充了炮兵營。

▶一九三〇年，楊虎城任國民革命軍陸軍第十七師師長時，攝於河南南陽軍中

一九三〇年四月一日，閻錫山發表通電在太原就陸海空軍總司令職，宣佈率軍陳師中原討伐蔣介石。同日，馮玉祥、李宗仁通電分別在潼關、桂平就任副司令職。歷史上的蔣、馮、閻

大戰拉開了帷幕。蔣介石七月發表楊虎城爲討逆軍第十七路總指揮，令他擔任平漢鐵路以西廣大地區的作戰任務。即向西防守荊紫關，向北協同平漢鐵路正面蔣軍的進攻。

李志剛回憶說：「平漢路方面蔣方部隊，除楊部外還有徐源泉、上官雲相、蕭之楚等軍。閻、馮方面有樊鐘秀的第八方面軍作主力，配合一些河南土著部隊。不論是從蔣介石還是從閻、馮看來，雙方的這些雜牌部隊，都是不可靠的，但也是可爭取的。因此，雙方對這些雜牌部隊都進行了秘密爭取工作，互相爭奪。蔣介石知道這些雜牌軍不易指揮，他對症下藥地派何成浚爲第三軍團指揮，指揮平漢鐵路方面作戰。他來做平漢線方面的總指揮官，怎樣指揮呢？我記得一九三〇年五月間，他由武漢進住漯河，先把吃、喝、嫖、賭、吹搞個全套，楊虎城不會打牌，請人代打也得奉陪。

「何的參謀長朱傳經對我說過：何老總這一套是高明的，起碼把他們牽住不去打別的主意，平漢路根本不是決戰的方面，只要內部不發生變化，能在對峙中頂得住，就是勝利。事實上，平漢路雙方雜牌軍隊誰也沒有賣力氣，就這樣對峙了幾個月。七月間，閻、馮聯合汪精衛等在北平開擴大會議，決定組織政府與南京政府抗衡，這時雙方更是造謠離間，秘密勾結，已到了不擇手段的程度。北平開擴大會議開幕時，北平報紙就登出楊有代表參加。一次我由漢口到南京，于右任、邵力子都問我楊的真實態度如何？何成浚的幾個重要幕僚陳光祖、楊揆一等也常用玩笑的口氣向我探聽楊的態度。所以辦事處不但要宣傳作戰勝利，還要隨時闢謠。在四五月間，馮玉祥先後派徐維烈、趙燕卿密來拉楊反蔣。楊用優待方式把他們軟禁在南陽。但楊還是十分注意探聽蔣及閻、馮雙方的軍事、政治變化。當隴海路主戰場勝負未分的時候，楊要我切實注意該方面的戰況，隨時密報。」❸

一九三〇年六月廿一日，國民政府令，特任張學良為陸、海、空軍副司令。八九月間，張學良率奉軍入關，介入蔣、馮、閻大戰。馮、閻在山東和隴海路相繼失敗。蔣介石要求其在平漢路的部隊，分五路向隴海路西段挺進。楊虎城部為最西面的一路，任務是攻佔洛陽。楊虎城縱觀全局，認為馮、閻必敗。接受命令後於九月初留下第三旅和第三、五補充旅三個旅留守南陽。自己親率主要兵力出發，從葉縣、魯山、寶豐、臨汝等地的馮軍防禦間隙中挺進到了龍門以南。在龍門與馮軍宋哲元部發生激戰，龍門為洛陽屏障，地形險要，過此即直達洛陽，地平衍，無險可守。時宋哲元駐洛陽指揮作戰部隊，派重兵扼守龍門。

楊虎城率部抵達龍門後，面對強敵，他將部隊分作三路發動進攻。他將部隊的兩個主力旅分置左右兩路，自己只率少數部隊居中。戰鬥激烈時，他儘量分撥正面部隊加強兩翼，僅留手槍營兩個連在正面佯攻，牽制敵人兵力。當時有人顧慮正面兵力太單，恐為敵所乘，他固言無妨，只盡力督催左、右兩翼加緊攻擊。戰七晝夜，終將敵軍擊潰，雙方傷亡均極慘重。事後有人問楊虎城，當戰激烈時，儘量增加兩翼兵力，棄正面不顧，何以必然取勝？楊說，龍門為攻佔洛陽必爭之地，敵人正面配備兵務必厚，但因處於防禦地位，不敢貿然出擊，兩翼僅為掩護正面，兵力不會太強，我軍蹈以乘虛，以我之強，攻敵之弱，且我不在此面還留有佯攻部隊，知人不明真相，此即兵家虛虛實實之計，必可克奏膚功。戰鬥結果證明了楊虎城這一軍事預測的準確性和指揮的卓越性。

楊虎城攻佔龍門後，即迅速向洛陽圍攻，他進駐西工，指揮攻城部隊。這時宋哲元已退駐孟津，與劉汝明、馮治安部會合，洛陽僅留葛雲龍師和警備司令徐俊卿部駐守，楊將軍為了減少作戰損失，改用政治方法解決，他派人入洛陽城面見葛、徐等曉以利害，葛、徐等見大勢已去，亦允歸城，唯於各項條件未恰當，往返磋商，歷有旬日。這時，蔣介石電令楊虎城部迅速向陝西進發，楊虎城遂將圍攻洛陽的任務交給了其他部隊。

隨著蔣介石在戰場上的勝利，佔領陝西後由誰執政的問題提到了議事日程上。經過一番深思熟慮，一九三〇年十月廿三日，蔣介石給胡漢民發去了「擬先提楊虎城為陝西省府主席以鼓楊勇氣」❹的電報。一九三〇年十月廿四日，國民政府國務會議通過了任命楊虎城為陝西省政府主席的決議。

蔣介石之所以將陝西省交其管理，分析起來大致有以下因素：

一、蔣介石系統發源於中國的南方，其本人又是南方人，在北方缺乏社會基礎；而西北特別是陝西曾是北洋政府近年又是馮玉祥的大後方；這些力量都需要清除。

二、陝西地方文化沉澱太厚，知識層面非常敏感，地方人士本身不但團結還排外，外籍官員不易統治。蔣嫡系的陝籍將領關麟徵、杜聿明、張耀明等資歷太淺，不孚眾望，在地方沒有號召力。

三、陝西自民國以來一直戰亂不斷，加之災荒接連，一九二九年（民國十八年）剛剛遭遇了特大旱災，餓死百姓無數。經濟上問題很大，決不是什麼富庶之地。

四、楊虎城是馮玉祥的叛將，用他來對付馮在西北的殘餘力量比較適宜；楊在陝西征戰多年，特別是西安守城後在地方享有一定的聲望和社會基礎；楊本身沒有文化，人雖「不粗」，但還是一介武夫，打仗可以，治省未必可以，搞得不好了隨時撤掉即可。

由於有這些考慮，陝西的政權就交給了楊虎城。蔣楊之間的關係，可以說是進入「蜜月」期。

楊虎城對整體形勢認識得很清楚，他對蔣的基本方針是，在其不危及根本利益時，以服從合作為主；政治上表面保持一致，實地裏自搞一套。

時任秘書的米暫沉說：「在蔣介石任命他為陝西省主席後，楊虎城除考慮將來施政的方針和主要措施外，也同他的一些重要幹部研究過十七路軍以後的出路問題。他當時曾做過這樣的分析：

「同蔣介石合作打垮了馮玉祥，使我們取得了陝西地方政權。但蔣介石之所以把陝西政權交給我們，是形勢所迫不能不如此。岳維峻太不成器了，蔣介石多年的培養落了空。在蔣的嫡系中目前還沒有適當人選可以擔任這一任務，而且地方情況這樣複雜，很不容易搞好，非利用我們不可。

「但情況已經很明顯，蔣介石對我們是不放心的，我們後面不是已有劉鎮華的胞弟劉茂恩等部隊跟著來了嘛。因此，今後我們的問題，將是如何對付蔣介石的問題了。換言之，蔣介石將成爲我們主要的敵人。但是，對於蔣介石絕不能予以絲毫的低估。蔣的背後有著各帝國主義列強和江浙財團的支持，他一手把持中央，黨、政、軍大權集一身；有軍隊，有官，有錢，還有特務。幾年以來，一個個軍閥都在他手裏失敗了。武漢政府最後也投降了南京。以廣東而論，有胡漢民、汪精衛這樣足資號召的人物，有充足的財力和兵力，仍不免屢起屢撲；桂系和張發奎也是這樣，唐生智更無論矣。

「這一次閻、馮兩個最大的軍事集團聯合起來反蔣，並得到桂系集團的遙相聲援，還加上汪精衛等一批國民黨中央委員搞出擴大會議這樣的招牌，另立了中央政府與南京對抗。可以說幾乎包羅了絕大部分的地方軍閥勢力和在野政客，結果這一聯合反蔣仍不免一敗塗地。除此之外，地方勢力中還頗具實力的只有張學良了。但可以推論，今天的張學良也絕不是蔣介石的對手。等而之下，就不値一提了。閻、馮反蔣的失敗，證明蔣介石絕不是中國的其他軍閥可以打垮的，縱使幾個軍閥聯合起來像閻、馮、桂那樣，結局仍會被蔣收買、分化而各個擊破。我們作爲一個軍事團體，比之閻、馮、張、桂、陳濟棠、唐生智都差得很多。以我們的軍事力量和蔣鬥爭，根本不夠條件；又有什麼人有聯合的條件？因此，他的結論是：和蔣鬥爭，首先必須在政治上有自己的做法。蔣在政治上弱點很多，我們必須抓住這一點，方可站住腳。如果需要取得外力的合作，只有中國共產黨。對其他的地方軍事反蔣力量不能有過高的期望。」[5]

◆走向決裂

楊虎城憑在中原大戰中的戰功執掌了陝西的軍政大權，與蔣介石的關係也可謂進入了「蜜月」期。不料，好景甚短，就在楊虎城剛抵達西安的第四天，十一月四日，蔣介石即派鄭州行營主任何應欽飛抵西安進行視察。表面上，蔣介石因爲楊虎城替他打敗了馮玉祥有功，特派何應欽爲代表到西安來慰問楊。

當時受楊虎城指派負責招待何應欽的連瑞琦回憶說：

何對楊說：「蔣總司令希望楊在西北整理五年，就是在五年之內，不至有什麼變動。過去馮玉祥在西北的軍事、政治、經濟、文化等設施，一律由楊負責接收整理，中央決不插手干涉。」❻

陝西機器局是由馮玉祥遺留下來的六個兵工廠改組而成，六個廠共有五千多名工人，其中半數以上是大革命時代漢陽兵工廠的工人。製造武器的品種是捷克式機關槍、步槍、迫擊炮和炮彈等。

何應欽來陝西時視察了陝西機器局，並同意機器局劃歸省辦。楊聽說後很高興，對連奇瑞說：「這與咱們的計畫相吻合。但是蔣介石一貫是說的一套，做的又是一套，對於這種人要隨時提高警惕。」但是何回南京後不久，蔣介石指示軍政部來電：「陝西機器局交由中央接辦。」楊接電後，十分憤怒地說：「蔣介石欺騙我。」在陝期間，何應欽召見了陝西民軍總司令甄士仁，許諾為甄編幾個師，直屬中央，目的是想與楊對抗。何應欽的言行不一致，當然也就是蔣介石的言行不一致了。楊虎城對何召見甄甚為憤怒。很快以「甄壽山擴充武力，存心叵測，與統一前途，殊為障礙」為罪名將甄槍決。

送走何應欽不久，一九三〇年十一月，蔣介石在陝西潼關設立陸海空總司令部西北行營，派顧祝同任主任，指揮陝、甘、寧、青的軍務。顧祝同率中央軍黃傑的第二師和陳繼成的第三師駐紮在潼關、華陰、華縣一帶。讓楊虎城最不能接受的是，蔣介石曾一度打算把陝西人民深惡痛絕的劉鎮華的殘部，由其弟劉茂恩帶領再度進駐陝西，對楊虎城部形成監視、遏制之態。楊虎城則將十七路軍佈置在臨潼、高陵、大荔、朝邑一帶，對顧部形成半包圍勢態。

一九三一年春，蔣下令楊虎城部裁減一師的番號並即停發一個師的經費。楊不得已把馬青苑的第五十八師改為陝西警備師，由陝西省承擔經費。由此，馬對楊心懷怨意，一九三二年調往天水時受蔣介石方面挑撥，最後叛楊投蔣。在這種形勢下，為了弄清蔣介石的今後企圖，楊虎城派長期負責與中央聯繫的李志剛兩次去見蔣介石，代他向蔣表示：目前，甘、寧、青、新疆等省還是由地方軍閥割據，自己願將陝西軍政大權交給中央，而率部西進，作為肅清西北的先頭部隊。楊虎城這種以退為進的謀略發揮了作用，迫使蔣介石不得不表態說：「告訴虎城安心進行陝西的軍政建設，要把他的家鄉治理好，切勿三心二意猶疑不定，這樣的態度是做不好事的。至於西北的事，將來或許有用他的地方，但那是以後的事。」楊虎城還將對蔣介石的表示告訴了顧祝同以示自己的心跡。到一九三一年六月，馮玉祥的舊部石友三等在河北舉兵反對張學良，蔣介石為了剿滅石友三，不得已將顧祝同部的中央軍調離陝西，並將洛陽行營主任遺缺由楊虎城接替。

一九三一年夏，楊虎城接掌了潼關行營後，對西北各省的地方軍事力量積極進行了聯繫與收編。經過先後聯繫由蔣介石委任了青海馬步芳為新編第九師師長、隴東的陳圭璋為新編第十三師師長、隴西的魯大昌為新編第十四師師長、甘肅河西走廊馬仲英為新編第三十六師師長、天水馬廷賢為隴南警備司令、隴北的石秀英為新編第九旅旅長、李貴清為新編第十旅旅長。一時間，甘、寧、青三省的軍隊都派有代表常駐西安，表示服從和進行聯繫。

當時，甘肅的情況比較複雜，中原大戰前軍政大權由馮玉祥控制。

中原大戰中，在蔣介石的策動下，往日受馮軍壓迫的回漢地方武裝，紛紛起兵，各據一方。馮、閻戰敗後，一九三一年元旦，蔣介石先後發表馬鴻賓代理甘肅省主席兼新編第七師師長，雷中田為新編第八師師長。企圖利用回族力量控制甘肅，並以回漢制約以利駕馭。不料馬鴻賓到任後，根本無法領導雷中田和高振邦。雷是西北軍吉鴻昌的舊部，雖接受了蔣的番號，但始終忠於馮玉祥和吉鴻昌，念念不忘如何恢復舊日西北軍勢力。在馮玉祥和當地不服回民統治的一些人士和政客的策動下，雷於一九三一年八月廿五日將馬鴻賓扣留，自行改組了省政府由馬文車擔任臨時省政府主席，雷中田自任甘肅全省保安總司令。之後雷積極擴充勢力，準備應付來自各方的壓力。這一變化當時被稱之爲「雷馬」事變。

楊虎城在接掌了潼關行營後，即派趙晚江代表他到甘肅與各方聯繫，不料趙一到甘肅就與雷中田勾結。「雷馬」事變前未曾報告，事變後居然當上了臨時省政府委員。楊得知後十分震怒，即電撤銷了趙晚江的代表身分。派行營參議杜斌丞、蔣聽松入甘調查了解事變情況。在杜、蔣了解後，得悉甘肅政局相當混亂，既有集團利益衝突，又有深刻的回漢民族矛盾，而且各方都在積極備戰，蠢蠢欲動，一旦戰爭爆發，定陷百姓於水火。鑒於此情，楊虎城要求出兵甘肅平息混亂。而蔣介石在甘肅大肆收編地方武裝，就是爲了在自己力量還達不及時，讓他們相互矛盾，互相制約，便於控制。特別是可以關上陝西的西大門，防止楊虎城勢力進一步向西北其他地區發展。甘肅的混亂符合蔣的戰略安排，他就將楊的出兵要求擱置不復，默許了甘肅政局混亂的繼續。

一九三一年八月，在北伐戰爭中被打敗的北洋軍直系頭子吳佩孚，在四川軍閥鄧錫侯的護送下，自稱興國軍總司令，率領八大處幾百人的隊伍由川北進入甘肅，受到天水甘軍馬廷賢的歡迎。馬接受了吳所委任的「興國軍騎兵禁衛軍總司令兼隴南護軍使」頭銜。繼而又受到雷中田、馬文車的歡迎，十一月初進入蘭州。

吳佩孚抓住當時甘肅政局混亂，首先出面調解了「雷馬」事件，恢復了馬鴻賓的自由，取得了當地勢力派的支持。於是吳佩孚再展威風，一面讓雷中田宣佈獨立；一面讓四川劉湘、田頌堯、鄧錫侯與甘肅、青海的雷中田、馬步芳等十八位連銜發出通電，擁護吳佩孚出山。楊虎城認爲進軍甘肅的時機到了，將有關情況和出兵要求一併報給了蔣介石。蔣也生怕這個好不容易才打敗的吳佩孚東山再起，遂同意了楊的請求。楊即派十七師師長孫蔚如率領所部（缺趙壽山旅）並以潼關行營參謀長的名義指揮甘軍陳圭璋、魯大昌等一起協同平亂。孫部在甘軍陳圭璋等軍的支援下，經過定西、會寧的激烈戰鬥，消滅了雷中田、高振邦、王省三等三部，於同年十二月初進入蘭州，吳佩孚、雷中田等經寧夏逃往了北平。

▶蔣與楊之間的政治橋樑——邵力子

趕跑了吳佩孚、雷中田等，甘肅無人主持行政。楊虎城就電令孫蔚如暫代甘肅省政府主席並報蔣介石備案，意在試探蔣介石的意圖。果然蔣很快覆電，僅明令發表孫蔚如爲甘肅宣慰使，表明他不同意孫主甘的態度。

楊虎城爲了維護已經在甘肅取得的軍事利益，向西繼續發展，無奈之下，向蔣介石保薦了蔣的親信，一向作爲蔣楊之間政治橋樑的邵力子。這樣一來，正中了蔣介石的下懷。頭一天，楊的電報發出，次日蔣即覆電照準。於一九三二年四月下旬正式對外發表邵力子爲甘肅省政府主席。

部五月上旬到蘭州上任。同時撤銷了甘肅宣慰使署，免了孫蔚如的甘肅宣慰使，升為第三十八軍軍長。孫交出政權後移駐平涼。蔣介石透過楊虎城圖甘的過程，看到了楊的發展企圖，於是想方設法削弱楊的權利與力量。先是於一九三二年五月將潼關行營改為西安綏靖公署，限制了楊經略西北的權利。接著十月策動陝西警備師馬青苑在天水發動叛楊兵變。

馬青苑在楊的親自剿滅下失敗，隻身逃到南京，蔣介石先安排他進陸軍大學深造，以後又派任平漢鐵路警務署署長。一九三三年紅四方面軍向川北發展，建立川陝邊區根據地，陝西漢中情勢緊張。蔣介石先調胡宗南的中央軍第一師進駐漢中。二月間又下令孫蔚如的三十八軍與胡宗南的第一師互換防地。這樣，蔣一下達到了三個目的：一是將楊虎城軍事力量平穩地移出了甘肅；二是將自己的嫡系揳進了西部，看住了楊虎城西進的通道；三是在與紅軍的交戰中進一步削弱楊的力量。

三十八軍主力調漢中後，楊虎城僅有兩個補充旅和一個炮兵營留駐平涼，由楊渠統以隴東綏靖司令的名義統領。楊渠統將部隊由原來的每旅兩個團擴編為每旅三個團，還收編了當地土匪成立了騎兵，另外增編了工兵、輜重營連同原來的特務營形成了一個整編師的規模。楊渠統看到蔣介石對楊虎城的限制，認為自己在十七路無再發展的空間，於是向甘肅綏靖公署主任朱紹良（蔣的嫡系）表示希望向外發展的意向。他沒有採取公然叛變的舉動，而同時向楊虎城也表達了同樣的意思。這正是朱紹良求之不得的事。一九三四年，蔣介石將楊渠統部改編為新編第五師，從楊部肢解了出去，調到河南歸劉峙領導。

隨著楊渠統部的東調，楊虎城的軍事力量徹底退出了甘肅。從一九三一年十一月到一九三四年十一月整整三年時間，他企圖掌握甘肅軍政大權，建立西進基地的計畫遭到了失敗。隨之，馬仲英的新編第三十六師在新疆被盛世才消滅；青海的馬步芳、寧夏的馬鴻逵都被蔣介石用金錢和地位拉了過去。一九三四年四月，蔣介石在事先毫無通告的情況下，解除了楊虎城陝西省政府主席的職務，由邵力子接任陝西省政府主席。可以說這是自一九三〇年以來，蔣對楊最重的一次打擊，從此，蔣介石的政治勢力正式進入了陝西。蔣介石與楊虎城的關係也由緊密走向決裂。

一九三四年十月，隨著蔣介石在江西「剿共」戰爭的勝利，紅軍開始長途轉移。蔣介石逐漸關心起西南、西北地方來。十月十二日蔣介石偕夫人宋美齡和張學良一起駕臨西安。這是蔣歷史上第一次到西安。他為了拉攏楊虎城，在到西安的第三天就專程到楊虎城家中，看望楊的母親孫一蓮。事情經過是這樣的：剛到西安不久，蔣的侍從室就通知楊虎城，說委員長要到楊家謁見楊的母親。楊虎城感到很突然，遂誠懇致謝，再三勸阻，但勸阻無效。只好通知紅阜街家裏做些準備。

楊虎城自一九三〇年十一月，率領十七路軍在「中原大戰」中打回陝西就任陝西省主席，可謂榮歸故里，但他始終與部隊住在一起。當時他自己偕另一妻子謝葆真住在十七路軍總指揮部隊的所在地「新城」裏。而在西安城內的紅阜街為其母親、妻子張蕙蘭偕長子長女、弟弟楊茂三一家租賃了一個院落居住。為了迎接蔣介石，楊家著實忙了一陣子，將院落、房間打掃清潔，正在上學的長子楊拯民、長女楊拯坤也都向學校請了假，等在家裏候駕。

楊拯民回憶說：

> 蔣介石到西安後天氣連陰，接著又下小雨。十月十五日那天下午三點鐘，在父親和葆真娘的陪同下，蔣介石、宋美齡大駕光臨舍下。在大廳裏向我祖母行三鞠躬禮後，即延請至客房坐下。
>
> 蔣和祖母分別坐在方桌的兩旁，宋美齡和新娘（謝葆真）坐在床上，父親坐在祖母旁邊一把椅子上。後由叔父領著我和坤妹晉見。我們進客房後，先向蔣、宋行鞠躬禮，蔣笑問我們年齡、學級，我和坤妹一一作答。蔣介石說了一句客套話，誇我們聰明；宋美齡則奇怪地詢問客房裏為何設有床鋪？父親解釋說，若有客來可以在此住宿，床是為備用而設。蔣連聲說：「好！好！這樣很好！」
>
> 蔣介石給我的印象是個子高、臉形瘦削，那天穿著長袍馬褂，披著斗篷；宋美齡年輕美貌，穿著高雅，頭髮後邊有一個小髮結。

蔣在我家前後待了約有一個小時。也許有人會認為蔣的蒞臨是父親和家裏人的殊榮。其實，蔣介石是個玩弄政治權術的高手，他到西安後就聽說父親是個孝子，於是才萌生了謁見祖母之舉。他用這種方式向父親示寵，進行拉攏，真正的目的是想讓父親擁護他的「先安內後攘外」的政策。[7]

另外，蔣介石每次見到楊虎城都在金錢上施以恩惠，隨手就給一個信封，裏面裝的不是五萬就是十萬元的支票，這就是蔣介石的爲人之道。

儘管蔣介石對楊虎城是又打又拉，但終究未能改變楊虎城的基本政治立場。蔣、楊在抗日問題上的分歧與矛盾，隨著紅軍到達陝西和東北軍入陝後日趨尖銳。

注釋：

❶連瑞奇：《箱根計畫》，中國文史出版社，《我所知道的楊虎城》，二〇〇三年版，第六〇至六二頁。

❷李振西：《一九二九年冬蔣、唐戰爭中楊虎城雪夜奔襲駐馬店的經過》，《陝西文史資料》，第十五輯第七〇至七一頁。

❸李志剛：《回憶楊虎城將軍和他與蔣介石的關係》，《陝西文史資料》，第十五輯第四九頁。

❹蔣中正：台灣「國史館」蔣中正檔案002010200053013號。

❺米暫沉：《楊虎城將軍》，中國青年出版社，一九九八年版，第六一至六二頁。

❻連瑞奇：《我所知道的楊虎城》，中國文史出版社，二〇〇三年版，第六七頁。

❼楊拯民：《往事》中國文史出版社，二〇〇六年版，第九九至一〇〇頁。

三、結交張學良

一九三五年十月，中央紅軍在衝破國民黨軍隊的圍追堵截後，到達陝北吳起鎮與紅十五軍團會師。中共中央經過萬里長征，終於在陝西的北部找到了一塊可以棲養發展的地盤。

隨著紅軍的北上，蔣介石將「剿共」的軍事力量也逐漸北移。爲了完成「剿共」大業，一九三五年十一月蔣介石任總司令，張學良兼任副司令的西北「剿匪」總司令部在西安正式成立。由此開啓了楊虎城、張學良合作共同推動抗日的新階段。

東北軍與十七路軍在歷史上不但從未有隸屬和合作關係，而且在大革命「北伐」時曾是敵對的兩方。在西北「剿匪」總司令部在西安成立前後，東北軍大批調入陝、甘兩省。日本人佔領了東三省後，東北軍沒有了後方基地，行軍過程攜帶大批妻兒老小。當近二十萬的軍隊加上家屬一下湧進了原本就很貧瘠的陝、甘地區，對當地的政治、經濟、社會生活都造成了很大衝擊。一時間，東北軍與十七路軍的糾紛不斷，在戲院、飯館等公眾場所裏。雙方經常動手互毆，有時甚至開槍。東北淪陷後，東北軍上層官員將家屬安置平津等一些大城市甚至租界裏，而下層軍官只能帶著逃難過來的家眷隨部隊流動。因此，東北軍強佔民房與當地居民也引起了許多糾紛。

對於發生的這些矛盾與問題，蔣介石不但不幫助解決，反而認爲張、楊兩部不團結，相互牽制更便於他操控。同時他還以慣用的手法，分別對張、楊進行當面暗示或直接挑撥離間。他還動員手下何成濬、張群等大員，分別對張、楊進行挑撥。他們對張說，楊虎城是地頭蛇，野心勃勃，陰險毒辣，不易合作……；對楊則說，張學良如何腐敗無能，貪生怕死，丟失東北等等。在陝西的軍統、中統特務甚至還貼出了反對東北軍的標語，企圖擴大矛盾，製造混亂。

◆少帥特性

張學良不但小楊虎城七歲，而且有著與楊虎城完全不同的成長經歷。他雖出生於戰亂，可在優越的生活條件下成長。在蒙學之時，已擁有了優異生活和良好教育的環境。在名儒專師啓蒙下，傳統中國文化烙印逐漸潛默於童稚之心。而民初以後，列強辱華的紛亂現實，幼年生活的動盪、由貧到富的巨變經歷，又使得這位少年產生了追求新生事物的強烈欲望。在眾星捧月的環境裏，形成了聰明、敏捷、任性、自負、不斷追求的思想方法和放蕩不羈的性格。

皇姑屯事件前，在其父張作霖的精心培養下成長，作爲「東北王」的長公子，他有條件接觸、了解當時各種先進知識和哲學思想，有機會交往當時代表各種思想和政治傾向的社會人物。同時，優越的生活又使他成了追求享樂的花花公子。於是，豐富的知識和積極的思想追求與消極頹廢的生活方式同存於一體，儒家的傳統道德觀和西方的價值觀混容於一身。這應該是青少年時的張學良不同於其他「紈綺子弟」，形成既能有「荒唐浪漫、任情放蕩、無所不爲」，又有「忠義豪爽、國家至上」的社會實踐之雙重行爲表現的內在原因。

張學良廿七歲時，「皇姑屯事件」發生，子承父業成了主政東北、統帥三軍的奉系軍閥首領。他牢記國仇家恨，特別是在日本

▶日軍侵占沈陽北大營。北大營及其附近屋宇慘遭焚燒，黑烟彌漫，東北軍的營地插上了日本國旗

侵略者威逼利誘面前，他毅然與南京政府合作，實行「東北易幟」。之後，出任東北政務委員會主席，爲維護統一、實施新政。大力發展教育，興辦工商業，試圖實業救國。一九三〇年，他反對內戰，武裝干預「中原大戰」，他派二十萬大軍入關武裝調停，使得馮玉祥、閻錫山的反蔣聯軍失敗。同年，他就任中華民國陸海空軍副司令、國民黨中央政治會議委員。虛名炙手，可謂一人之下，萬萬人之上。

一九三一年九月十八日，日本侵略者炮擊並佔領東北軍北大營進而佔領瀋陽。根據蔣介石和南京政府的系列指示，張學良和東北軍奉行了「不抵抗主義」。很快，吉林丟失。東北軍將領馬占山雖率部在黑龍江組織了一些抵抗，張學良也私下給予一定支持，但還是由於總的政策上的

▶瀋陽兵工廠門口。日軍侵占我國最大的兵工廠——瀋陽兵工廠

不抵抗，一九三二年二月底黑龍江淪陷。

此時的張學良，從感情和利益上他是應該抵抗和收復失地的。但由於他開始對日本侵略的誤判，後又要從政治上與中央保持一致、維護「領袖」的形象。他只能說一些「學良守土無方，罪行山積，現正與中央籌計妥善應付辦法。」之類的話。

他對請願抗日的愛國學生說出：「我聽從中央，忍辱負重，不求見諒於人，只求無愧於心。我敢斷言自信的是：第一，不屈服，不賣國；第二，不貪生，不怕死」由此可見其內心所受的煎熬！由於「國聯」的縱容和蔣介石的不抵抗主義，日本帝國主義對中國的侵略更加變本加厲。不到四個月，東北軍退到了關內，東三省淪陷，舉國譁然。少帥丟了自己的祖基地、東北軍成了喪家之眾。

東北淪陷後，張學良想要用抗戰的實際行動洗刷「不抵抗將軍」的奇恥大辱，證明自己的愛國之心。一方面，他支援組織抗日的義勇軍。另一方面，他公然對抗蔣介石的特使汪精衛要他「小加抗

▶占領瀋陽張學良公館「大帥府」的日軍

戰，至於勝敗則所不計」的陰謀。他積極聯絡各方，力主熱河抗戰。但此時的蔣介石正忙於在江西「剿共」，面對張學良的請戰，只好做做姿態，讓張學良自己去抗戰。

一九三三年二月廿三日，因日軍進攻而起的熱河抗戰終於打響了。但由於南京政府並沒有給予任何實質性的軍事支持，閻錫山也是陽奉陰違，不服調遣，熱河省主席湯玉麟貪生怕死、棄城而逃，日軍的一百二十八個騎兵就佔領了承德城。這樣，儘管張學良做了很大努力，但僅僅十天，熱河失守。

「不抵抗」失去了東北，指揮熱河抗戰又遭失敗，國內輿論大嘩。南京政府為了推卸責任，擺脫困境，在蔣介石「當前局勢好比在驚濤駭浪中的一葉小舟，舟內只能坐下一人，我兩人中間誰離開這小船好呢？」的「暗示」下，張學良通電下野。在全國人民一片反蔣聲浪中，年輕的少帥引咎辭職，去了歐洲。

在歐洲，他接觸的都是社會的上層。他被德國、義大利的崛起所迷惑，信奉法西斯主義，迷信蔣介石，認為在中國也應該搞法西斯主義；積極支持蔣的獨裁統治和「先安內後攘外」的政策，把東北軍帶向了「剿共」的前線。

◆莫逆之交

東北軍進入陝西後，在當時的西安，出現了以張學良爲首的「剿匪總部」，和以楊虎城爲首的「西安綏靖公署」，以及邵力子爲主席（兼任國民黨陝西省黨部主任委員）的陝西省政府三種力量並存的局面。東北軍的主力都在陝西北部、甘肅東部的「剿共」前線，駐西安的只是總部機關和少量警衛部隊。西安城裏與周邊都駐著十七路軍的部隊，西安的軍事控制權掌握在楊虎城手中。

東北軍初到陝甘時，自恃人多裝備精良，不但看不起紅軍，也看不起十七路軍。張學良自以爲受過教育，見過大世面，兵多將廣，跟蔣介石有著共同的階級利益和非同一般的私人關係，根本不把楊虎城放在眼裏，私下常以「老粗」稱之。剛到西安時，張在楊的面前是一付長官架勢。對楊，不是今天下個手令，就是明天打電話找楊去他的總部彙報，關係很不融洽。

▶一九三五年九月十三日下午，張學良（左二）乘自備的「博鷹」號飛機由武漢飛抵西安。西安綏靖公署主任楊虎城（前左一）、陝西省政府主席邵力子（左四）到機場迎接

面對張學良的傲氣，楊虎城動了一番心計。有一天，楊將軍集合十七路軍精銳部隊，在西關大操場舉行歡迎張將軍大會。楊有意多帶了一些衛士。大會一開始，楊首先致辭說：「張副司令到西安已經好多天了，因爲他軍務很忙，所以直到今天，我們才開這個歡迎大會。現在我給大家把副司令的簡歷簡單介紹一下。張副司令今天所帶的軍隊，就是他父親原來所統率的東北軍，他的父親就是張作霖，是東北的大鬍子。這個軍隊過去是反對孫中山的三民主義的，是我們多年革命的對象（楊說，講到這裏，看到張的表情很驚慌）。楊接著說：然而現在他們已經打起青天白日旗，和我們是一家人了。我們今後要絕對服從張副司令的命令，聽從張副司令的指揮……」。聽了楊虎城的講話後，當晚，張學良僅帶了一兩個警衛人員，親自到楊家，表示異常親熱，不再是過去那副傲慢的樣子了。

一天，憲兵營長向楊虎城彙報，東北軍強佔民房與居民發生爭執，憲兵營出面調解，東北軍不服反而與憲兵營發生了衝突。楊虎城對這位營長說：「你們明白吧，這就叫亡國！我們對他們，應有同情心，不能以正常情況對待這樣問題，也不應只聽一面之詞，或站在一面說話。要教育我們的官兵。以後處理這樣問題時要特別注意！」

東北軍進入陝、甘地區後，楊虎城原想依靠自己力量在西北營造一片革命基地的計畫已無可能。他認識到要實現抗日救國建立民主之目的，必須先解決與張學良和東北軍的關係問題。他和高級幕僚深入分析研究了張學良和東北軍後認爲：從表面上看，張學良擁護蔣介石，對「剿共」表現得很積極，對抗日卻缺乏主動性。但深入來看，「九一八」後張學良是背著「不抵抗將軍」的罵名離開東北的。白山黑水的淪陷，使許多東北軍眷屬扶老攜幼逃到陝西、甘肅一帶尋找親人。面對這些，廣大東北軍將士肝腸寸斷、痛心疾首。東北軍入關後，到處顛簸流離，力量逐漸削弱。一九三五年，張學良到陝西時，職位由「陸海空軍副總司令」降為「西北剿匪副總司令代總司令」，地位日下。

從其個性上來看，蔣將「九一八」不抵抗的帽子長期讓張一人獨戴，張是不會甘心的。張、蔣之間蘊藏著不可調和的矛盾。在抗日問題上，兩支部隊官兵都有共同的要求；部隊都處在被蔣介石排擠、削弱的地位上，兩軍有合作的前提與基礎。兩支部隊團結起來推動抗日是可能的。

▶一九三四年十月十二日，張學良隨蔣來西安時，贈給楊虎城的照片

楊虎城說：「患難的朋友好交！」但是他也有疑慮的地方：論兵力，東北軍比十七路軍大數倍，如果東北軍受了蔣介石的愚弄，和蔣在陝、甘的兵力一起，採取壓迫的態度，那對十七路是極不利的。不過東北軍初到陝、甘，根基不牢，人情不熟，而且受到紅軍壓力；東北軍既然奉命「剿共」，力量勢必分散，不會立刻對十七路軍下手。我們兵力雖比東北軍小數倍，但我們是地方部隊，久在陝西，在地方有許多潛在力量，陝西的團隊，絕大部分我們掌握得住（楊兼任陝西省保衛委員會主任，各縣民團都歸這個機構指揮），東北軍會有顧慮的。當前的出路，主要在聯張上，只要在反蔣抗日這一點上彼此一致了，那麼合作就可靠了，停止內戰的辦法也好想了，我們所顧忌的對十七路軍的不利條件便減少了。楊說：「我專試探張的動向，儘量設法和張在政治上合作。」

隨之，楊虎城改變了對張學良敬而遠之的態度，多次主動採訪張學良，在交談中有意表露出自己對打內戰的厭煩，對不能參加抗日的苦惱……。開始張態度依舊，沒有更多的表示。一次，楊去張宅，有意識地談了國內的政治形勢。楊回來後對秘書王菊人說：「很糟糕！張贊成法西斯，同我正相反。」

後來張與楊又一次談到法西斯問題，張問楊：這個辦法在中國行得通行不通？楊說：「人家搞法西斯（指德、意、日）對外擴張；咱們搞法西斯（指蔣）對外（指日本）投降，他（指蔣）當小皇帝，我們當亡國奴，你看行得通嗎？」張聽後一言未答，從此再也不提法西斯的問題了。❶

◆以誠相待

一九三五年九月，在東北軍一一〇師被紅十五軍團消滅。戰前，楊虎城看到張學良的作戰命令。他認爲張的安排不當，就好心去見張，勸他慎重，不要進攻，結果張聽不進去。楊回來對人說：「他是不碰釘子不會回頭的，還是少年氣盛，等碰回來再說吧。」這樣一來二往，楊與張的個人關係有了很大改善。但最後促成張學良與楊虎城結成政治同盟的關鍵，還是蔣介石和他的「剿匪」戰爭。

東北軍從一九三五年九月到十一月下旬，在不到三個月的時間裏就被紅軍消滅了近三個整編師，其中兩個師長陣亡，部隊損傷慘重。當一〇九師被殲，師長牛元峰陣亡時，張學良和楊虎城都在南京參加國民黨的第五次全國代表大會。蔣介石對東北軍「剿共」的損失不但不予補充，反而趁機撤銷了兩個被殲師的番號，對張申請爲陣亡師長每人十萬元的撫恤也置之不理。氣得張大叫：「我張某人混得都不值十萬塊錢了！」此時張學良雖仍叫「副司令」，但已不是全國陸海空軍副司令，而只是一個地區的戰地「副司令」了。他在南京，已沒有當年的榮耀與神氣。許多人對他的態度，由諛奉承變爲了敷衍應付，甚至鄙視、諷刺。

此時，張才覺悟到蔣介石將他推到「剿共」第一線的用意，一時情緒沮喪到了極點。

當張學良因剿共失利，異常苦悶時，楊虎城沒有因爲張碰了釘子而幸災樂禍，反而對張表現出極大的同情與關懷。在南京參加國民黨「五全」大會期間，他親赴張的住處進行慰問，並再次勸說張不要跟著蔣盲目走下去，應該走自己的抗日之路。這樣接觸多了，張學良就把心中的苦悶，對蔣介石的不滿向楊敘說。兩人的關係拉近了，逐漸發展到政治上可以相互談心。張對反蔣心存顧忌，開始討論的問題只局限在如何實現抗日上。張楊兩人先是在共同抗日問題上達成了共識。

楊虎城很清楚，要抗日不反蔣是不行的。爲使張能認清蔣介石的本質，一九三六年初的一天，楊與張的談話中有意提到丟失東北的責任問題。張拿出了蔣給他的電令給楊虎城看，張說：「不抵抗的責任，在於中央，而結果卻嫁禍於我。」張學良說著幾乎留下了眼淚，並講述了他被迫離職出國，回國「剿匪」和東北軍民顛沛流離的國難家仇等等痛苦。透過這次談話，楊虎城了解了張對蔣的真實態度，加快了與張合作推動抗日的步伐。儘管幾十年後，張學良否認了，蔣介石曾給他有過「不抵抗」的指示。但當時確給楊虎城出示了相關檔，博得了楊的同情。

▶一九三五年冬，張學良到陝後，楊虎城陪同張學良視察十七路軍兵營

楊虎城爲加強同東北軍上層的聯絡，一九三六年二月間，在西安綏靖公署成立交際處，由申伯純任處長，主要開展與東北軍上層的聯絡工作。張學良則指派高崇民負責與十七路軍上層的溝通。

一次，楊虎城聽說東北軍王以哲部經費沒有即時匯到，王很著急，楊便立即停發了自己部隊的經費，先撥給王部使用，解了王的燃眉之急。西安綏靖公署（新城）院內原有一處廢棄多年的網球場，當楊虎城聽說張學良喜歡打網球，就派人將場地整理了出來，讓他手下能打球的高層幹部約請張來打球。

一九三六年的春季一天，楊虎城從張學良的家中回來，對秘書王菊人說，「我同張今天談得很痛快。張突然問我：怎樣才能達到我們的目的（指抗日）呢？我說：先要停止內戰。張說：『我同蔣談過好幾次停止內戰的事，蔣的態度很堅決，蔣說：『讓我死以後，你再不要去剿共了』。我說：軟說不行就硬幹。張沉思了一下，說這個辦法好，剛柔相濟，剛柔並用。」❷這時，他們兩人共同對推翻蔣的「先安內後攘外」的政策下了決心。這個「硬幹」就是指用軍事手段。此後，王菊人等十七路軍和東北軍方面奉命做這方面工作的人，在一起秘密地研究了好幾次。

楊虎城與張學良的政治關係確定後，便共同開展了一系列爲抗日反蔣做準備的活動。

一九三六年春，東北軍和十七路軍在西安南郊的王曲鎮共同成立了軍官訓練團，由張學良和楊虎城分別親自擔任團長副團長，訓練兩支部隊中團長以下、連長以上的軍官。主要是對軍官們進行抗日教育。每期五百人，先後共辦了三期。每期開始，張、楊都要親自訓話，公開提出抗日問題，批判「攘外必先安內」和「抗日準備」論等謬論。他們抽調一些具有愛國思想的人士擔任教官，對學員廣泛宣傳停止內戰的觀點。也使兩個部隊幹部在抗日的前提下，溝通了思想，增加了了解與信任，爲參加西安事變作了必要的思想準備。

接著，發生了「活路」事件。張學良在與楊虎城取得抗日共識的同時，通過手下被紅軍俘虜的團長高福源與紅軍也建立起了合作關係。特別是一九三六年四月初，他在扶施（今延安）教堂內與周恩來竟夜長談後，完全被周恩來過人的才智所折服。在那個時期裏，張學良的思想和行動都表現得十分積極，甚至提出了要加入共產黨的要求。

爲了改造部隊，張學良讓高崇民、劉瀾波、孫大勝等化名寫了幾篇講抗日、聯共以及批評蔣介石、閻錫山阻撓紅軍東征抗日的文章，合成小冊子，名爲《活路》。文章寫出來，他們和幾家有經常生意來往的印書館商量，都不敢承印。王菊人說：張學良告訴楊虎城：「你是地方人，你想辦法。」楊答應了。十七路軍軍需處有一部鉛印機，有印刷工人，經常開工做活，地址在新城十七路軍總部內，有數道崗位，自己可以秘密印刷裝訂。十七路軍軍需處長王惟之是個同情抗日的人，楊便叫王去辦，並再三叮嚀要嚴守秘密。

王處長自己監督，幾夜印了八千本。王先用自己的小汽車運到西倉門的家中，隔了一天在傍晚用申伯純的小汽車送到甜水井高崇民家，由高密發東北軍前線部隊。楊又派崔孟博帶了兩千本送到宜川，交第三十八軍軍長孫蔚如發給十七路軍在陝北前線的部隊。事前我們估計到，這本小冊子一發到前線，特務必然知道，談不到保密的。楊說：「這個本子發到前線官兵手裏，作用很大。秘密保不住的時候，特務無非用槍桿嚇人，咱也有槍桿對付。有勇氣抗日不怕特務。特務來軟的我們軟對付，他來硬的我們便和他們硬幹。」

不料，兩個被國民黨特務收買的印刷工人偷著多打了一份校對清樣，將清樣交給了「剿總」情報處處長江雄風（蔣介石的特務）。江雄風獎賞了這兩個告密者，並立即報告了蔣介石派駐西安的親信「剿總」參謀長晏道剛。晏召集蔣系特務頭子江雄風、馬志超、曾擴情等開會進行了研究。他們再三研究，認為小冊子既是在十七路軍印刷廠印的，編者應該也是十七路軍系統的人。可內容與口氣卻又像是東北人寫的，而且宣傳的對象有多處也指明是東北軍。這樣猜來猜去，就將目標鎖定為十七路軍參議郭增愷（郭當時兼任宋子文的經濟委員會駐西北特派專員）。因郭一九三六年夏給閻錫山一密電勸閻實踐前約，相機聯合韓宋組織華北抗日同盟……密電剛被特務們譯出。經請示蔣介石後遂將郭秘密逮捕，送往南京，關押在憲兵司令部中。直到西安事變時宋子文來陝時，才帶郭一同回到西安。

秘密逮捕郭增愷時，楊虎城並不知道，當聽到消息時，人已送出陝西了。晏道剛在捕人後，將楊虎城約到「剿總」。對楊說：「何敬之（何應欽）在江西剿共時，何的隨從人員中有共產黨，把軍事計畫偷送到紅軍方面，結果何吃了大虧。你對你左右的人要常注意。」[3]

楊聽了這番話，估計是印《活路》出了問題。同時又得知郭增愷被捕的消息。感到內部有問題，就令軍需處和軍法處迅速查明洩密和幫助特務的人。經過調查，查出了那兩個向特務告密的工人，就當即關押了，使特務失掉了人證。後來特務們也發現抓錯了人，發現高崇民才是真正編寫《活路》的人員之一，就要逮捕高崇民（張學良當時不在西安），楊虎城知道後，將高秘密送到他三原縣東里堡的家中隱藏起來，命令當時在三原管家的副官王世英絕對保證高先生的安全，如遇特務逮捕可以武力抗拒。後來又送高離開了西安到天津去躲避。

◆風雨同舟

一九三六年六月一日，發生了兩廣事件，即陳濟棠、李宗仁在廣州召開國民黨中央委員會西南執行部和國民政府西南政務委員會聯席會議，要求抗日，反對蔣介石。

事變爆發前，楊虎城就與廣西的李宗仁就抗日反蔣問題進行過聯絡。從李宗仁的代表劉仲容的談話中得知，廣東、廣西要聯合起來反蔣，但如何行動弄不清楚。爲了掌握局勢，楊派了崔孟博去天津找南漢宸，打聽兩廣的情況，同時了解宋哲元、韓複榘、閻錫山的動向。如果兩廣反蔣，他們將會如何行動？崔孟博從天津回來報告說：兩廣發動軍事倒蔣很快將見諸行動；韓、宋反蔣也是真實的，但抗日是不可靠的；閻錫山極靠不住；西安方面如能與兩廣聯合反蔣，制止蔣的武力統一，先把內戰停止，這是團結抗日的前提。楊虎城聽後說：「先打破蔣的武力統一，內戰會停止，那時，蔣介石再不抗日，看他往哪裏走！」

「兩廣事件」發生後，陳濟棠、李宗仁都有密電給楊，要求出兵支援。楊虎城拿著兩廣的電報與信件去找張學良商議。張對楊說：這事我早有些知道，並派人去見過閻和韓、宋。閻自居為我的父執。說了好些打氣的話，表示支持我。韓、宋的反蔣態度是明顯的，也同意同我們合作援助兩廣。楊也把他了解到的情況和自己的看法告訴了張。當時未作決定，兩人約定次日再商量。

第二天的晚上，在張學良西安金家巷的公館裏，張、楊商定了以下辦法：

（一）張、楊分別致電蔣介石，要求停止內戰，團結抗日。反對蔣對兩廣用兵，要求和平統一，共商抗日大計。為了免得蔣對他二人有合謀的疑忌，張、楊致蔣的電報，在文句上有所不同。

（二）如蔣對兩廣繼續用兵，西安方面便提出停止一切內戰和召開救國會議（**當時想參照孫中山先生召開國民會議的辦法**）解決國是的主張，通電全國各軍事長官、各省府、各法團，徵求意見。

（三）如蔣繼續對兩廣用兵，西安方面即出兵援助兩廣，其軍事部署的計畫為：東北軍編為第一集團軍王以哲為軍團長，由鄭州向漢口推進，擔任主攻；十七路軍編為第二集團軍，以孫蔚如為軍團長，由商南出南陽經襄樊向漢口挺進；西安北部請紅軍接防。

張、楊兩人商定後，楊便積極暗中部署十七路軍，準備行動。蔣介石為解決兩廣事件，召開國民黨五屆五中全會，通知張、楊參加。張、楊認為，軍事形勢瞬息萬變，兩人都去參加五全會不妥。遂決定，由張去南京開會，順便觀察形勢。楊請假留在西安做好回應兩廣的準備。

可當張一到南京，除了開會，蔣介石就叫熊式輝、吳鐵城陪張去上海娛樂、跳舞，羈絆得張無法自由行動。張去南京了許多日子，一直沒有回來的消息。而兩廣方面屢屢來電要求西安方面給予支援。楊虎城問王以哲，王說他也沒有張回來的消息，並說我們可以不等他。楊說：「那怎麼行，一定要等張司令回來，才能行動。」張在南京、上海待了一個月，直到蔣介石把兩廣事件解決了。

張從南京回西安後解釋說：「我看兩廣也太無能，經老蔣略施計謀，稍事鬥爭就垮了，所以我也就沒急著回來。」其實主要還是張學良那時還沒有下決心與蔣介石決裂。楊虎城則對坐失反蔣的良機十分遺憾。

▶趙壽山，十七路軍十七師五十一旅旅長。西安事變中，擔任西安戰鬥的總指揮，事變後兼任西安市公安局長

擔任張學良秘書的中共地下黨員宋黎和進步人士馬紹周住在西北飯店。他們的一些活動，被國民黨省黨部的中統特務偵悉。八月廿九日晚上，省黨部出動便衣特務圍捕宋、馬。當時，馬外出未歸，特務遂將宋黎綁架。在押宋去省黨部途中，恰遇十七路軍憲兵營巡邏隊。宋便大喊：「土匪搶人！」巡邏隊便將宋黎和特務一起押到憲兵營營部。憲兵營副營長謝晉生（中共

黨員）立即向楊報告，楊著副官讓謝晉生向交際處申伯純報告，由申伯純打電話向張學良報告，張學良即派人將宋黎接回。不料此刻，守候在西北飯店的特務又將馬紹周逮捕，張學良派隨員到西北飯店去調查，也被省黨部特務捕去。張學良聞之非常生氣，即打電話要邵力子放人。而邵答覆：中央調查局逮捕的要犯不能放。張學良即派孫銘九的衛隊營查抄了省黨部，釋放出了在押的關沛蒼、馬紹周和以前失蹤的劉瀾波，並從省黨部調統室抄去了不少文件。事後張學良爲了對付蔣介石，發了一個請求處分的電報。

蔣介石明知張學良言不由衷，但苦於當時忙著處理兩廣事件的善後，騰不出手來解決西北問題，就回電說：「我弟處理此事，殊失莽撞；惟既知錯位，後當注意。所請予以處分一節，應免置議。至馬紹周等的審理，准如所擬辦理。」表面上了結了此案，但促使蔣介石暗下了解決西北問題的決心。張、楊也從同蔣的幾次較量中，增進了政治互信，感覺到形勢的緊迫而加速了反蔣的活動。

◆提出捉蔣

雖然回應「兩廣事變」的軍事行動「胎死腹中」，但在準備過程中卻將楊虎城提出的「硬幹」的思想變成了具體的軍事行動計畫和政治綱領。

在張學良到南京開會期間，楊虎城派員與韓複榘、宋哲元進行了聯繫，取得了他們共同採取反蔣抗日行動的保證。由楊虎城主持制定了楊、韓、宋都同意的：一、改組南京政府，容納各黨各派共同抗日；二、停止一切內戰；三、釋放一切政治犯；四、開放民眾救國運動；五、保障人民的政治權利；六、立即召開救國會議等六項政治主張。這六項後來就完全應用在「西安事變」時，張、楊發表的八項政治主張之中了。

一九三六年十月，曾請假離開部隊近一年時間的十七路軍十七師五十一旅旅長趙壽山返回了部隊。他一回來就急切地找楊虎城談自己的想法，楊虎城也很重視，多次與之長談。談話中，趙壽山向楊闡述了自己對時局的看法，趙對楊說：「目前的形勢，對國家的興亡，對我們的前途來說，只有反蔣聯共抗日這一條路。看蔣介石最近調兵遣將的舉動，是要對紅軍大舉進攻，並且要把我們也拉入內戰漩渦，以便消滅我們。因此，是否可以考慮，蔣如果來西安，必要時我們把他扣起來，逼他聯共抗日。」

楊聽後顯得有些驚異，望著趙說：「天大的事，我們敢幹？」趙說：「只要你把當年打李楨的精神拿出來，就敢幹！」楊看起來不反對，但是他卻以深沉而又慎重的態度說：「你在外面轉了一圈，回來腦子發熱了，這樣的大事要很好的考慮，不能輕舉妄動，隨便亂說。」這時，趙表示：「如果這一舉勝利了，整個國家就可以振興；萬一失敗了，我們就背靠北山，全部集中到耀縣以北，或者乾脆就打出紅旗與紅軍合作，將來我們還是要打回來的，就像當年由武功撤到陝北，然後又打回來一樣。」最後楊很嚴肅地說：「你這些話只能對我說，絕對不能

對其他任何人講。」❹

這就是捉蔣主意的提出。

雖然楊虎城聽趙壽山提出「捉蔣」的意見時，沒有表露出熱情。但實際裏，他接受了這個「天大」的主意。楊虎城雖出身貧苦，但他之所以能成功，很大的特點就是善於汲取智者的智慧。他思考了一段時間後，向張學良正式提出了「挾天子以令諸侯」的建議。

張學良在一九五五年十二月十五日寫給蔣介石的《回憶》一文中說：

關於停止剿匪，團結抗日，楊深表同情。力促以向蔣公進言，以期早日實現，節省雙方消耗。迨至良從洛陽返來，心情十分懊喪，對楊談及蔣公難以容納余等之意見，該時良對蔣公有怨言，並問計於楊，彼有何高策，可以停止內戰，敦促蔣公領導實行抗日之目的。楊反問良，是否真有抗日決心？良誓志以對，楊遂言待蔣公來西安，余等可行挾天子以令諸侯之故事。良聞之愕然，沉默未語，彼露有懼色，良即撫慰曰：「余非賣友求榮之輩，請勿擔心！不過汝之策，在余有不能之者。」彼遂譏良：「乃情感作用，以私忘公。」良答以「容余思考商討」，請其安心，余絕不同任何人道及彼之意見也。❺

張學良這段回憶，道出了是楊虎城提出「兵諫」的主要情節。

注釋：

❶王菊人：《記西安事變前後幾件事》，《陝西文史資料第十五輯》，陝西人民出版社，第一五四頁。

❷同上。

❸王菊人：《記西安事變前後幾件事》，《陝西文史資料第十五輯》，陝西人民出版社，第一六二頁。

❹趙壽山：《西安事變前後的回憶》《陝西文史資料第十五輯》，陝西人民出版社，第一三八至一三九頁。

❺張學良：《關於西安事變的回憶》，美國哥倫比亞大學《張學良檔案》。

四、與共產黨

在與張學良結成政治同盟的同時，楊虎城與中共中央也逐漸建立起了新的關係。楊虎城與中國共產黨的聯繫可謂源遠流長，從一九二二年他蟄居陝北榆林時開始，到西安事變爆發，這十四年中，兩者的關係經歷了大革命的洗禮；蔣介石「清共」「剿共」等嚴酷考驗。其間，有高潮有低谷，有合作也有誤會。

◆了解合作

最初在一九二二年，楊虎城堅持靖國軍「護法」失敗後，蟄居在陝北。在榆林養病期間，經時任榆林中學校長杜斌丞的介紹下，楊虎城結識了正在榆林中學任教的共產黨人魏野疇。

魏野疇（一八九七—一九八二），是陝西興平縣人，北京高等師範學校畢業，曾參加過五四愛國學生運動，並與楊鐘健、李子洲、劉天章等人創辦過《秦鐘》雜誌，宣傳革命思想。一九二〇年冬加入社會主義青年團，後經李大釗等介紹加入中國共產黨，並創建了陝西共產黨的地方組織。

在與楊虎城的交往和深談中，魏野疇向楊虎城講解了馬克思主義基本內容，介紹了中國共產黨的主張，分析了當時中國社會的基本矛盾和政治形勢，並誠懇地指出楊虎城屢遭失敗的癥結所在。魏野疇以其科學的理論、精闢的見解和淵博的知識，深深地贏得了楊虎城的敬重，從此，兩人成為親密的朋友。

在與魏的交談中，楊虎城了解到了以前聞所未聞的革命理論和蘇聯革命的一些情況，解開了一些困擾他的問題，為後來與中國共產黨長期合作奠定了思想基礎。

一九二五年夏，為了改造軍隊，楊虎城接受了魏野疇的建議，效仿黃埔軍校在陝西耀縣創辦了三民軍官學校。由楊虎城兼任校長，魏野疇擔任政治部主任，唐嗣桐任校務長。聘請了劉含初、趙保華、呂佑乾等共產黨人任政治教官，在部隊裏實現了國共合作。「講課方面，政治以三民主義為中心內容。軍事以黃埔軍校的課程為基礎。同時，還規定每星期日為服務日，教職工和全體學員幫助縣政府、商號、居民打掃馬路和街巷的環境衛生，並幫助貧戶修繕房屋，

▶魏野疇是楊虎城接觸到的第一位共產黨人

在北大街文廟東西一帶植樹五百餘株；農忙時，幫助農民夏收、秋收和捆白菜等勞動；組織宣傳小組。每週一二次深入農村，宣講三民主義，並在柳林鎮組織鑼鼓隊，召集群眾，講解帝國主義、封建主義、官僚資本壓迫和剝削廣大勞動人民的種種罪行，策動反對地方武力拉夫、拉牲畜和派糧派捐。」❶

「三民軍官學校」是楊虎城與共產黨合作的一個起點，楊虎城和魏野疇都傾注了大量心血。一批熱血青年在三民主義的教育和共產主義的影響下，投身國民革命，在戰火中成長。也是由於國共合作，楊虎城部隊有了堅定明確的方向，政治素質有了很大的提高，經受住了以後各種艱難困苦的考驗。由此開始，共產黨的組織進入了楊虎城的部隊。

一九二六年四月，在魏野疇的積極推動下，爲保衛西安，抗擊北洋軍的「鎮嵩軍」，支援廣東革命政府北伐，楊虎城率部進入西安。從此，開始了爲時八個月異常慘烈的西安保衛戰。

楊虎城回憶說：「這時，原在靖國軍的許多進步將領和進步人士，聚集三原，和我商議，認爲我們是一支訓練有紀律的部隊，要求我們與李虎臣聯合起來，保衛西安，我召集了孫蔚如等高級軍官會議，對當時國內軍事政治形勢作一研究，一致認爲保衛西安，抗擊『鎮嵩軍』對聲援廣東革命政府北伐，有重要戰略意義，決定順應全國革命趨勢，拯救陝西，進軍西安。」

楊虎城在軍官會議上指出：敵人兵力雖大於我，而西安城高池深利於守不利於攻；且北洋軍閥之間矛盾重重，只要我們能堅守半年，國內政治必有變化，我們就可以取得勝利。

一九二六年四月十八日，楊虎城率領其後衛部隊進入西安，從而穩定了西安戰局和民心，正式揭開了西安保衛戰的大幕。

他在進入西安時曾賦詩：

《丙寅季春痛感時艱偶作（三月初五入長安城時）》

萬姓倒懸我心憂，滿地烽煙何日收？

聯歡民眾撐危局，掃盡群魔定神州。

表達了他當時的憂心與決心。

西安的城牆很是高大堅固，四面都有深達十餘米的護城河圍繞，易守難攻。劉鎮華爲了減少自己部隊攻城的難度與傷亡，他在圍城初期，指揮「鎮嵩軍」從城的東、北、南三面進攻，留出西關不動。他自以爲守城軍隊在他的攻擊下會從西門敗退撤出，屆時就可消滅之。不料到了五月十五日，守城軍隊都沒有任何撤出的動靜。劉鎮華這才下令把西門也圍了起來。至此，只是城關附近的紅廟坡、小雁塔等少數據點仍爲國民軍所控制外，西安陷入了四面包圍之中，四周相繼成爲戰場。一時間，城郊區的民眾扶老攜幼，紛紛進城避難；而城內的一些民眾則因爲缺糧，又欲逃往城外。城外的想進來，城裏的想出去，這是西安「圍城」的真實寫照。

一九二六年六月初，城外小麥成熟。爲了斷絕城裏的糧源，劉鎮華不管百姓死活，命令部下放火焚毀了西安郊區十萬多畝即將收穫的小麥。一時間，「白天濃煙蔽日，入夜火光燭天」。老百姓眼看著辛苦了一年，即將到手賴以活命的糧食被毀，痛恨以極。他們從心裏痛恨劉鎭華和「鎭嵩軍」，更加支持西安保衛戰。

堅守西安，糧食是重要的條件之一。以往西安城存糧不多，根據需求，依賴外縣運來。所幸圍城的前一年，陝西小麥豐收，因地方戰爭頻起，有錢人、地主等紛紛進入西安避災，附帶運入了一大批糧食。所以在圍城後過了五六個月之久，雖說糧價逐漸上漲，但尚有買賣。

而七月以後，糧食問題就嚴重了起來。到了秋冬之季，百姓凍餓倒斃街頭的情況時有發生。由於缺糧，也發生了一些守軍擅自闖入民宅搜糧的事件。爲嚴肅軍紀，維護百姓利益，守軍總司令部佈告全體官兵：嚴禁進入居民家中搜糧，違者嚴懲不貸。楊虎城手下的上尉副官趙文魁，因違反此項軍規被梟首示眾。

楊虎城召集其部營以上軍官講話：「北洋軍閥禍國殃民，是人民的敵人，劉鎭華是北洋軍閥的走狗，我們抗擊劉鎭華，就是直接打擊北洋軍閥，也就是協助革命軍北伐。我們堅守西安也是爲西北革命軍人爭人格，我們一定要堅守到底，取得最後勝利。萬一不幸西安被敵攻破，我部官兵必須堅守防地，與城共存亡，與敵巷戰打完最後一顆子彈，流盡最後一滴血。我不要大家戰死而我獨生，我已下定決心，城破之日我就自戕於鐘樓底下，以謝大家，以謝人民。」講到此，聲淚俱下，聽者深受感動，許多人都流下熱淚。

他又說：「我們革命是爲救國救民，尚不顧老百姓，怎能算得革命。近來，各部隊往往各派官佐到居民家中征糧，秩序太亂，這還能堅守西安嗎?從今天起，各部隊必須營長以上官長才准許征糧。倘有不遵規定，私自征糧者，在哪裏查出，即槍斃在哪裏。」從而刹住了部隊入民宅搜糧的歪風，城內秩序復歸穩定。

雖然如此，但城內缺糧的問題依舊，到後來守軍就絕糧了。爲了保證部隊的戰鬥力，李虎臣、楊虎城等將領將自己心愛的坐騎交給士兵宰殺充饑。而百姓們也到了無以果腹，「掘鼠羅雀」的地步。入冬以後，天氣漸冷。每天都有數以十計乃至數百人倒斃在街頭巷尾。就這樣艱苦，廣大官兵忍饑挨餓，依然堅守著自己的防線。但一些領導人卻開始發生動搖。

李虎臣在開始守城時態度就不很積極。後來，在守城面臨嚴重危機時，他又表現動搖，曾主張和談；下面從李虎臣和楊虎城守城期間的一次對話中，反映出他的守城態度。

李：「『對點子』，彈藥極缺，又無來源，咋辦？」

楊：「打完了再說！」

李：「打完了咋辦？」

楊：「用城牆上的磚打！」

李：「城牆上的磚打完了咋辦？」

楊：「我們兩人上鐘樓戰死！」

李：「『對點』，我和你説老實話，守西安有什麼價值？」

楊生氣地站起來：「我守西安為的是縮短國民革命和世界革命戰線。」

李：「你不要給我上洋條子，我不懂！」說完氣得走了出去。

一九二六年十一月七日，北京《晨報》有這樣的報導：「陝西省城固守城內之陝軍，楊虎城態度極爲堅決，絕對不與劉鎮華言和。楊對部下宣稱：『雖留我一人，我還非死守不可。有倡言和者，即以軍法從事。』月前曾以言和楊真槍決數人，於此可見其態度之堅決。李虎臣雖較緩和，不無有與劉軍言和之可能，但亦以格於楊勢，不能特立獨行。」

西安保衛戰中，中共西安地委以國民黨陝西省黨部的名義（當時國、共兩黨為一家），積極開展了許多支持陝軍堅守西安的活動：組織學生，成立宣傳隊。對市民和守城部隊進行鼓動和宣傳，堅定廣大軍民的戰鬥決心和爭取勝利的信心；同時發動婦女組成婦女慰勞隊，以多種形式慰勞守城官兵，鼓舞了廣大官兵的戰鬥士氣。城中缺糧後，又發動婦女和青年學生參加社會救濟活動。組成糾察隊協助維護社會秩序。

爲了使西安早日解圍，共產黨人魏野疇、張含輝、侯德普等人冒險化裝出城，分赴咸陽、三原向國民軍求援。有的則到西安周邊農村，發動農民組織武裝，打擊騷擾「鎮嵩軍」，支援了守城戰鬥。

西安保衛戰取得勝利後，一九二七年六月，楊虎城率部由三原出發赴豫參加北伐戰爭，魏野疇時任軍總政治處處長。

◆風雲突變

一九二七年，正當北伐戰爭取得節節勝利，國民革命轟轟烈烈之時，四月十二日，蔣介石在上海發動了反革命政變，開始屠殺共產黨人和革命群眾。四月廿八日，中國共產黨的主要創始人和領導人之一的李大釗及其十九名革命者，也被奉系軍閥張作霖在北京殺害。以蔣介石爲代表的國民黨右派與北洋軍閥在反共問題上走到了一起。六月二十日至廿一日，馮玉祥與蔣介石在鄭州舉行會議，馮玉祥公開倒向蔣介石一邊。他撤換了國民軍聯軍總部政治部部長共產黨人劉伯堅；押送蘇聯顧問團回國。在其部隊內和轄區內進行「清黨」運動。七月十五日，汪精衛在武漢也開始屠殺共產黨人和革命群眾。

而楊虎城從根本上就反對「清黨」的做法，認爲此舉違反了三民主義的原則，背離了孫中山先生的路線。他不但不在所屬部隊中「清黨」，反而接受和藏匿了一批被其他部隊清理出來的共產黨人，在他的部隊繼續維持著國共合作的局面。

一九二七年底，楊虎城率十軍到達安徽的太和縣，在皖北開闢出了一塊自己的領地。在皖北時期，楊虎城在政治上繼續貫徹執行孫中山的三大政策。國民革命軍第二集團軍第十軍政治部派出農運工作隊在太和縣東南、西北兩區秘密建立農民協會，組織貧苦農民與土豪劣紳進行鬥爭；發動群眾，宣傳反帝、反封建思想；在太和縣成立了婦女會，由十軍政治部的謝葆真任主任委員。在相當一個時期內，十軍的駐地中仍然蕩漾著大革命的氣氛。

楊虎城將部隊駐紮在皖北，一邊休整部隊，同時也在研究觀察形勢，爲今後的發展尋求出路。當時，共產黨、馮玉祥、蔣介石三種力量都在積極爭取這支武裝力量。共產黨方面爲了貫徹中共「八七」會議決定，也加緊開展對楊虎城及部隊的工作，計畫在皖北發動武裝暴動。一九二七年十一月廿二日，中共河南省委做出關於在楊虎城部工作的決議案。決議案指出：「楊軍現住太和，四面被敵人包圍，楊進退維谷。」「楊軍有人七千餘，槍亦七千餘，其中並有不少我們的同志。」「派于基同志赴太和，切實調查實際情況，於可能時向楊提出：（一）不附南京，亦不附鹿；（二）認定自己的武力是真正爲大多數工農平民的利益而奮鬥而革命的贊成土地革命的武力；（三）淘汰一切猶疑和反動的分子，甚至剷除之；（四）在下層兵士中切實作政治的宣傳；（五）不參與任何軍閥戰爭。」「爲進行此等工作，楊軍中須組織特別委員會指揮之，現指定于基爲特委書記，另在該軍中找二同志組織之。特委受省委直接指揮，同時須與豫南特委發生密切關係。」「于基」即南漢宸。[2]

根據中共河南省委的指示，十一月，中共皖北中共特別委員會在太和縣城成立。書記南漢宸，組織委員魏野疇，宣傳委員蔣聽松。十二月十九日，當時在高桂滋的第十九軍內做秘密工作的共產黨員胡倫，也在給中共中央的報告中說：「十月底又於豫東敗退來皖北三部軍隊。楊虎臣約七千人，槍四千枝，炮數門，惟無子彈，現近太和。」「以上各部領袖，思想較好者，爲楊虎城有特立獨行、好高騖遠之氣概，現刻彼雖十分困難，尚猶提起精神，銳意整頓部隊，當其言語時，每每以政治爲前提，時刻痛罵現時一般新軍閥之非爲，又常表示多找同學幫其工作，故蔣聽松、張學靜二同學，均已於前月內由高軍長處撥過去了，蔣充楊之秘書長，張充參謀，尚有魏野疇同學充其宣傳大隊長，倘若要再派三五人，是可能的」。❸

中共皖北特委成立後，魏野疇、南漢宸等就在皖北發動武裝暴動問題與楊虎城進行過多次商談。楊虎城當時的基本立場與態度是：一、共產黨反帝反封，爭取農工解放的主張與楊的出身、個人奮鬥經歷都很一致；二、共產主義與楊所信奉的三民主義也是相融的；三、在國民黨全面走向反動之後，他已對國民黨失去信心，認爲中國革命只能在共產黨領導之下才能繼續進行，因此他希望能加入中國共產黨；四、第十軍是陝西關中東部的地方性武裝集團，是以楊虎城爲首的許多以弟兄情感爲基礎的組合，具有較濃厚的鄉土意識。

從表面看，經過多年的革命活動，部隊中已有不少進步和革命的青年軍官，但還未能根本改變這支部隊根深蒂固的、以鄉土和宗派爲特徵的封建聯繫。部隊從師、團以至營、連級的指揮權，大多還掌握在保守分子手裏。這些人對暴動的態度不僅不會支持，甚至連勉強跟著走也成問題。楊認爲必須待幹部學校再辦幾期，徹底更換基層幹部，使部隊逐步掌握在進步分子手中，發動起義，才有成功的把握。

另外楊虎城認爲周邊環境比較複雜：一是皖北是軍閥頭子姜桂題、倪嗣沖、陸建章等人的家鄉，封建勢力根深蒂固，且未受到大革命浪潮的衝擊，各種反動地方武裝比較強大。第十軍到太和後曾與所謂「紅學」、「扇子會」發生過幾次衝突，損失不小，這些反動勢力將是起義的勁敵。楊認爲對此不能不有足夠的估計，同時認爲特委對發動農民的估計過於樂觀。二是對周圍的幾支國民黨軍隊的情況了解不夠。當時駐在皖北的除楊虎城的第十軍外，還有高桂滋的第十九軍，蕭之楚的第四十四師和王金韜的一個師，豫南地方還有任應岐部一個軍。此時十九軍已開始「清黨」，其他幾支部隊的政治動向不明，倉促行事極易遭到圍攻。總之，楊虎城認爲起義條件根本不成熟，不應盲動。

對此，中共皖北特委向中共河南省委作了專門彙報。一九二八年一月九日，中共河南省委就楊虎城部的情況，專題向中共中央作出報告。報告稱：「楊虎城部隊情形及河南省委對該軍工作方針在前已有報告。最近南同志由太和來訪，報告該軍目前狀況如下：「（一）現有人數不到七千，槍支僅三千餘，野槍、機關、迫擊共計十餘架，但子彈非常缺乏；其編制共計兩師及直隸於軍部之七個小部隊。（二）楊本人近來因環境所迫，非常同情於我黨，並要求加入我黨，要求我們多派人到他的部隊中去，無論政治工作人員和軍事人員，都歡迎。（三）楊軍內部非常複雜，各自成一系，每一小部分中，地域觀念很盛，此派和彼派亦常有衝突，不過都服從楊。（四）要他們實行土地革命，馬上是不可能的。（五）我們在其中同志共十六人，多係政治人員，沒有士兵工作」。❹

從這份報告可以看到，當時中共河南省委不相信楊虎城的革命性，認爲楊投機的成分很多，所以拒絕了楊虎城的入黨要求。他們一方面不信任楊虎城，另一方面卻要求楊虎城的部隊起義，由此，楊虎城與中共皖北特委意見發生了分歧。當時，如楊虎城不參加起義而仍繼續留在部隊中，必將對起義產生不利影響，甚至會使合作局面陷於破裂。特委當然不願意出現這樣的局面，楊虎城也極不願處在這種以自己爲中心的矛盾漩渦中。爲擺脫此種尷尬，他向特委表示自己可以離開，用他的話來講，即：「可以丟開部隊，而不願使自己與中國共產黨的合作關係歸於破裂。」

連瑞琦後來回憶：

楊說，他離開隊伍的原因，主要是新舊兩派激烈的鬥爭，使他無法應付，一派是共產黨領導的新興革命力量；一派是和他久共患難的舊派勢力，這兩派在當時是水火不相容的，雙方都要求他屠殺一場，新的要求他殺舊的暴動起義；舊的要求他殺新的反共。這時正是「左」傾機會主義路線在共產黨內占上風，新派逼他暴動，當時中國的實際情況是在第一個革命浪潮已經為歷次失敗而過去了；而新的浪潮也沒有到來，反革命的勢力還超過革命的勢力。如蔣介石，馮玉祥，李宗仁，閻錫山，張學良等等都在反共。在這種情況下，楊的估計不能進行，也不能起義，只有訓練幹部，爭取群眾，倘若以三千多不團結的武裝力量暴動，一定失敗，楊為了緩和這種緊張局勢，不得不暫時離開部隊。❺

一九二八年二月初，楊虎城偕夫人秘書等一行離開太和。臨行那天一早，中共皖北特委的負責人魏野疇、南漢宸、蔣聽松等都來給楊虎城送行。他們彼此相對黯然，互道珍重而別。

在楊虎城離開皖北後不久，中共在十軍的組織完全暴露。十軍參謀長孫蔚如按照楊虎城離開部隊時的交代：「這些朋友是我們請來的，縱一時不能合作，也要對得起朋友，要講道義，要留有他日見面的餘地。」

孫蔚如把十軍的共產黨員集中在一起，分別發給路費，武裝押送到皖豫邊境處釋放，沒有傷害一人。南漢宸因為身分暴露，早於他人與楊虎城同一天離開皖北去了河南馮玉祥部。南走後，魏野疇擔任皖北特委書記。

一九二八年四月九日，在魏野疇的領導下，以楊虎城的十軍一小部，高桂滋的第十九軍教導團的一部分，共約七個連左右，加上當地的一些貧苦農民，發動了皖北暴動。在太和與阜陽間的留集建立了紅色政權。

但是，暴動很快就被鎮壓下去了，魏野疇被逮捕，當天就犧牲了。楊虎城在上海得知皖北暴動失敗，魏野疇遇難的消息後，沉默許久，最後留下了熱淚。因為魏野疇是他結識的第一位共產黨人，他從魏野疇身上汲取了許多有益的政治營養，兩人成為摯友，六年的合作是肝膽相照，榮辱與共。他為保住了十軍這支革命部隊，日後能為國家民族做更多事情而慶幸，更為失掉魏野疇這位摯友與同志而悲痛。

楊虎城離開皖北時將軍務交由第二師師長孫蔚如負責，攜同妻子謝葆真、米暫沉、王一山、李百朋、白志鈞、劉子潛等先赴南京。楊虎城離開皖北赴南京，一方面是為了避免與共產黨的矛盾激化，另一方面是為十軍的生存尋找出路，希望與南京蔣介石政府建立一定關係。在南京，楊虎城接受了李仲三先生建議，決定赴日本遊歷，藉廣見聞，並靜待國內局面變化。

◆志同道異

一九二八年四月底，楊虎城偕夫人謝葆真、秘書米暫沉三人由上海乘「長崎丸號」東渡日本。他當時是以擺脫矛盾的心態去日本的，日本之行卻使他的眼界大開。在三民主義、共產主義、封建主義之外，他還了解到了法西斯主義和資本主義等當時世界的主要思潮，開始形成要走自己的路的思想。

楊虎城在日本期間，於認清了日本帝國主義的侵略企圖的同時，還對社會的民主問題有了深刻的認識。他自幼深受生活的煎熬和階級的壓迫，思想上有強烈的平等觀念，後來接受和信仰了孫中山的三民主義。到日本後，他特

▶楊虎城與夫人謝葆真在東京寓所讀書

別關注日本的民主問題。他發現日本的政治完全由一少部分金融寡頭、壟斷資本家、政客和軍人控制著，廣大人民並無參與政治權利。

當時軍國主義者還沒有完全控制國家機器，所以日本社會還維持著一定的民主狀態。各種書籍包括馬克思、列寧的著作都可出版發行；各種主義都可以宣傳；各種政治組織還可以公開活動。對此，楊虎城非常感興趣，他認爲一切政治主張、思想理論、學術問題都應該允許存在，公開拿出來講，讓人民自己去選擇，單憑壓力和鎮壓手段，是解決不了思想認識和信仰問題的。

透過日本與中國的比較，他認識到沒有民主，只想建立專制，是中國動亂不安的重要原因之一。北洋軍閥如此，蔣介石執政依然如此，其白色恐怖，思想禁錮比北洋軍閥有過之而無不及。這些認識爲他後來在陝西主政期間提倡民主和思想學術自由，與共產黨和其他進步勢力建立合作關係，特別是在策劃發動西安事變時，提出以民主政治爲核心的八項主張都起了決定作用。同時也對他個人的思想作風產生了很大影響。

在此期間，中共東京支部對楊虎城也非常關注。

曾為中共東京支部成員的馮潤章說：

我是一九二八年六月去日本的，住在東京大岡山地區，四月下旬到日本的楊虎城和夫人謝葆真、秘書米暫沉也住在這裏。我由上海赴日時，黨中央通過張金印（後改名張慕陶）叫我到東京後，多同楊虎城接近，影響楊虎城。我因負有這樣一個任務，所以到楊家去的次數就較多，主要是談些國際形勢和國內革命發展情況，楊表示同情革命。楊知道我是共產黨員，大約在七八月間，給了我三萬元，叫我轉給共產黨。我通過張金印轉告中央，後叫我把這筆錢交給了中國濟難會負責人浦化人。❻

透過對楊虎城的接觸、了解，東京支部認爲應該發展楊虎城加入共產黨，便向中共中央進行請示。

十月九日，中共中央函覆中共東京市委：「收到你們的來信，茲特答覆如次：……楊虎臣中央已允其加入，交由你們執行加入手續。加入的手續如下：須三個同志的介紹，候補期爲半年。再望你們與他談一次話，指明兩點：（一）目前黨的任務主要的是爭取廣大的群眾以準備暴動，而不是馬上就要實行總暴動。總暴動是我黨的前途，目前尚不是行動的口號而是宣傳的口號，尤不是每個同志一加入就要派回暴動。（二）每個黨員加入後如在工作上有需要時，黨仍須調其往他處工作，不給某個同志以固定時期的休養。」❼

當時，由於交通原因，此指示信到東京時，楊虎城已回國到達南京，故楊未履行加入中國共產黨的手續。之後，中共東京支部又派馮潤章到南京去找楊虎城，向楊傳達中共中央的意見。聽了馮的話後，「楊虎城很長時間沉默無一語。最後他說：『你回去告訴他們，我向右轉了』。我只好回上海覆命。」❽

自一九二八年十二月底楊虎城從日本回國。此後，楊虎城再也沒有提過要加入中國共產黨的要求。因爲通過在日本的學習考察，他自己認爲似乎找到了一條今後可以前行的道路——民主之路。他把共產黨人視爲實現自己理想的志同道異的朋友。

◆開闢新徑

自一九二八年春，魏野疇、南漢宸離開十軍，特別是魏野疇領導的皖北暴動失敗後，共產黨的組織基本停止了在楊虎城部隊的活動，當時僅存的地下黨組織，是在楊部在陝西的留守部隊中。一九三〇年，楊虎城在河南南陽舉辦教導隊，招收了一批進步青年。這時，共產黨的組織在楊虎城的隊伍裏隨之又建立了起來。

這一時期，楊虎城並沒有真的向「右」轉。他繼續網羅與共產黨有聯繫的青年人才，團結一切可以團結的力量以實現自己的政治抱負。一九三〇年四月廿九日，中共南陽中心縣委在《關於政治形勢、組織情形的報告》中稱：「楊虎城部去年初到南陽即提出與以前軍閥大不相同的欺騙的口號來欺騙群眾，一時群眾頗爲之迷惑，抱一種幻想。」「他本身爲擴充勢力起見，不管CP、第三黨、改組派、土匪、豪紳都拉攏利用。」「我們得到點政治活動機會，如公開的組織各群眾團體鬥爭，經濟上也稍能活動」，「再一點是同志們得到尋找職業的機會」，「《宛南日報》是我們利用楊，實際也是楊利用我們辦的」。[9]

一九三〇年夏，作爲馮玉祥代表的南漢宸來到了南陽，遊說楊虎城附馮叛蔣。這是自一九二八年二月，楊、南兩人皖北分別後的再次重逢。經過蔣介石「清共」的腥風血雨，楊虎城看到老朋友南漢宸別來無恙，自不免感慨萬千。楊虎城當時雖不同意南要他「附馮叛蔣」的意見，但他卻十分希望南漢宸留下來再次合作。因南是著名的共產黨人，如何留？著實讓他費了一番心思。

▶南漢宸，山西洪洞人，中共黨員。楊虎城於一九三〇年入陝主政，任南為省政府秘書長。後蔣介石通緝南漢宸，楊資送南去日本避風。一九三三年南回國住天津，楊始終與南保持聯繫

第七軍交際處處長連瑞琦說：「南漢宸是共產黨員，也是楊的老部下，他代表馮來與楊聯絡，也表明西北黨意在聯馮倒蔣，而楊卻決定附蔣倒馮。這又與楊一向聯共主張不合，使楊很傷腦筋。楊最後決定，留南在十七路軍工作，打敗馮玉祥回到西北以後，政治方面交南負責。

南也同意這個意見。但南是著名的共產黨員，要留下工作必須做個過程。於是楊叫我把南『扣押』交際處，然後楊同何成浚商量，請何電蔣，說馮玉祥代表已被楊虎城扣押，現南與楊合作反馮，起用南助楊對於我軍有益，蔣回電同意南留十七路軍工作。」⑩這樣一來，南漢宸就合法地留了下來。南漢宸的留下，也標誌著楊虎城與共產黨人的「重逢」。

一九三〇年夏，南漢宸回到楊虎城身邊，後隨十七路軍入陝並擔任了省政府秘書長，進入了楊虎城的政治決策核心，這標誌著楊與共產黨人的合作進入了一個新的階段。楊虎城運用共產黨人的才智在陝西實行民主，發展經濟建設地方，改造部隊提高軍事政治素質等方面，都取得了非常顯著的成效。共產黨人則利用楊虎城的支持與掩護，在十七路軍和地方上恢復和建立起各級組織，發展了政治力量。楊虎城對共產黨人一直依重保護，曾在他的隊伍裏任職的共產黨人有許多。

從一九二八年魏野疇發動皖北暴動起，到一九三三年王泰吉領導的耀縣起義，共產黨在楊虎城部隊中先後組織大的兵變八次，小的達幾十次。對這種在軍隊中組織兵變或起義，一般作爲部隊領導人是無法容忍的，而楊虎城則一貫採取既往不咎，寬容的態度，也從未因此而疏遠共產黨人。

一九三一年，劉志丹在陝西邠縣被楊的部下逮捕，楊虎城聞報派人立即將劉接到西安，秘密釋放，走時還送錢送槍。中共黨員王泰吉先後組織過三次武裝起義，一九二九年被關押在南京監獄。楊虎城從日本回國後將其保釋出獄，先後委任王爲副旅長、新兵訓練處長、騎兵團長等要職。

米暫沉說，王曾多次勸楊虎城「打起革命紅旗」，但楊虎城不同意貿然行事。王泰吉於一九三三年七月率騎兵團在耀縣起義，部隊改編為西北民眾抗日義勇軍，王任總司令，高崗任政委。起義後，王曾對何寓礎（中共黨員）講：「我今日之所為，與楊先生的一貫革命主張是一致的。」楊虎城對王泰吉一事表示了寬容的態度，在部下請示對策時，他對孫友仁講：「把他們逼走，不要打，都是自己的官兵。」⑪

耀縣起義很快就失敗了，王泰吉帶著僅剩的百十人參加了陝北紅軍。一九三四年一月，王泰吉在淳化縣被人出賣被捕，當地政府立即報告了省主席邵力子，邵又立刻上報蔣介石。蔣很快覆電：「邵主席力子兄：敬電悉，元密王逆泰吉解省即予就地正法可也。」

王泰吉被捕後，楊虎城仍設法營救。無奈邵力子瞞著他直接上報，蔣介石又電令就地正法，只好遵令槍斃了王泰吉。對此楊也十分痛心，他對崔仲遠（中共地下黨員）說：「王泰吉太混蛋自己不小心，卻回來死在我手裏！」⑫在關押期間，楊虎城還下令給予特殊待遇，不准刑訊，可以自由會客。

類似的兵變一直延續到一九三五年春，直到時任中共陝西省委負責人的汪鋒從上海帶回了中共中央局關於：在楊虎城部的共產黨，「在任何情況下，沒有中央局的指示不能起義，留待將來紅軍攻打大城市時再行動。那時，搞裏應外合，能起更大的作用」的指示後方才停止。

楊虎城雖然重用了許多中共黨員，但一直沒有建立起與共產黨高層的正式聯繫。對這個問題，他小心翼翼地試圖突破。一九三二年十一月廿六日，中國工農紅軍第四方面軍進入陝西，抵達了長安縣引駕回、子午鎮一帶。

連瑞琦說：「中國工農紅軍入陝到達距西安三十多里的引駕回時，楊虎城請我到他的家裏密談。楊問：『你看紅軍會不會進西安城？』我答：不會。他又問：『你得到情報嗎？』我說：沒有。楊說：『那你爲什麼知道它不會進城？』我說：這是我的判斷。楊說：『你認識徐向前嗎？』我說：認識，但不熟悉。楊說：『到引駕回的紅軍，就是徐率領的，其方向是向西安進軍。我想把部隊撤到渭河以北三原一帶，西安只留少數軍警，由你負責維持秩序，並請你帶領西安市民歡迎徐向前。』我問楊：我們在東京決定的反蔣計畫，不是要同紅軍會合嗎？現在正是好機會，爲什麼又要撤退呢？楊說：『我們現在還不能同紅軍會合。第一，共產黨的左傾機會主義路線尚未根本改變，他們的口號還是要兵不要官，會合後勢必被紅軍消滅。第二，我們隊伍目前共有三萬六千多人，內部意見還不一致，一旦公開與紅軍會合，紅軍是不會在西安久駐的，一定不能跟紅軍上山，勢必投降蔣介石，結果也是被消滅。所以我認爲目前不能會合。留你在西安歡迎紅軍，並和紅軍秘密談判今後合作的具體辦法。』」⑬

一九三三年年初，紅四方面軍建立川西北根據地，迫近漢中。楊虎城不願與紅四方面軍發生大規模戰爭，授意杜斌丞派當時在十七路軍的中共黨員張含初、武志平先後秘密前往川北與紅四方面軍取得了聯繫。

紅四方面軍派徐以新到漢中，經與孫蔚如（楊授權）商談，六月廿四日雙方達成互不侵犯協定：「第一，雙方互不侵犯；第二，配合打胡宗南；第三，紅軍可建立交通線，三十八軍提供一定的物資。」有了這個協定，兩軍在相當一段時間（到一九三五年年初）都沒有發生衝突，而且通過地下交通線爲紅四方面軍運送了緊缺物資。但紅四方面軍負責人張國燾不珍視這一合作成果，先是將雙方秘密協定的內容在紅軍宣傳材料上透露出來，給十七路軍方面造成很大被動。又於一九三五年二月單方撕毀協定，突然向漢中的十七路軍發動進攻，這種背信棄義的行爲使楊和部屬都無法理解。

一九三四年年底，紅二十五軍在吳煥先、戴季英、徐海東、程子華等的帶領下，爲策應中央紅軍長征進入陝西。蔣介石命令楊虎城率部圍攻。楊採取了應付的辦法，表面上調兵遣將，四處設防。暗地裏交代部隊只跟隨其後，不要主動進攻。同時將張漢民的警備三旅調上，希望張能利用其中共黨員身分與紅軍建立聯繫，也定個互不侵犯協定。張漢民按照楊的意思派中共黨員張明遠等去紅二十五軍聯繫，雙方商定互不侵犯，還規定了聯絡暗號：「瞄不準不打。」紅二十五軍要求提供軍用地圖、藥品、電台的物品，張都認真辦理。不料想，紅二十五軍當時的負責人根本不相信張漢民的誠意。

一九三五年四月九日，紅二十五軍在藍田縣九間房設伏全殲張漢民旅五個營，張漢民被俘。

當時任紅二十五軍政治部主任的鄭位三回憶說：

張漢民的警備旅和我們接近時，聽說張是共產黨員，部隊裏也有很多共產黨員，但我們對他們不太相信，有懷疑，這是出於警惕、是對的。因此就給他們出難題，如向他們要機槍零件、情報、作戰地圖，並要求他們的部隊和我們保持一定的距離。要的東西有些沒送來，這就更加懷疑，再加上我們指揮他的軍事行動沒做到，逼我們緊了一些，這樣我們就在九間房下決心打，因為他採取了使我們為難的態度。張漢民還是徐海東捉住的。⑭

張漢民被俘後，再三說自己是共產黨員，而且部隊有黨的組織，並叫俘虜中的黨員都站出來，當場就有二十多個人站了出來，結果這二十多人和張本人都被紅二十五軍殺害了，而非黨群眾卻都被釋放了。此事在楊虎城及部隊中留下很大的陰影。

◆再度合作

共產國際在蘇聯共產黨的領導下，相當時期裏實行的是「關門主義」。但當面臨國際法西斯主義日見猖獗的時候，史達林開始修正自己的政策。

一九三四年五月廿三日，《真理報》發表了主張共產黨人可以同社會民主黨人聯合反對法西斯主義的文章；在同年九月開始召開的共產國際七大籌備委員會會議上，共產國際的主要領導人對片面強調「下層統一戰線」的觀點提出了批評，談到了改變統一戰線策略路線的問題；此後，共產國際一再致電和發表文章，建議各國共產黨同第二國際和社會民主黨談判，聯合反對法西斯主義。

一九三五年七月，共產國際召開了「七大」，大會確定了要建立工人階級反法西斯統一戰線和各民主力量反法西斯人民戰線的新策略，同時也研究了在中國建立抗日民族統一戰線的問題，並形成了一致的意見。中共駐共產國際代表團負責人王明根據共產國際的意見，代表中共中央（**那時中國共產黨僅是共產國際的一個支部**）起草了《為抗日救國告全體同胞書》，即著名的《八一宣言》。

宣言中，中共的政策作了重大的調整，提出：「只要國民黨軍隊停止進攻蘇區，對日實行作戰，紅軍願立刻與之攜手，共同救國」，宣言還提出了救國十大綱領。

巴黎《救國報》全文刊登了《八一》宣言，並通過各種管道發往國內。陝西省的中共地下組織將《八一》宣言油印後，寄給當地的一些社會人士。楊虎城也收到了，他對這個文件私下認真進行了閱讀、研究。「他曾談過：『共產黨在江西的那一套辦法，拿到西北來用不上，反而引起的疑懼。抗日，國家有出路，我們才有出路，在共同抗日這一點上，我們同共產黨合作，有了共同的基礎了』。」⑮

此時，曾在一九三二年為逃避蔣介石通緝，被楊虎城送到日本躲避的南漢宸已回到國內，在中共北方局領導下，在天津從事地下工作。他與楊虎城一直保持著秘密的聯繫。南漢宸得到《八一宣言》後，立即派曾擔任過楊虎城駐北平代表的申伯純，帶著宣言去見楊虎城。（當時申在北平幫助南漢宸做一些週邊工作）

申伯純於十一月上旬到南京，見到了正在參加中國國民黨第五次全國代表大會的楊虎城。申伯純首先向楊虎城介紹了《八一宣言》的主要精神，他對楊說：「漢宸因爲十分關心你和十七路軍目前的困難處境，所以托我來向你說明中共和紅軍的主張，他並且願意負責溝通紅軍和十七路軍的關係。如果你願意的話，將來雙方可以建立抗日友好互不侵犯協定。我這次來看你，主要是爲這件事。另外，我個人同你也兩年多沒見面了，也借此機會來看看你。」

楊虎城十分注意地聽完申伯純的這番話後說：「漢宸這次讓你來談這個問題，很好，我也正想找他們的關係。你知道嗎？江西的紅軍現在已經到了陝北。」申說：「這個消息我在天津時沒有聽漢宸講。」楊繼續講：「西北今後的局勢是十分嚴重的，我們必須有一個徹底的做法。南京現在的情況太不像話了，不但毫無抗日準備，而且內部爭權奪利的派系鬥爭鬧得很厲害，我到了南京就感到頭痛。漢宸所提的問題我們以後再研究，你現在就住在這裏吧！我讓辦事處給你在中央飯店開個房間，表面上你就說幫助我辦選舉，真實情況不要同任何人講，我們今天就談到這裏。」⑯

楊虎城國民黨第五次全國代表大會上高票當選了中央監察委員。會議中，楊告訴申伯純：「我最近準備回西安，你也隨同我一起走，上次你來談的那個問題，我們到車上再詳談。」

楊虎城在會議期間與張學良有了進一步接觸後，在回西安的火車上對申伯純說：「從田中奏摺看來，日本帝國主義企圖一步一步地滅亡中國的野心，現在已經顯而易見。這次國民黨開五全大會，雖然有人打了親日頭子汪精衛一槍，但我看那是內部的鬥爭，還看不出蔣介石有什麼抗日的決心和準備。自從江西的紅軍到了陝北，西北的形勢將起大的變化。據你前次所談，共產黨能夠以抗日作前提，聯合一切不願當亡國奴的人共同抗日，這就對了，這就合乎中國人民的迫切需要了。」接著，他又提到東北軍最近所受的損失和南京政府對張學良種種冷淡的情形，說：「我看張漢卿遲早也要另打主意的。現在帝國主義的步步進逼，全國人心震動，紛紛起來要求抗日，我看這個局面維持不了多久了。上次你轉述的漢宸那些話，只是一些

▶楊虎城一九三五年底國民黨五全大會前照

原則，究竟具體怎樣辦，他談過沒有？」申回答說：「漢宸沒有談。」楊於是說：「那麼你現在就可以從徐州轉車去天津，找漢宸問問具體辦法，問清楚以後，你趕緊去西安找我。我剛才說的那些話，你可以告訴漢宸。」⑰

申伯純按照楊虎城的意見立即去了天津，向南漢宸彙報了見到楊虎城的一切情形，南聽後很是高興。告訴申，他要向黨彙報研究後才能拿出楊虎城要的具體辦法。讓申先回北平休息，三天後再來天津。

三天過後，申伯純按照約定再次到天津。南漢宸交給申伯純一封親筆信，信中只簡單地寫了六條：一、在聯合抗日的原則下，雙方停戰合作；二、在現有的防區內（可商定），雙方互不侵犯，必要時可預先通知，互爲進退，或放空槍、打假仗；三、雙方互派代表，互通情報；四、甲方在可能條件下掩護乙方的交通進出；五、甲方協助乙方購買通訊器材、醫藥用品和其他物資；六、雙方在適當地點，建立秘密交通站，以加強聯絡和便利來往交通。

爲了保密，信沒寫上款，只寫了下款「南漢宸手上」幾個字。南還對申伯純做了進一步交代：「有些話你可對楊只作傳達，不作解釋，要注意利用你有利的身分（黨外），以便將來繼續在楊處做公開的工作。天津方面的黨組織也需要派人去陝北同中央聯繫，因此你可以對楊說明，假如他同意這幾項條件，或者有所修正補充，天津方面將另派人前往商談，並由派去的專人到陝北溝通雙方的關係。」⑱

申伯純於一九三五年十二月中旬到西安，見到楊虎城，向楊念了南漢宸的親筆信，詳細轉達了南的各項意見。楊虎城當時表示基本上同意，但要再考慮後作具體答覆。爲什麼楊不急於答覆呢？因爲中共中央已直接派了代表汪鋒來找楊虎城了，楊虎城希望有「一個徹底的做法」。

一九三五年一月，中共中央在長征途中召開遵義會議，結束了左傾軍事路線的統治，建立了以周恩來、毛澤東、王稼祥的軍事三人團，從而保證了中央紅軍衝破艱難險阻到達陝北。當時雖然共產國際關於調整中共鬥爭策略的精神還未傳達到陝北，但此時中共的領導人，已根據當時當地的實際，自覺開展以抗日爲前提的統戰工作了。

▶與楊虎城談判時的汪鋒

中共中央剛到陝北不久的一九三五年十一月間，毛澤東將時任中共陝西省委兼軍委成員、紅二十六軍政委的汪鋒找到他的住處，向汪鋒交代了派其去西安，代表紅軍與楊虎城聯繫、談判，爭取聯合抗日的任務。

汪鋒回憶說：

毛主席見到我，先問了我陝北許多同志的情況，然後談到了將要分配我去做的工作。毛主席要我前往西安，代表紅軍同十七路軍談判，爭取他們同紅軍互不進攻，聯合抗日。

毛主席說：由於日本帝國主義妄想獨霸中國，變中國為它的殖民地，國內階級關係發生了新的變化。當前，民族矛盾上升，國內階級矛盾下降了。在此民族危亡關頭，全國人民一致要求抗日，敵人陣營也會發生變化甚至分裂。在這種形勢下，我黨與民族資產階級重新建立統一戰線是完全可能的，也是必要的。我們不能實行那種狹隘的關門主義政策，我們的國內政策要作適當的調整：要改變消滅富農的政策；要團結一切愛國的開明紳士；要爭取中產階級和地方勢力；要大量吸收知識份子。對軍閥，我們要向前看，對他們過去反人民的壞事，不要耿耿於懷，更不要只看他們生活怎麼腐化，只要現在還有一點民族氣節就好，要在抗日的旗幟下團結他們。我們要體諒他們的難處，打共產黨是蔣介石脅迫讓打的，不打他們就完了。為了爭取他們，在發生衝突的時候，我們甚至可以暫時讓出一些地方。

東北軍和十七路軍都是地方勢力，不是蔣介石的嫡系部隊，是受蔣介石排斥打擊的。蔣介石讓他們打紅軍，達到兩敗俱傷的目的。由於蔣介石排斥和削弱雜牌軍，他們與蔣介石之間的矛盾是不可調和的。東北軍要求打回老家去的願望很強烈。十七路軍是典型的地方勢力，他們要擴大實力，控制地盤，對抗「中央」，同「中央軍」胡宗南部的矛盾必然日益突出。楊虎城和中下級軍官都有反蔣抗日思想。我們的方針是保存東北軍、十七路軍，在抗日的旗幟下爭取張學良、楊虎城，壯大抗日力量。在他們不覺悟的時候，還是要打他們一下，直羅鎮戰役就是這樣。但打不是目的，目的在於促使他們覺悟，使他們認識到「剿共」是沒有出路的。

毛主席說，目前政治形勢對我們很有利，我們提出「西北大聯合」爭取同張學良、楊虎城將軍搞好關係，然後才會有全國的大聯合。毛主席說：談判成功的可能性是大的，但也有一定的危險性。談判一定不要決裂，要談和。主席還具體指示：對楊虎城部隊要有個分析，多鼓勵抗日士氣，少談以往的不愉快事情，多看進步的，少看落後的。[19]

隨後，讓汪鋒帶著他的親筆信去見楊虎城。毛澤東在致楊虎城的信中說：「從徐向前同志處，知閣下曾與通、南、巴紅軍有某種聯繫。」「倘得閣下一軍，聯鑣並進，則河山有幸，氣勢更雄，減少後顧之憂，增加前軍之力。鄙人等更願聯合一切反蔣抗日之人，不問其黨派及過去之行爲如何，只問今日在民族危機關頭是否有抗日討蔣誠意，凡願加入抗日討蔣之聯合戰線者，鄙人等無不樂與提攜，共組抗日聯軍，並設國防政府，主持抗日討蔣大計。」[20]

汪鋒見楊虎城是經過一番驚險曲折的。他由富縣出發，經過長武縣時被兩個長武縣的便衣特務抓住，從他身上搜出了毛澤東的信。危境之中，汪鋒臨危不亂，裝成國民黨大官的樣子，說自己是十七路軍的高級特情人員，奉楊虎城之命去蘇區偵查的。特務聞聽不敢怠慢，後由長武縣長黨伯弧派他的親信保安隊長帶了四個兵，用大卡車護送汪往西安，汽車一直開到西安綏靖公署。

汪鋒回憶說：

楊虎城先生見到了毛主席的信以後，讓十七路軍軍法處長張依中接待我。大約一周後的一個晚上，楊先生約我在新城大樓西客廳談話。

首先由我代表毛主席向楊先生問好，說明了來意，談了形勢和紅軍聯合抗日的主張。沒有等我說完，楊先生就提出了三個問題。

第一個問題：十七路軍許多人認為紅軍不講信用。他說：我部孫蔚如駐防漢中，一度和紅四方面軍有過來往。但是紅四方面軍無故地攻擊漢中地區，我部許多人至今還有不滿情緒。

第二個問題：十七路軍警三旅旅長張漢民是共產黨員，中央（指國民黨）一再指責我，陳立夫也親自對我談過。我認為張有魄力、能幹，沒有理他們的指責。但是紅二十五軍徐海東部在九間房設伏襲擊，並把張漢民殺害了。這是我們很不滿意的。

第三個問題：你們紅軍主力北上抗日，主張聯合一切抗日部隊，這個主張很好，但是如何幫助東北軍和十七路軍呢？

我對這些問題作了詳細的回答。

我說，貴部孫蔚如先生同我紅四方面軍有來往，我們是知道的。貴部派的張含輝到過通、南、巴蘇區，我紅四方面軍保證了安全，取得了諒解。因而貴我兩軍在兩年中，沒有大的摩擦，孫部得以安駐漢中，兵員有了很大的發展，說明紅四方面軍是信守了協議的。

後來中央軍第一師胡宗南部，依靠天水地區，積極向南擴展，勢力伸張到四川西部，不僅我軍側面受到威脅，同時孫部也受到威脅，而孫部對胡宗南部不加抗拒，任其發展。特別是當中央紅軍到達川西時，胡部已深入到嘉陵江西岸一帶，阻礙紅四方面軍和中央紅軍會師。紅四方面軍為了順利地同中央紅軍會師，必須安全地渡過嘉陵江，要安全渡江，必須設法調離沿江駐守的胡宗南部隊。所以才決定採取聲東擊西的辦法，明攻漢中，威脅天水（胡軍後方），調動胡軍返回天水。

胡部果然以為我軍攻打漢中、天水，撤回了川西部隊，集中天水，防我進攻，給了我紅四方面軍回師西進的良好機會，安全地暗渡嘉陵江，完成了和中央紅軍會師的任務。

這種軍事行動，說清楚了，先生是會諒解的。楊先生知道，漢中是個盆地，紅四方面軍如果決心消滅孫部，就可以依靠川北蘇區，從東、南、西三路出擊，合圍南鄭，何必單從西路一線進攻呢？這點也正充分說明了我們進擊漢中地區，只是調動胡軍的手段，並不是以消滅孫部為目的。

紅二十五軍從鄂豫皖突圍到陝豫邊地區是準備休整的，可貴部柳彥彪旅天天尾追，逼得紅二十五軍不得不自衛，山陽一戰，該旅潰敗。而貴部警三旅張漢民部又接踵而至，並且尾追比柳旅更為接近。紅二十五軍誤認張部在尋機攻擊，遂於九間房接火戰鬥，張旅長被俘。

由於紅二十五軍和上級失掉聯絡，不了解張漢民同志的情況，所以誤殺了他。這首先是我們共產黨人的沉痛損失，對於十七路軍來說，當然也是一個沉痛的損失，但可以用來作為同國民黨進行鬥爭的有力材料，以張漢民同志被殺來反擊國民黨的指責。

至於紅軍的態度，我黨在《八一宣言》中有明確說明，毛主席給楊先生也寫了信，想必楊先生是清楚的。我們認為十七路軍和東北軍都是要求抗日的，所以我們只有幫助成長，防止損失，這就是我們對十七路軍和東北軍的態度。

從楊虎城先生的語氣和神態來看，雖然對談判的具體內容沒有表示明確態度，但他對聯合抗日、互不進攻是贊成的，對這次談話也是滿意的。楊先生最後說，他今後不能多和我談，指定王菊人先生（楊的機要秘書）和張依中先生繼續同我接談。並說如果事情完了，有一位老朋友要我帶往蘇區。

我在西安住了約一個月，到此告一段落。過了一天，張依中通知我行期和路線，他說，明天就走，同行人在北門，坐馬車進三原去淳化，淳化駐軍是特務二團，團長閻揆要。我聽後內心確實高興，因為我和揆要同志可以見面了，我們分別已有一年多了。張還說：楊先生有電話給駐淳化的特務二團團長閻揆要，說你們是中央派去陝北談判的大員，要閻親自接待。

早七時在北關集合了。楊先生讓我帶往蘇區的那位先生在三原，我倆住在一間屋子裏，才知道這位「代表」也是一個共產黨員，他叫王世英。[21]

王菊人說：「楊虎城與汪鋒談了兩次，我沒在場。事後楊給我講，解決了三個問題：（一）在抗戰的前提下願意建立雙方的合作關係；（二）張漢民被殺，經汪鋒解釋，消除了顧慮；（三）紅四方面軍和十七路軍達成了互不侵犯的協定，但紅四方面軍包圍過漢中，汪鋒也將此事解釋清楚了。楊對我說，後兩件事都出於誤會。後來，楊叫我同汪鋒再談一下，我即在張依中家中同汪鋒談了兩次。我記得汪鋒提出以下問題：（一）在西安設立招待所，護送來往西安的紅軍幹部；（二）開闢交通線，同楊建立聯繫；（三）十七路軍要向紅軍經常供給軍事情報；（四）爲紅軍輸送物資。我將這些問題向楊彙報後，楊都答應，並提出要求陝北派代表常駐西安。」[22]

楊虎城雖然和汪鋒談過了，但他還不放心，怕毛澤東給他的信會不會是蔣介石方面爲了偵察他的態度的假信？爲此，他通知在天津的南漢宸，請南派一個共產黨員到陝北問一下汪鋒的真實情況。

大革命以來，楊虎城雖一直與共產黨人合作不斷，但卻從未與中共中央發生過直接的關係。汪鋒的到來並帶了毛澤東給他的親筆信，使他很感意外。從事前南漢宸帶給他的訊息，與汪鋒所講的都是一致的，共產黨確實調整了政策。可汪鋒他從未見過，爲什麼讓一個他不了解的人來談這麼重大的問題呢？

本著他一貫沉穩的作風，楊虎城在留汪鋒的同時，立刻派省府科長崔孟博秘密趕赴天津，找南漢宸要再派人到西安會談。於是一九三六年二月，中共北方局的代表王世英（王曾在楊部工作過，楊知道他的黨員身分）隨同崔孟博來到西安。

王世英回憶說：

一九三五年年底我到了天津。後來黨派我化裝成商人到了西安。到西安我住在我的一個兄弟家裏，後來和王菊人聯繫上。王菊人從前是黨員，這時是楊虎城的秘書。通過王，我和楊虎城見兩次面。

第一次見面，楊說汪鋒是你們的人？我說是的。楊虎城知道我的身分。我第二次和楊虎城見面是正式談判。楊同我談話害怕暴露，因為他部下有一個師長叫馮欽哉，同蔣介石有勾結。因此，楊要王菊人把我引進一間大廳側面的房子裏把門鎖上，不讓旁人知道，楊假裝要休息，到大廳的另一房間脫衣睡覺。他等身邊的衛兵馬弁都出去了，才穿好衣服找我單獨談話。楊主要談了要我們不要公開派人和他談判，

▶王世英（一九五二年）

要我們不要打他，他也不會打我們。另外還送給我五百塊錢。我問汪鋒蘇區缺什麼東西，汪說缺文具。於是我們就買了一大批派克筆和金星筆、墨水等文具帶往陝北。

在楊虎城的安排下，汪鋒、王世英通過楊的防區，在楊的團長閻揆要（中共黨員）派人護送下順利地到達了陝北。

王世英說：

到陝北後，我向中央談了楊虎城的情況，中央決定要我再同楊談。我從陝北出來到了韓城，同楊第三次見面。我向楊說明中央基本同意他的意見，我們不公開派代表，也不建立電台。但要有人秘密取得聯繫，如建立交通線。這點楊也同意了。[23]

經過這樣一番曲折的聯絡，楊虎城與中共中央建立了正式的關係。

爲了進一步促進紅軍與十七路軍的合作，一九三六年八月十三日，毛澤東再次致書楊虎城。

虎臣先生勳鑒：

先生同意聯合戰線，盛情可感。九個月來，敝方未曾視先生為敵人。良以先生在理在勢在歷史均有參加抗日戰線之可能，故敝方堅持聯合政策，不以先生之遲疑態度而稍變自己之方針。然為友為敵，在先生不可無明確之表示。虛與委蛇的辦法，當非先生之本意。

目前日本進攻綏遠，陝甘受其威脅。覆巢之下，將無完卵。蔣氏向西南求出路，欲保其半壁山河，倚靠英國，西北已非其注意之重心。全國各派聯合抗日漸次成熟，而先生反持冷靜態度。若秘密之聯繫，暗中之準備，皆所不取，甚非敝方同志所望於先生者也。

茲派張文彬同志奉誠拜謁，望確實表示先生之意向，以便敝方作全盤之策劃。先生如以誠意參加聯合戰線，則先生之一切顧慮與困難，敝方均願代為設計，務使先生及貴軍全部立於無損有益之地位。

比聞貴部將移防膚、洛，雙方更必靠近，敝方慶得善鄰，同時切望貴部維持對民眾之紀律，並確保經濟通商。雙方關係更臻融洽，非特兩軍之幸，抑亦救國陣線之福。具體辦法及迅速建立通信聯絡等事，均囑張同志趨前商訂。專此奉達，不盡欲言。敬頌公祺。

毛澤東，八月十三日[24]

這一次，拿著毛澤東信來見楊虎城的紅軍代表叫張文彬，他曾任毛澤東的秘書。當時，因剛發生了張學良派衛隊營查抄了國民黨省黨部的事件，楊虎城在行動上格外謹慎。同時他因牙周炎引起了心臟病，一時無法接見張文彬，就先派秘書王菊人與張進行了會談。

王代表楊虎城就建立交通站；互不侵犯；前線地區通商等問題交換了意見並形成共識。王菊人還向張文彬表示，楊考慮當前政治形勢急迫（意指綏遠與廣西），並不以達成以上問題的三項協定為滿足，而希望立即與紅軍研究在西北發動軍事行動的問題。

楊有軍事行動計畫意見，希望建立以紅軍、張、楊三方會議的形式，來研究確定三方的統一行動問題。同時還談了第三國際援助革命問題，西北聯合的領導問題，民眾運動與民主政治等重大問題。而恰恰張文彬對這些重大問題事先沒有考慮也未得到授權，無以作答，只是希望先建立初步的合作。同時他將楊對交通等問題的謹慎安排認為是「膽小、害怕、託病」。九月六日，楊虎城身體稍好後，立即與張文彬進行秘密會談。

張文彬同楊虎城會談後，九月八日寫報告給毛澤東，他說：「與王菊人談話後，楊曾託病拒見。據從旁考察，係因害怕與我建立合作後其部隊群眾為我爭取，及害怕蔣之發覺而遲緩。後經我二次催促，並再三說明十七路的歷史、力量、環境、前途利害的選擇，以及我對友軍的正確策略與援助，並說明所提各點尚可磋商等，始於六日晚得見，二人密談約二小時，結果尚好。楊對我方所提各項均接受，並談及其他有關問題。七日又根據與楊談結果，與王、崔二人更具體商定各實行辦法。」㉕

▶張文彬（一九三六年）

張在報告中所提的「其他有關問題」，實爲楊所最關心的西北聯合的領導問題，民衆運動與民主政治和國際援助等重大問題。

由此，我們可以看到，由於張文彬的年輕與片面誤解了楊虎城，向中共中央報告了不真實的情況，同時漏報（或隱瞞）了楊虎城需要急切需要同中共中央協商的西北聯合的領導問題、民衆運動、民主政治、國際援助等重大問題。造成中共中央在工作上一段時期「厚張」「薄楊」。正因爲在西安事變前缺少與楊虎城深入地進行溝通，由此，造成中共中央對西安事變的準備與發生事先毫不知情。

經過這樣一番努力，楊虎城與中國共產黨之間建立起了比較暢順的關係。王菊人說：自汪鋒、王世英相繼到西安後，接著紅軍又派張文彬爲代表，常住西安。

當時，爲防止與中共的聯繫被蔣介石的特務系統發現，楊虎城故意不與中共建立電台聯繫。沒有電台通信，楊虎城便將有關蔣介石重要的軍事部署，口頭告訴中共代表，由中共代表利用自己的通信系統報給中共中央。

爲方便雙方人員的往來，楊虎城密令設立了交通站。當時在西安城內就有三處：一、西安城內甜水井，以特務二團（閻揆要團）留守處名義，派副官袁潤泉負責，專爲一般外來的或自蘇區出去的共產黨人設置；二、宋文梅的特務營部；三、特務營營副謝晉生的家裏，是專爲重要共產黨人設置的秘密住所。

後兩個地方保護極爲周密，與楊直接接觸的共產黨人住在這裏。爲保密起見，這裏住的人，不與其他一般共產黨人往來。當時，張文彬就住在謝晉生家中。

在前線也有三處交通站：一爲駐淳化之閻揆要團，由閻揆要負責；二爲洛川、延安間的四十九旅和程鵬九團，由旅長王勁哉、團長程鵬九負責；三爲宜川的四十二師武士敏旅，武去南京陸大受訓後，此一交通線取消。

這時，十七路軍與紅軍對峙的前線，不但無形停戰，雙方還建立起運輸交通線。一些紅軍和蘇區緊缺的物質在十七路軍的協助下，源源不斷地運進了蘇區。

此前，中共中央爲了加強對楊虎城部的聯合工作，一九三六年二月將在共產國際工作的王炳南派到楊虎城的身邊；五月在周恩來的指示下成立了以謝華爲書記的中共西北特別支部，主要對楊虎城身邊的人員和十七路軍上層人事開展統戰工作。

到一九三六年八月間，在楊虎城的周圍形成了一個由中共中央代表張文彬，中共北方局南漢宸、王世英，中央軍委西北特別支部和王炳南的多層次、多管道的聯絡系統。這些組織與活動對楊虎城堅定反蔣抗日決心，策動西安事變起了十分重要的促進作用。

注釋：

❶劉子潛：《耀縣三民主義軍官學校之概況》《陝西文史資料第十五輯》，陝西人民出版社，第二九八頁。

❷賈自新：《楊虎城年譜》，中國文史出版社，二〇〇七年版，第九四頁。
❸賈自新：《楊虎城年譜》，中國文史出版社，二〇〇七年版，第九五至九六頁。
❹賈自新：《楊虎城年譜》，中國文史出版社，二〇〇七年版，第九七頁。
❺連瑞琦：《回憶楊虎城將軍》，《陝西文史資料精編第九卷》，陝西人民出版社，二〇一〇年版，第四七頁。
❻馮潤章：《我和楊虎城的一些交往》，《陝西黨史資料叢書（二十六）》，陝西人民出版社，一九九三年版，第二三四至二三五頁。
❼賈自新：《楊虎城年譜》，中國文史出版社，二〇〇七年版，第一〇六頁。
❽馮潤章：《我和楊虎城的一些交往》，《陝西黨史資料叢書（二十六）》，陝西人民出版社，一九九三年版，第二三五頁。
❾賈自新：《楊虎城年譜》，中國文史出版社，二〇〇七年版，第一三一頁。
❿賈自新：《楊虎城年譜》，中國文史出版社，二〇〇七年版，第一三四至一三五頁。
⓫米暫沉：《楊虎城將軍》，中國青年出版社，一九九八年版，第七六頁。
⓬米暫沉：《楊虎城將軍》，中國青年出版社，一九九八年版，第七七頁。
⓭賈自新：《楊虎城年譜》，中國文史出版社，二〇〇七年版，第二九八頁
⓮鄭位三：《沉痛的教訓》，《陝西黨史資料叢書（二十六）》，陝西人民出版社，第四九五至四九六頁。

⑮王菊人：《記西安事變前後的幾件事》，全國政協文史存稿。
⑯申伯純：《西安事變紀實》，人民出版社，一九七九年版，第四五至四六頁。
⑰申伯純：《西安事變紀實》，人民出版社，一九七九年版，第四六至四七頁。
⑱申伯純：《西安事變紀實》，人民出版社，一九七九年版，第四七至四八頁。
⑲汪鋒：《爭取十七路軍聯合抗日的談判經過》《丹心素裹》，中國文史出版社，一九八七年版，第二八九至二九二頁。
⑳毛澤東：《毛澤東、彭德懷致楊虎城函》《毛澤東年譜》，中央文獻出版社，第四九四頁。
㉑汪鋒：《爭取十七路軍聯合抗日的談判經過》《丹心素裹》，中國文史出版社，一九八七年版，第二九五至二九八頁。
㉒王菊人：《中共代表汪鋒同楊虎城談判》，《丹心素裹》，中國文史出版社，一九八七年版，第三〇五至三〇六頁。
㉓王世英：《黨派我與楊虎城談判》，《丹心素裹》，一九八七年版，中國文史出版社，第三〇三至三〇四頁。
㉔毛澤東：《毛澤東給楊虎城的信》，《丹心素裹》，一九八七年版，中國文史出版社，第三至四頁。
㉕張文彬給毛澤東主席的報告，《丹心素裹》，一九八七年版，中國文史出版社，第二三至二四頁。

五、山雨欲來

當日本帝國主義侵佔了我國東北三省後，蔣介石曾把救國的希望放在西方列強的干預與調停上面。可幾年過去，國聯調停完全失敗，西方默許了日本對中國的侵略。這時的他，自感憑中國實力抗擊日本侵略力不從心，沿襲晚清以來弱國外交的「以夷制夷」原則與方針，他將目光移到了前蘇聯。希望從蘇聯方面獲得援助。一九三五年三月，他派時任中國陸軍大學校長的楊傑出使蘇聯；八月又派蔣廷黻博士作爲他的私人代表訪蘇；到一九三五年四月，再派隨從秘書、黃埔一期生鄧文儀出任駐蘇武官，希望修補從一九二七年蔣介石開始「清共」、趕走蘇聯顧問後，一直處於極低潮的中蘇關係。

當時史達林告訴蔣介石，要修補關係可以，但要處理好與中共的關係，即停止「剿共」。可那時，蔣介石正處於進行「剿共」戰爭不斷勝利的巔峰，根本沒拿中共當回事。心想，等我很快把共產黨剿滅了再與你談也不遲。可不料想，一九三五年日本人在東北建立了「滿洲國」後更加緊了侵佔我國華北的步伐。一九三五年六月，日本通過簽訂「何梅協定」，迫使中國軍隊撤離了平津、河北地區；一九三五年十月策動掀起「華北自治」運動高潮，企圖將華北五省從中國版圖中分裂出去。丟了東北尚可苟且偷生，若再丟華北半壁江山則失，這不能不引起國民黨統治集團的恐慌。於是，蔣介石也加緊了尋找中共進行聯繫的步伐。

◆秘密談判

蔣介石當時是通過三條管道尋求與共產黨接觸的。一是派員直接到莫斯科與中共領導人談判，並同蘇聯達成有關協議；二是利用私人關係，與共產黨人地下組織進行接洽；三是直接派人到陝北與中共領導人面談。

一九三五年十一月，第一條聯繫管道開通。聯繫人是駐蘇武官鄧文儀和陳立夫、張沖。鄧直接同王明談判，陳立夫、張沖則改名換姓，躲在德國就近待機而行。而鄧與陳、張之間沒有聯繫，一切聽憑蔣介石遙控指揮。

一九三六年一月十三日，鄧文儀同中共駐共產國際代表團成員潘漢年進行了首次會晤。鄧向潘表示，他是奉蔣介石之命與中共領導人王明商討聯合抗日問題，希望能與王明面談。數日之後，鄧文儀同王明進行了兩次會談。在會談中，雙方一致同意聯合抗日，至於聯合的條件、形式等問題，應在國內通過談判解決。王明還特別提出建議：蔣介石應派代表到陝北直接會見毛澤東、朱德等紅軍領導人，並將他寫給毛澤東等人的親筆信交鄧帶回國內面交。同時，受王明委託，潘漢年以「中華蘇維埃中央政府人民外交部副部長」的名義致信蔣介石，代表中華蘇維埃政府主席毛澤東和紅軍總司令朱德，保證鄧文儀進入蘇區的人身自由和安全。此信件由鄧轉交。鄧回使館後，立即向蔣介石報告：與共產黨的聯絡線已完全接通。

正當鄧文儀完成與王明的接觸任務時，突然接到國內來電，命他立即停止與王明接觸，轉道德國，會同陳立夫等聽候命令。鄧無奈，只得向王明表示歉意並辭行。王明非常憤怒，大有一種受愚弄的感覺。他連續在共產國際刊物上發表文章，指責蔣介石是「團結和抗日救國的最大障礙」。

蔣介石突然中止兩黨接觸的原因在於：派陳立夫這樣高級別官員赴蘇談判的消息已被日本方面偵悉，日方發出警告，迫使蔣停止原有計劃（蔣還是極度恐日的）；更重要的是，蔣介石此時已經通過其他途徑與在國內陝北的中共中央接上了關係。

第二條聯繫管道於一九三五年底開始。這次行動的策劃者是宋子文、陳立夫，出面執行的是曾養甫、諶小岑。曾養甫當時任國民政府鐵道部政務次長，與陳立夫關係密切。曾養甫委託既是老同學又是下屬的諶小岑負責與共產黨打通關系。諶小岑早年是天津「覺悟社」成員，與周恩來、鄧穎超交往頗深。諶小岑領命，立即寫信給朋友、時任北平中國大學歷史教授的呂振羽。諶在信中用了很多筆墨回顧了二人之間的友情，並說明自己在政府中任職實乃生活所迫。信的最後說到正題，大意是，近年以來，東臨欺我太甚，惟有姜府和龔府聯姻，方可齊心協力，共謀對策，以保家財。希望呂能到南京面談。

呂振羽接到信後，立刻轉給中共北平市委宣傳部長周小舟。周小舟又將情況向中共北方局作了彙報。北方局決定派周小舟、呂振羽到南京與國民黨談判。一九三五年十一月底，呂振羽以中間人身分到南京找到諶小岑。經諶引見，呂振羽與曾養甫會見。曾向呂表明，同共產黨談判以便聯蘇抗日是國民黨最高當局的決策，希望呂能幫助當局找到共產黨領導人。根據呂振羽的報告，周小舟於一九三六年一月到達南京，作為中國共產黨代表與中國國民黨代表曾養甫等進行談判。談判並不順利，中共方面要求國民黨當局停止內戰、一致抗日，開放民主，承認蘇區合法地位；國民黨方面要求中共軍隊接受改編。從一月到六月，雙方進行了三輪談判。在此期間，中共領導人毛澤東、朱德、周恩來致信宋子文、孫科、馮玉祥以及諶小岑等，表明中共的抗日決心和合作誠意。到一九三六年秋，由中共北方局出面進行的國共談判因分歧太大而終止。

在第二條管道談判艱難進行同時，曾養甫開始籌畫打通與中共中央的直接聯繫。他請在國民黨中央通訊社任職的中共地下黨員左恭出面物色一名赴陝北的信使。左恭推薦張子華（**化名黃華表**）擔當此任。張子華曾擔任過中共上海臨時中央組織部秘書，臨時中央被破壞後，他仍留在上海堅持秘密工作。這樣，張子華就作為國民黨和共產黨雙方的使者前往陝北，為兩黨再度合作牽線搭橋。

與此同時，董健吾受宋子文、宋慶齡兄妹委託，踏上了赴陝北之路。董健吾曾是中共臨時中央成員。黨組織遭破壞後，他以牧師的身分結交了篤信基督教的宋子文母親，後結識了宋氏兄妹。受他們之托，董攜帶密信和宋慶齡送給紅軍的一些等急需藥品，踏上了西行之路。

因天氣惡劣，張子華和董健吾二人恰巧同時滯留西安。他們分別來到張學良官邸，請求張提供援助。張子華、董健吾原本十分熟悉。此時不期而遇，十分驚訝，只好裝做互不相識。一九三六年二月底，張子華和董健吾乘張學良提供的飛機前往陝北，並同時到達中共中央所在地瓦窯堡。當時，二人都不知對方此行的目的。

張子華單獨向在瓦窯堡留守的博古作了彙報，又趕赴前線向毛澤東、張聞天、彭德懷彙報。董健吾也向中共中央報告了相關情況。三月下旬，中共中央政治局在山西前線召開擴大會議，討論與國民黨聯絡、談判問題。從此張子華數次往返於國共兩黨之間，傳遞資訊。經過半年左右的溝通，中共中央確信國民黨對談判頗有誠意，遂決定派由莫斯科回國的潘漢年前往上海。張、董二人的使命隨之結束。

一九三六年十一月初，潘漢年作爲同國民黨當局談判的正式代表同陳立夫進行了首次會談。會談開始，潘漢年將毛澤東分別寫給蔣介石和陳果夫、陳立夫的信，周恩來寫給陳果夫、陳立夫的信面交陳立夫。這些信件表明，共產黨願意與國民黨實行合作，共同抗日。其中周恩來於九月廿二日寫給陳氏兄弟的第二封信（第一封信寫於九月一日，由張子華轉交），表明了共產黨對合作抗日的誠懇態度。信中結尾寫道：「兩先生爲貴方黨國中堅，領導黨儀。倘能力促蔣先生停止內戰，早開談判，俾得實現兩黨合作，共禦強敵，則兩黨之幸，亦國家之幸也」。

談判之中，潘漢年提出共產黨對國民黨的要求是：在停止內戰一致對外的前提下，全國軍隊統一指揮，統一編制，但不得打亂紅軍的現有指揮系統；改革現行政治制度，選舉產生全國國會，建立人民民主共和國，在此條件下，蘇區取消；召集全國各黨各派各軍隊參加的國防會議，討論抗日救國方針；建立統一的全國軍事指揮機關——軍事委員會和總司令部，共產黨可選派代表參加該機關，但同時承認，國民黨將在該機關中占主導地位。

從以上所列條件看，共產黨方面已經做出了很大讓步。但是，蔣介石卻把共產黨的誠意看作示弱，他令陳立夫向潘漢年提出了令其難以接受的條件。這些條件是：對立的政權和軍隊必須取消；共產黨目前可保留三千人的軍隊，師長以上幹部一律解職出洋，半年後召回按才錄用；如軍隊問題能如此解決，政治上各點都好辦。

蔣介石提出的條件，就是要整個地收編紅軍，這當然爲中共中央所拒絕，雙方談判陷入了僵局。

從一九三五年底到一九三六年十一月，在這近一年的時間裏，隨著國共兩黨秘密談判的展開，蔣介石也放慢了軍事「剿共」的步伐，實際默許了陝北「剿共」前線的停戰。

關於國共兩黨的秘密談判，張學良是有所知曉的，而楊虎城是不了解的。所以楊虎城從思想上到行動上一直是做著「反蔣抗日」的準備。他的行動並沒有受到來自共產黨方面的影響與約束。

◆相互揣摩

一九三六年十月，蔣介石解決了兩廣事變後，一方面感覺自己的實力大增；一方面由於他開出要收編紅軍的條件不被中共方面接受。於是，他便開始準備對陝甘地區的紅軍進行更大規模的軍事圍剿。當時，對於張學良背著他與紅軍秘密接觸的事情，他是有所了解的。因爲，他通過破譯密碼掌握了張學良一定的行蹤。而楊虎城則因爲始終堅持重大事情不用電訊傳遞，而沒有讓蔣介石抓住什麼把柄。

一九三六年九月中旬，楊虎城到上海去診治牙病和心臟病。他先由美國醫生一口氣拔掉了五顆壞牙，後又經中外醫生會診確認患有心臟病（**絕不是張文彬所說的一點小病**）。當他在上海療養之時，十月的一天，突然接到由擔任上海警備司令的楊虎轉來的一封密電，「二五年十月十五日委員長手令上海楊警備司令：密轉虎城兄，病狀如何？能否來杭一談。中正刪　杭機。」❶

接到蔣介石的手令，楊虎城於十月十七日便趕往杭州晉謁蔣介石。蔣介石見楊沒有談特別的事情，除關心楊的身體外，最後告訴楊近期他將親臨西安視察。

蔣介石要見楊虎城，完全可用直接打電話、打電報通知，爲什麼要通過楊虎密轉呢？那是因爲近期內，西安發生了張學良衛隊查抄省黨部、張學良秘密飛往陝北、王以哲部電台與紅軍有聯繫等一系列的事件和情況；不管「中統」還是「軍統」都不斷向他反映東北軍不穩，有通共嫌疑。見楊是要觀察楊對他的態度，以決定能否安全地去西安解決張學良、東北軍的問題。他很清楚，張學良在西安只有一個警衛團，而且人地兩生。西安乃陝西地區的軍事政治控制權是在楊虎城的手裏，只要楊虎城對他的態度沒變，他到西安就是安全的。他秘密召見楊是為了避開張學良。為做得機密，他與楊的會面沒有記入他的工作日記—《事略稿本》中。他在楊虎城剛剛返回（十月廿一日晚）的第二天，就飛抵了西安。

蔣介石到西安後的頭兩天，若無其事地讓張學良、楊虎城、邵力子等陪著遊覽名勝，表現出一副閒情逸致的樣子。在遊覽中，蔣介石問張學良最近在看什麼書，張直言說：「近來看了兩本書，一本是《唯物辯證法》，一本是《政治經濟學》。」蔣介石聽後面顏頓變，厲聲對張說：「我在十幾年前，看了不少這種書，這些書都是俄國人寫的不適合中國的國情，你看了會中毒的，以後不許你看這些書！你以後要好好地讀《大學》和《曾文公全集》等書，你把這些書讀通了，將一生受用不盡。」張聽後笑而未作聲。

蔣經過幾天觀察後，才分別向張學良和楊虎城講了他準備繼續進行大規模「剿共」的計畫，並徵求他們的意見。張學良對蔣的計畫直接表示反對，並提出「停止內戰，一致抗日」的意見，並說這是整個東北軍的意見。楊虎城則委婉地表示，他個人服從命令沒有問題，但部隊的抗日情緒高漲，而「剿共」士氣低落，是值得憂慮的問題。而蔣介石不為張、楊的意見所動，強調徹底「剿共」勢在必行，決心決不動搖。為了提高「剿共」士氣，十月廿六日他親自到王曲軍官訓練團，對東北軍和十七路軍的五六百名軍官進行訓話，宣傳他的「攘外必先安內」的理論。

蔣介石通過近半個月時間對張學良的近距離觀察，感覺張學良對他的態度沒有根本變化，行事風格和脾氣都沒變，他鬆了一口氣。

時值蔣介石五十歲壽誕，國民黨當局，爲了進一步維護其統治和威望，在全國範圍搞起了所謂「祝壽」活動。蔣介石則故作姿態，十月廿九日以避壽爲名由西安飛抵洛陽。他在洛陽前後住了一個多月，在這段時間他對解決西北問題（「剿共」和東北軍、十七路軍的問題）作了大量和周密的部署。

十月三十一日，蔣介石在洛陽舉行了慶祝五十大壽的活動，接受全國被以「祝壽」名義而要求捐獻的飛機。十一月十七日飛往太原，當時綏東抗戰戰事正緊，蔣原想將傅作義叫到太原當面告之，綏東抗戰不許擴大，並要儘快將戰事停下來。無奈傅因前線離不開，就委託閻錫山派員去傳達他的旨意。閻錫山很聽話，立即按蔣的意思辦理，果然綏東抗戰在收復百靈廟後就停止了。十一月十八日蔣回到洛陽，十九日又飛往濟南。因他得到情報，原馮玉祥的舊部山東的韓複榘、北平的宋哲元在日本人的策動下醞釀在華北反蔣，不久前韓、宋兩人爲此事還在河北南宮秘密會談。蔣到濟南後對韓複榘說，他如何信任韓、宋，如何依重他們支撐華北危局等等。目的是要穩定住韓、宋，不要趁他在西北大動刀兵之時，在背後搗他的亂。韓複榘在蔣的拉攏下表示「一定聽從委員長吩咐，一定聽從委員長吩咐」。

在政治方面，為製造一個更利於「剿共」的政治氛圍，十一月廿三日蔣介石下令逮捕了上海救國會的領導人沈鈞儒、章乃器、鄒韜奮、王造時。次日，李公樸自投法院，史良（女）因故躲避未到案，被通緝，造成轟動一時的「七君子」事件。同時還查封了十四種國內著名刊物。

外交方面，蔣介石委派張群和日本大使川樾進行了多次會談，在東京的許世英大使也與日本外相有田進行了會談。目的就是希望日本理解和支持他的西北「剿共」戰爭。軍事上，將剛調到湖南、湖北解決兩廣事變的嫡系中央軍約三十個師的兵力調至平漢線漢口至鄭州間，隴海線鄭州至靈寶間，集結待命，隨時準備開進陝西「剿共」。同時還下令擴建西安和蘭州的飛機場，要求要有能滿足一百架戰鬥轟炸機的作戰地勤設備。並內定了蔣鼎文為前敵總司令、衛立煌為晉陝綏寧邊區總指揮，陳誠以軍政部次長職駐前方指揮「督剿」，樊崧甫、萬耀煌為總預備隊司令、副司令。

◆謀劃兵諫

一九三六年十二月四日，蔣介石再次來到西安，他要親自組織指揮對紅軍的最後一戰。以為按照他的計畫，兩個星期或最多一個月時間，便可以全部剿滅紅軍。

蔣介石一到西安就密集地接見除張學良、楊虎城以外的東北軍和十七路軍的高級將領，要他們服從命令，繼續「剿共」。蔣介石的計畫將非嫡系的東北軍和十七路軍放在「剿共」的最前線，以達到消滅紅軍，即使消滅不了起碼也消耗紅軍之目的；又通過紅軍達到削弱東北軍、十七路軍之一石二鳥目的。

而張、楊的下屬，在蔣面前都表現得唯唯諾諾，口稱服從命令，不敢將自己真實的想法講出來。這使蔣介石錯誤地認爲，他還是能控制東北軍和十七路軍的，只是張、楊方面有問題。於是他對張、楊採取了進一步的高壓政策，要他們明確表態服從「剿共」命令，將東北軍和十七路軍全部開往前線，向陝北的紅軍全面「進剿」，中央軍在後面接應（實為督戰和漁利）；如張、楊堅持不願「剿共」，則將東北軍調往福建，十七路軍調往安徽，將陝甘兩省讓出來給中央軍「剿共」。這個方案一提出，楊虎城就認識到與蔣已再沒有妥協的餘地了，於是他找到張學良，再次提出「兵諫」問題。這次張學良沒有沉默，同意了楊的想法。

十二月六日上午，蔣介石要前往西安南郊，沿途由東北軍擔任警戒。楊虎城馬上找張學良緊急研究，決定趁蔣由南郊返回臨潼時在途中秘密扣蔣，然後送往西安新城大樓，再和他談「停止內戰，一致抗日的問題」。

他們打算在中午行動，要求不開槍，不斷絕交通，不挖斷公路，只等蔣乘坐的汽車開過來時，由守候在路旁的東北軍，把事先準備好的橫木突然放到公路上，迫使蔣坐的車停車後而採取行動。扣蔣後，即由東北軍扣押在臨潼的蔣隨行人員。由十七路軍負責逮捕隨蔣來西安的中央大員，控制飛機場，解除市內公安局、憲兵團、省黨部等處的武裝。

當天上午，楊虎城親自安排了行動部署，只等東北軍捉蔣成功，便在西安動手。但一直到下午三點，仍不見捉蔣的消息，楊虎城就去找張學良詢問。張學良向楊解釋說，他上午突然接到南京一個電話，說何應欽當天乘飛機要來西安見蔣介石。他準備等何來了連這個親日頭子一起捉，就臨時改變了在南郊捉蔣的計畫，這樣第一次捉蔣的計畫便流產了。從兩廣事變時的軍事計畫，到南郊捉蔣計畫的兩次流產，都說明了張學良還沒有下決心與蔣徹底決裂。

王菊人回憶：

十二月九日以前的某一天，張學良約楊虎城到他的官邸，商量停止內戰的辦法。張說：「我們再勸蔣一次，他再不聽，『先禮後兵』，那我們對得起他。」楊起先不贊成這個辦法，張堅持這樣做，楊只得答應，並約好次日上午張先去見蔣，楊後再去。

楊回到十七路軍總部商量。楊說：「蔣是個死不回頭的頑固傢伙，哪能勸得過來？張和蔣的交情雖然可以深說，但他和蔣走的路是相反的，蔣決不會聽的。我雖然同意了張去對蔣勸說，但據我看，憑嘴說服蔣不打內戰去抗日，是不可能的事。他同蔣說翻了不好，萬一叫蔣看出馬腳，很快地走了，又該怎麼辦？當時張對我說：看不出蔣有提防我們的跡象，蔣很驕傲，他以為我們只會服從他，或許蔣認為我們既去勸說他，便不會有其他的舉動。我不好過於阻擋，便答應試一下再看。」

次日上午，張去臨潼華清池見蔣，十時過，回到西安，張告訴楊：「我勸說的結果失敗了。蔣還拍桌子和我吵了一陣，你可再走一趟。」據楊說，蔣對張很發了脾氣，爭辯很久，弄得兩人面紅耳赤，下不了台，無結果而回。

楊去見蔣以前，很斟酌自己應持的態度和措詞，總以不引起蔣的不滿或懷疑為原則，因為他已預料到，勸蔣停止內戰是無望的。

楊於這一天上午十一時左右去華清池，他對蔣說：「看國內形勢，不抗日，國家是沒有出路的，人心是趨向於抗日的，對紅軍的事，可以商量辦，宜用政治方法解決，不宜再對紅軍用兵。」

表面上蔣當時的態度很平和，但措詞是驕傲而嚴厲的。蔣對楊說：「我有把握消滅共產黨，我決心用兵，紅軍現在已經成為到處流竄的烏合之眾。他們必須聽從政府的命令，繳出武器，遣散共產黨。我已叫邵主席（邵力子）擬傳單，準備派飛機到陝北散發，如果共產黨還要頑抗，我們以數十倍的兵力，對付這些殘餘之眾，消滅他們有絕對把握。現在我們東西南三面合圍，北邊我已令馬少雲（鴻逵，當時的寧夏省政府主席，十五路軍總指揮）派騎兵截擊，一舉可以把紅軍打到長城以北沙漠一帶，在那裏紅軍無法生存，只有瓦解投降一條路。這次用兵，要不了多長時間，即可全部解決，十七路軍若果兵力不足，擔任進攻的戰線可以縮短一些，如果有不主張『剿共』而主張抗日的軍官，你放手撤換，我都批准。」

蔣還對楊說：「你是本黨老同志，要知道，我們和共產黨是勢不兩立的。消滅了共產黨，

我會抗日的。」楊看蔣的態度無法挽回，再談下去，恐怕益成僵局，就回西安了。❷

十二月七日晚，楊虎城將當時負責城裏防衛的十七路軍警備二旅旅長孔從洲叫到新城綏靖公署。向孔詢問蔣系武裝在西安的情況。他要孔搞清楚「他們是什麼部隊，什麼番號，都駐在什麼地方，哪條街、哪個巷子裏的哪些院子」。「這些都必須搞得一清二楚，不能有半點含糊。」❸

之後，楊虎城又打電話給孔從洲：「命令演習從十一點鐘開始！」他對孔堅決地說：「你們按中央軍警憲特駐地配置兵力，他們有一個營，你就放一個營；他們一個團，你也放一個團。分區演習，佔領位置。」楊還反覆交代，演習部隊必須嚴格遵守四條紀律：第一，對東北軍千萬別發生誤會；第二，嚴禁走火；第三，部隊行動中，如遇中央軍巡邏隊問起來，你們就說是進行夜間訓練，是例行演習；第四，要嚴格保密，不能走漏半點風聲。」❹楊虎城的這番安排，表明了他捉蔣的決心是堅定的。必要時，他要採取單獨的行動。

到了十二月九日，西安的形勢更加緊張。蔣介石決定要在陝西召開西北「剿共」會議，蔣的高級將領陳誠、蔣鼎文、衛立煌等已陸續抵達西安。同時傳出許多關於中央軍調動的消息，旨在逼迫張、楊就範。同日，蔣介石秘函陝西省政府主席邵力子：「力子主席兄勳鑒：可密囑駐陝《大公報》記者發表以下之消息：『蔣鼎文、衛立煌先後皆到西安，聞蔣委員長已派蔣鼎文爲西北剿匪軍前敵總司令，衛立煌爲晉陝綏寧四省邊區總指揮。陳誠亦來陝謁蔣，聞將以軍

政部次長名義指揮綏東中央軍各部隊云。』但此消息不必交中央社及其他記者，西安各報亦不必發表。為要。中正，十二月九日。」❺

邵力子按照蔣介石的吩咐，及時向《大公報》記者傳遞了蔣的密囑，《大公報》十二月十二日在要聞版刊出該報駐西安記者按蔣介石密囑發給報社的專電，四行標題：《陳誠指揮綏東軍事　蔣鼎文負責剿共　任西北剿匪軍前敵總司令　衛立煌為晉陝甘綏四省邊區總指揮》。《大公報》用大號字以「蔣鼎文負責剿共」做主題，點明了蔣介石密囑的實質。遺憾的是，這條消息刊出時，西安事變爆發了。

蔣介石的密囑，是逮捕邵力子時在邵的辦公室中發現的。事前，張、楊對此事並不知情。有人說這個密函是西安事變的導火線，完全是臆說。但可以說明，蔣是要對張、楊下手了，只是張、楊快了一步。其實，真正的「導火線」在「兩廣事變」時就安裝了，當時只由於張學良猶豫不決，沒有點火罷了。促成張學良最後下決心的人物，一個是楊虎城：楊不斷地敦促張實現兩人要實現抗日的約定，同時也開始了自己的部署，給張造成壓力；另一位則是蔣介石自己本人。

一九八九年六月一日，張學良在台灣過八十九歲生日的晚宴中，張學良令人意外地說：

今天我忍不住，我對你們說，事情完全是臨時逼出來的。就是十二月九日那天，我對學生說，我可以代表蔣委員長，考慮你們的要求，我也可以代表你們，把你們的請求轉達給委員長，你們先請回去。

當天晚上，我與委員長談，他先罵我是兩面人，怎麼可以又代表他又代表學生？這我已不高興了。但他接著說：「這些學生來了，我用機關槍打。」這可把我氣火了，我話都到嘴皮子，我想說：你機關槍不打日本人打學生？我氣極了。這話我沒說出來，蔣先生也看我變了臉，我臉都氣紅了。

原來，一九三六年十二月九日，西安市一萬多學生為紀念「一二·九」運動一周年舉行遊行。清晨，遊行隊伍在集合時遭到員警的阻撓，員警竟開槍打傷了東北競存小學一名十二歲的小學生。這下，激起了學生們極大的憤怒，他們要求懲辦公安局局長馬志超。

遊行隊隊伍先到南院門向西北剿總請願，張學良不在，由交際科長代見。後到北院門省政府，省府主席邵力子在省府大門外對學生講了話，但學生們對邵的講話十分不滿。接著遊行隊伍又至新城綏靖公署，當時楊虎城也不在，由參謀長李興中代為接見。之後，遊行隊伍前往蔣介石行轅臨潼請願。蔣介石從來都怕見學生遊行，當聽說學生們要來臨潼找他時，非常緊張。他讓侍從室主任錢大鈞電令軍、警、憲各部門，只要學生到臨潼就「格殺勿論」。憲兵二團在臨潼前架好了機槍，設置了路障。

當時天已薄暮，學生們忍著饑渴，頂著寒風行進到了城東十里鋪。張學良聞知憲兵二團即將執行蔣的命令大開殺戒時，就急忙乘車去追學生。張在十里鋪追上了學生隊伍。他對學生們說，不能再往前走了，再往前就要流血了。學生們說：為了抗日，我們不怕流血，我們就有鮮血。說著痛哭流涕。張學良當時被學生們的愛國熱情所感動，他流著眼淚對學生們說：「我與你們是站在一條戰線上的，你們的要求也就是我的要求，也許我的要求比你們還急迫。你們現在回去吧！你們的要求，在七天之內，我一定用事實來答覆你們！」學生們聽到張學良這樣肯定的答覆，就返回了西安。

◆箭已上弦

一場學生流血事件避免了，但兵諫行動卻因誤會險些提前。

十二月九日晚，張學良、楊虎城在西安易俗社陪同隨蔣介石來西安的中央大員們看秦腔。看戲中間，楊虎城突然接到他機要秘書王菊人的電話，說有要事彙報，要他立即回新城綏靖公署。楊中斷了看戲回到新城。

原來，當天傍晚，十七路軍特務營營長宋文梅到西安綏靖公署報告，說他到東城門樓去看東北軍衛隊第二營營長孫銘九，在城坡上碰見孫帶「自來得」槍兩支，說是「去臨潼」。還看見城下幾輛卡車，滿載全副武裝士兵，準備出發，據他判斷，孫是去捉蔣的。楊聽了情況後（當晚，張學良因去勸阻學生，後又到臨潼見蔣，故去戲園較晚，楊接電話時還未到）就認爲張在當晚要有行動。楊馬上決定配合東北軍行動，按以前他與張說好的十七路軍的任務（在西安城內解除蔣系武裝，佔領特務機關，接收蔣系各機關並逮捕蔣系高級將領）作了部署。當夜的兵力部署是：陝西警備第二旅孔從洲部（共三個團）和炮兵團（歸孔指揮）擔任西安城內任務；特務營宋文梅部（四個連）作總預備隊；衛士隊兩個連，包圍易俗社擔任逮捕蔣系高級將領的任務，並擔任新城至易俗社的警戒；由趙壽山在新城，擔任臨時指揮官。各部隊於八時均開始出動，各街口均布雙崗，只等蔣捕到後立即開始行動。楊虎城部署完後，又回到易俗社繼續看戲。他這

▶十二月九日晚，張學良與楊虎城陪同南京大員觀看秦腔「櫃中緣」

時看見張學良不但到了戲園，還與陳誠、朱紹良等有說有笑，看不出有行動的跡象。戲看到晚十時左右，沒有消息傳來，楊就請人再點幾段戲，以延長看戲時間，等待臨潼方面的消息。他自己又回總部問情況，回總部後沒有新情況，他只好再次回去看戲。

過了十一時，宋文梅再去東城樓後回來報告說：「我去看孫銘九，他的警衛說，營長已睡了。我大吃一驚，推門進去，孫已睡著。我把他叫醒，問他去臨潼爲了什麼事，孫說，張副司令怕學生晚上又去臨潼請願，遭蔣毒手，叫我去巡路，如果碰上有學生請願，叫我勸回來，我才巡路回來，睡了。」聽到這個情況，在十七路總部指揮的人便不等向楊報告，即時命令部隊，立即停止軍事演習，限拂曉前，返回駐地。看完戲，楊深夜回到總部，聽過上述情況後，很生氣，斥責辦事人員把大事當兒戲。

十二月九日晚發生的事情雖是場虛驚，但是很明確地傳達了一個訊息——箭已上弦，不得不發。也使張學良感到，不能再猶豫下去，否則楊虎城有能力也有準備要單獨行動了。

◆下定決心

十二月十日一早，張學良得到昨晚十七路軍有動作的報告，他就立即要十七路軍負責行動的人去彙報，而且很急，連著來了兩個電話。看張這樣，楊虎城就說：「還是我去吧。」楊向張講了九日晚所發生的一切過程，並對張說：「看近日的情況，學生、市民、東北軍和十七路軍的大部分中下級軍官，對蔣都是憤恨的，他們的情緒很激動。捉蔣的時間不能再遲了，萬一我們對部隊控制不住，發生騷亂，那更危險。」張學良同意楊的分析，兩人當即決定：十二月十日準備，十一日晚行動。這一天蔣介石也緊張準備著，他召集了隨他來西安的全體參謀人員會議。決定十二日頒佈向紅軍發動總攻擊命令，明確指出如果張學良、楊虎城兩部不服從命令，即解除其武裝。

當日晚，張學良未帶一人，親自駕車來到楊虎城的新城官邸，談至深夜一時，張才離去。談話中兩人除對國內的反應作了估計外，還研究了軍事形勢和對策。明確了政治目的：打破蔣介石進行內戰的局面；造成西北、華北、廣西、四川分立形勢，使南京政府對於西北方面沒有武裝進攻的可能；強迫蔣介石改變「攘外必先安內」的國策；召開各有關方面參加的救國會議（在西安召開）；組織抗日聯合政府。蔣介石必須聲明放棄其反動國策，並確實保證東北軍和十七路軍的現有地位，才放蔣走。

應該強調，發動事變並謀求和平解決的原則是張學良、楊虎城二人在事變前就確定了的。

一九三六年十月到十二月，蔣介石前後兩次到西安，其行轅均設在臨潼華清池。蔣介石自己只帶了二十名貼身侍衛，週邊警衛都是由張學良的衛隊一營和憲兵二團的少量憲兵負責。

十二月十一日，楊虎城多次赴玄風橋金家巷張學良官邸密商捕蔣的具體事項。到十一日下午二時，張、楊確定了三件事：（一）決定於十二日上午六時在西安、臨潼兩處同行動。

（二）爲了偵察蔣的行動，凡蔣與南京和西安方面的通話，必須通過張官邸的總機接線，注意蔣與各方面的通話內容和其他方面向蔣的電話報告。在行動時間以前，如果發現蔣有察覺，或有移動，或有特務和其他方面向蔣告密等情況，隨時準備以兩個加強連立即由西安馳往臨潼逮捕蔣，如果由西安方面派兵來不及，即命令駐臨潼縣內劉多荃部，火速執行逮捕的命令。

（三）如果情況無變化，十二日凌晨在臨潼捕蔣的任務。

張對楊說，他有幾個作戰有經驗的老軍官，只是在捉蔣的這件事上，他覺得沒把握；青年軍官可靠的有幾個，但沒有作戰經驗，所以請楊派人到臨潼捉蔣。楊說：「這事我有把握。」楊回到新城十七路軍總部後立即作了必要的準備。由特務營營長宋文梅立即組成一個加強連，每人配備手電筒一個，隨時準備出發。準備大卡車四輛，隨時載兵往臨潼捕蔣。

午後，張叫在臨潼擔任週邊警衛任務的東北軍衛隊第一營王玉瓚營長來西安，準備告訴他，叫他在十七路軍捕蔣部隊到達後，把該部隊接應進去。張以此事先同楊商量。楊說：「王營長固然是可靠的，但這種事先告訴王的作法有洩漏機密的危險，不可不防，王營長既來了，甚好，可以臨時給他任務，讓王營長隨捉蔣部隊一同回臨潼。」張也贊同這個慎重做法。楊認爲宋文梅在實戰經驗上不如許權中，又把許接到新城，讓他秘密住在電務科科長原政庭房中，等候命令。

楊回新城後，給宋文梅下了到華清池捉蔣的命令，並叮嚀宋說：「你和許權中都對蔣介石有仇恨，這一回是爲了國家大事，對蔣不應從個人仇恨出發，你必須給我捉回活的蔣介石，不要死的蔣介石，如果打死了蔣介石要你償命，誰打死了他，都以軍法從事。」又說：「盡可能避免開槍，要迅速逮捕。」還叮嚀宋要服從許權中的命令，先不要告訴許，等臨出發時他親自告訴許。這時已是傍晚的時候了。楊反覆考慮，總感到安排還不夠妥當。雙方軍官平日都不相識，共同捉蔣指揮上不方便，如果發生誤會必致貽誤大事，還是叫東北軍衛隊第二營營長孫銘九去爲好。楊就把這個想法告訴了張。張認爲：「孫銘九沒經驗，我加派幾個得力人去。」於是又變更了去臨潼捉蔣的部隊，其他仍照原定計劃執行。兩人約定，指揮部設在新城楊虎城的指揮

▶西安事變前楊虎城與張學良的合影

部裏，張學良於晚十二時前到新城與楊共同指揮；張到後，十七路軍各部隊才能按預定計劃行動。

在與楊虎城最後確定了行動計畫後，十一日下午，張學良仍舊去臨潼華清池與蔣介石周旋。晚上還安排了與楊虎城聯名宴請南京來西安大員的活動。

在西安事變前，雖然楊虎城和張學良分別都與中共中央建立了秘密聯絡管道，中共分別派有代表住在西安，進行聯繫。但發動西安事變的任何資訊，張、楊都沒有向中共透露，連張學良以爲是楊虎城身邊親信的王炳南都毫不知情。直到捉蔣的行動開始後，十二日凌晨才由張電告中共中央。

十二月十一日晚，楊虎城宴請完南京來西安的文武大員後，回到新城的辦公室。九時許，先召集趙壽山、孔從洲、王菊人，後又擴大爲孫蔚如、李興中共同佈置了第十七路軍在西安事變中的軍事行動計畫。

當時西安的雙方兵力是：十七路軍的主力在外縣和陝北前線，只有西安綏署特務營、教導營、炮兵團、衛士隊和陝西警備第二旅三個團等少數兵力在西安，總計部隊官兵約三千人。此外，東北軍衛隊第二營孫銘九部在西安市東南一隅。蔣系在西安的單位，包括特務機關，約有一百二十個，有武裝的爲四十二個。其中以憲兵第二團（團長楊鎮亞）、保安司令部（司令張坤生）、西安省會公安局、員警大隊、西安軍警聯合督察處武裝最多，槍支在三千以上，其他特務機關和蔣系各軍、各師的留守處、辦事處的武裝尚不在內。

一九三六年十二月十一日晚，楊虎城與孫蔚如、趙壽山、李興中、孔從洲、王菊人等對當晚的軍事行動作了最後的部署。由十七路軍警備二旅孔從洲部負責解除憲兵團、保安司令部、員警大隊、省政府常駐的憲兵連和西關機場的駐軍，並佔領飛機場。

當時在西安機場停有數十架戰鬥機和轟炸機。楊虎城命令先以一部兵力擔任西安各街巷口的警戒；爲了加強警備二旅的領導力量，增派許權中爲副旅長，命令炮兵團歸孔從洲指揮，將炮架在北城門樓上，準備轟擊外來的蔣軍；由西安綏署衛士大隊擔任綏署及楊將軍公館的警戒；命特務營營長宋文梅率特務營及衛士隊各一部分士兵，負責逮捕住在西京招待所的蔣系軍政高級官員，特務營其餘部隊作爲預備隊待命；該營歸趙壽山直接指揮，負責警戒新城城防及解除新城東北幾個員警大隊的武裝。軍事計畫擬定後，楊虎城表示同意，命趙壽山任行動總指揮。

部署完畢後，王菊人回憶說：

楊在新城官邸東邊客廳內等候張來。當時，對於事情的發展，把蔣捉來後，一些事情的估計和安排，曾詳細商量過。例如：

（一）改組南京政府事，主張成立抗日聯合政府（包括國民黨、共產黨及其他黨派在內），行政院院長不主張蔣兼任，主張以宋子文為院長。改組方式，採取救國會議通過，而不能像過去由國民黨一個黨決定。對於救國會議的組成，擬照孫中山提出的國民會議之精神辦理。

（二）為打倒國民黨一黨把持的局面，各省行政擬採用分權制，各省成立省救國會議，相當於議會的職權，產生省行政機構，推定人選。

（三）西北成立軍事聯合指揮機構，暫負責黨政軍的統一領導，將來移歸聯合政府指揮。

（四）陝北行政人員，在紅軍區域內部，先撤銷原來邵力子委派的親蔣的縣長以上的人員，更換為親共至少是不反共的人員，職權暫時不變；俟人心安定後，除八十四師高桂滋、八十六師高雙成防區外，其他地區概由共產黨派人接充縣長，但仍受陝西省政府的節制，對共產黨和紅軍要以友黨友軍看待。

（五）將來紅軍的指揮關係。

（六）民眾訓練，由全國救國會、西北救國會、東北救國會辦理，候共產黨代表到西安後商定。

（七）估計蔣介石被捉後，南京政府對西安方面必然採取經濟封鎖的辦法，首先是軍費停發。準備由中、中、交、農四行之陝西省分行提取現金，作為準備金，由陝西省銀行發行紙幣（自法幣停止兑現後，陝四行存有一批硬幣），以濟軍用。

（八）東路交通斷絕後，民生日用品的來源將斷絕，準備與閻錫山商量，由華北採購。經山西運陝，閻利稅收，不會拒絕。

（九）當時也想到馮欽哉會不會跟上來，本來想立即派車去大荔接他來西安（當晚十一時由西安派車，十二日中午一定能來西安），由於想到數小時後即下令給馮襲占潼關，旅長武士敏在南京，非馮親自指揮不行，遂又作罷。

上邊想到的事，等張學良於當晚十二時到新城後，楊逐條和他商量，他請楊看著辦。

已過十二時了。張學良還沒有來，楊很著急，也有許多疑慮：他懷疑張學良會不會向蔣出賣他？東北軍內部會不會走漏消息？孫銘九能不能擔任起把蔣捉來的任務？張會不會又變卦？蔣是一個久於軍事，極其警覺的人，上次在臨潼和張發生爭執，以後又同他自己談了話，蔣會不會起疑心，秘密逃向潼關？十七路軍內部也有些特務，九日晚間準備的軍事行動，會不會向蔣報告，使蔣事先逃脫？孫銘九等年輕軍人，有一股反蔣感情，會不會忘記大局，把蔣打死呢？……

楊說：「有三條路要作準備：一、蔣若果跑了，孫銘九撲了個空，那時怎麼辦？二、萬一蔣被打死，那時怎麼辦？三、捉來個活蔣介石，必然還得放個活蔣介石，既捉又放，該怎麼辦？」

楊又說：「我們為了抗日，先得停止內戰，除捉他逼他，沒有別的停止內戰的辦法。只要把蔣捉來，他預定的一切軍事部署都會落空，內戰自然就停止了。不抗日，蔣介石沒路走。我們除抗日外，也沒路走。那時候，誰不抗日，百姓更會反對誰，舉國一致抗日的局面，自然會形成。」

楊談到這裏，心情極為樂觀。楊又說：「張漢卿突然舉起抗日大旗，是很難見信於國人的。蔣被捉到後，要立即作援綏行動，帶上蔣介石一道援綏何嘗不好。我們離帝國主義遠，誰也給我們戴不上勾結帝國主義的帽子（這是有感於『兩廣事變』言），頂多只能造謠說我們勾結蘇聯，真能勾結上蘇聯也是好事。」又說：「這回事情，政治上是成功的（他指主張抗日），軍事上可能失敗（指十七路軍這個部隊），我們的抗日主張會得到全國人民的同情，只是在軍事上，我們卻處於蔣介石部隊的東西箝制中，我們的部隊，一時集中不起來，一旦要打仗，對我們不利的。蔣跑了，或者把蔣打死，立刻會有戰事。」

他叫拿地圖來，詳細問了一下蔣系部隊和東北軍的位置。楊很思索萬一捉蔣不成的軍事部署，以備萬一。同時，他看了看地圖，問了問國內各地方實力派的兵力，分析了他們對蔣的真實態度，他說：「若果蔣真要死了，國內各地方實力派都會起來的，那時，南京方面會自顧不暇，對我們就無兵可用了。」

後來楊想了想說：「萬一蔣死了，開始打一下免不了，頭一仗一定要打勝。那時我們的士氣是高漲的，對方的士氣是低落的。又說：頭一仗一定能打勝，也必須打勝，打勝才能穩定局面，促進南京內部和國內各方面的變化。可請李興中參謀長準備三個方案，一是同東北軍、紅軍聯合作戰的方案，一是同東北軍聯合作戰的方案，一是我們單獨應戰的方案。三個方案都要在咸陽、渭南阻擊東西進犯之敵，以堅守西安為目的。主力放在東路，並以強有力之一部（最好由紅軍擔任）進入商雒地區，以確保我右翼的安全。」

楊又慨然地說：「我進陝西後，沒有像在山東時那樣訓練軍隊，步兵訓練班的政治訓練也做得遲了。十七路軍這個團體，已是將驕兵惰。一些中上級官佐，置地買房，娶小老婆，開商號，做生意，發財的發財，享樂的享樂，到了拚命的時候，誰跟上我來呢？也好，借此機會，整頓一番，抗日的來，不抗日的走，這個團體當初還不是幾根破槍桿成的嗎？整頓一下，走新路，會成功的，即使失敗，為了救國，把這個攤子摔個響亮，也值得」。

這時候，楊談得很興奮，他的精神，緊張而嚴肅。接著，問了東北軍高射炮隊的情形，叫早把位置安排妥當。又叫把十七路軍的自造高射機槍（把重機槍架在三角架上，可以轉動仰射）分配在新城四周城牆上。他笑著說：「咱的那些有錢人，最害怕飛機炸彈。把他們也保護保護吧！」在這時，曾有人問：把蔣捉了，其他實力派不回應，怎麼辦？楊說：『實力派不響應，我們照樣單獨幹。我們幹的是百姓願意幹的事，百姓一定會響應我們，老百姓的力量比任何實力派的力量都大得多。』

張學良和他的高級將領及親信幕僚，於夜晚十二時，一齊坐了幾輛小轎車，到了新城楊的寓所。張見了楊，笑著說：『把我們都交給你了，看你怎麼辦』？楊正色說：『我們向來是不出賣朋友的。』

這時十七路軍的高級將領也陸續來了。楊將張請到西邊客廳，將他在上半夜想到的八項事（如前所記，只將馮欽哉的事未提）告訴了張。張說：「這些辦法，都是對的。」❻

注釋：

❶《蔣中正檔案》，台灣國史館抄件。

❷王菊人：《記西安事變前後幾件事》，全國政協文史存稿。

❸賈自新：《楊虎城年譜》，中國文史出版社，二〇〇七年版，第四七〇頁。

❹賈自新：《楊虎城年譜》，中國文史出版社，二〇〇七年版，第四七一頁。

❺賈自新：《楊虎城年譜》，中國文史出版社，二〇〇七年版，第四七二頁。

❻王菊人：《記西安事變前後幾件事》，全國政協文史存稿。

六、擒石天驚

一九三六年十二月十二日清晨，蔣介石被槍聲驚起。他顧不上穿衣提鞋，倉皇向外逃命，由此開始了讓他刻骨銘心的十四天。

◆臨潼槍響

西安事變的第一槍是東北軍打響的，十二日凌晨四時許，東北軍衛隊一營營長王玉瓚，率領該營中擔任蔣介石週邊警衛的部隊來到了臨潼華清池。因爲華清池的大門由他們守衛，所以進大門時沒有引起任何麻煩與驚動。當他們接近二道門時，看見蔣的一個衛士在來回走動，王玉瓚舉起手槍，連打三槍，命令戰士開始進攻。

當東北軍人衝進二道門時，蔣的侍衛長跑出房門，連喊帶問：「什麼事？什麼事？」王玉瓚等幾槍便把他擊倒在地。頓時槍聲大作，子彈橫飛，蔣的侍衛們驚醒後，憑藉門窗拚命抵抗，東北軍戰士奮勇進攻。一時間，槍聲和手榴彈炸聲響徹驪山。

王玉瓚和步兵連連長王世民等利用廊柱及黑暗角落，翻過荷花池，繞道貴妃池，躍到五間廳門前平台上。他們一見蔣住的三號廳門半開著，就飛步闖進臥室。床上無人，被子掀著，伏看床底下也沒人，衣帽，假牙、黑斗篷大衣俱在，但人去室空。這時孫銘九帶領衛隊第二營官兵五十餘人也趕到了，他們便立即向西安報告蔣介石跑了。

▶到臨潼捉蔣的東北軍衛隊一營營長王玉瓚

在楊虎城身邊親身經歷了個驚心動魄夜晚的王菊人說：

天大亮了。劉多荃由臨潼來電話報告說：華清池已完全佔領了，只是蔣介石還尋不見，他的被子尚溫，估計跑不遠，正在搜查中。張接了電話後，放下聽筒不語。大家也相對愕然。

原來這次事件，決定時間緊迫，佈置不夠周密，行動又很倉卒，所以發生了漏洞。東北軍捉蔣的部隊，對華清池周圍的地形不清楚。張在事先帶白鳳翔、劉桂五去見了一次蔣介石，只是認清了蔣介石住的房子，旁的地形是不清楚的。

蔣的住房，南窗甚大，可以開闔。跳出窗子，向西是華清池的房屋，跑不出去，向南是陡山，上不去，只有向東沿房後山邊是空地，可以上山，下坡向東跑。因為事先無法觀察地形，包圍圈不周密，漏掉了這個地方。所以當時估計：蔣可能向東跑上山，或者再向東跑向公路尋他的專車上的武裝，也可能由東南逃向山區。那時還擔心蔣介石急急忙忙絆倒在石崖下被摔死。

當時我們判斷，蔣沒有事先跑了，而是臨時逃走，按體力說他跑不動，按時間計算（距開槍時間不到一小時）他跑不遠，按地形說他只能在驪山附近。張即要楊下命令。楊從電話機上命令臨潼部隊，立即加派部隊擴大包圍範圍，並以一部迅速截斷臨潼後山一切大小路，特別注意山溝、窯洞、岩間隙洞、山石四周、民房寺院，嚴密搜查。命令藍田保安大隊副立即通知沿山口各保甲，民團，封鎖各山口，遇有進山的人立即解送西安，不許放走一人。命令臨潼縣保安大隊副立

▶參加臨潼捉蔣行動的東北軍衛隊二營營長孫銘九

即協同部隊，回應搜查。命令衛士隊隊長白志鈞帶兵乘汽車沿西潼公路搜索。[1]

當白志鈞帶隊搜尋至臨近臨潼華清池時，突然碰到一架飛機降落在公路上，白當即扣留了駕駛員和飛機。據駕駛員講，是洛陽警備司令祝紹周命他駕機接蔣委員長的。他把白一行誤認爲是委員長，因而降落下來。

這一情況報到指揮部後，張、楊分析定是有人洩露消息給洛陽了。後經檢查各自的通訊部門，果然找出了內奸。原來事變發生後，他們把張、楊的八項主張通電延遲發出，卻搶先給洛陽特務機關報告了蔣被扣的消息，所以祝紹周就從洛陽派飛機來救蔣了。

西安城裏雖然蔣軍人多，情況複雜，

▶蔣介石臥室——華清池五間廳之第三廳

但由於事前準備充分，戰鬥進行得還比較順利。到十二日早七點半，已將大部分敵人解除武裝，槍聲也停了下來，只有新城北門外員警大隊的一連武裝尚在頑抗。後來楊虎城派許權中上去指揮，半小時就解決了戰鬥。

到早八時，十七路軍拘禁了在陝的南京方面的大員陳誠、朱紹良、衛立煌、蔣鼎文、陳繼承、陳調元、蔣作賓、蔣百里、張沖、萬耀煌等，西北「剿總」政訓處長曾擴情、參謀長晏道剛等人。解除了蔣系部隊、憲兵、員警、特務的全部武裝，扣留了機場裏的全部飛機，控制了全城。國民政府立法院副院長邵元沖逃跑時被流彈擊斃。

▶西安事變時，蔣介石由此窗逃走

蔣介石究竟跑到哪裏去了呢？原來，清晨天未亮時候，蔣介石聽到突然傳來激烈的槍聲。他慌忙下床，穿著睡衣就跑出屋門。因爲當時前面槍聲緊，他直奔後門，想從後門跑掉。可是後門鎖住了，出不去，便由衛士扶著爬上華清池後面的院牆，跳牆逃走。不料這一跳牆，使蔣介石受了大苦。

原來，華清池的院牆爲依山修築，從院內看不高，可到外面，就顯得頗高了。當蔣在慌亂中爬上牆頭，往下一跳，竟墜入一個丈把深的亂石溝內，只聽蔣「哎喲」一聲慘叫，就再也爬

▶蔣介石藏身的虎斑石夾縫

不起來了。一個衛士連忙過去扶他，好半天才把他扶起來，問他哪裏摔傷了，他只唉聲歎氣，喘息了好一會兒，才指了指他的腰和腳。脊椎骨和腳都跌傷了，拖鞋也只剩一隻，他再也跑不動了。衛士只好背著他，繼續往後山上爬。眼看搜山的部隊離他們越來越近，那衛士也背得實在吃力，只好將他藏在西繡嶺虎斑石旁一處很淺的石縫內。

東北軍搜了一陣，卻不見蔣的影子。這時天已大亮，他們發現了蔣的近侍、他的侄子蔣孝鎮。衛隊營七連副連長張化東看他鬼鬼祟祟的樣子，就拿槍對著他喝問：「委員長在哪裏？快說！不說實話，就打死你！」蔣孝鎮嚇得臉色發白，瑟瑟發抖，嘴張了幾張，卻語不成聲而止，看到蔣孝鎮眼神慌亂，並不自覺地老朝不遠的那個山坡上看，張化東知道那裏一定有情況，就急忙快步跑過去，高聲說：「裏面有人嗎？快出來！再不出來就開槍了！」有些士兵還故意「嘩啦嘩啦」地拉動槍栓。這時，石縫裏傳出了聲音：「我是委員長，你們不要開槍，不要開槍！」隨後蔣介石鑽了出來。

▶護送蔣介石由臨潼到西安的車隊

▶護送蔣介石到西安時，蔣所乘坐的小汽車

此時的「蔣委員長」只穿一件單薄的絳紫色睡衣，白單褲，光著兩隻腳。他面容枯槁，兩腮深陷，由於驚嚇和天氣寒冷，渾身發抖。東北軍的官兵將他用棉大衣裹上，背著下了山，架上汽車，送往西安。

抓到了蔣介石，東北軍官兵都很興奮，號兵在蔣上車時居然吹起了一陣「接官號」，這對蔣來說，簡直是莫大的諷刺。

事過幾十年後，再回顧當年這個「捉蔣」的戰鬥。可以認爲：張學良是將「請蔣」的任務佈置給了白鳳翔、劉桂五的。明確是由他們率領衛隊二營去執行。衛隊一營的任務應該只是配合二營，同時防止蔣在行動前和行動中逃脫。如果讓衛隊一營去執行「請蔣」的任務，張就沒有必要從外地特別抽調白鳳翔、劉桂五到西安，又帶此二人專門去見蔣。不知是張學良由於緊張，給衛隊一營營長王玉瓚錯誤下達了「捉蔣」的任務，還是王玉瓚由於緊張，錯聽了張的命令，結果造成衛隊一營單獨行動強闖華清池。

從「請」的要求看，應該是用突襲的方式迅速控制爲數不多、毫無防備的蔣介石的侍衛，解除其武裝；在蔣睡眠中將其喚醒，以東北軍的武裝脅迫其到西安。絕不應在對方並未發覺的情況下首先開槍攻擊對方，造成混戰。從至今還保留在當年蔣介石臥室牆壁和門窗玻璃上的累累彈孔看，如果不是蔣介石命大，他必定被亂槍打死了。

蔣介石險些在槍戰中喪命，完全是違背了張學良和楊虎城的初衷，它不是事變中的一個成功行動。也就是說，臨潼不應該有槍聲，更不應有槍戰。

◆發佈主張

捉到蔣介石的消息報到新城指揮部，張、楊都很興奮。張學良高興地對眾人說：「我和楊主任膽大包天，把天捅了個窟窿。現在我不管了，要去睡覺了。」

東北軍和十七路軍發動的「兵諫」行動，不到六個小時就勝利完成，當中由於槍戰和誤會也造成了少量的人員傷亡。其中發生了蔣介石的衛士被打死數人，省主席邵力子的夫人傅學文的手臂被流彈擊傷、東北邊業銀行經理王景越等被十七路軍士兵誤殺等一些意外。

「兵諫」的軍事行動，隨著蔣

▶西安事變軍事指揮部——新城楊虎城公館

介石被捉到告以一段落，政治行動隨著緊張展開。

王菊人說：

臨潼部隊報告，蔣介石被捕後，這時須要立即由西北《文化日報》（十七路軍總指揮部機關報）出號外，通告市民，還應立即向全國發通電，說明事件真相和政治主張。這時，設計委員會（事變後成立的政治諮詢機構）尚未成立，一些人先立即商量這件事。

一、對這個事件應怎樣稱呼？有人主張叫「一二．一二革命運動」，有人主張叫「雙十二抗日革命運動」，名稱定不下來，號外、通電無法擬稿，急不容緩，那麼對蔣介石的行動，到底應該叫什麼呢？後來高崇民主張用「兵諫」二字，大家覺得合適。所以在號外第一號中這樣說：張副司令、楊主任暨西北各將領對蔣委員長實行兵諫。

（一）停止內戰，已將委員長妥為保護，促其省悟；

（二）通電全國並要求政府立即召集救國會議；

（三）請南京政府釋放一切政治犯；

（四）此後國是完全決諸民意，容納各黨派人才，共負救國責任。

當時，對這個事件，並沒有定個名字。「西安事變」的名字，是蔣介石捏造的「對張楊訓詞」「西安事變半月記」給我們安排了這個名字。他們沿用於「福建事變」、「兩廣事變」而來，事變二字，即含有「以下犯上，大逆不道」的味道。我們也用以自稱，想來有趣。

二、關於八項救國主張的商討。遠在兩廣發動反蔣軍事行動時，楊曾派秘書蒲子政去見韓複榘和宋哲元提出了八項中的一、二、四、五、六、八等六條，準備在發出反對蔣介石以武力進攻兩廣並贊同兩廣的抗日主張的通電中列入，和韓、宋都商量一致了。當時因為張學良滯留上海，通電未及發出，「兩廣事變」已被蔣介石鎮壓下去。這天早晨，十七路軍方面，便將這六條提出商量。

大家對這六條無異議。後來覺得這是一個愛國運動，對於沈鈞儒等人須積極營救，列入了這一條。對於第七條商量較多。因為估計到南京政府一定要給我們戴個「赤化」帽子，以此在國內各實力派中孤立我們，同時國內各實力派也必然注意到我們同共產黨究竟是什麼樣的關係，所以就加了「確實遵行孫總理遺囑」一條，以表明這是國民黨範圍內的事，無任何共產主義的氣息，以防止南京政府的造謠，為爭取國內各實力派的同情。所以在號外第二號中就提出了八項救國主張，在通電中也著重列入了。」❷

當日，張學良致電中共中央：「蔣之反革命面目已畢現。吾等爲中華民族及抗日前途利益計，不顧一切，今已將蔣及重要將領陳誠、蔣鼎文、衛立煌等扣留，迫其釋放愛國分子，改組聯合政府。兄等有何高見，速覆，並望紅軍全速集於環縣一帶，以便共同行動，以防胡敵北進。」❸

◆驚魂不定的委員長

申伯純在《西安事變紀實》中陳述：

十二日上午，蔣介石被送到十七路軍總部所在地新城，安置在黃樓的東偏房裏。他當時穿著睡衣睡褲，腰彎著，腳跛著。由於凍、餓、驚，蔣介石渾身發抖，不住地口出長氣，進屋後連喝了十來杯白開水。

楊虎城特派貼身副官蘇庭瑞拿了幾件自己未穿過的新衣服（楊與蔣的個子相當）送給蔣穿。蘇對蔣說：「這是張副司令、楊主任給委員長送的，請委員長更衣。」蔣介石卻擺出了架子說：「我不穿，我不穿他們送

▶蔣介石在西安被扣後的第一個住室——新城大樓東廂房

給我的衣服。」蘇副官只好退出。這可讓副官們犯了難，如何完成楊主任的任務呢？

這時，有了解蔣為人的給他們出了個主意。蘇副官於是將原套衣服又送進蔣待的房間，對蔣說：「這幾件衣服是我們幾個副官湊錢給委員長買的，請委員長換上。」蔣聽這麼說，就說：「啊，你們買的，我穿，我穿。」

換完衣服，蔣又問幾位副官叫什麼名字，讓寫個名單給他，還說將來不忘他們的好處等等。解決了穿的問題後，又出現了吃的問題。「蔣介石的假牙丟了，兩腮深陷。他本來長的就很乾癟，現在更活象一副骷髏。他穿上衣服以後，副官們問他吃什麼，他搖搖頭，用手指指嘴說：「我不能吃東西。」（外傳蔣曾絕食，也不為無因。）副官們送給他一杯牛奶，他就喝了。副官們見他沒有牙，吃東西實在有困難，於是就給他煮一些稀飯吃。

張學良知道了這些情形，就下命令給孫銘久，要他設法把蔣的假牙找回來。孫銘久當天下午就在他的衛士營中懸賞二百元找回了假牙，當晚就用一塊紅綢子包著送給大樓的副官們。副官們用紅綢子托著假牙，送還給蔣介石。蔣一看到假牙，如獲至寶，連忙接了過來，笑著對副官們說：「謝謝你們，有了它，我就能吃飯了。」❹

十二日上午，張學良得到蔣介石已安頓好了的報告後，立即對楊虎城說：「虎城，走，咱們去看他。」楊虎城則後退了一步，擺手說：「我不去，我見了他沒有話說。」張說：「爲什麼沒有話說？我們一定還要同他好好地談，他要答應我們抗日，我們還要擁護他做領袖呢！」

楊說：「副司令認為他會聽我們的話嗎？我不這麼想。要去就請副司令先去，我現在不去。」張見楊執意不去，就同意楊先不出面，他一人先去見蔣。

十時左右，張學良在事變發生後第一次見到了蔣介石。他對蔣行了軍禮，口稱：「委員長受驚了！」

蔣介石政治經驗豐富，一看張這麼快來見他，而且態度恭敬，就感覺張的底氣不足，馬上擺起長官的架勢對張大聲斥責說：「我不是你的長官，你也不是我的部下，你不要叫我委員長。你要承認我是你的長官，我現在命令你馬上把我送走，否則，任憑你把我殺了。我同你沒有旁的話講。」

張聽了這些話後對蔣說：「委員長不承認我是你的部下，我還可以用人民的資格同你講話。我對委員長並無惡意，請委員長要好好考慮。」

蔣聽了張這番沒有鋒芒的表白，態度更加強硬，乾脆用手將耳朵捂起來，把頭伏在桌子上，連說：「我不同你講話。」

張見此狀，還以為蔣是在生氣發火，就退了出來。

這實際是蔣在試探張對他的真實態度，而張並沒意識到這些，一天之中又跑去看了蔣兩次，使蔣更加堅定了用「拒談」的強硬態度來對付張學良。

王菊人回憶：

十二月十三日深夜，楊虎城曾約十七路軍的幾個人，研究如何處理蔣介石的事。楊先讓大家説。這時有人主張立即殺蔣，理由是：蔣很頑固，他是不會改變反共政策的，要反共便無力抗日，因此不殺蔣便無法實現抗日；鑒於事變前張學良屢次不想下手的動搖態度，他和蔣的關係又不錯，不殺蔣，難免將來出毛病；不殺蔣，國內各實力派將都採取騎牆態度，我們在政治上不利，在軍事上更不利；殺蔣，共產黨是高興的，同我們的合作將更真誠；十七路軍內部有的人，庇護特務，暗送秋波，為自己親蔣預留後步，馮欽哉的事已出現了，難免沒有第二個馮欽哉。殺蔣，就斷了這些兩面派親蔣的念頭，可以鞏固十七路軍內部，沒有這個團體，到了抗日的時候，我們是沒有力量的。因此主張殺蔣。辦法是以蔣奪槍自殺對外宣佈。

另有人主張殺了了無用，放了危險，南京政府如不照我們的主張改組，不明確表示抗日態度，中央軍不開到抗日前線，我們不放他。這時南京政府對我用兵的，即使戰事對我不利，我們走到哪裏，便把蔣介石帶到哪裏，我們上述目達到了再放他。估計南京政府內部會有分化，打一下是可能的，持久打，他們打不下去。即打一仗，我們的士氣比他們高，是能打勝的。蔣軍投鼠忌器即使打仗，也不過是個姿態。我們的救國主張主要方面實現了再放蔣，對國家有利的。

另有人主張放蔣，但要有保證有條件才放。主要的是保證放棄「攘外必先安內」的政策，表示抗日決心，並有確實的抗日部署，首先是中央軍調到抗日的地方，絕對不許國民黨一黨專政，照我們的辦法按照孫中山的召開國民會議方案，成立聯合的抗戰政府，到了這個程度上再放他。至於如何實現上項條件，大家一時也定不下個什麼方案。

楊說：「捉活蔣介石，還得放活蔣介石，殺是不能殺的，放是決定要放的，只要我們提出的救國主張，蔣能接受並保證實現，中央軍能退出潼關，我們便放他。」❺

蔣介石被押在新城大樓期間，開始以「寫遺囑」（即寫給宋美齡的信）和「以身殉國」的姿態，試探張、楊對他的態度。當張學良去見他時，他擺出一副「老子」的架子。一次，蔣曾拍著案子對張說：「你等於我的兒子」。當時讓張從面子上實在下不來，便嚴厲地對蔣說：「我們不要吵，等到民眾大會上去講理。」蔣聽了，真以爲要在民眾大會上去公審他，便立即放下這無賴的架子，默不作聲坐在椅子上一聲不響了。可見，蔣當時的心情是害怕的。

蔣還經常用乞求、拉攏的手段，對看守他的軍官、勤務兵買好、許願。這些看守人員都奉到嚴格命令，不許洩漏外邊任何情況。蔣由於摸不著頭腦，對看守人員一舉一動，房門的一開一關，都很警覺。時時表現出疑懼的心情，日夜都不能入睡。

張學良、楊虎城對蔣介石的起居、休息曾認真研究過。認爲，將來還得放他，不能使他身體吃虧。新城究竟是個兵營，每日的作息都要吹號，總不安靜，需要改押一個安靜的地方，讓蔣能不緊張休息下來。

王菊人回憶：

叫蔣移居是楊向張提出的。楊對張說：「蔣將來總是要放的。聽監視的軍官報告蔣吃飲睡覺都不好。新城一早、一午到處吹號，很不安靜。我這裏廚子，不會做南方飯，你那裏廚子高。培五（高桂滋字）的公館是新修的洋房。那一帶安靜，叫蔣住在那裏好不好？」張贊同了。所以才叫蔣搬家的。❻

按照張學良、楊虎城的指示，十三日晚十二時許，劉多荃、宋文梅來到蔣住的房間，請蔣搬家。不料把蔣嚇了個半死。因爲蔣知道，秘密處決政治犯一般都是在深夜。大半夜突然來了兩個腰上帶槍的軍官要他搬家，不能不使這位在《西安半月記》中口稱「爾有武器，我有正氣」的蔣委員長想到了死。他臉色大變，渾身發抖，躺在床上，將手支在腰上不停呻吟。劉多荃一再解釋搬家是爲了他的休息與安全，蔣卻不等劉把話講完就大聲「哎呀」起來，他上氣不接下氣地帶著哭腔說：「我兼行政院院長，西安綏署是行政院的直屬機構，我死也死在這裏，哪裏也不去。就在這裏槍斃吧！」眾人勸了好一陣，蔣還是反覆嘮叨死的問題，話不成句，恐懼到了極點。劉、宋只好先退到屋外。後來孫銘九來催，幾人再次入屋去，蔣顯得更害怕了，話都說不上來，只是呻吟嗚咽。等了好一會兒，幾個人都沒辦法，只好分頭去向張、楊彙報，這時已是凌晨兩點了。

十四日，蔣介石提出要見楊虎城。經與張學良商量後，楊虎城當天下午穿著軍裝，單獨去見蔣介石。楊對蔣行了軍禮，站著同蔣講話。蔣對楊的態度很客氣，一定要楊坐下談話。

蔣問楊：「此次事變，你預先知道不知道？」楊回答說：「知道。」

蔣說：「你們幹這樣違反紀律的事，究竟是爲什麼？」楊回答說：「主要是爲了停止內戰和抗日的問題。一九三三年初日本進攻熱河和冀東的時侯，我就曾向委員長請求過，願親率部隊參加抗日，可惜那時沒有得到委員長的允許。現在全中國人民都不願意再打內戰，一致要求抗日，可是委員長總是不允許，所以發生了這次事情。」

蔣聽了楊的話就轉了口氣說：「那麼你們這樣做就對嗎？你們今後打算怎樣收拾這個變局？」楊說：「我們這次做得太魯莽，秩序很不好，以致有了傷亡，並且驚動了委員長。我們沒有想到會這樣，這一點我們要負責任。至於今後的問題如何解決，還請委員長熟察輿情，有所決定。」

蔣接著又問說：「你們最初決定要幹這樣的事，究竟聽了什麼人的話？」楊說：「很簡單，沒有聽任何人的話，只是張副司令和我兩個人決定的。」

蔣最後說：「這件事我自己也有責任，我太相信你們了，太疏於防範了，所以發生了這樣的事。現在你若還能以國家爲重，就應馬上設法把我送回南京去，這樣變亂就不會擴大，我對你也會原諒的。」楊站起身來說：「委員長的意見，我可以同張副司令和各將領去商量。」交談到此結束，雙方摸到了彼此的態度。

◆戲中有戲

南京國民黨中央獲西安事變消息後，立即舉行中央常委會和中央政治委員會臨時會議。會議決議：

一、行政院由孔副院長負責；二、軍事委員會常務委員改爲五至七人，並加推何應欽、程潛、李烈鈞、朱培德、唐生智、陳邵寬爲常務委員；三、軍事委員會議由馮副委員長及常務委員負責；四、指揮調動軍隊事宜歸軍事委員會常務委員軍政部長何應欽負責。

又決議：張學良應先褫奪本兼各職，交軍委會嚴辦，所部軍隊交軍委會直接指揮。接著，國民政府下令拿辦張學良。何應欽隨即下令陝、甘、寧、綏、豫之中央軍作戰略性移動，對西安取包圍態勢。

此時，南京大致分爲兩派。一派以何應欽、戴季陶爲代表，主張對西安實行討伐。以孔祥熙、宋美齡、宋子文爲代表的一派則主張和平談判。宋子文和宋美齡擔心一旦內戰發生，會影響英美在華和其家族利益，更怕因此置蔣介石於死地，所以堅決反對討伐。

康澤在回憶資料中說：

西安事變消息傳到南後，……他（戴季陶）主張國民黨迅速召集中央政治會議，派出總司令指揮全軍，主持一切。當天中央政治會議召開了，戴出席了會議。

戴說：「明朝英宗為也先擒去，因後方鎮定有辦法，明英宗才能回來。要張、楊生命掌握在我們手上，蔣介石生命才能保。現蔣介石為張學良、楊虎城所劫持，那是很危險的。現在希望全黨全軍要鎮定，不要動搖，迅速派兵包圍西安，將張、楊生命掌握在我們手中才行。」

當時大家無意見。第二天開會討論，孔祥熙出來說：「不要這樣急，蔣介石生命要緊，急狠了，蔣介石就沒有命了。」戴說孔祥熙的話完全是外行。戴又說：「這件事非採取主動，非用兵不可，否則很難挽救蔣的生命，因張、楊的生命未掌握在我們手中。」說完這幾句話後，戴即向孔祥熙恭恭敬敬地作了三揖，離席了。❼

國民黨的一些元老也出來支持「討伐」。國民黨中常委、司法院院長居正在十四日主持中央黨部紀念周時說：張、楊的目的第一要顛覆國民政府，第二要打倒中國國民黨。我們爲本黨、爲國家、爲民族、爲禮義廉恥，必要遵照中央的決定，予以嚴處。他還號召黃埔系將領應當起來，「不要命令去打」，「馬上去打！」在這些人的鼓動下，在南京主戰的意見一時占了上風，黃埔系的一些青年將領甚至發出了「血洗長安」的叫囂。「黃埔同學會」等還召開會議，支持武力解決事變，擁護何應欽代理陸海空軍總司令，對處理事變負總責。何應欽也真在這一片叫囂聲中做起了取代蔣介石的美夢，不聽其他意見，調兵遣將，準備大舉討伐西安。

另一派以孔祥熙、宋美齡、宋子文爲代表則主張和平談判。宋子文和宋美齡怕內戰發生影響他們和英美在華利益，更怕的是因此而置蔣介石於死地，所以他們堅決反對討伐。國民黨中央開會後，宋子文曾找戴季陶，說戴不應提出那樣強硬的主張。戴答覆說：「我同介石的關係，決不下於你們親戚。老實說，我的這一套也是爲了救他，我不反對你們去同張學良作私人周旋，拯救蔣介石，同時，你們也不能反對我的意見，因爲這是政治問題，不能不如此。」

十二日晚，孔祥熙得知西安事變的消息後，即與宋美齡會面（**當時二人均不在南京而在上海**），進行了研究，認爲在情況不明的情況下，爲了蔣介石的安全，不能有過激的反應。當日孔祥熙致電張學良稱：「頃有京中電話告之，我兄致弟一電，雖未讀全文，而大體業已得悉。保護介公，決無危險，足征吾兄愛友愛國。甚爲佩慰。國勢至此，必須舉國一致，方可救亡圖存。吾兄主張，總宜委婉鄉商，苟能有利國家，介公患難久共，必能開誠接受，如驟以兵諫，苟引起意外枝節，國家前途，更不堪設想，反爲仇者所快。」❽

十三日一早，宋美齡、孔祥熙趕回南京，展開了推動和平談判營救蔣介石的活動。

宋美齡在西安事變回憶錄中說：

此我等於十二月十三日（星期日）晨抵京時，京中緊張迫切之狀況也。此時當余之前者，不僅為余夫一人生死之關係，實關係全民族最重大之問題，其變化實易受熱情與狂想之激蕩，而余本人復係有嚴重個人之利害。第一念襲我心頭，余為婦人，世人必以為婦人當此境遇，必不能再作理智之探討；故余必力抑個人感情，就全局加以考量。繼余復念，此事若處理得宜，必能得合乎常情之解決，余必堅持我主張，將一切措施納諸合理規範之中。

中央諸要人，於真相未全明瞭之前，遽於數小時內決定張學良之處罰，余殊覺其措置太驟；而軍事方面復於此時，以立即動員軍隊討伐西安，毫無考量餘地，認為其不容諉卸之責任，余更不能不臆斷其為非健全之行動。軍事上或有取此步驟之必要，委員長或亦懸盼此步驟之實現，然，余個人實未敢苟同。因此立下決心，願竭我全力，以求不流血的和平與迅速之解決。是非得失，將付諸異日之公論。

是晨八時前，余即電張學良，告以端納擬即日飛西安。端納亦同時去電，盼其即覆。余等到處搜索消息，而消息始終沉寂；周遭接觸者唯緊張之流露，形形色色之猜測；輾轉傳佈，如飛沙，如雷震，諸凡捕風捉影之傳説，眩人欲迷。時西安電線早已中斷，不特西安之真相無從探索，而亦無人能一究其事實發展與結果何如也。❾

在宋美齡、孔祥熙等人的要求下，曾擔任過張學良顧問的英國人端納被派往西安，擔任孔、宋的信使。十二月十四日下午，端納乘坐的飛機飛到西安，由此開啓了西安與南京方面談判的大門。

◆社會反響

事變發生後，國內社會各方面由於立場不同，反映各異。鑒於當時通訊的不發達和國民黨嚴格的新聞檢查，使得全國民眾不能得到西安事變真實全面的消息。當時在西安的英國記者貝蘭特在一九三七年所寫的First Actin China一書中寫到：「最大的困難就是西安跟外界隔絕開來，張學良一定很知道他的舉動為人們所誤解，但他無法向外界解釋他的動機。舉個明顯的例子吧：他於委員長被扣後第一次發出的通電全文從來沒有在中國的報紙上披露過，而同時又沒有外籍通訊記者把它寄到國外去。」

儘管這樣，西安事變仍然猶如一個力量很強的衝擊波，很快傳遍全國各地，引起了強烈的反響。除了國民黨內一些堅持反共和內戰政策的頑固分子大叫討伐、非要向西安興師問罪外，很多人對西安事變是同情的，支持的。

楊虎城秘書米暫沉描述當時情況：

青島全市紗廠工人聯合會專程派出代表，穿過層層封鎖來到西安，向張、楊表達了青島工人的堅決支持，他們在聲援信中這樣寫道：

聽到你們十二月十二日的消息和你們的八大原則，我們真是萬分高興！日本帝國主義年來侵略中國更加瘋狂了，眼睜睜中華民族就要變成他們的奴隸。聽到你們抗日救亡的吼聲，相信全中華民族，一定都能跟著你們走，民族解放的曙光，已經出現到我們的眼前。我們謹以至誠慶祝你們成功！我們的中國，幾年來在「先安內」的錯位政策之下，已經走到最危險的階段了；……所以你們的停止內戰、聯合抗日的口號，真是我們每個人內心的要求啊！……張副司令、楊主任和西安一切抗日的戰友們，努力向前衝吧！全國最大多數的大眾，都翹望著你們、準備應援你們呢，最後的光明和勝利一定屬於我們！

北平學生救國聯合會在事變後作出六點決議：一、立即對日宣戰；二、改組政府；三、反對以任何藉口進行的任何形式的內戰；四、蔣介石與張、楊合作抗日；五、南京政府接受張、楊的全部抗日要求；六、召開各黨派、軍隊參加的抗日救國大會。

旅平東北各救國團體聯合會十四日發表宣言，逐條分析和論證了張、楊的八項主張，表示了堅決支持的態度，最後還提出：一、反對假借任何名義實行內戰！二、要求政府接受張、楊的救國主張！三、速召救國大會實行抗日！四、中華民族解放萬歲！⑩

全國各地群眾和愛國團體的函電像雪片般飛來，堅決擁護張、楊八項主張，僅山西、湖南等五省在事變後的三天內拍來的電報就有一千數百封之多。不僅人民群眾擁護西安事變，而且舉國風動，義師雲起。國民黨政府裏不少中下層官員或者發表通電，或者率部反正。駐於甘肅省靖遠縣打拉池的胡宗南騎兵團，擊斃團長，全體官兵投奔抗日聯軍。甘肅省慶陽縣、涇川縣、環縣、合水縣、鎮原縣、正寧縣和寧縣等縣縣長致電抗日聯軍臨時西北軍政委員會，表示：「『督率所屬，保衛治安』，『健全機構』，『靜待鈞命』」。

西安事變前，張、楊對國內各地的實力人物都進行過聯繫，也商討過反蔣和抗日的問題。但事變發生後，他們表現得非常活躍但態度卻不甚明確。只有廣西的李宗仁、白崇禧、李濟深；綏遠的傅作義表明了對張、楊的支持態度。李宗仁、白崇禧、李濟深等於十六日發表聯合通電，主張：

一、西安事變用政治解決；

二、統一抗日戰線，立即對日宣戰；

三、反對獨裁政治，確立舉國一致之政府；

四、出動攻擊西安之中央軍，從速移開綏遠前線；廣西軍一部北上援綏。

李宗仁、白崇禧在給張、楊的電報還有「雖救人自溺，在所不惜」的明確支持的表示。李濟深十五日致電南京政府各要人提出：頃聞陝變，震懼莫名！諸公國家柱石，定能措置裕如。惟際茲強寇壓境，危亡即在目前，至盼號召全國所有力量，一致對外，方足以挽救危亡，若再另起糾紛，豆萁相煎，是真使國家民族陷入萬劫不復之境矣。……十八日他又致電各地領導人：「陝變事起，曾於刪日通電主張，集中全國所有力量，一致對外，以免再起糾紛。不圖討伐令忽然而下。値茲強鄰壓境，國家民族危在旦夕，方謀解救之不暇，何忍再爲豆萁之煎。況漢卿通電各項主張，多爲國人所同情者，屢陳不納，迫以兵諫，決不宜以叛逆目之。而政府遽加討伐，寧不顧國人責以勇以對內，怯於對外？況以國家所有軍隊，應用於保衛疆土，尤不應供私人圖報復也。務望顧念大局，收回成命，國家民族，實利賴之！事關存亡，直言無隱。臨電不勝迫切之至。務祈以國爲重，一致主張，督促政府，以挽危局，切禱。」[11]

綏遠的傅作義，早在一九二八年曾得到張學良的保護，從此，二人關係一直很好。綏東抗戰爆發後，張學良不僅在政治上給予聲援，而且還派一個騎兵師前往援助，所以對西安事變傅作義積極支持，態度鮮明。他對張、楊派去的代表表示：停止內戰、一致抗日是完全正確的，我對張、楊兩公此舉，決心擁護到底！十二月廿四日，他還親自乘飛機來西安，要與張、楊共「患難」。後來因爲飛機迷航，在途中耽誤了時間，而這時張學良也已送蔣回南京，二人才沒有見面。

西安事變發生後，四川的劉湘感到高興，但鑒於南京對四川的壓力，起初沒有公開表態，而是暗派代表黃慕顏去西安，贊成張、楊的八項主張，還表示願以四川作爲張、楊的後方。但後來，南京及孔祥熙不斷有電報給劉，迫其公開表態，劉便於十二月十八日發出通電，提出「擁護中樞，抗禦外侮，弭息內爭，營救領袖」等問題，希望放蔣，同時肯定事變的正義性。電文中說：「國人頻年以來，因外侮日亟，禦侮雪恥之念無時或忘，主張雖有緩急，所見或有偏全，而愛國抗敵之志，實無軒輊。……各方所爭，即在抗敵之時間與方法，而不在抗敵之是非，更何忍自耗國力，使強敵坐收漁人之利？」表現得左右逢源。他原來就對蔣介石利用追剿紅軍的機會將蔣系勢力擠進四川十分不滿。趁西安發生事變的機會，收繳了蔣介石派駐成都的憲兵的武裝，並控制了在成都的中央軍校和國民黨四川省黨部。

雲南的龍雲，貴州的王家烈基本上都採取了和四川劉湘一樣的立場。河北的宋哲元、山東的韓複榘，雖然他們對蔣介石恨之入骨，也畏之如虎。儘管他們在事變前數月就與張、楊達成了反蔣抗日六點共識，但在事變發生後卻遲遲不予支持，甚至還支持對張、楊的所謂「討伐」。

新疆的盛世才，表現得更為投機。西安事變爆發後，《新疆日報》曾發了「號外」，人們都以為盛世才會發通電支持張、楊。雖然他當時也有表示贊同之意，但是當他看到蘇聯不歡迎這一事變時，（**蘇聯《真理報》對西安事變作了歪曲事實的報導**）他又立刻改變了態度。

對盛在西安事變時的投機表現，周春暉有如下記述：

盛世才為了測驗部屬思想趨向，於西安事變翌日，在都署西大樓召集駐省少校級以上軍官及各機關正副首長，當場出了三個題目：

一、張副司令兵諫蔣介石這項措施是否正確？

二、張副司令此種舉動是否回應本督辦七項救國綱領？

三、張副司令此種舉動是否以下犯上？

給與會者每人發白紙一張，要他們記出一、二、三題號，下面按個人認識，注明「對」或

「不對」，然後簽上答者姓名。

收卷後，盛看過即令寫「不對」的人舉手，這些人大都是軍人。

盛當場講：「你們不要以為部下扣長官都是以下犯上，這是舊觀念，不對。我以後如果反革命，你們也可以這樣對待我。」

可是就在這天晚上，他知道蘇聯對西安事變持否定態度，指斥張學良行動不當。回來後立即囑排字房把已排好的社論拆掉，對西安事變不作論述，並說那天測驗的事不要再提了。⑫

山西的閻錫山更是表現了他老奸巨猾的特點。事變前，當他得知張學良苦諫蔣介石屢遭失敗時，曾拍著張的肩膀對張說：「漢卿，光勸不行啊！我們自己要想另外的辦法。」使張還以為閻錫山是個同路人。事變發生，閻遲遲不表態。在張、楊再三催促下，十二月十四日發表了一個致張、楊的回電，態度含糊不清，令人無法把握他的真正態度。他還曾想讓張、楊把蔣介石交到他手裏，由他來控制。張、楊看出了他的用心，說：「絕不能讓閻老西撈這一票。」沒有理睬他。而寧夏的馬鴻逵、青海的馬步芳、湖南的何鍵則是堅定的擁蔣派，反對西安事變，主張討伐。

從各地的反映看，下層的愛國民眾都是支持張、楊的行動和八項主張的；當權者公開堅決支持和堅決反對的都是少數，大多數是在觀望，看國際態度和張、楊如何處置蔣介石。應該承認，蔣介石是中國近代史上一位獨特的政治家。他嫻熟的政治手段和駕馭能力，不能不使這些地方人物敬畏三分。

當時中國的中產階級和一些上層知識份子在既得利益和權力的迷信下，對蔣介石也是大加擁護，反對西安事變的。曾積極主張抗日，並與此同一九三四年帶頭在《中國人民對日作戰的基本綱領》上簽字的馬相伯，十二月十四日給張學良的電報說：聞報知強留介公，竊以為欲復父仇國仇，須無傷國家之元氣，傷則為敵人所笑，如楚人之殺之玉也。望世兄以此意通知各派，以國家為重，使東西洋各國知中華民族相忍為國之道德。老夫為國說項，非為個人，想世兄能諒解也。⑬

北平一些大學的校長蔣夢麟、梅貽琦、徐通明、李燕、李書華、陸志韋、李麟玉等十二月十四日致電張學良稱：陝中事變，舉國震驚，介公負國家之重，若遭危害，國家事業至少要倒退二十年，足下應念國難家仇，懸崖勒馬，衛護介公出險，束身待罪，或可自贖於國人。若執迷不悟，名為抗敵，實則自壞長城，正為敵人所深快，足下將永為國家民族之罪人矣。⑭

《申報》則發表時評，提出「蔣委員長是我國最高的軍事領袖，他的威望一向是全國軍政的惟一重心」，希望張、楊「有最後的覺悟，自動地無條件地使委員長等早日恢復自由」。同時也要求南京政府「保留對張學良方面接洽途徑」，避免流血。《大公報》更是連篇累牘地發表了大量抨擊西安事變，吹捧蔣介石的文章。甚至說張、楊比漢奸王英、李守信等「禍國其結果更嚴重十倍」。說蔣介石是「實中國近世傑出之領袖人才」，以純中國人之精神，擁護中國利益，因此強調恢復蔣之自由是解決事變的前提條件。《大公報》還撰寫了《致西安軍界的公開信》。

這封公開信，被南京政府視爲瓦解西安軍民思想意志的有力武器。曾被大量印刷，用飛機在陝西空投散發。該信對西安事變的歪曲與抨擊至今還被一些人用來攻擊張、楊與西安事變。這些理論與說法表面上沒有像何應欽的「討伐令」造成的威脅那麼大，但實際潛在的影響力和殺傷力，超過了軍事的壓力。後來的張學良隻身送蔣回南京；東北軍的內訌；都與其有著一定的內在關係。

◆舉世關注

自一九三一年九一八事變後，日本又不斷逐步地擴大侵華戰爭。將中國這個本已淪爲東西方列強瓜分過的半殖民國家，視爲應由其獨佔的勢力範圍，企圖獨霸中國。因此，對歐美等國的在華利益和蘇聯的國土安全都構成了嚴重的威脅，從而導致英、美、蘇聯等國對日態度日趨強硬。當這些國家逐漸認識到法西斯對世界的威脅，於是通過政治、經濟和外交手段來支持和加強蔣介石政權，希望通過蔣介石來與日本角逐，以維護他們的在華利益。在這一國際背景下，西安事變的爆發，特別是扣住了焦點人物蔣介石，自然成爲了牽動國際風雲的重大事件。

日本政府在事變發生後，非常聰明的採用了不公開評論的靜觀態度。因爲其深知，事變的起因就是抗日問題，如果過分介入，只會火上加油，促進全國對西安的支持，促使南京與張、楊妥協，甚至還會聯共抗日。因此，他們只是對南京政府施壓，日本外相有田對中國大使說：「中央如在抗日容共之條件下與張妥協，日本堅決反對。」日本軍方更直接威脅，如果「帝國僑民的安全與在華利益受到侵害」的話，則「毫不猶豫地行使自衛權」。為了拉攏南京政府的親日力量，降低中國的抗日情緒，他們停止了在綏遠的軍事行動，提出要恢復已經中斷了的中日間談判，聲稱日本將改變對華基本政策，放棄使用武力，實行「親善提攜」。同時明確提出「利用該兵變，以謀

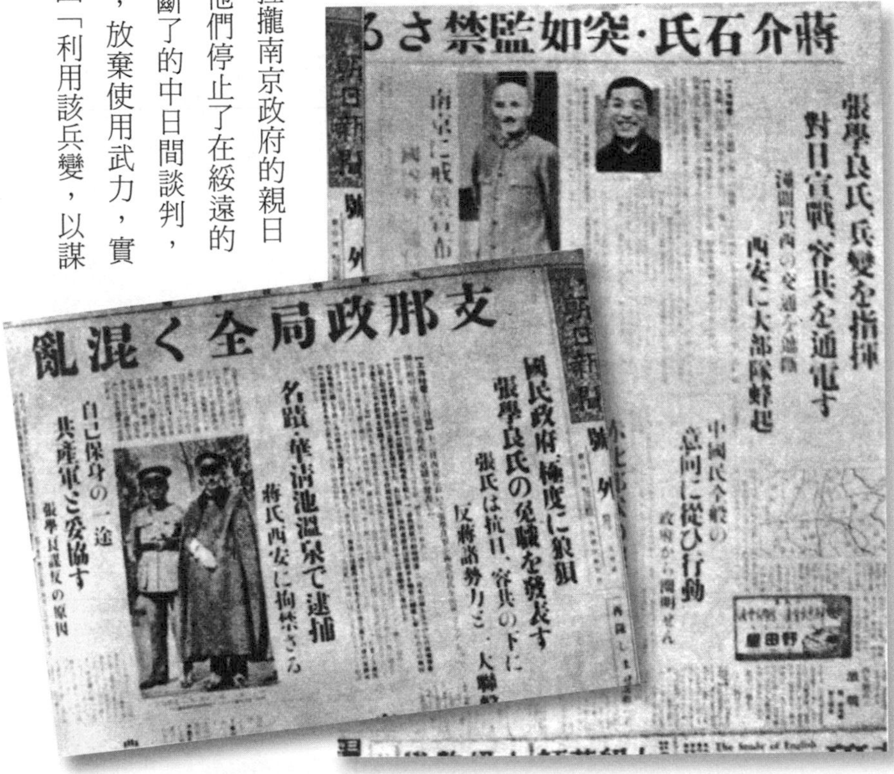

▶日本《朝日新聞》關於西安事變的號外

求對華政策之推進」。

英、美等國出於自身利益的考慮，絕對不願意他們支持已久的蔣介石政權垮台，更不願意由親日派控制南京政府。因此積極謀求一個既能保持其利益和對中國政府影響力又不讓親日派得逞的解決辦法。因而，英、美積極支持營救蔣介石的活動，並通過其駐華使節在南京與西安之間進行調停。英國大使直接致電張學良提出：與蔣介石的分歧應該「在自由的氣氛中進行討論」，並說西方的輿論一致反對這次只能造成損害的事變，希望張能夠「徹悟」。

英、美、法等國大使還聯合

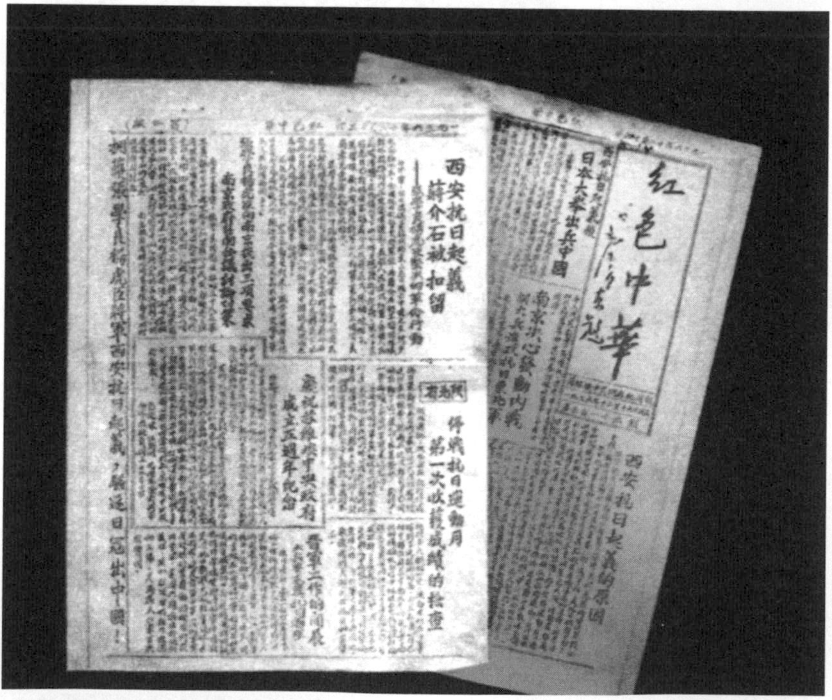

▶一九三六年十二月十三日、十六日，中華蘇維埃中央政府機關報《紅色中華》關於西安事變的報導

向孔祥熙建議，他們的國家可以提供各種便利，以「有助雙方協議」。並派出具有深厚英國政府背景的端納冒險前往西安，以溝通南京與西安的聯繫。同時，英、美在財政上及時地支持了南京政府，維持了事變期間的金融穩定。當時實行的法幣制度，是英國人幫助國民黨政府建立的，與英鎊直接掛鈎。因此，法幣能否穩定，很大程度取決英國的態度。事變初期，法幣也曾出現不穩的情況，但在滙豐等大銀行的支持下，恢復了穩定。另外在債券也出現了類似的情況。法國對事變的態度基本是與英、美一致的。

德國、義大利，則採取堅決反對西安事變的立場。德國報紙發表評論說：「張學良反覆無常，此次與蘇俄攜手，並非出於對共產主義的信仰，僅係顛覆蔣介石將軍之勢力。」曾是張學良朋友的墨索里尼女婿、義大利外交部長齊亞諾直接致電張說：「閣下為吾摯友，倘參加共產，即為吾敵。須知中華民國苟無蔣介石將軍，則難於自存。」……

然而，最令張學良、楊虎城及西安民眾不能接受和理解的是蘇聯的態度。早在一年前，是蘇聯幫助中共中央轉變了政治策略，提出了「反蔣抗日，建立抗日民族統一戰線」的思想，發表了《八一宣言》。之後，中共分別與楊虎城、張學良建立起秘密聯繫通道，一個在西北地方聯共抗日的局面正在形成，張學良甚至提出了要加入共產黨的要求。這些情況蘇聯方面都是很清楚的。張、楊從策劃事變開始時，對其他國家沒有抱任何得到支持的希望，惟一希望能得到支持的就是蘇聯。不料西安事變後，最早跳出來且指責最凶的卻是蘇聯。

蘇聯駐華大使館臨時代辦司皮札瓦尼克發表聲明說，蘇聯政府「判定張學良之行動，徒足以破壞中國統一，減少中國力量。蘇聯政府茲派本代辦向中國政府鄭重聲明，蘇聯政府不但與西安事變始終無任何聯絡，且自『滿洲』事變以來，蘇聯政府無論直接或間接，皆未與張學良發生任何關係。蘇聯政府與中國共產黨亦無任何聯絡，因此對於共產黨之行動，不負任何責任。」同時《真理報》、《消息報》等蘇共重要報刊還發表了大量抨擊西安事變，污蔑張、楊爲「叛徒」、「強盜」的文章。

其中一篇評論這樣寫道：「此次張學良兵變之與著名親日派汪精衛有密切關係，實非偶然之事。張學良早有無窮機會可以抵抗日本侵略，其士兵亦充滿抵抗之決心，然張將軍本人則一貫採取不抵抗政策。現在渠乃以抗日運動爲投機，高揭抗日旗幟，實際則轉使中國分裂，使其更加騷亂，成爲外國侵略者之犧牲品。最近在迅速發展之抗日運動下，南京政府已走上用一切辦法，努力統一中國，團結一切分裂勢力之路。日方軍閥當然認定目前蔣介石政府統一全國之過程日益發展，且有極大成功，此乃彼等使中國殖民化計畫之極大打擊，故彼等乃煽動中國個別軍閥反對南京政府，必要時，並利用反日口號爲掩飾。最近從中國得來報告證實張學良之叛變純爲日在中國之新陰謀，其目的乃阻礙中國之統一，及日益普遍之抗日運動。」⑮

蘇聯的態度與做法，助長了南京主戰派的氣焰；對中間力量和不明真相的群眾，起到了誤導作用，影響很壞；迫使中國共產黨改變了原定的對待西安事變的方針，直接打擊了張、楊和西安愛國軍民的愛國熱情。起到了其他任何力量都做不到的作用。

高崇民說：「蘇聯對西安事變的錯誤看法。蘇聯當時對中國一向是重視蔣介石的政權，而輕視所謂地方實力派，故對於西安事變之發生，誤認爲是一種軍事陰謀，非正義的舉動，甚至認爲可能與日本軍閥相勾結。這是當時張學良最惱火的一件事情，也是他沉不住氣的主要因素。」

◆回應事變

中共中央雖然對楊虎城、張學良策劃發動西安事變事先並不知情。但是在事變前夕，與張、楊的合作已進入佳境。

十二月五日，毛澤東第三次寫信給楊虎城說：

虎臣主任、總指揮閣下：

側聞先生發表告民眾書，重申十五年前革命大義，快何如之。數月來乞尊處對於敝方多所協助，感紉莫名。從此雙方日臻密切，統一戰線之基礎益固，遠大之圖基於此矣。蔣介石孤行己意，萌城、山城堡兩役略施教訓，半月來欲前又卻，垂喪之態可掬，銀樣鑞槍頭可恨復亦可笑。張文彬君他適，茲派李濤君來見，幸賜接洽。有數事奉商於閣下者：

其一，聯合救國之大計，以長安為中心之五六省區宜有一種具體合作計畫。此事多仗大力出面斡旋，苟利抗日救國，弟方無不樂從。蔣氏徘徊歧路，對外則力求妥協，對內仍繼續內戰，非舉各方團結抗戰之力，不足迫令其走上抗日救國之途。此救亡之大計之宜商酌者一也。

復次，敝方三個方面軍會合之後，團結鞏固，士氣甚盛。目前方針堅決保衛蘇區，有進犯者決消滅之，然部隊甚大，給養困難，彈藥亦待補充。在抗日友軍之列，擬向兄處暫借三十萬元。除以十萬元請兄處代購彈藥外，二十萬元作為給養被服費。如承兄慨允，請分批撥付。部隊驟增，無米難繼，不得不向兄閣下作庚癸之呼，閣下交友出於至誠，諒不固拒其請。還期謹約明年三月，決不失信。另備輕機關槍一百挺，如兄處需此，敬以奉贈。此款彈亟須謹以奉商者二也。

復次，爾後敝軍行動方向，目前雖尚難確定，然不論東西南北，均與貴軍唇齒相關，患難與共。在未與南京訂立合作以前，無論對日對蔣均須懇求兄處協助。此項方針一俟確定，即以奉告。兄高明有何見教，密為示及，無任感幸。此雙方行動之務求協助者三也。

復次，空間通信再不可緩。承允立即實行，幸甚。某君另有任務，茲重選一人，攜帶密碼呼號隨李君來尊處。從十二月十五日起，重要機密均經電報交談。此外，甘膚道上搶案時出，竟有傷人劫車之事。有由蘇區地方遊擊隊因約束不嚴發生者，敝方深為抱歉，查明屬實，願出撫恤賠償費，一面已下令嚴禁，期於弊絕風清。有由東山土匪散兵所為者，亦請貴方派隊剿辦，務期維護交通毫無阻礙。此通信交通之亟宜創設或整理者四也。上述四事，或關抗日大計，或屬軍需緊急，或係兩軍行動，或為通信聯絡，敬以鄙意披瀝奉商，務祈審察示複。

朔風加厲，為國珍攝。肅頌公祺不贅

弟毛澤東手啓十二月五號⑯

由於當時此信是由人送達，楊虎城收到未及答覆，就發生了西安事變。從這封信，已看到毛澤東回應了楊虎城早前提出的「西北聯合的領導問題」。同時也反映了紅軍準備要應對蔣介石即將發動新的大圍剿，籌措經費和彈藥的急切需求。

十二月十二日中共中央收到張、楊發出的關於西安事變的急電後，立即召開了會議進行研究，首先肯定了西安西安事變的革命性質，決定給予全力的支持。十二月十三日回電如下：

李毅兄鑒：

文寅電悉。

元兇被逮，薄海同快。目前任務，在全國者已見致漢年電，昨已奉達，並祈轉滬；在西北者略陳如次，敬祈酌奪。

（甲）重兵置於潼關、鳳翔、平涼、潼關尤要，嚴拒樊崧甫。

（乙）號召西安及西北民眾起來擁護義舉，對全國亦然。弟等認為，只有將全部行動基礎置於民眾之上，西安起義才能確定的發展其勝利。

（丙）宜即逮捕或驅逐部隊中法西斯分子，對全軍奉行廣大深入的政治動員，向全體官兵宣佈蔣氏賣國殘民罪狀，政治上團結全軍，此著是最緊急任務之一。

（丁）胡、曾、關（注：指胡宗南、曾萬鐘、關麟征）等軍向南壓迫時，紅軍決從其側後配合兄部堅決消滅之，如何部署，請隨時電知。此外，國際方面弟等已有所佈置，詳容後告。恩來擬來西安與兄協商爾後大計，擬請派飛機赴延安來接，並求楊虎城兄電知延安駐軍密為保護，如何盼覆。請令電台時刻聯絡。

弟東、來叩元午⑰

中共中央於當晚二十四時正式通知共產國際執委會書記處：

A張學良確已將蔣介石扣留在西安。

B葉劍英、王稼祥已去西安，周恩來亦立即前去。

C我們的計畫：

（一）周恩來、張學良、楊虎城組織三人委員會，以葉劍英爲參謀長主持工作。

（二）在西安召集抗日救國代表大會，準備半個月內召開會議。

（三）組織抗日聯軍，以紅軍、東北軍、十七路軍、晉綏軍四支軍隊爲主，爭取陳誠領導的蔣系軍隊加入其中，抵抗日本之可能進攻。

（四）以林森、孫科、馮玉祥、宋子文、于右任、孔祥熙、陳立夫等暫時主持南京政府，防止和抵抗親日派勾結日本進攻上海與南京，準備成立革命的國防政府。

（五）爭取蔣介石全部軍隊。

D請你們支持我們上述行動，特別是：

（一）在世界與論方面援助我們；

（二）爭取英、法、美三國贊助中國革命政府與革命的軍隊；

（三）蘇聯積極援助中國。⑱

與此同時，中共中央亦向中共北方局通報了西安發生的情況，並緊急提出更具體的工作方針：

胡服同志：

關於西安起義的指示如下：

甲、張學良、楊虎城配合全國、西北與西安革命勢力的發展，逮捕了蔣介石、蔣鼎文、陳誠、萬耀煌、錢大鈞、陳繼承、衛立煌等禍國罪魁，發表抗日救亡通電。

乙、我們的任務是：

（一）揭發蔣介石對外投降，對內鎮壓民眾與強迫其部下堅持內戰之罪狀，擁護張、楊等之革命行動。

（二）號召人民起來，要求張、楊、南京及各實力派，立即召集抗日救亡代表大會，在西安開會，討論抗日救亡大計。

（三）號召人民及全國軍隊，積極注意日本與漢奸之行動，防止並準備抵抗他們乘機侵犯上海、南京、青島、華北與晉綏。

（四）推動南京及各地政權中之抗日派，回應西安起義，並嚴重對付親日派。

（五）穩定西西派、黃埔派、推動歐美派、元老派及各實力派，積極站在抗日救亡方面。

（六）號召人民及救亡領袖，要求南京明令罷免蔣介石，並交人民審判。

（七）推動宋子文、孫科、孔祥熙、蔡元培、李石曾等，爭取英、美、法三國諒解與贊助。

中央書記處⑲

西安事變的消息是在十二日晚上在陝北保安的紅軍中傳開的，不論從普通紅軍戰士到張聞天、毛澤東、周恩來、朱德等高級領導人都表現得興奮異常。許多人聽到蔣介石被扣，半夜興奮得起了床，跑到屋外。有的高呼「革命勝利萬歲！」，有的喊「打倒賣國賊蔣介石！」有的還唱起歌，跳起了舞，慶祝了大半夜。

十三日上午，中共中央在保安的領導人召開政治局擴大會議。第一次正式討論對於此一事變的估計與對策。

毛澤東首先報告，肯定這一事變是有革命意義的，是抗日反賣國賊的，它的行動和綱領都是積極的，把我們從牢獄的情況下解放出來，有歷史功績，應該擁護。毛澤東評價說：「其實，蔣介石最近的立場嚴格說來還是中間性的，並非投降的或親日的，可惜的是，他在剿共一點上還是站在日本方面的。這一立場與他的部下是有很多矛盾的，所以他是被這樣的矛盾葬送了。」

在要不要在西安成立政府的問題上，會議上出現了不同的意見。周恩來主張：在政治上不採取與南京對立的形式，可以考慮在西安召開抗日救亡代表大會和成立抗日援綏委員會之類的組織，但將來西安或以陪都形式出現，更爲有利。張聞天更明確強調：「我們不採取與

張楊發表對時局宣言

八項主張要求全國採納

蔣委員長在兵諫保護中

但安全問題可保無虞

改組南京政府容納各黨各派共同負責救國

停止一切內戰

立即釋放上海被捕之愛國領袖

釋放全國一切政治犯

開放民衆愛國運動

保障人民集會結社一切政治自由

確實遵行總理遺囑

立即召開救國會議

▶一九三六年十二月十三日，西安《解放日報》關於西安事變的報導

南京對立方針，但必須改組南京政府。」但張國燾又提出：「我們說到要以西安爲中心，就包含了以西安爲中心的政權的意義」。西安事變的意義「第一是抗日，第二是反蔣。在反蔣問題上對南京方面就應考慮一下，張學良改組南京政府，各黨各派共同負責，我們的態度亦需表示。在反對獨裁上，亦要聯繫到南京政府存在的問題。」「內亂問題是不是可免？」「打倒南京政府，建立抗日政府，應該討論怎樣來實現。」

討論的結果，會議沒有就此形成完全一致的意見。顯然，正如博古所說，國際指示全國抗日一定要爭取蔣介石部隊的大部甚至全部，我們現在不能變更這一策略，對西安事變，只應看成是抗日的旗幟，不好看成是反蔣的旗幟。但西安事變是不是完全不包含反蔣的意義呢？與會者對此認識不一。很明顯，張學良文寅電第一句就是：「蔣之反革命面目已顯現」，他是爲了民族和抗日的前途及利益考慮對蔣採取行動的。毛澤東總結說：這一事變的處理，最後恐怕只能是「只要反蔣又不反蔣」，結果在政府問題上也是「又要政府又不要政府」，話都不好說得太絕了。

十三日中午十二時，中央軍委主席團正式向全軍發出了關於西安事變情況的通告。同時，中共中央機關報《紅色中華》亦開始大力宣傳將蔣介石交付人民審判的主張，保安亦召開軍民幹部大會聲援西安義舉，聲稱蔣介石的罪惡。毛澤東與周恩來更聯名致電張學良，表示祝賀。他們提醒張學良，只有將全部行動基礎致於民眾運動的基礎上，才有勝利可能；而迅速向全體官兵宣佈蔣介石的罪狀，則是最緊急的任務之一。至於軍事上，當前最重要的是「劉峙指揮的在河南的集團軍進佔潼關極大可能，是以提起楊虎臣（城）兄注意，與主力集中潼關而覯巨之。」毛澤東隨後還告訴張學良，周恩來一行二十人將於二十日趕到延安城外，請派飛機去延安接運，並告延安楊虎城部下負責保護。

鑒於十三日南京方面發佈了「討伐令」軍事情況迫爲緊急，中共中央十四日決定即變原先提議，公開成立紅軍、東北軍和十七路軍統一軍事組織，以穩定西安方面之軍心，並切實做好迎戰之準備。爲此，中共中央再電張學良、楊虎城，開始明確提出組織抗日聯軍的問題，要求後者務必「將全部精力集中於團結東北軍及十七路軍上面來」，並且要警惕馮欽哉部之叛變，電報同時主張：

（一）立即西北抗日援綏聯軍之組成，以張學良爲西北抗日援綏聯軍總司令，東北軍編爲西北抗日抗綏聯軍第一集團軍，張學良兼第一集團軍總司令；十七路軍編爲第二集團軍，楊虎城爲總司令；紅軍編爲第三集團軍，朱德爲總司令。設立西北抗日援綏軍事政治委員會，以三個集團軍高級將領爲委員，每集團軍三人至五人，以張學良、楊虎城、朱德三人爲主席團，張爲主席，楊、朱爲副，統一軍事政治領導。以上組織如何統一，立即以三方抗日救亡聯席會議名義向全軍全國宣佈。此外，極力爭取閻錫山先生及全國其他愛國將領加入，推閻錫山先生爲全國抗日援綏總司令。

（二）目前軍事步驟：抗日援綏主力應集中于西安、平涼爲中心之地區，發揚士氣，鞏固團結，於敵決戰，各個擊破之。在目前三星期內，由楊兄所部固守西安城，張兄所部及弟部擔任野戰。如何同意，弟部主力可于一星期內到達西峰鎮而後或增援西安，或增援固遠，以情況決定；弟軍一部則在定、鹽、環鉗制胡敵，另一部則在盧、甘鉗制湯敵。王以哲兄部仍在固遠防禦胡敵，于學忠部仍守蘭州。只要打得幾個勝仗，即可大大開展戰局，既有若干失利，亦於大局無礙。⑳

當天，毛澤東致電彭德懷等，提議紅軍迅速開進西峰鎮，因爲「南京已發動大規模內戰，全力對付張、楊，主力由潼關進。」而「張、楊內部有許多不穩定成分，南京政策又拉楊打張，紅軍以之靠隴，（可）壯其膽而振其氣」，同時也靠近王以哲部，一方面便於對胡宗南的進攻，一方面也便於就近應付西安方面的各種事變。但後來，由於蘇聯方面通過廣播發表了反對西安事變言論，中共中央十五日又迅速改變了前一日的提議，決定一方面繼續在公開場合保持第三者姿態，呼籲並力爭和平解決事變，一方面嚴格隱蔽紅軍主力作戰意圖，以達到攻其不備的目的。爲此，毛澤東十五日中午再度致電張學良，說明「昨電組織抗日聯軍，對外請暫無發表，惟對內似宜宣佈，以一軍心」。

爲了進一步支持西安事變，十四日中共中央書記處給北方局負責人的電報說：「西安事變後，南京在親日派影響之下，已下令討伐張學良，陝甘寧綏豫的中央軍，已開始調動，向張、楊進攻；即已開綏遠前線之湯恩伯部，亦將開始撤回陝北，以擴大內戰。日本方面更公開宣稱張赤化，以擴大滅亡中國的防共戰線。我即應發動民眾要求南京政府接受張學良之八項抗日要求，停止內戰的軍事行動，把全部軍隊開赴晉綏前線抗戰，保衛晉綏，並要求南京即刻召集全國各黨各派各界各軍的救國會議，解決救亡大計。在各地可組織停止內戰促進會，全國救國會議促進會之類團體，以擴大運動。在運動中，我們還不要同南京處於對立地位，仍應採取督促與推動他們中的抗日派及中間派走向抗日的方針。但對於親日派降日賣國，進行內戰，鎮壓民運的罪惡行爲，應堅決反對之。必須多方面活動住華北名人及各實力派，特別是閻、傅起來回應張、楊等的抗日主張。」㉑

爲了向外界表明共產黨之立場，中共中央改變了十三日政治局會議關於不輕易發言的決定，以紅軍將領的名義於十五日公開發表通電，堅主停止內戰，要求南京方面「自別於蔣氏」，接受張、楊主張，聯合各黨各派組織統一戰線政府，「罷免蔣氏，交於國人裁判」，這樣既爲張學良、楊虎城撐了腰，也借此表明了自己與西安事變原本並無瓜葛。毛澤東等還同時致電陳立夫，要其從中周旋，並向張學良提議，可利用其前顧問端納來西安的機會，與南京方面接洽停戰。正是有了中國共產黨的堅決支持，使遭受多面攻擊的張、楊受到很大的鼓舞，增強了同反動勢力進行鬥爭，爭取事變圓滿解決，實現停止內戰，抗日救國的信心。

◆初見周恩來

十二月十七日，在張學良、楊虎城的邀請下，中共中央組成以周恩來爲團長，博古、葉劍英、羅瑞卿、許建國等人參加的中共代表團到達西安，住在金家巷張學良公館的東樓。

當晚，周恩來會晤了張學良，次日又與楊虎城進行了誠懇的談話。周與張不陌生，事變前張曾數次飛往陝北與周見面，雙方達成了停戰協定，建立了友好的合作關係。而楊虎城雖然從大革命時期開始就與共產黨人合作，卻沒見過中共的領導人。

十二月十八日下午，在中共駐楊虎城部的代表張文彬陪同下，周恩來前往楊的別墅「止園」與楊虎城會見。周見楊後，先代表中共中央對楊表示問候，對楊與中共的長期友誼表示肯定，對中央紅軍到陝後一年多來雙方關係的發展表示滿意。楊也回顧了多年來與中共的友誼，並問候了中共中央各領導。接著周向楊通報了十七日與張學良會晤的情況，並代表中共中央闡述了對西安事變的看法、對前途發展的估計和解決事變的方針，聽取了楊對事變發展的看法，研究了緊迫的政治軍事形勢，提出了應對的措施。

談話中，楊虎城提到張漢民被紅軍殺害和紅四方面軍撕毀合作協定、襲擊十七路軍的問題。楊對周說：張漢民是共產黨員，與紅二十五軍曾取得聯繫並進行幫助，爲什麼被俘後還要被殺？這件事是他一年多來一直想不通的一個問題，過去他也曾向汪鋒、王世英等提出過，但他們的解釋都不能令他信服。

對楊虎城的這兩個問題，周恩來答覆得非常坦誠，承認是左傾關門主義的錯誤所致，並指出中共處理十九路軍發動「福建事變」時犯了同樣的錯誤。周恩來說：「張漢民同志被誤殺，不僅使你受了損失，也使我們受了損失，我們在錯誤路線下犧牲的好同志，不止張漢民同志一個。」周並向楊說明中共如何在遵義會議後糾正左傾錯誤路線以及現在確定的抗日民族統一戰線政策。楊還向周問及紅四方面軍與中共中央的關係問題。周向楊詳細說明了紅一、四方面軍在草地分道的情形和張國燾所犯錯誤。對初次見面的朋友能講出黨內的矛盾與錯誤，楊虎城被周恩來這種「肝膽相照」的真誠所感動。他表示，朋友間的事講清楚就行了，重要的是加強現在的合作，共同爲抗日努力。

周恩來的真知灼見和真誠坦蕩的政治家作風，使楊虎城非常欽佩，他對人稱周爲「周聖人」。從此，楊、周二人建立了很好的合作關係，爲西安事變的最後解決奠定了政治基礎。

中共中央派代表團去西安前確定的方針是：一方面，建立紅軍、東北軍和十七路軍統一的政治軍事機制，以穩定西安方面之軍心並且作好迎戰準備；另一方面，在政治上不採取與南京對立的形式，促其變化。對蔣介石則是「要求罷免蔣介石交人民公審」。所以，周恩來到西安後與張學良、楊虎城商談的首要問題是如何應對南京的「討伐」，以及在端納的聯絡下，與南京政府進行談判。

在與張、楊的商談中，周恩來建議：可以明確提出「保證蔣介石的安全」以穩定局勢，爭取更多的支持，同時作好軍事鬥爭的準備；張、楊同南京政府接觸聯繫。張、楊對周恩來所提出的建議與方針都表示贊同。

注釋：

❶王菊人：《記西安事變前後幾件事》，全國政協存稿。

❷同上。

❸中央檔案館編《中國共產黨關於西安事變檔案史料選編》，中國檔案出版社，一九九七年版，第四〇〇頁。

❹申伯純：《西安事變紀實》，人民出版社，一九七九年版，第一一六至一一七頁。

❺王菊人：《記西安事變前後幾件事》，全國政協存稿。

❻同上。

❼康澤：《西安事變後南京情況》，《西安事變親歷記》，中國文史出版社，一九八六年版，第二六九頁。

❽《孔祥熙為張學良對蔣實行「兵諫」請其委婉相商的密電稿》，中國第二歷史檔案館、雲南省檔案館、陝西省檔案館合編《西安事變檔案史料選編》，檔案出版社，一九八六年版，第五至六頁。

❾蔣中正、蔣宋美齡著：《蔣委員長西安半月記蔣夫人西安事變回憶錄》，台灣正中書局一九七五年版。

❿米暫沉：《楊虎城將軍》，中國青年出版社，一九九八年版，第一七二頁。

⓫《李濟深請求收回討伐成命致國民政府與各地方當局電》，劉東社編《西安事變資料叢編》，香港銀河出版社，第一九六頁。

⑫周春暉：《西安事變後盛世才的急轉》，中國文史出版社《西安事變親歷記》，第二二四頁。

⑬《馬伯相致張學良勸其以國為重電》，劉東社編《西安事變資料叢編》，香港銀河出版社，第一三四頁。

⑭《北平各大學校長蔣夢麟等七人致張學良電》，劉東社編《西安事變資料叢編》，香港銀河出版社，第一三二頁。

⑮米暫沉：《楊虎城將軍》，中國青年出版社一九九八年版，一六〇至一六一頁。

⑯毛澤東：《致楊虎城》，中國文史出版社《丹心素裹》之四，第一至三頁。

⑰《毛澤東、周恩來關於重兵置於潼關、鳳翔、平涼等問題給張學良電》，中央檔案館編《中國共產黨關於西安事變檔案史料選編》中國檔案出版社，一九九七年版，第一八一頁。

⑱楊奎松：《西安事變新探》，台灣東大圖書公司，一九九五年版，第二九八頁。

⑲《中共中央書記處就事變發生後黨的任務致胡服電》，劉東社編《西安事變資料叢編》，香港銀河出版社，第九八至九九頁。

⑳《毛澤東等關於西安事變發生後的形勢及我方行動方針致張學良、楊虎城電》，中央檔案館編《中國共產黨關於西安事變檔案史料選編》中國檔案出版社，一九九七年版，第一九一至一九二頁。

㉑《中央關於西安事變後促進南京政府停戰擴大抗日運動的方針辦法給劉少奇電》，央檔案館編《中國共產黨關於西安事變檔案史料選編》中國檔案出版社，一九九七年版，一九五頁。

七、多方努力

西安事變就猶如美國記者埃得加．斯諾所形容的如同「一場精彩的好戲」。隨著國際間各種力量的不斷介入，劇情更加跌宕起伏，撲朔迷離。使得主要「演員們」不得不變換和不時的調整著自己的表演角度。

◆堅持與爭取

張學良、楊虎城發動西安事變實現了扣蔣、控制西安、阻止對紅軍展開大圍剿的第一預定目標，但整個國內形勢並不能由他們所控制，而且愈來愈複雜。出現了蔣介石拒絕談判；南京政府仍然尊蔣對西安實行討伐；東西方列強（包括蘇聯）都反對事變；各地敢於公開支持事變的甚少；內部發生了馮欽哉、黃永安叛變，東路防線大開，士氣受挫等一系列嚴重的問題。但

▶西安事變時粉刷在西安鐘樓上的「八項政治主張」

張、楊二人並沒有被這些困難和外界巨大的壓力所嚇倒，在愛國主義思想的支撐下，在中國共產黨和全國愛國力量的支持下，爲爭取「八項主張」的實現，展開了堅持不懈的努力。

爲了爭取國內外各方面了解事變的原文與真相，他們利用有限的媒體大力開展宣傳。爲了改變當時西安在政治上被封鎖被孤立的不利局面。張學良、楊虎城通過廣播電台向外發表了多次廣播講話，以闡明事變真相與目的，爭取社會各界的理解支持，挫敗對西安的「討伐」。一九三六年十二月十四日，張學良在電台先發表了廣播講話，接著十二月十五日，楊虎城發表廣播講話。爲了加強宣傳的廣度和力度，他們還邀請了當時在西安的美國作家史沫特萊和英國記者貝特蘭等國際友人參加，用外語進行廣播。

貝特蘭後來寫道：

……但XGOB電台（當時西安的廣播電台）正面對著一個敵對的世界。我的朋友張君是無線電台的主要負責人，他的雄心很大，要用法、德、俄等語言廣播消息，每晚再用英語廣播。西安無線電台變成了一個真正的國際電台，但結果不能實現原先的計畫。南京電台、漢口電台或其他更有力的電台故意干擾電波，使有名的西安電台廣播十之八九都聽不清楚。❶

張、楊還說服被扣的特務頭子曾擴情在電台發表了一番表示理解張、楊行動，希望南京方面進行協商的廣播講話。曾擴情也因此得罪了蔣介石，西安事變後被蔣關押了相當時間。

十二月十四日下午，宋美齡的特使端納帶著宋給蔣介石和張學良的親筆信來到了西安。宋美齡致張學良的信是：

西安張副司令漢卿兄勳鑒：

奮密。昨在滬上，驚悉西安兵變，即晚來京，接奉文電，深以為慰。吾兄肝膽照人，素所深佩，與介兄歷共艱危，誼同手足。在滬未接電前，已知其必承吾兄維護，當決無他；來京獲讀尊電，具見愛友之赤誠，極為感慰。惟精誠團結，始足以禦侮抗敵；沉著準備，乃足以制勝機先。

介兄自九一八以來，居處不寧，全在於此。吾兄久共軍機，夙所深悉。凡吾兄有所建議，苟利國家，無不樂採納。介兄以地位關係，不得不加以慎重，借避敵人耳目。吾兄賢明，當必深驚此意。我國為民主制，一切救國抗敵主張，當取公意。只要大多數認可，介兄個人，當亦從同。

昨日之事，吾兄及所部將領，或激於一時之情感，別具苦衷，不妨與介兄開誠協商，彼此相愛既深，當可無話不說。否則另生枝節，引起中外疑懼，不免為仇者所快，親者所痛，想吾兄亦必計及於此。至如何安慰部曲，消弭事端，極賴藎籌。介兄一切起居，諸祈照拂，容當面謝，並盼隨時電示一切為荷。

蔣宋美齡叩。元。❷

宋美齡給蔣介石的信大意是：你的脾氣不好，你心中的話總不肯很好地對部下說明，你也不能虛心聽部下的意見，這種情況我很擔心。因此，你每次出外，我常陪同你一起。這次因航空協會在上海開會，我不能不去參加，沒有同你一起去西安，不料就在這次出了事情。東北軍官兵是亡省亡家的人，他們要求抗日是自然的事情，你應該把你心裏的話告訴他們，對他們的抗日情緒應該很好的安慰，你不這樣做，所以激出這次的事情，我托端納先生冒險去看你，望你爲國家民族保重身體。可能和必要的時候我願親去西安。信的最後一句是：南京的情況是戲中有戲。❸

這封信當時先被張學良看過並由秘書抄錄後仍還給了端納，後由端納交給了蔣介石。遺憾的是這封令蔣介石轉變態度的信的抄件在後來也遺失了。現在在台灣「國史館」中保存著

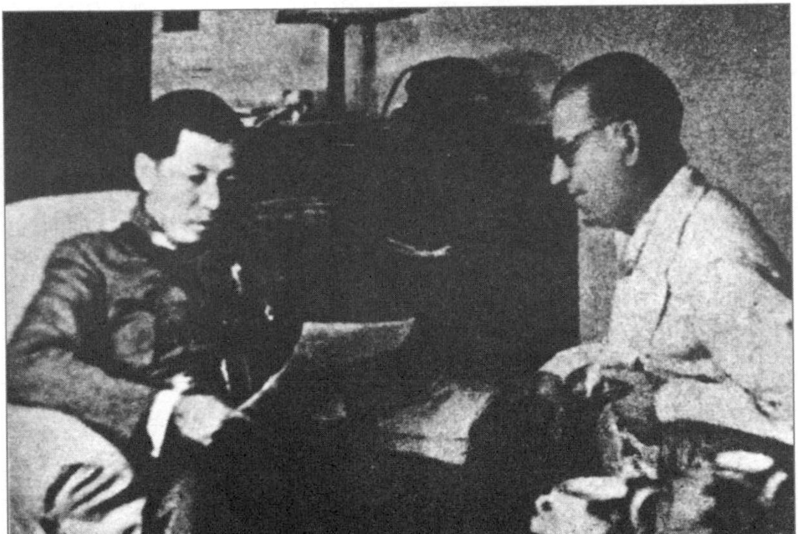

▶張學良閱讀端納帶來宋美齡的信

一封「西安事變期間宋美齡給蔣介石的信」。這封信的內容和文風，完全與當時宋美齡的心境和習慣違背。應該是蔣介石事後安排重寫的。

張在會見端納時，首先對他在非常時期來西安表示了歡迎，接著介紹了蔣的安全狀況。說明他對蔣絕無惡意，只要蔣能接受停止內戰，一致抗日的要求，他們（張、楊）還要擁護他作領袖。端納表示同意張的意見，並表示願意盡力去說服蔣。張還將請蔣搬家被蔣誤會的事情告訴了端納，請端納在見蔣時幫助解釋，勸蔣搬家，端納也都答應了。

當晚，端納由張學良陪同去見蔣介石。端納講英語中間也夾雜著幾句半生不熟的中國話，由張學良擔任翻譯。端納見到蔣首先握手問好，隨後遞上宋美齡給蔣的信件。蔣在看完信後，突然咧開嘴當著張和端納的面哭泣了起來。這可能是被蔣夫人溫馨的勸慰和對他的親情所感動，也可能是被「南京的情況是戲中有戲」所刺激，更可能二者兼之吧。

蔣在一陣感情宣洩後止住了抽泣，端納開始對蔣說：「我這次是受蔣夫人委託而來的，我同張漢卿將軍談話以後，我首先向蔣先生告慰，就是張將軍對蔣先生並無惡意，只是要求停止內戰，一致抗日，只要蔣先生答應這個要求，張、楊兩將軍還要竭誠擁護您做領袖。我認爲這個主張不僅是張、楊兩將軍的主張，也是全中國人民的迫切要求，而且許多西洋人（暗示英、美）也贊成。蔣先生若能接受這個主張，今後將變爲這樣偉大的偉人（說著將手高高舉起比畫著），要是不接受這個主張，將會變爲小小的人（說時還俯下身子用手往地面比畫著）。國家和蔣先生個人的安危榮辱就係於蔣先生個人心思的一轉了。」

蔣介石在看了宋美齡的親筆信，又聽了端納代表不同利益集團、外國勢力的一番勸說，更通過事變的刺激與幾天的思考，臉上露出笑意，嘴裏接連發出了幾個「啊！啊！」，似乎被端納所感動，態度有所變化。

端納見蔣介石的態度已有變化，趁勢提出，請他搬到一個更安全、舒適的地方去住。蔣見有外國人保駕也就欣然同意。張學良便馬上與端納一起陪同蔣搬到了金家巷高桂滋公館。當晚，端納也住在了此處。

十二月十五日，端納乘飛機離開西安去洛陽。準備第二天一早飛南京去向宋美齡彙報，不料天氣條件太差不能起飛，只好在洛陽用電話向宋美齡詳細報告西安會晤張、蔣的經過。並強調西安方面的善意及和平解決事變的願望。宋美齡聽端納報告「驚喜欲狂」。

▶西安事變中，蔣介石在西安的第二個住室——玄風橋高桂滋公館（右室）

▶渭南民房被炸起火

▶西安事變爆發後，南京飛機飛臨西安上空偵察示威

她後來回憶說：

是時西安電報交通雖已中斷，不料余於星期二（十二月十五日）下午突得端納由洛陽打來長途電話，誠令余驚喜欲狂。蓋端納於是晨冒惡劣氣候之危險，飛抵洛陽，直接告我以西安之真相。彼以簡短之言辭，敘述全局：謂委員長並未受苛刻待遇；端納到達後，委員長已允遷入較舒適之房屋；斯時委員長始初次與張學良談話，惟怒氣仍未息；張表示決隨委員長入京，蓋彼自承舉動雖錯誤，然動機確係純潔；張盼余入西安，亦盼孔部長同行，彼與其部下，對余推崇備至云云；然最後又言委員長堅囑余切勿赴西安。

余請端納明日來京，端納稱彼已允委員長及張當日返西安，惟氣候惡劣，不利飛行，決於明晨返西安，京行勢難辦到。余因告以軍事長官已決定立即進攻西安，彼返西安，或有危險，並囑其以此真相設法轉告委員長。④

端納於十二月十六日飛返西安，向張、楊講了宋希望通過蔣來制止「軍事長官」即將發動進攻的意圖。張、楊同意了這一意見。

▶何應欽南京政府軍政部長、軍事委員會總參謀長、南京「討逆軍」總司令

端納在張學良的陪同下第二次見到了蔣介石，向蔣轉述了宋美齡的意見，請蔣下手令停戰。張學良當時也用了比較強硬的態度對蔣表示：「何應欽逼人太甚，要打我們就打。」在這種形勢的壓迫下，蔣介石表示下停戰令可以考慮。

第二天，蔣介石給何應欽寫了一封關於暫時停戰的信，信文是：

敬之吾兄：

聞昨空軍在渭南轟炸，望即令停止。以近情觀察，中於本星期六日（十九）前可以回京，故星期六以前，萬不可衝突，並即停止轟炸為要。

順頌戎祉！

中正手啓十二月十七日。❺

這就是蔣介石政治上的高明之處：他個人雖喪失了人身自由，但卻不輕易就範；運用固有的地位和影響力，不失時機的努力恢復失去的權利。他一方面運用西安的張、楊作爲制約南京「戲中有戲」的一張牌，下達了停戰令。同時又以何應欽爲首的主戰派的進攻作爲壓迫張、楊保證自己安全的一張王牌，所以停戰令只限三天。當時張學良認爲三天太短，還與蔣理論，但蔣堅持不肯讓步，在蔣百里的建議下由被扣的大員蔣鼎文親自送信去南京。

十二月十七日中午，蔣鼎文帶著蔣介石分致何應欽、宋美齡的信件，乘飛機離開西安，當晚宿洛陽，十八日上午抵南京。在此前後，端納也回到南京。蔣介石的停戰令在南京發揮了效果，對西安的轟炸暫時停了下來。但是何應欽並未甘休，公開揚言：「如果張逆以此緩兵，不送委員長回京，則本人自當嚴厲執行原訂計畫，徹底掃蕩。」內戰仍有爆發的危險。

十二月十六日，國民黨中央政治委員會第三十次會議在通過決議討伐張學良、楊虎城的同時，還推舉于右任爲西北宣慰使，赴西安進行所謂宣慰活動。

行前，于右任給楊虎城發過電報。十七日于右任到潼關後，即電楊虎城派車接他。楊接電交張學良看，並說：「于右任要來西安宣慰咱們了。」張問楊打算怎麼辦?楊說：「不理他，讓他住在潼關去。」張贊同楊的辦法，並說：「給他吃個閉門羹。」于見楊不復電，又打長途電話給楊虎城，說明來陝的目的和願望。楊說：「我們不要任何人來宣慰。西北六千萬軍民，也不答應你來宣慰，還是請你早些回南京去吧。」于右任不聽楊的勸告，還是滔滔不絕地說著。起初，楊還是「嗯，嗯，嗯」的敷衍著，後來聽得有些厭煩了，乾脆把電話掛了。

十二月十八日，楊虎城致電已到達潼關的于右任說：「巧電奉悉。此次西安事件，自有其客觀環境決定之因素，決非偶然，亦非弟等個人行動，實係應全國民意要求，不得已之最後辦法。先生高明，諒能洞悉無遺。城追隨先生多年，服膺信仰，始終如一。惟據昨晚中央廣播消息，先生此次西來，係負宣慰使使命而來，致此間同仁滿懷熱望盡爲『宣慰』二字而消失。尚希將宣慰之命辭卻，以私人名義前來指導，決當竭誠歡迎。至城前所謂中央政策，係指爲國爲民之中央政策，非目下之退讓屈辱亡國滅種政策也。至奉先生速將宣慰使設法辭卻，以釋群疑，無任盼禱。」❻表示婉拒的意思。

後宋子文來到西安，受到張、楊熱烈歡迎。此事情被于右任得知，他又打電話給楊虎城，質問為什麼迎宋而拒他？楊說：「宋子文來西安，是以私人資格來探視蔣介石的，他沒有擔負任何使命。你是奉命來西安進行宣慰的，所以我們就要勸你回南京，不要前來西安。假如你這次來陝是想去三原掃墓和探親，或者贊同我們所提出的八項政治主張，想參加我們的這一愛國行動，共同起而抗日，那麼，我們還是竭誠歡迎的。」沒等于右任回答，楊就把電話掛了。

為了營救蔣介石，宋子文以私人身分於十二月二十日飛抵西安，張學良、楊虎城親自到機場迎接。

張學良告訴宋子文，西安方面已經擬好了談判條件，準備與南京方面展開談判。宋子文在張的陪同下見到了蔣介石，並獲准單獨與蔣談話。在西安期間，宋子文曾兩次單獨見蔣，向蔣遞交了宋美齡、孔祥熙給蔣的信，報告了南京方面的情況。

宋子文日記披露：「我單獨拜見委員長。他甚為感動，失聲大泣。我對其安慰，告訴他，彼並未蒙羞，相反，整個世界均在關心他，同情他。」❼宋子文在西安沒有久留，廿一日又匆忙飛返南京。在飛機上，他把蔣介石讓他帶回南京的手令拿出來一看，上面竟是「主張繼續用武力威脅」。宋子文看後很氣憤，將手令撕碎，一邊撕還一邊說：「我們當做他（指蔣）是病人。」說著就把紙屑從飛機上拋了下去。❽

見過蔣介石後，宋子文了解了蔣的矛盾心態：既怕死、又好面子；想與張、楊談判妥協，又不願直接出面；想用武力來壓西安放他，又怕壓急了危及自己的生命。同時了解到，張、楊和中共都希望通過談判來處理西安事變。這增強了他制止內戰、爭取和平解決西安事變的信心，於是有了敢把手令撕毀的舉動。

宋子文回到南京即向宋美齡、孔祥熙報告了西安的情況，堅定了宋美齡爲首的主和派儘快與西安方面談判的決心。

宋美齡回憶稱：

當時余對西安事變已具一種感想：譬之造屋，端納既奠其基，子文已樹柱壁，至上樑蓋頂完成之工作，實為余無可旁貸之責任矣。⑨

她決心立即飛陝。在宋子文回南京後的第二天，宋氏兄妹力排非議，率領端納、蔣鼎文、戴笠、郭增愷等飛往西安，準備與西安方面進行談判。

在與宋家兄妹談判前，楊虎城與張學良在十二月二十日晚再次統一思想。

王菊人後來説，兩人在分析了形勢後認為：

中共代表團到西安，放蔣，和平解決乃大定。但楊在考慮這個問題上，是有保證有條件的放蔣辦法。即：

（一）蔣介石之安內攘外政策的改變，至少以談話方式向全國人民真誠公開表示（當前考慮由南京政府正式發表聲明是辦不到的）。
（二）改組國民黨一黨專政的政府為抗日聯合政府，應有行動表現。
（三）東北軍、十七路軍的駐地和政治地位不變。
（四）紅軍問題，由以後組成的抗日聯合政府解決。

以上各項是楊和張商量得到的統一意見。記得這大約在一九三六年十二月二十日，在楊的官邸中商量定的。

臨別時，張問楊：「十七路會不會再出個馮欽哉？」楊說：「再出個馮欽哉也得幹到底」。楊問張東北軍內部情形，張答：「老的離了我沒飯吃，青年軍官是服我的。」⑩

王菊人的這段回憶充分說明，在宋美齡到達西安前，儘管「兵諫」遇到了許多困難，但楊虎城與張學良在思想和行動上還是一致的。

◆共產國際的意見

當周恩來代表中共中央到達西安，與東北軍和十七路軍結成政治軍事同盟時，共產國際對中國共產黨關於西安事變的意見還尚未傳達到。這爲剛剛通過「遵義會議」逐漸走上正確路線的中國共產黨，創造了一個制定實施應對西安事變的自己方針的時間與空間。自西安發生兵諫的消息傳到莫斯科，共產國際與史達林又幹了什麼呢？

據當時共產國際負責人季米特洛夫在日記中寫道：

一九三六年十二月十三日：

有關於張學良的部隊在陝西起義的報導。逮捕了蔣介石。斯托馬尼亞科夫來見。他對張學良作出好的樂觀的評價。蘇聯應該謹慎和巧妙地對待與西安事變有關的反蘇運動。

一九三六年十二月十四日：

關於中國工作的會議。把鄧發的報告送給史達林。請他對我們的中國同志的立場提出意見。建議是：建議他們採取自主的立場，宣佈反對內訌，堅持和平解決衝突，爭取和解和協同行動，在強調共產黨在致國民黨的信和毛澤東答記者問中所持立場的同時，爭取主張中國領土完整和獨立的各黨派發表民主宣言。

深夜十二點，史達林來電話：「中國的事件是在您的認可下發生的嗎？」

（不是！這事會對日本最有利。我們也是這樣看這一事件的！）

「王明在你們那裏做什麼事？他是個挑釁者嗎？他想發電報讓他們槍斃蔣介石。」

（我不知道有這種事！）

「那我給你送去這份電報！」

隨後莫洛托夫來電話：「明天下午三點半請你們到史達林的辦公室來，我們一起討論中國的工作。只有您和馬努伊爾斯基，別人不用來！」

一九三六年十二月十五日：

討論中國問題會議。

（有庫西寧、馬努伊爾斯基、莫斯克文、王明、鄧發、愛爾科利、曼達利揚參加。）

一九三六年十二月十六日：

到克里姆林宮見「五人小組」。（史達林、莫洛托夫、卡岡諾維奇、奧爾忠尼啓則。）對中國事件交換意見。

磋商後同意向中共中央發以下電報：覆電建議你們採取以下立場：

（一）張學良的行動不論他的意圖如何，客觀上只能損害把中國人民的力量團結在抗日統一戰線中，並會鼓勵日本對中國的侵略。

（二）由於這一行動已經做出，我們應該考慮現實情況。

中國共產黨要堅決宣佈在下列基礎上和平解決這一衝突：

通過主張中國領土完整和獨立的抗日運動的代表人物參加政府，進行政府的改組；

我們在草案中建議的文字為：「由主張中國領土完整和獨立的抗日運動的最傑出活動家來改組政府」；

確保中國人民的民主權利；

停止消滅紅軍的政策，在反對日本侵略的鬥爭中同紅軍建立合作關係；

與同情中國人民從日本帝國主義進攻中解放出來的國家建立合作關係。最後我們建議不要提出「與蘇聯結盟」的口號。⑪

這封電報發到陝北後是「亂碼」譯不出來，直到十二月二十日，中共中央才與共產國際恢復了正常的電訊聯繫。

在共產國際的電報到達（十二月二十日）前，十八日晚和十九日白天，南京政府通過廣播電台反覆廣播蘇聯《真理報》嚴厲指責張學良和西安事變的社論。這個廣播，不僅陝北中共中央聽到了，而且西安方面也聽到了，就連地處甘北前線的彭德懷等紅軍將領也聽到了。

周恩來當天即打電報給中共中央，特別提到了這件事，電報稱：「聞，《真理報》兩次的評論，對西安事變無形中幫助日本侵略之發展」。同樣，在中共中央當天舉行的政治局會議上，毛澤東也明確提到了這一消息，說：「蘇聯《真理報》兩次的評論，對西安事變認爲等於兩廣事變一樣」。

二十日，彭德懷、任弼時向中央去電詢問：「南京新聞謂，《真理報》載西安事件是挑發內戰之煙幕彈，將來利於日本進攻，張學良之舉動乃投機行爲云。中央對西安事件意義及前途估計請詳告，張之扣蔣乃逼不得已之行動，應告國際」。⑫

◆及時修正

雖然國際來的電報譯不出來，但從《真理報》兩次的評論中也可悟出國際的指示精神。於是中共中央於十九日緊急召開了新的政治局擴大會議，進一步討論了對於西安事變的方針問題。討論中，與會者一致同意，事變發生後沒有估計到南京方面以及地方實力派「盲目的擁護蔣個人而不問抗日」，以致形成一個擁蔣潮流，使爆發大規模內戰的可能空前嚴重。

鑒於此，張聞天明確認爲此前的方針有問題，指出：「對於要求把蔣介石交人民公審的口號是不妥的」。而毛澤東敢於批評蘇聯對事變的態度，他說：「日本說蘇聯造成，蘇聯說日本造成，雙方對於事變的實質都有抹殺」。張聞天則認爲：「對蘇聯的輿論應該解釋的，蘇聯因爲日本的造謠，只能這樣說，同時蘇聯如表示同情，便可以使與南京對立，這樣的輿論是有些妨礙的」。「儘管，我們自己不能採取這樣的態度，但我們今後的做法在實質上還是要與蘇聯相一致」。

在這次會上取得了兩項共識，一是否定了任何反蔣的可能性，承認對蔣生命安全的任何明顯的威脅都只能造成嚴重的內戰前途；二是否定了原先在西安成立政府的設想，承認否定南京政府的做法也要使中國長期處於分裂狀態。關於如何避免內戰危險問題，會議上尚未能找到行之有效的具體辦法。「毛澤東總結說，變國內戰爭爲抗日戰爭有兩種方法，一是文章調停；一是武裝調停，內中是很複雜的，要轉很多彎子的。特別是在南京和西安兩方面，我們固然應當爭取南京，但更要爭取西安。」⑬

會後中共中央再次致電南京政府，提出停止討伐、和平解決事變的四項建議。同日中共中央發出關於《西安事變及我們任務的指示》指出了西安事變發展的兩個前途：

（一）或者由於這一發動使內戰爆發，使南京中派（**民族改良派**）一部或大部主觀上與客觀上走向親日，削弱全國抗日力量，推遲全國抗戰的發動，以致造成了日寇侵略的順利條件。這一前途是日德意國際侵掠陣線，特別是日本，及中國親日派所造成的（**注：《六大以來》版此處為「特別是日本及中國親日派所歡迎的」。**）

（二）或者由於這一發動結束了「剿共」的內戰，使停止內戰一致抗日，反而得到早日的實現，使全國的抗日救亡的統一戰線反而更迅速的實際建立起來，這一前途，是國際和平陣線，全國人民，全國一切願意抗日救國的各黨各派各界各軍所竭誠擁護並要使之實現的。」

同時提出了中國共產黨爲實現第二個前途的基本方針：

1、堅持停止一切內戰一致抗日的組織者與領導者的立場，反對新的內戰，主張南京與西安間在團結抗日的基礎上，和平解決。

2、用一切方法聯合南京左派，爭取中派，反對親日派，以達到推動南京走向進一步抗日的立場，揭破日寇及親日派利用擁蔣的號召，發動內戰的陰謀。

3、同情西安的發動，給張楊以積極的實際的援助（**軍事上的與政治上的**），使之徹底實現西安發動的抗日主張。

4、切實準備討伐軍進攻時的防禦戰，給討伐軍以嚴重的打擊，促其反省，這種防禦戰不是為了要以擴大內戰的方針代替一致抗日的方針，而依然是為了促成全國性抗日統一戰線的建立與全國性抗日戰爭的發動。⑭

十二月二十日，中共中央收到共產國際的指示後，毛澤東刪去了一段讓張學良、楊虎城感到不舒服的話，只將下面這些內容轉告了周恩來：「既然發動已成為事實，當然應當顧及實際的事實，中國共產黨應在下列條件基礎上堅決主張用和平方法解決這一衝突。

甲、用吸收幾個反日運動的代表，即贊成中國統一和獨立的分子參加政府的方法來改組政府；

乙、保障人民的民主權利；

丙、停止消滅紅軍的政策，並與紅軍聯合抗日；

丁、與同情中國人民反抗日本進攻的國家建立合作關係，但不要提聯合蘇聯的口號。⑮

這時的中共中央在了解了蘇聯的態度和接到共產國際的指示後，表面上態度沒有變化，但實際政策作出了重大調整。

中共中央在十八日給國民黨中央的通電中，沒有再提審判蔣介石，但仍站在張學良、楊虎城的立場說話，通電中雖然已經開始承認可以保蔣安全，恢復其自由，但前提仍然是必須「召集全國各黨各派各界各軍抗日救國代表大會，決定對日抗戰，組織國防政府、抗日聯軍」，並且不願承認蔣介石全國領袖地位，強調「不願以蔣介石一人而致中華民族以萬劫不復的病患」。

而在十二月二十日之後，中共中央的通電便完全以第三者立場說話，向西安和南京雙方提出建議了。而且建議也不再爲保證蔣安全問題設置前提條件了，甚至張、楊所提議的改組南京政府、召集救國會議、釋放一切政治犯等項條件也不再提了。建議的主旨只希望南京政府能夠同意停止進攻，立即召集一次和平會議，來討論抗日救亡及蔣先生的處置問題等等。

▶南京軍政大員在西安的住地——西京招待所（一九三六年）

◆三方談判

宋美齡、宋子文等十二月廿二日飛抵西安，張學良和楊虎城均到機場迎接。張學良將南京來一行人士安置在西京招待所住下。宋美齡稍事安頓後，就去看了關在高桂滋公館的蔣介石。

宋美齡回憶説：

余入吾夫室時，彼驚呼曰：「余妻真來耶？君入虎穴矣！」言既，愀然搖首，淚滑潸下。余強抑感情，持常態言曰：「我來視君耳。」蔣向宋訴説了被劫持的經過，開始還是作出堅持在「劫持中決不作任何承諾，因要求我勿以簽訂某種文件相勸」的姿態。

在宋美齡將國內、國際的形勢以及外國政府的態度告知後，蔣介石轉換了態度，提出了兩個談判前提條

时间	电报目录	署名
一九三六年十二月十二日	请令二十七军在原地休息并侦察前往阻塞城之道路	周恩来 博古
十二日	关于双十二事变动态的报告	
十二日	关于二方面军于十二月整休完毕的指示	毛泽东 周恩来
十三日	请十五军团迅速赶往商县主力暂在原地隐蔽	周恩来 博古
十四日	与杨商定只要前线有命我主力即南下	周恩来 博古
十四日	五十万经费已接数分发	周恩来
十五日	毛、朱、周等致南京国民党政府诸先生电	毛泽东、朱德、周恩来等
十五日	我先线最好不拉部队	周恩来 博古
十五日	杨电蒋致蒋合作	周恩来 博古
十五日	我军须集力守三州不使南兵向南调	周恩来 博古
十七日	令二十七军迅速南下威胁敌翼侧	周恩来 博古
十七日	关于南京向三中全会准备议案的活动	周恩来
十七日	请令徐汪主力活动于枢纽大荔之线威胁敌侧背	周恩来
十八日	部队编制及干部配备	周恩来等
十八日	关于敌军作战计划及民国去路线问题向毛（泽东）并向中央的报告	周恩来

▶在和平解決西安事變期間，毛澤東、朱德與周恩來、博古之間所發的部分電報目錄

件，一是他不直接出面，由宋子文、宋美齡代表他談判；二是談定的所有條件他都不簽字，以領袖人格擔保回南京後執行。

張學良、楊虎城從大局出發同意了蔣的要求，正式談判從十二月廿三日上午開始。張學良、楊虎城、周恩來同宋子文談判。鑒於張、楊是蔣的部下，就由周恩來代表他們提出六項條件：

（一）停戰，南京方面撤軍至潼關外；

（二）改組南京政府，排逐親日派，加入抗日分子；

（三）釋放政治犯，保障民主權利；

（四）停止「剿共」，聯合紅軍抗日，允許中共公開活動；

（五）召開各黨各派各界各軍救國會議；

（六）與同情抗日的國家合作。張、楊同意以此為基礎談判。

宋子文表示個人同意，答應轉告蔣介石。關於放蔣

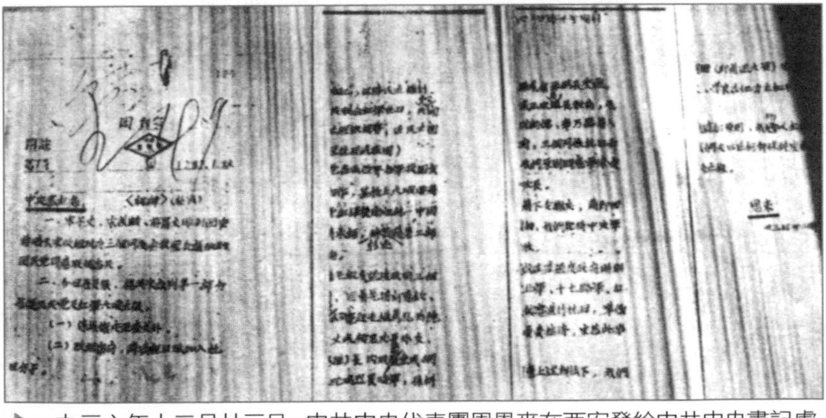

▶一九三六年十二月廿三日，中共中央代表團周恩來在西安發給中共中央書記處的「與宋子文談判情況」的電報

的條件，宋提出只要蔣下令撤兵，即應允回南京，到南京後再釋放沈鈞儒等七位愛國領袖。張、楊、周要求先撤兵，釋放政治犯，蔣才可回南京。

宋子文在日記裏寫道：

委員長說，我必須要求周同意：一、取消中華蘇維埃政府；二、取消紅軍名義；三、放棄階級鬥爭；四、願意服從委員長作為總司令的指揮。要告訴周，他一刻亦沒忘記改組國民黨之必要。他保證將於三個月內召集國民大會……重組國民黨後，倘若共產黨尊其為服從總理，他將同意：一、國共聯合；二、抗日容共聯俄；三、他將給漢卿發佈手令，收編紅軍，收編人數將視其擁有武器之精良度決定。⑯

廿三日下午四方繼續進行談判，宋子文根據蔣的意思對六項條件提出修改意見。周恩來對這次談判的情況，在十二月廿三日給中共中央的電報中做了如下記載：

（甲）宋子文、宋美齡、蔣鼎文昨到西安。蔣暗示宋改組政府，三個月後開救國會議，改組國民黨，同意聯俄聯共。

（乙）今日我及張、楊與宋談判。

第一部分，我提出中共及紅軍六項主張：

子、停戰，撤兵至潼關外。

丑、改組南京政府，排逐親日派，加入抗日分子。

寅、釋放政治犯，保障民主權利。

卯、停止剿共，聯合紅軍抗日，共產黨公開活動（**紅軍保存獨立組織領導。在召開民主國會前，蘇區仍舊，名稱可冠抗日或救國**）。

辰、召開各黨各派各界各軍救國會議。

巳、與同情抗日國家合作。

以上六項要蔣接受並保證實行。中共、紅軍贊助他統一中國，一致對日，宋個人同意，承認轉達蔣。

第二部分，宋提辦法及討論情況：

子、宋提議先組織過渡政府，三個月後再改造成抗日政府。目前先將何應欽、張群、張嘉璈、蔣鼎文、吳鼎昌、陳紹寬趕走，推薦孔祥熙爲院長，宋子文爲副院長兼長財政，徐新六或顏惠慶長外交，趙戴文或邵力子（**張、楊推薦**）長內政，嚴重或胡宗南長軍政，陳季良或沈鴻烈長海軍，孫科或曾養甫長鐵路，朱家驊或俞飛鵬長交通，盧作孚長實業，張伯苓或王世傑長教育。我們推宋美齡、杜重遠、沈鈞儒、章乃器等人長行政院。宋力言此爲過渡政府，三個月後抗日面幕揭開後，再徹底改組。我們原則同意，要宋負責；杜、沈、章等可爲次長。

丑、宋提議由蔣下令撤兵，蔣即回京，到後再釋愛國七領袖。我們堅持中央軍先撤走，愛國領袖先釋放。

寅、我們提議在這過渡政府時期，西北聯軍先成立，以東北軍、十七路軍、紅軍成立聯合委員會，受張領導，進行抗日準備，實行訓練補充，由南京負責接濟。宋答此事可轉蔣。

卯、在蔣同意上述辦法下，我們與蔣直接討論各項問題（即前述六項）。宋答可先見宋美齡（子文、學良言她力主和平與抗日）。

（丙）如你們同意這些原則，我即以全權與蔣談判，但要告我，你們決心在何種條件實現下許蔣回京。請即覆。⑰

十二月廿四日上午，四方繼續進行談判，不同的是宋美齡加入了談判。又經過一個上午的談判，到中午基本結束，大致達成了如下協定：

（一）孔祥熙、宋子文組行政院，肅清親日派。

（二）中央軍撤兵並調離西北。

（三）蔣允許回後釋放愛國領袖。

（四）蘇維埃、紅軍仍舊。兩宋擔保蔣停止「剿共」，並經張學良接濟。抗戰發動，紅軍再改番號，統一指揮，聯合行動。

（五）開放政權，召集救國會議。

（六）分批釋放政治犯。

（七）抗戰發動，中共公開。

即日回京，張學良當即表示同意，楊虎城、周恩來則答應再考慮。

（八）聯俄，與英、美、法聯絡。

（九）蔣回後通電自責，辭行政院長職。對於放蔣的問題，兩宋要求在蔣下令停戰撤兵後

放蔣，楊虎城原則上是同意的，他在談判前就與張統一過思想。楊之所以沒有立即同意，主要是考慮在什麼條件下放最有利。周恩來則是還沒有得到中共中央關於他「你們決心在何種條件實現下許蔣回京」的指示。宋子文對談判的結果作了這樣的描述：宋子文與宋美齡一道向蔣介石彙報了談判結果。蔣介石答覆：

（一）他將不再擔任行政院院長，擬命孔（祥熙）博士擔任。新內閣絕不會再有親日派。

（二）返回南京後，他將釋放在上海被捕之七人。

（三）1、設立西北行營主任，由張（學良）負責。2、同意將中央軍調離陝、甘。3、中共軍隊應當易幟，改編為正規軍某師之番號。4、中日一旦爆發戰爭，所有軍隊一視同仁。

（四）1、派蔣鼎文將軍去命令中央軍停止進軍。2、將與張學良討論雙方共同撤軍，在離開西安後，他將發佈手令。

「我將上述答覆交予張、楊及周，他們似甚為滿意，次日上午，他們將召開軍事委員會會議。當日深夜，周拜訪了蔣夫人，同時他亦與委員長簡單寒暄了幾句。」⑱

十二月廿四日下午，張學良、楊虎城分頭去處理其內部事務，委託周恩來與宋子文繼續接

觸。周恩來單獨向宋提出了要見蔣介石的要求。經蔣同意後，當晚，由宋氏兄妹陪同周見到了蔣介石。對這次周與蔣的會見，一直沒有詳細的記載。只有申伯純在《西安事變紀實》中作了如下描述：

當天晚上，周恩來在宋氏兄妹陪同去見蔣介石。兩宋告訴周，蔣這兩天病了，不能多談話。

周一進蔣的臥室，望見蔣躺在床上。蔣見周進來，勉強從床上坐起來，請周坐。周這時看清蔣的形容衰老憔悴，滿嘴沒有牙，難看得很，遠非當年在黃埔軍校的樣子。

周向蔣說：「蔣先生，我們有十年沒有見面了，你顯得蒼老些。」

蔣點點頭，歎口氣，然後用眼睛直看著周說：「恩來，你是我的部下，你應該聽我的話。」

周立即回答說：「只要蔣先生能夠改變『攘外必先安內』的政策，停止內戰，一致抗日，不但我個人可以聽蔣先生的話，就是我紅軍也可以聽蔣先生的指揮。」

蔣聽了這句話，沉默了一下，好像有很多感慨的樣子，然後向周表示以下三點：

一、停止剿共，聯紅抗日，統一中國，受他指揮；

二、由宋、宋、張全權代表他與周解決一切（所談如前）；

三、他回南京後，周可直接去談判。

談完以上三點，蔣坐在床上表現出疲勞困頓的樣子，指著宋氏兄妹說：「你們可以多談一談。」周於是向蔣說：「蔣先生休息吧，我們今後有機會再談。」蔣連說：「好，好。」周就此辭出。[19]

另外，在見蔣時，周恩來還告訴蔣，他的兒子蔣經國還在蘇聯，中共可設法讓其回國。

◆張、楊生隙

楊虎城爲了國家民族促成張學良發動「兵諫」扣留了蔣介石。在他來說，幹得好，國家得救；幹得不好，失敗了，也落得個轟轟烈烈的下場。從他的思想上原來是沒有繼續擁戴蔣再做領袖的概念。所以蔣被扣後，他一直不去看望。在政治理想上，他是希望在中國搞民主政治，結束獨裁專制，所以他處心積慮地策劃了這次的「兵諫」行動。打算通過「兵諫」實現多年的政治理想，以他主導制定的《八項政治主張》充分反映出這一點。

如何處置蔣，是他非常關注的一個焦點問題。他深知蔣介石駕馭權力的能力和不講信義的一貫作風，所以中國共產黨開始提出「要求罷免蔣介石交人民公審」的方針時，楊非常贊同。當時，其部下有人曾問到如何處置蔣時，他回答得很乾脆：「交給中共去處理。」但是隨著形勢發展和各方態度變化，事變的結局正逐漸脫離他所設計的初衷時，使他頗感迷惑。

張學良和楊虎城的團結是西安事變成功與否的關鍵。在發動西安事變之前和事變之中，兩人一直都是以一種同生死、共榮辱的心態相互支持，互相配合的。楊虎城雖年長，經驗豐富，但他從來都以長官來尊張；張學良也不以部下來對楊，重大問題都與楊事前溝通仔細商量。這種親密合作的關係使他們共同闖過了：臨潼捉蔣，部下叛變，南京討伐，國際指責，朋友背約等接連不斷的困難艱險。但是，自宋美齡到西安後，張與宋氏兄妹長時間獨處在自己家裏。在一些張、楊和宋氏兄妹都在的場合，張學良明知楊虎城不懂英語，卻用英語與宋氏兄妹交談，使楊虎城非常尷尬與不悅。

前面講過，十二月二十日，楊虎城與張學良就「放蔣」問題曾有共識。可是當十二月廿四日上午，在三方會談取得基本一致後，宋美齡不失時機地提出放蔣的問題時。張學良違背了與楊虎城的事前共識，搶先表態同意先放蔣回南京。

下午，張又單獨在他的辦公樓裏召集高崇民、杜斌丞、申伯純、王炳南、應得田、盧廣績等設計委員會成員開會。因爲前一天，設計委員會開會曾就在什麼條件下放蔣進行了討論。會上大家發表了各種意見，最後一致的意見是「沒有保證，蔣不能走」。也有人說「西安事變是大家提著腦袋幹的，不是張楊兩個人的事情。他們想捉就捉，想放就放，不行！現在蔣介石還在我們手心裏，不聽我們的話，我們乾脆就先把他幹掉」。[20]

當這些意見報告到張、楊那裏後，楊並不認爲有什麼特別，沒有表態。而張學良聽了異常緊張，他就於廿四日下午召開會議。

會上，張先將幾天談判的情況向到會人員作了扼要介紹，並透露很快就要放蔣走，他自己還要親自送蔣到南京去。然後很嚴肅地對與會者說：「聽說你們昨天開會，也有一些意見。這些意見你們可以向我提，但是我現在要警告你們，不許你們在外邊隨便亂講，尤其不許你們任意胡鬧。這是關係國家民族命運的大事，做錯了一點，我們擔不起。」

當有人問到：「蔣、宋答應我們的這些條件，究竟有什麼保證沒有？他們將來說了不算怎麼辦？」張聲色俱厲地問：「你們要什麼保證？你說！你說！」㉑

當人們將考慮的保證條件說出來後，張很自信地說：「你們所提的這些意見，我都考慮過，都是行不通的。」……有人問：「副司令還要親自送他回南京，是什麼意思？」張回答說：「是的，我打算親自送他回南京。我這一著比你們想得高，這一著是要抓住他的心。你們知道，這次事變對蔣是個很大的打擊，我們現在不但要放他走，而且今後還要擁護他做領袖，還要和他一起共事。所以我們萬萬不能爲再難他，我們要給他撐面子，使他恢復威信，今後好見人，好說話，好做事，我親自送他就是這個意思。並且我親自送他去，也是向他討債的意思，使他答應我們的事不能反悔。另外我親自去也可以壓一壓南京反動派的氣焰，使他們不好再講什麼壞話。總之，做人情要做到家。同人家合作也要合作徹底。我在這個問題上比你們想得深，想得高，你們這些人要受我領導，不許亂說亂鬧。」

最後有人問說：「紅軍和楊主任的意見怎樣？」張學良說：「紅軍的態度比我們還軟，楊主任雖有些不同意見，但是顧全大局的。」[22]

關於「放蔣」問題，王菊人回憶說：

楊和張單獨談過幾次。張說：蔣對他表示過幾次，他贊成我們主張的，但蔣說：他不在南京，沒人能做主的。關係到國策的變更，非在中央全會通過不行，不過只要他提出，不會通不過的。蔣說：他說抗日是有準備的，只是還沒有準備完成，不能不採取穩健的辦法。張又說：蔣屢次表示他以人格作保證。看來他不至於欺騙我們。楊說：放他是一定的，你不要著急，看看下一步再說。[23]

廿四日晚，張學良與楊虎城因爲張學良主張立即放蔣介石回南京而發生激烈爭吵。對於這次爭執，楊虎城事後並沒有向外人透露。而張卻在與楊吵完後立即去告訴了宋子文。

據宋子文在十二月廿四日西安事變日記中記載：

晚上，張告訴我，他與楊發生了激烈的爭吵。（楊指責稱）「你發動了政變，在未獲任何保證下，而今你竟允委員長離去，他定會讓你我人頭落地。」張說他個人對政變負完全責任，如果他們接受他的領導，一切均會好轉，若否，則盡可開槍將他打死。對其行動方針，難道還有其他選擇？難道他們不想結束此等局面？楊大為不滿地離去。[24]

宋子文聽了張學良對他的講述後認為，「楊在西安城周有駐軍九個團，他可用兵強扣委員長，故形勢極為危險。張在城周僅有一團，遂命其部隊做秘密準備，以防突襲。」㉕

宋子文便與張學良策劃應急之策，兩人討論了將蔣介石秘密帶到機場，突然離開西安的可能性。但後來「認為此舉過於危險，因張之一舉一動完全可能已處楊的監視之中。」他們最後商定：「倘局面未有改善，我應動員蔣夫人於次日晨以力促延長停戰期為由，先行返回南京。待入夜，我與張將攜委員長乘車先至張的營地，然後由陸路前往洛陽。」㉖

張學良在《警告世人》一書中說：

楊虎城反對蔣委員長返京，對我說：「你是受了蔣夫人、宋子文、端納情感誘惑，有反初衷，你犯了溫情主義，你是同蔣宋兩家有私誼上的關係，可以和平了結，我楊某可是不肯作斷頭將軍的，要幹就幹到底。」

我說：「這樣的國家大事，豈是私情問題。我們不顧一切的行動，是為了發動要求蔣委員長領導我們抗日，今日已確知抗日前途有著，那麼我們還要蠻幹下去，必使內戰擴大發生，而使蔣委員長失去領導，而走向相反的方向，那才是真的有反初衷呢！你怕死嗎？你若是怕死，何必要發動這種大膽的叛變行為？我將隻身護送蔣委員長入京，上斷頭台我一人承當，我決不牽連任何人。」

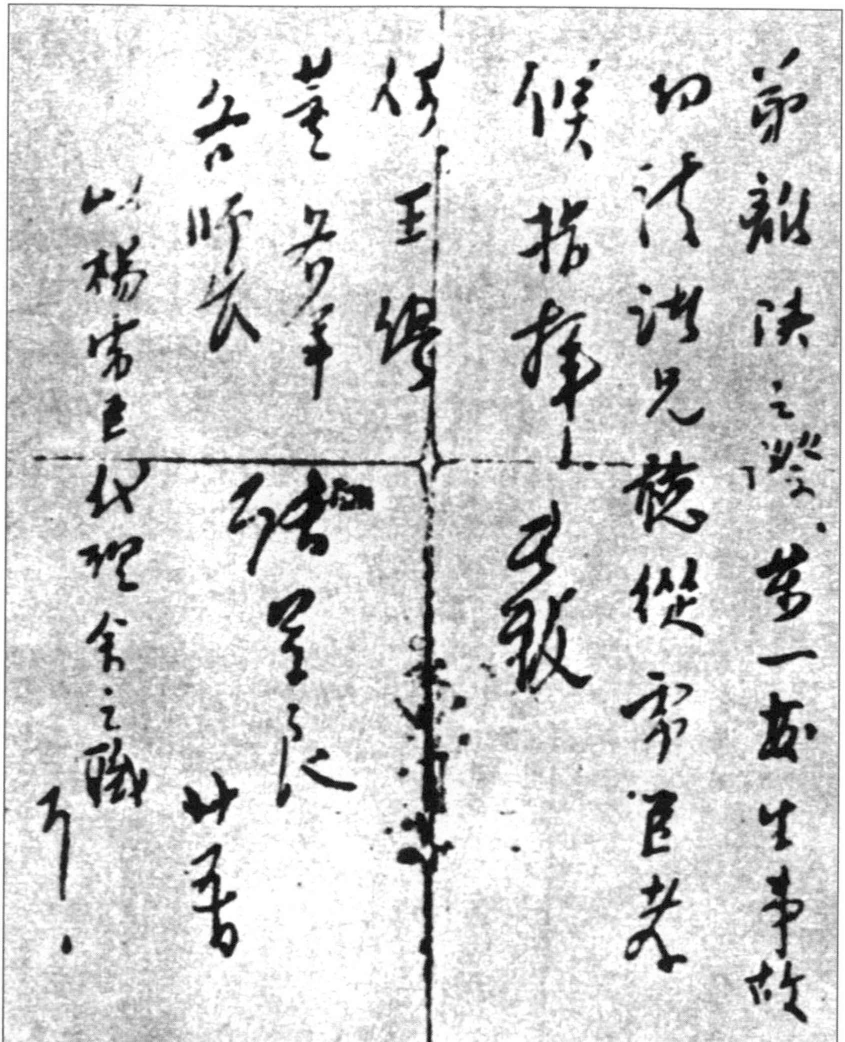
弟離陝之際，萬一發生事故，切請諸兄聽從虎臣、孝侯指揮。此致
何、王、繆、董各軍師長
張學良 廿五日
以楊虎臣代理余之職。

▶張學良在機場給楊虎城的手令

張學良在《西安事變反憶錄》中也曾述及：在送蔣離陝問題上，他與楊虎城發生歧見，言語急躁，幾乎同楊決裂。十二月廿五日，當張學良得知楊虎城還堅持要有條件放蔣時，就採取了突然襲擊的做法：下午三時過後，張打電話叫楊去他公館。楊以爲張改變了想法，興沖沖去了張處。等楊趕到時，看到蔣已出門準備上汽車了。張只低聲對楊說，現在就放他走。

當時事出突然，楊只有兩個選擇，一是與張決裂，將張和蔣都扣下來；另一是服從張的安排。楊虎城絲毫不了解張學良這兩天背著他已多次與蔣宋策劃離開西安計畫的情況。爲了顧全和張的團結這個大局，選擇了後者，沒有與張爭執，隨張到機場去送蔣。

不料到機場後，張突然給了楊一個手令：「弟離陝之際，萬一發生事故，切請諸兄聽從虎臣、孝候指揮。此致，何、王、繆、董各軍、各師長。張學良，二十五日。以楊虎城代理余之職，即日。」

蔣介石一行到機場後，看到有兩千多人的群眾隊伍聚集在那裏（為了歡迎傅作義將軍）。蔣見群眾就緊張，以爲是要阻止他離開

▶蔣介石離開西安時的飛機起飛前

呢。一下車就趕忙向張學良、楊虎城表示：「我答應的你們的條件我以『領袖的人格』保證實現，你們放心，假如以後不能實現，你們可以不承認我是你們的領袖。我答應你們的條件，我再重複一遍：（一）明令入關之部隊於廿五日起調出潼關，從本日起，如再有內戰發生，當由余個人負責。（二）停止內戰，集中國力，一致對外。（三）改組政府，集中各方人才，容納抗日主張。（四）改變外交政策，實行聯合一切同情中國民族解放之國家。（五）釋放上海各被捕領袖，即下令辦理。（六）西北各省軍政，統由張、楊兩將軍負其全責。」㉗

十二月廿五日下午四時，隨著飛機馬達的轟鳴，蔣介石離開了讓他刻骨銘心永世不忘的西安，結束了十四天的囚禁生活。張學良也送蔣離開了西安。當天是耶誕節，三十七歲的少帥以他的自由與政治生命作爲聖誕禮物送給了宋美齡。

注釋：

❶米暫沉：《楊虎城將軍》，中國青年出版社，一九九八年版，第一八一至一八二頁。
❷佟靜：《宋美齡大傳》，團結出版社，第一九〇頁。
❸申伯純：《西安事變紀實》，人民出版社，一九七九年版，第一四一至一四二頁。
❹蔣中正、宋美齡：《蔣委員長西安半月記蔣夫人西安事變回憶錄》，台灣正中書局一九七五年版。
❺蔣介石：《蔣介石致何應欽函》，《西安事變資料》，人民出版社，一九八〇年版，第一五五頁。

❻楊虎城：《致于右任電》一九三六年十二月十八日，陝西人民出版社，《楊虎城將軍言論選集》，第八九頁。
❼張俊義：《宋子文〈西安事變日記〉》，《百年潮》，二〇〇四年第七期，第十七頁。
❽郭增愷：《西安事變中我與宋子文到西安的活動》，全國政協編，《文史資料存搞選編》，中國文史出版社，第六八四頁。
❾蔣中正、蔣宋美齡著：《蔣委員長西安半月記蔣夫人西安事變回憶錄》，台灣正中書局一九七五年版。
❿王菊人：《記西安事變前後的幾件事》，全國政協文史資料存稿。
⓫季米特洛夫：《季米特洛夫日記選編》，廣西師範大學出版社，二〇〇二年版，第四九至五十頁。
⓬楊奎松：《西安事變新探》，台灣東大圖書公司，一九九五年版，第三三〇頁。
⓭楊奎松：《西安事變新探》，台灣東大圖書公司，一九九五年版，第三三一頁。
⓮中央檔案館編：《中國共產黨關於西安事變檔案史料選編》，中國檔案出版社，一九九七年版，第二二三至二二四頁。
⓯中央檔案館編：《中國共產黨關於西安事變檔案史料選編》，中國檔案出版社，一九九七年版，第二四〇頁。
⓰張俊義：《宋子文〈西安事變日記〉》，《百年潮》，二〇〇四年第七期。
⓱中央檔案館編：《中國共產黨關於西安事變檔案史料選編》，中國檔案出版社，一九九七年版，

第二六二至二六三頁。

⑱張俊義：《宋子文〈西安事變日記〉》，《百年潮》，二〇〇四年第七期。

⑲申伯純：《西安事變紀實》人民出版社，一九七九年版，第一五六至一五七頁。

⑳申伯純：《西安事變紀實》人民出版社，一九七九年版，第一五六至一五七頁。

㉑同上書，第一五八頁。

㉒同上書，第一五九至一六一頁。

㉓王菊人：《記西安事變前後的幾件事》，全國政協文史資料存稿。

㉔張俊義：《宋子文〈西安事變日記〉》，《百年潮》，二〇〇四年第七期二一頁。

㉕同上。

㉖同上。

㉗申伯純：《西安事變紀實》，人民出版社，一九七九年版，第一六二至一六三頁。

八、獨撐危局

西安事變的發生，打破了蔣介石六十天剿滅紅軍的美夢；激發了全國人民的抗日愛國熱情；促進了國內政治力量的分化與新的組合；引起了國際社會的普遍關注，牽動了國際大局。十四天的拘禁使蔣的氣焰收斂，計畫泡湯，但未能改變他的根本階級立場和政治品質。當張學良作爲「罪人」到南京表示請罪時，一個報復他、報復楊虎城、報復西安愛國軍民的陰謀也隨之展開。

◆釋蔣之後

一九三六年十二月廿五日下午，當周恩來根據中共中央書記處廿四日，關於有條件放蔣的指示：「甲、在下列先決條件下恢復蔣自由：

一、全部中央軍分向河南、綏遠二省撤退。

二、南京宣佈國內和平以民更始不咎一切，既望並召開救國會議之命令，蔣亦發表同樣宣言，此條即取消討伐令，承認張、楊與我們地位。

三、部分的釋放國犯與共產黨。

乙、依目前情勢，沒有這些條件而釋放蔣是危險的，張、楊即使戰敗，挾蔣在手還有文章做。

丙、目前情勢在向有利方向發展中，但如果形勢還未變化到蔣及蔣系感覺到在日本及親日派面前的重大威脅，蔣及蔣系要恢復其政治勢力，除了依靠張、楊、共產黨、人民及左派等之革命勢力，則為不可能時，便客觀上無保障放蔣後，有使蔣及蔣系轉到投降日本之極大可能，應該估計日本及親〈日〉派增長著的勢力是很大的。

丁、張、楊及我們應有堅持的決心，一面極力進行談判與拉攏各方，一面極力鞏固內部，爭取打幾個勝仗。在目前極短期內，尚無使自己勝利的客觀條件，這些客觀條件中，一個是國內形成停戰，對外的輿論與政治勢力，又一個則是張、楊與我們能站得住腳，我們應該爭取這些條件。」❶

正在忙著起草政治文件時，忽見張的衛隊營長孫銘九來告，說張學良已送蔣介石去了機場。當周恩來趕到機場時，飛機已經升空了。周恩來感歎地對人說：「唉！張漢卿就是看《連環套》那些舊戲看壞了，現在他不但要『擺隊送天霸』而且還要『負荊請罪』啊！」❷

放蔣的消息在西安迅速傳開，猶如盛夏之時給人們的頭上澆了一盆冰水，低靡、沮喪的氣氛一時籠罩了全城。米暫沉去問楊虎城：「蔣介石走了嗎？」楊虎城點點頭。等了一會兒，楊虎城又說：「走了一個不算，還跟了一個去。」米暫沉更覺茫然。看見楊虎城的表情，極其頹喪、憤懣，也不好再問究竟哪一個跟去了。

很快，杜斌丞來了，杜一進門就說：「這簡直把革命當兒戲，孺子不可教也。」一氣坐在沙發上。他們倆人都不言語，米暫沉只好退出。察覺到可能是張跟去了，但還不敢肯定。由楊虎城的會客室出來，米暫沉到楊虎城的參謀長李興中的辦公室。李坐在一張搖椅上，兩手抱著頭，拚命地搖，米見米暫沉進去，也沒有理。米暫沉坐下之後，問「蔣介石走了？」李「嗯」了一聲。米暫沉停了一會兒又問：「還有誰呢？」「我們的少帥。」❸

▶杜斌丞，陝西米脂人，一九二二年楊虎城去榆林後結識了他。杜也是楊的啟蒙教育者之一，以後一直是參與楊決策的幕僚人物

對於張學良突然釋蔣並送蔣，被杜斌丞視爲兒戲的舉動，如何解釋呢？楊虎城說他「受了蔣夫人、宋子文、端納情感誘惑。」也有人歸咎於「這主要是由於中國共產黨態度的轉變。因爲張學良一向寄希望於中國共產黨及其背後的共產國際，他謀求打通蘇聯的通道，以中國共產黨、西北軍和東北軍三方面（指紅軍、西北軍和東北軍）的合作建立起一個穩固的抗戰基地。而事變後中國共產黨和共產國際的態度都大大出乎張學良的意料。張學良多次與中國共產黨接觸，認爲失去蘇聯這座靠山，西北局面是難以支撐的。

就在張學良開始考慮釋放蔣介石問題時，中共中央廿三日晚上明確表示不同意公開宣佈「三位一體」的關係，只願保持第三者的身分。而且爲維護第三者地位，中國共產黨暫不公開參加張學良預擬宣佈成立的西北軍政委員會。這是促使張學良不僅同意在沒有任何正式協定的情況下釋放蔣介石，而且決定親自送蔣介石回南京的致命一舉。

尤其是廿四日晚，張學良領周恩來見蔣介石，周恩來對蔣介石的態度令張學良吃驚，周恩來對蔣介石以「領袖」尊之，（當時少數極左派在會場外佈置警戒很有殺氣。周恩來冒著生命危險義正辭嚴地指出防止內戰，聯蔣抗日的重大意義）而且在對蔣介石的談話中，周恩來並不表達「三位一體」的態度，只是代表中國共產黨與紅軍的態度。」❹

溫情誘惑、沒有蘇聯的支持的確是張學良決定突然放蔣並親自送蔣的重要外部因素。但其根本內因是他缺乏政治信念和政治幼稚。

十二月廿五日下午五時四十五分，蔣介石一行和張學良飛抵洛陽。在飛機加油的過程中，蔣介石就讓張電告楊虎城，讓楊釋放仍然扣留在西安的陳誠、衛立煌等南京大員和幾十架作戰飛機。張在「把人情做到家」的思想支配下，立即電告楊虎城放人放機。楊在廿五日晚接到張的電報後，次日一早就同東北軍的王以哲和周恩來等商量。他們一致認為，既然張有電報來，自然應當照辦，於是就決定放人放機。王菊人回憶說：「楊回新城後，立即同幾個人談了機場情形，大家都反對這個輕率危險的辦法。不過蔣走了，張也走了，只好商量下一步的辦法。楊說：「蔣的人格是不可靠的，張能不能回不來，還很難說，萬一不得回來，怎樣辦？」這時大家思想很亂，也說不上該怎樣辦。可是對於張的回陝，還未喪失信心。

過了幾天，張還沒回來，楊又和大家商量怎樣辦？有人主張：我們先不要放蔣系高級將領，無形中作為人質，飛機也不放走，也當作換張回來的條件。這期間，張又來信，叫放陳誠那些人，叫放飛機。楊說：「我們做到仁至義盡，張既叫放就全放了吧！看他的意思，我們不放，會給他在南京造成困難。」」❺

十二月廿六日下午，楊虎城分別拜會了所有被扣大員，向他們表示歉意，當晚還舉行宴會款待了他們。廿七日一早，陳誠等大員就離開了西安返回南京。下午，被扣飛機也離開了西安。

◆請罪獲罪

蔣介石一行廿五日晚住在了洛陽，蔣和宋美齡廿六日上午九時左右乘一架飛機在中午時分到達南京。張學良和宋子文乘另一架飛機後離開洛陽，下午到達南京京。到達南京後，張學良致電楊虎城：「午後二時抵京，寓子文兄處，一切安善，請轉告諸同志釋念。學良，宥戌印。」

就在張感覺一切「安善」時，蔣介石已命陳佈雷為他杜撰一篇題為《對張楊的訓詞》的文章，一定要趕在廿七日的中央日報上發表；同時命戴笠對張下榻的宋公館嚴加防範，限制張與外界的聯繫；他通過宋子文暗示張要有認罪的表示，於是張學良在到南京的當天，給蔣寫了一封表示

▶在南京明故宮機場。一九三六年十二月廿六日，蔣介石由洛陽飛抵南京
前左起：蔣介石、宋美齡、林森、孔祥熙

「請罪」的信。全文如下：

介公委座鈞鑒：

學良生性魯莽粗野，而造成此次違反紀律，不敬事件大罪。茲靦顏隨節來京，是以至誠，願領受委座之責罰，處以應得之罪，振紀綱，警將來，凡利於吾國者，學良萬死不辭。乞鈞座不必念及私情，有所顧慮也。學良不文，不能盡意。區區愚憂。俯乞鑒察。專肅。敬叩。

學良肅二十六日⑥

張學良這封請罪信，成爲了他永世不能脫罪的把柄，至今作爲證據，保存在台灣國民黨黨史館中。

十二月廿七日國民黨黨報中央日報，發表了《西安事變對張楊訓詞》的文章。《訓詞》稱：張、楊是受了「反動派之煽惑，」「此次勇於改過」，是由於受蔣的「精神之感召」。說蔣介石離開西安之前，張學良、楊虎城對蔣介石「不再強勉我有任何簽字與下令之非分舉動，且並無任何特殊之要求」等等。

蔣介石企圖通過這個所謂《訓詞》，來掩蓋蔣與西安方面談判的真相，吹噓自己的偉大，迷惑國內外的視聽。爲其今後的政治企圖做好鋪墊。爲了使人相信《訓詞》的真實性，在發表時刻意加注有宋美齡筆錄的字樣。爲此，宋美齡在其西安事變回憶錄中特意做了一番似乎確有其事的記述：「當楊虎城率衛隊若干人來時，空氣益形緊張。彼偕張徑入委員長室，立正行敬禮。委員長邀其就坐，彼等皆屹然不敢動；余即進言，委員長尚病不能起坐，故不得不臥談，如彼等就坐，較易聽受，乃始勉就椅坐委員長與彼等語，余即在座速記。彼等聞委員長誠摯之言，余從旁察覺彼等容態，實顯現一種非常感動與情不自禁慚愧之色」。❼

洞悉蔣介石一貫伎倆的毛澤東，在這篇無中生有的《訓詞》發表的第二天，一九三六年十二月廿八日代表中共中央發表了《關於蔣介石聲明的聲明》。聲明指出：「蔣介石氏十二月廿六日在洛陽發表了一個聲明，即所謂《對張楊的訓詞》，內容含含糊糊，曲曲折折，實爲中國政治文獻中一篇有趣的文章。蔣氏果欲從這次事變獲得深刻的教訓，而爲建立國民黨的新生命有所努力，結束其傳統的對外妥協、對內用兵、對民壓迫的錯誤政策，將國民黨引導到和人民願望不相違背的地位，那麼，他就應該有一篇在政治上痛悔已往開闢將來的更好些的文章，以表現其誠意。十二月廿六日的聲明，是不能滿足中國人民大眾的要求的。」指出蔣介石是因爲保證實行六項條件才恢復自由的，「蔣氏如欲在抗日問題上徘徊，推遲其諾言的實踐，則全國人民的革命浪潮勢將席捲蔣氏以去。」❽

蔣介石收到張學良廿六日寫的「請罪書」後，立即分送國民黨中央和國民政府，展開了對張的迫害。在蔣介石的策劃下，十二月廿九日國民黨中央召開了第三十一次常務委員會議，討論處理西安事變的有關問題。會議，聽取了蔣介石有關西安事變情況的簡報；否定了蔣介石因爲事變而提出的辭職的請求。三十日，國民黨中央又召開了第三十二次常務委員會議，會議決定對蔣再次慰留，並給蔣一個月假期。同時，國民黨中央政治委員會召開了第三十二次會議，決定將張學良送軍事委員會依軍法處理，並成立高等軍法會審，內定李烈鈞為審判長。當天國民政府就發表了李烈鈞為審判長的任命，軍事委員會又決定朱培德、鹿鐘麟為審判官。真可謂，緊鑼密鼓，一環緊扣一環。可這時張學良卻被蒙在鼓裏，繼續為維護蔣介石威信和地位而努力。

十二月廿七日張學良寫信給楊虎城說：

虎城仁兄大鑒：

京中空氣甚不良，但一切進行，尚稱順利，子文兄及蔣夫人十分努力。委座為環境關係，總有許多官樣文章，以轉寰京中無味之風，但所允我等者，委座再三鄭重告弟，必使實現，以重信義。委座在京之困難，恐有過於陝地者。吾等在陝心中仍認為蔣先生是領袖，此地恐多係口頭恭維，而心存自利也。此函切請秘密，勿公開宣佈，恐妨害實際政策之實行，少數不清密知可也。

此請大安

弟良頓首二十七日夜中⑨

十二月三十一日上午，對張學良的高等軍法會審開場。經過匆匆幾個小時的「審理」當天就按蔣介石的授意下，以「首謀夥黨，對於上官爲暴行脅迫」之罪，判處張學良有期徒刑十年，褫奪公權五年。法庭上，張學良一面據理申訴了發動西安事變的正義性；一面卻又承認「我對於我們違反紀律之行動，損害領袖之尊嚴，我是承認的，也願意領罪的。」⑩

蔣介石在判處張學良的當天下午給國民政府遞交了一份要求特赦張學良的呈文。國民政府收到蔣介石的呈文後，立即交司法院進行核議，司法院當日即以「尚屬可行」報復國民政府。一九三七年一月四日，在林森主持下，國民政府舉行第二十二次委員會議，會議通過了給予張學良特赦的決議。

當日下午，國民政府發佈命令：「張學良所處十年有期徒刑，本刑特予赦免，仍交軍事委員會嚴加管束。此令。」張學良從此失掉了自由，一直被管束到蔣家兩代當權者都死後，才恢復自由。

蔣介石原以爲，通過審判張學良、調集四十萬大軍擺出對西安的夾擊之勢可以將楊虎城等嚇住，乖乖地執行他的「陝甘軍事善後辦法」。不料，這兩招只解決了張學良的問題，卻激怒了西安方面，使他一直想隱瞞的「六項承諾」被楊虎城等在全國通電中公佈天下，促使西安方面作好了軍事準備。

軍委會高等軍法會審 判處張學良徒刑十年 并褫奪公權五年即呈國府核定

關於西安叛變一案，國民政府根據蔣委員長呈送張學良請罪書，令交軍事委員會依法辦理後，即由軍事委員會委任李烈鈞爲審判長，朱培德、鹿鍾麟爲審判官，及軍法官書記官等組織高等軍法會審，於昨（卅一）日上午十時在該會開庭審理，當即審理判決，判處張學良徒刑十年，褫奪公權五年，即呈國府核定，茲錄其判決書全文如下：

軍事委員會高等軍法會審判決書

判決

被告張學良

右列被告，因對于上官暴行脅迫案，經本會組織高等軍法會審審理判決如左：

主文

張學良首謀夥黨，對於上官爲暴行脅迫，減處有期徒刑十年，褫奪公權五年。

事實

中華民國二十五年十二月，本會委員長蔣中正，因公由洛陽赴陝，駐節臨潼，十二日黎明，張學良竟率部劫持至西安，強迫蔣委員長承認其改組政府等主張，當時因公隨節赴陝之中央委員邵元冲、侍從室第三組組長蔣孝先、秘書蕭乃華，及侍從公務人員衛長

蔣委員長 請予特赦 並請責令戴罪圖功

李煜瀛來京 昨訪宋商談 將謁蔣致候

西北剿匪總部 政訓處職員 昨過洛東返

張外長 昨午歡宴僚屬

▶一九三七年一月一日，南京《中央日報》之報導

◆烽煙再起

蔣介石剛回到南京時，對西安的軍事壓力有所減輕。十二月廿六日蔣介石致電楊虎城：「楊主任虎城兄勳鑒：中正於今午抵京，一切安好，請釋念。中正，宥亥印。」何應欽也給楊虎城來電，稱蔣介石「留餘旬多，多得吾兄愛護，此間同仁咸深感念」。十二月三十一日，撤銷了討逆總司令部，宣佈停止對西安的軍事行動。試圖安撫楊虎城，分化張與楊，以便抓緊時間集中處理張。

南京方面發表《對張楊的訓詞》後，楊虎城再次認定蔣介石的人格是靠不住的。他於十二月廿九日以致函陝西各縣縣長的方式，簡述西安事變的經過及和平解決情形，並告今後施政方政的方式公佈了與蔣宋談

國府明令特赦張學良
仍交軍委會嚴加管束

國府明令

國府會議

所得稅推行順利
湘省各界電京表示擁護

遙堤北埽
已修築完成

保垣警備部
組織就緒
警備兵力甚厚

皖贛紅茶

▶一九三七年一月五日，南京《中央日報》之報導

▶一九三七年元旦，楊虎城在西安飛機場進行盛大閱兵。這實是示威。在主席台前站立持軍刀者是楊虎城

判，蔣所作的政治承諾等真相。以正視聽，爭取群眾的了解與支持，為下一步與蔣鬥爭做準備。

一九三七年元旦，楊虎城在西安組織了有十萬人參加的東北軍、十七路軍盛大閱兵式和市民大會。向南京示威，聲援在南京失去自由的張學良。

同一天，毛澤東發電給在西安的周恩來、博古指出：「南京內部鬥爭甚烈，親日派不甘下台，有最後掙扎扣留李毅，進攻西安之危險。昨日何應欽令劉峙將復員各軍原地停止，舉行演習。本日何令李默庵稱，張、楊已與紅軍聯合，形勢緊急，該軍應以演習為名，秘密向雒南前進。政局已起變化，請立作如下處置：

甲、與楊、王（指楊虎城、王以哲）等商團結對敵。

乙、秘密通令東北、西北兩軍緊急動員，防禦親日派進攻。

丙、佈置渭河北岸及渭南、雒南、商都、籃〔藍〕田之陣地為堅守計。

丁、紅軍準備進至興平、扶風策應。

戊、加緊晉、綏、川、桂、直、魯之活動，反對內戰。

己、佈置張、楊之後方。」⑪

一月三日，南京軍事委員會發佈對陝甘作戰計畫及戰鬥序列令：顧況同第一集團軍下轄十個師，據東線潼關正面；蔣鼎文第二集團軍下轄五個師又一個旅，據西線甘肅、寧夏一帶；朱紹良第三集團軍下轄九個師，據西線陝南、隴南及蘭州附近；陳誠第四集團軍下轄十個師，分佈潼關、新鄉、川鄂邊境；空軍部隊指揮官為毛邦初。作戰計畫旨在「乘陝甘叛軍未與共匪合股以前，先圖迅速夾擊叛軍」。

針對南京的軍事部署，「一月四日楊虎城、王以哲請紅軍主力迅速開到關中地區，全力支援東北軍、第十七路軍。周恩來、葉劍英與楊虎城以及東北軍、第十七路軍的高級將領擬定三方面的聯合作戰方案：在東線渭南的赤水至長安構築七道防線，在張學良未回來之前，由楊虎城統一指揮。紅軍秘密集結後依情況或參加渭北決戰，或從藍田突擊中央軍李默庵部，然後以主力向潼關迂迴。陝南陳先瑞部及第十七路兩個旅依託秦嶺，以運動與遊擊動作相配合，遲滯李默庵縱隊前進。西線紅軍一小部積極監視鉗制胡宗南部後尾。」⑫

一月五日這一天，西安、陝北、南京都在積極動作、鬥爭。楊虎城領銜東北軍、十七路軍將領通電中外，抗議南京政府扣押張學良將軍挑動新的內戰。同日，他致電蔣介石：「此間情形，張副司令一日不歸，西北軍民一日不安。鈞座篤愛地方，務懇促令早日返陝，主持一切，實深感禱，如何？敬候飭遵。」⑬

張聞天、毛澤東致電周恩來、博古並告彭德懷、任弼時。指出：「南京報復派現在沒有政治口號，只能偷偷摸摸地幹，希望嚇一嚇，把楊虎城、于學忠、王以哲等嚇得就範，然後慢慢宰割孤立紅軍。目前只要三方面團結，真正的硬一下，並把紅軍的聲威傳出去，使中央軍不敢猛進（**猛進時消滅其一部**），有可能釋放張學良，完成西北半獨立局面。你們速發擁蔣迎張通電，你們把朱老總談話在上海散播。彭、任速令十五軍團出陝南。」⑭

南京國民政府發佈命令：西安綏靖公署主任楊虎城、甘肅省政府主席兼第五十一軍軍長于學忠撤職留任。任命顧祝同為西安行營主任，孫蔚如為陝西省政府主席，王樹常為甘肅綏靖主任。

馮欽哉因反對張學良、楊虎城發動的西安事變有「功」，將馮部編為第二十七路。晉升馮欽哉為第二十七路總指揮，仍駐防原地。

一月六日，楊虎城致信蔣介石，再次要求放張學良回陝。同日晚，張聞天、毛澤東致電周恩來、博古：

「甲、目前中心在堅決備戰，拒顧迎張。

乙、顧來則張、楊兩部全被宰割，紅軍將被迫登山。

丙、張、楊兩軍建築堅固陣地，紅軍擔任野戰，堅決為保衛西北革命局面奮鬥到底，不為南京和平空氣所鬆懈。如此幹法才能求得和平，廣西前事可證。

丁、恩來此時絕對不應離開西安，張學良去寧已上了大當。」⑮

按照楊虎城與周恩來等商定的部署，一月七日，彭德懷、任弼時、賀龍、左權等率領紅軍二萬餘人抵達了三原、涇陽、富平一帶。給西安方面以有力軍事支持。一月八日，楊虎城立即致電身在三原的趙壽山：「博古兄本日下午往三原會見左權。希予便利，並妥為招待。」⑯一月九日，楊虎城再次密電在三原的趙壽山：「著即由三原分庫代領七九步槍彈二十萬粒、機槍彈十萬粒，交左（左權）軍團為要。」⑰

一月九日，西安各界民眾四百七十五個團體十五萬人名義通電全國，要求：國民黨中央立即撤退入陝各軍，懲辦挑撥內戰分子，實現對內和平、對外抗戰之救國大計。

楊虎城等以不怕恐嚇，與紅軍結成了緊密的政治軍事同盟，擺出不惜與南京一戰的架勢。這是蔣介石最怕出現的局面，使他不得不再次調整策略。

從一月七日到十日，蔣介石多次給前敵總司令劉峙、第一集團軍總司令顧祝同去電，強調「政治解決為主，軍事為從」的方針。同時他也作了大規模進攻的安排，甚至還準備了毒氣。蔣指示：「教導總隊與三十六師既定為攻城隊，則在未攻城之前即可作為總預備隊，並令其攜帶防毒面具於即時練習，以免臨時不慣也；並令空軍充分準備各種瓦斯炸彈，以備萬一之用。」⑱

為了緩和西安方面的情緒，蔣介石一月七日給楊虎城等覆電，稱他會給張學良特赦，他正在休假，不便於明令甫頒之際。

同時，蔣介石充分利用張學良這張掌握在手中的王牌，來制約西安方面。一月七日，蔣介石寫信給張學良，除簡告「陝甘軍事善後辦法」的內容外，主要讓張寫信給「虎城及各將領，勉以切實服從中央命令」，同時威脅張說：「若再不遵中央處置，則即為抗命。國家對抗命者之制裁，決不能比附於內戰。」接到蔣介石信的當晚，張學良就給楊虎城寫了信，提出「切盼勿發生戰爭」「請兄稍忍一時，勿興亂國之機也，仍能本我等救國之苦心，全始全終為禱！」他給楊虎城寫畢信後又立即給蔣覆信，同意派人持他的親筆信去西安；他同時還給蔣介石呈上了解決西安問題的「意見書」：

甲、剿匪

一、調東北軍全部駐開封、洛陽或平漢線上整理訓練，擔任國防工程，由良負責調出及整理。

二、請虎城出洋考察養病半年，不開缺，以孫蔚如代理，由鈞座給予充分之款項，對日發動，即召返國。

三、余陪同墨三等到洛陽、最好到潼關或臨潼，由啓予或龐炳勳派兵陪同前往，請虎城及各軍長來會商。

乙、匪不剿

一、調虎城到甘，以何雪竹或劉經扶為西北行營主任，以龐、商蕭之楚、萬等軍駐陝。

二、調東北軍駐豫鄂一帶整理訓練，擔任國防，由王樹常負責，由良幫助訓練完畢，良願去讀書。

關於虎城講話問題，良以為力子、雪竹兄或于先生協同良到潼關或到馮欽哉防地，請虎城來談。⑲

收到張學良的「意見書」後，蔣介石沒有公開表態，但他基本接受了張「意見書」其中的「請虎城出洋考察、東北軍調離陝甘」等關鍵性意見。

人們常說，屁股決定腦袋，這在張少帥身上體現得是如此充分。當他坐在宋美齡身邊時，就不惜要與楊虎城決裂而釋放蔣介石；當他坐上南去的飛機時，他就又與蔣介石同舟共濟了，到了南京他完全服從蔣介石的政治安排，甚至替蔣出謀劃策來幫蔣介石對付西安那邊癡心要救他回西安的楊虎城了。

◆探蔣虛實

爲了解決西安問題，一月九日，蔣介石派東北籍人士王化一、吳瀚濤攜他和張學良的親筆信到西安。王、吳當天下午到西安後，即向楊虎城等遞交了相關信件，並傳達了張的口信。

一月十日晨，楊虎城再次接見王化一、吳瀚濤，對王、吳說：「我不同意張副司令親自送蔣，自投羅網，但抗日救國的主張，我和張副司令始終是一致的。遵照張副司令意見，停止軍事行動。關於張副司令恢復自由，軍隊改編、待遇、善後諸問題，須雙方協商，然後決定。」

十日下午，西安方面與洛陽方面取得聯繫，前方軍事行動停止。十一日，祝紹周帶著陝甘善後的甲、乙兩個方案來到西安。

十二日，楊虎城、王以哲、周恩來等人研究南京方面的甲、乙兩案及蔣介石十日來信。來信再次說張學良不能回陝。研究後認爲，當前的首要問題是爭取張學良迅速返回西安；這個問題不解決，其他問題就無從談起。楊、王、周決定派原十七路軍駐南京代表李志剛和東北軍代表鮑文樾、「西北勦總」辦公廳主任米春霖赴南京進行談判。

楊虎城對李志剛說：「自從張漢卿送蔣走後，已經半個多月了，在這期間，一切發展都出乎我們的意料。張漢卿原說三五天可以回來，現在不但沒有回來，而且遙遙無期。張漢卿不回來，我們的事情很難辦。首先是團結問題。東北軍內部本來就不夠團結，他們與我們之間也不是沒有問題。張漢卿能回來，東北軍內部有中心，就不會出大問題，東北軍與我們的合作也就比較容易。能團結，就有力量。張漢卿不回來，整個團結成問題，我個人實在撐持不了這個局面。所以你這次到南京，第一個問題就是向蔣要求務必讓張早日回來，以便進行一切善後工作。不過我以上講的這些情形，是不能對外講的，對外講就是堅決要求張回來，扣張是毫無道理的，講得愈簡單愈有力愈好。第二個問題是要質問蔣：顧祝同統率幾十萬中央軍向潼關以西分路擁進，這是要幹什麼？是不是還要打內戰？談到這個問題時，態度要強硬一些。可以明白告訴他們，因爲蔣不履行諾言，扣留張漢卿不讓回來，西安方面東北軍和十七路軍都群情激憤，團結一致，要同中央拚命。特別是紅軍也堅決表示與東北軍、十七路軍採取一致行動。當然，蔣如果真能實行他的諾言，我們一定聽他的命令，到那時無論怎樣調動軍隊都可以。現在蔣對自己的諾言既毫無表示，又扣留張漢卿不放，在這種情形下，派幾個師開向西安來，我是堅決反對的。第三個問題是要設法看一看蔣和南京方面在政策上有無轉變，是否有結束內戰和準備抗日的跡象。這一點至關重要。假如經過西安事變，蔣能夠把過去先安內然後攘外的錯誤政策改正過來，那麼我們個人就是犧牲了也值得；如果蔣的錯誤政策仍然繼續堅持不改，那麼我們這一切就都算白幹了。」[20]

李志剛和鮑文樾十六日抵南京，十七日由南京飛杭州，轉乘汽車去奉化。他們一到，蔣立即接見。見面時，蔣因西安事變時腰部受傷，正穿著鋼架背心躺在床上接受醫生治療。

李、鮑向蔣轉達了東北軍、十七路軍全體將士希望張學良能早日回西安的強烈請求。蔣說：「我的腰痛，不是我個人的問題，而是國家的問題，是紀律的問題。張漢卿來京以後，承認自己的錯誤，承認自己讀書少、修養差。他現在再三表示要跟著我學修養，跟著我讀書。他自己不願意回去，你們也不要強迫他回去。」談到派中央軍大舉向西安進軍的問題時，蔣強調西安方面在軍事上必須服從他的命令，必須在南京提出的甲、乙兩案中擇一執行，否則自己是不能容忍的。說到這裏，蔣聲色俱厲。

當天下午，蔣介石單獨召見了李志剛。蔣問李：「你可以講一講，他們究竟打算怎樣辦？」李按照楊虎城的交代講道：「自從委員長回來以後，答應的問題還沒有兌現，又把張先生留住不讓回去，並且大量中央軍開進潼關，西安方面群情憤激，東北軍、十七路軍雙方團結一致，張先生若不能回去，他們要打仗。」

蔣聽到這裏，由床上翻起身來說：「他們要打仗，要打就打，我還怕他們？我早就準備好了，因為怕糜爛地方，所以未進擊。要打的話，我在幾天內就可以消滅他們。」李說：「現在陝北和甘寧邊區的紅軍也正向關中開進，打起仗來，恐怕不好。」

蔣聽了這話，並不正面答覆，卻轉緩語氣說：「我並不要打仗，你要告訴虎城，虎城與十七路軍是有革命歷史的，不能與東北軍相提並論。今後東北軍即歸虎城指揮，陝西省主席即由虎城的部下充任。你回去告訴虎城，只要聽我的命令，我答應的話都可以實現。我要親自寫一封信給虎城。」㉑

李志剛等一月二十日回到西安，帶回了蔣介石和張學良寫給楊虎城的信，以及經蔣介石修訂的解決陝事方案。

李志剛說：

我在一月二十日乘專機經南京洛陽，當天傍晚回到西安。到西安飛機場後，經東北軍的軍警督察處檢查，把蔣給楊的那封信檢查出來。楊虎城聽到這個，就立刻召集東北軍和十七路軍雙方高級軍政負責人開會，會上首先讀了蔣介石的信，然後由我簡單彙報見蔣的情形。

當時東北方面到會的人員聽了以後，都紛紛罵蔣信棄義，罵蔣的信是「放狗屁」。說他想分化東北軍和十七路軍，「我們絕不能上了他的當」等等。孫蔚如表示絕對不就陝西省主席職，十七路的杜斌丞看到東北方面人們的情緒，也表示：「張先生不能回來，我們大家要堅決和蔣介石拚命。」

當天晚上大家吵哄一陣，沒有結論，約定是天再次開會。散會以後，楊留我單獨談話，我把蔣談話的內容和表現的態度詳細彙報了一遍。楊聽完了作了具體的分析。他說：「蔣是一手用軍事威脅，一手用政治分化，首先分化東北軍和十七路軍，這是很清楚的，但他有打仗的準備。」又說：「蔣對紅軍確有顧忌，今後我們更應當拉緊紅軍關係，加厚力量。」

最後楊說：「當前我們鬥爭的目的，在實現抗日和團體的存在，而團體的存在也能監督抗日的實現，要求張漢卿回來和停止顧軍西進，就是為達到這樣目的，現在我們還應當了解蔣和南京對結束內戰實現抗日，究竟有無轉變準備？這是很要緊的，如果經過這次舉動，把過去『先安內後攘外』的錯誤政策改正過來，就是犧牲了個人，也是值的，否則蔣的錯誤政策仍舊不改，我們幹的這一場，就毫無意義了。所以你應準備再去南京一趟，多找幾個人談談，明天對這個問題再好好研究一下。」㉒

第二天，一月廿一日楊虎城又召集東北軍、第十七路軍軍政負責人會議，周恩來也應邀參加。會議決定再派李志剛攜楊虎城的信飛奉化，向蔣介石表示接受甲案，但同時要求：（一）中央軍暫退華縣，待西安方面軍隊移定後再行動。（二）潼寶線上，中央軍不多駐兵。（三）東北軍留一部在咸陽到蘭州的公路上，留一部在西安。（四）第十七路軍留一師在西安。（五）給不允回陝的張學良以名義。（六）在三中全會未決定國策之前，由楊虎城接濟紅軍。

會議後，楊虎城即派李志剛攜帶他給蔣介石的覆信，於當日第二次去南京。楊虎城給蔣這樣寫道：「前示甲案應當接受。惟西北情形已趨複雜，執行甲案事，各方實際上之困難仍屬不少。凡此情況，諒蒙洞察。謹再派李志剛趨前晉謁，陳述一切，務懇鈞座對於此間實際各問題詳加訓示，俾便遵行。」㉓

在答覆蔣介石的同時，楊虎城將西安方面的新意見及時通知了各地方勢力人物。他致電張學良派駐桂林聯絡代表趙石樵（即解方，秘密中共黨員）：

皓午電悉。

（一）我方為實際著想，謀解決途徑，于鮑志一兄等飛奉化時，確攜有解決西北方案。但主要事項仍為請張副司令返陝，請蔣委員長實踐諾言，決無陝甘特殊化之意，何氏通報純係誣衊。

（二）我方在抗日聯合陣線下採取聯共方式，但絕非容共，更非赤化。對於國民黨之地位，固極尊重，在弟個人尤決不願拋棄本黨之立場也。是與李、白兩公之主張正復相同，希照此意隨時解答為盼。

同日，楊虎城收到閻錫山的電報：希望楊接受甲案，並表示願代向蔣介石斡旋。楊虎城即覆電閻錫山：甘肅境內胡宗南部全部退出。請南京發六百萬及預發三個月軍餉。並派人來陝宣撫。

李志剛到南京後，先分別拜會了于右任、馮玉祥、何應欽、陳立夫等政要。從他們嘴裏沒有了解出蔣的政策變化情況。只是馮玉祥作了這樣一番表態：「他（指蔣）今後還有臉再打內戰嗎？我看他再打不下去了。至於具體情況，我也弄不清楚。虎城這小夥子我從前看他沒有多大出息，想不到他真是個好小夥子！有機會我還要到西安去看看。」㉔

一月廿三日，李志剛由戴笠陪同從南京到了奉化。當晚蔣介石立即召見了李。當他聽李志剛說：「大家一致的意見，還是要求讓張先生回去。」蔣一面搖頭一面說：「我在西安上飛機時，張漢卿要送我到南京來，我勸他不要來，他不聽，一定要來，我也只好聽他來。他現在住在這裏，你可以看到他，你問他是不是那樣。他來南京的時候，由他也由我，但是他來到南京以後，要想回去，不由他也不由我了。」

李志剛聽蔣如此講，便改談顧祝同西進的問題，蔣說：「顧祝同部西進，目的不在打仗，而是爲調度軍隊恢復秩序。」蔣讓李轉告楊虎城，必須服從他的命令，否則就要軍事解決。並說他已通知顧祝同要相機處理，西安方面要找顧接洽，把真正困難的地方提出來與顧商洽解決，他們解決不了的再由顧請示他，他一定能給解決，以後再不要直接去問他了。最後李志剛又委婉地說：「楊先生極關心委員長的抗日政策問題。」蔣聽到這裏，怒氣沖沖地說：「楊虎城不學無術，不看我的《廬山軍訓講演集》，不了解講演精神，不懂得我的意向，怎麼你們也不幫助他看呢？你切實告訴虎城，只要他聽我的命令，我就一定對得起他們。」㉕當日，李志剛即將蔣的談話要點通過電報，報告給了楊。

經蔣的允許，李志剛見到了被軟禁在奉化雪竇寺的張學良。當李對張談到西安方面堅持要求他返陝和遭到拒絕時，張感歎說：「蔣是不會讓我回去的，回去會增加他不喜歡的力量。請告訴虎城多容忍，要團結。我估計除非全面抗日，東北軍還存在，可以利用我在東北軍中發揮作用時，我才有可能回去。否則是不能出去的。」㉖言時神色淒慘。

李志剛在奉化還見到了從南京來此看蔣的汪精衛，汪對李說西安事變雖出於愛國熱情，但萬一在亂中傷害了領袖，後果不堪設想。汪批評楊虎城現在不該擁兵抵抗，應該服從中央，以免地方塗炭等等。李問汪當前國家政策怎樣轉變？汪答怎樣變動必須由中央全會作出決定，他這次來奉化就是與蔣介石商量召開中央全會事宜。由此李志剛得知南京正在醞釀召開國民黨黨五屆三中全會，將要討論轉變國策問題。完成了楊虎城交給他了解南京政治動向的迫切任務。

根據李志剛從南京發回的種種資訊，經三方研究後一月廿四日楊虎城電覆蔣介石，同意派代表赴潼關直接與顧祝同商談。同日致電李志剛即回陝彙報，並赴潼關參加與顧祝同商談。一月廿五日，李志剛飛回西安。楊虎城立即召集召開了東北軍、十七路軍高級軍政人員會議，聽取李志剛第二次去南京、奉化的情況彙報。聽了李的彙報後，眾人對張不能回來，都感到很失望。楊虎城表示，他同意馮玉祥的說法，蔣是不能再打內戰了。他對汪精衛住在奉化很注意，認為蔣必將與汪研究國民黨與共產黨間關係如何轉變的問題。所以蔣介石在政策上的轉變是有可能的。楊對這個問題做了這樣分析後，會議即轉入了討論如何與顧祝同直接談判的問題。決定李志剛、謝珂（東北軍代表，前「剿共」辦公廳副主任）前往潼關與顧祝同談判。

蔣介石在奉化接見李志剛的前一天，就決定由顧祝同在潼關和西安方面談判，並電告顧：

（一）東北軍可留一師在咸陽到蘭州段，第十七路軍可留一二團在西安附近；

（二）張學良問題待西北問題完全解決後另定；

（三）中共部隊將通過楊虎城接濟。

蔣介石做了一些讓步，為談判創造了一些條件。

◆戰和難擇

自張學良在南京被扣後，南京與西安方面之間的關係到了劍拔弩張，隨時都有爆發戰爭的程度。一月十日，蔣介石派王化一、吳瀚燾攜他和張學良的親筆信到西安，接著提出了解決善後的「甲、乙」兩案。他同時電示劉峙、顧祝同：「嚴令各路前方部隊，未下總攻擊令前，應力避免衝突，勿使接觸」，並規定「至總攻擊令，必須侯中（注指蔣本人）核定為要。」表明他並不希望打，而是要通過軍事壓力來迫使西安方面接受他的善後方案。西安方面原本就是自衛，用武裝來維護自己的政治權益、維護西安事變的成果。而當時西安方面在與南京方面進行鬥爭時，最大的顧忌與顧慮，就是張學良被攥在了蔣介石的手心裏。用「投鼠忌器」來形容楊虎城等人當時的心態應該是比較恰當的。

西安方面「三位一體」的形式領袖是張學良。發動「兵諫」要求蔣介石改變反動的「攘外必先安內」政策，在政治上實行民主本來是愛國進步的行動。可由於通過無條件的釋蔣、送蔣、請罪、審判這一系列的動作，卻使西安「兵諫」在政治上失掉了正當性，處於了劣勢。而張學良對蔣介石的背信棄義不做抗爭，完全遵照蔣的意思，接二連三地給西安方面來信捎話，要求服從中央。對「三位一體」造成了內傷，最終導致「三位一體」解體。

東北軍是張作霖創建經營多年的一個封建武裝集團，整個團體只對張氏頭領負責。整個集團沒有政治聯繫，只有個人情感和利益聯繫。張作霖被日本人炸死，張學良是靠封建的父子相襲，當上東北軍的最高統帥。他依然繼承了父親的思路與方法，整個東北軍團長以上（包括團長）的任命都直接掌握在張一個人的手裏，提升前都要到張的身邊當一段時間的副官、侍從，接受張的直接考察和培養個人情感。用這一套辦法，也保證了東北軍在經歷了九一八事變、熱河抗戰、鄂皖剿共、陝甘剿共這一系列的變遷後依然存在。形成張在東北軍中，至高無上的權力和除他之外沒有人能統率的局面。

東北軍只是到陝甘剿共後，才在十七路軍、紅軍的影響下，陝西民眾抗日救亡運動的推動下，部隊開始接觸抗日思想。中下級軍官的抗日熱情十分高漲，形成推動和參加西安事變的一股愛國力量。

一九三七年七月，張學良以這股愛國力量爲骨幹成立了抗日同志會，張自任主席。初創時有十五人，後來發展到七十餘人，書記長應德田、行動部長孫銘九、理論部長苗劍秋、組織部長劉瀾波、宣傳部長苗勃然，大部分成員都是中級軍官。這個組織的主要成員還掌管著張學良的警衛和一些機密工作，主要有：秘密的抗日救亡活動；與共產黨的聯繫；東北軍的人事安排（調配青年抗日軍官替代老年軍官）；以及其他一些東北軍內部的機密工作。在張的周圍形成一個新的團體，被稱之爲少壯派。

少壯派，在西安事變前已與王以哲、何柱國等高級軍官層存在矛盾，在張學良被扣後，矛盾加劇並表面化。當時的焦點是王以哲、何柱國等高級軍官主張先接受南京的談判條件，再設法救張回來；而以孫銘久、應德田爲首的少壯派則主張，先要南京放張，否則保持對中央軍的戰鬥勢態，不接受南京的條件。隨著潼關談判進行，雙方的爭論愈發激烈，矛盾也愈加深。

楊虎城在張學良離開時被張臨時授權指揮東北軍。張當時想的是他三五天就能回來，楊是當時來不及反應，勉從其命。但楊深知，在放蔣後，要爭取「八項主張」的落實，維護自身利益，對抗蔣介石的報復，一定要堅持「三位一體」。東北軍的統一、團結是「三位」中的關鍵，而張學良能否回來，又是東北軍團結的關鍵。所以楊虎城在與南京方面的交涉中，始終都把要求放張放在所有問題的首要。始終視張爲自己的上司，對張傳來的意見，都認真研究儘量執行。

自李志剛從奉化帶回張學良給他的親筆和聽到張讓他「多容忍」的話後，他便認真開始與顧祝同在潼關的談判，力圖爲西安方面多爭取到一些有利的條件。但這時他被東北軍的兩派夾在了中間，左右爲難。

潼關談判十二月廿四日開始，李志剛從奉化回陝後廿六日加入談判。談判中南京方面對西安方面要求作出了一些讓步，但不能達成協議的分歧點主要是如何對待張學良的問題。西安方面堅持：（一）首先要給張以名義；

（二）中央軍離開甘肅，至少天水以西不駐兵；

（三）紅軍一部駐陝南；

（四）十七路軍在西安駐兩旅。

顧祝同開始時同意了：

（一）將鐵道正面之東北軍撤至西安坡附近，中央軍進至臨潼後，由中央辦理複權。

（二）將渭北部隊撤至三原以西，我軍進至三原，屆時請中央辦理複權。當顧的意見報到蔣介石那裏後，被蔣立即否定了有關張學良的條款。蔣讓何應欽轉告顧祝同：「此電經報告後，奉委座面諭：二條辦法均不行。因恢復公權，須國府委員會決定，如西北問題未解決前，事實上不能爲之呈請。彼等如相信我，即應完全相信；如不能相信，則不必再談，應照頃所發之手令做，望顧主任勿提此議。事實上難以辦到，要他們明瞭此意。」[27]

面對這種情況，東北軍高級將領中沒有人敢出面承擔放棄爲張學良爭取自由的責任。上層的將領變得猶豫畏縮，王以哲、鮑文樾稱病不出，何柱國雖有意談判，卻無法做主。以少壯派爲代表的中下級軍官則堅決反對，非要南京方面對張學良問題作出明確擔保。東北軍的分歧，也影響到楊虎城，他也擔心繼續妥協，內部將會更加動搖，使蔣介石的分化政策得逞。於是，談判陷入了僵局。

蔣介石聞知上述情況後，十分惱火，他堅持採用兩手策略：一手運用軍事的優勢，下令至次日（廿七日）正午，東北軍再不接受條件開始撤退，就宣告和平破裂，將立即開始轟炸東北軍前線陣地和前方司令部。顧祝同即據此通過電話正式通知西安方面：次日晨必須接受南京條件，否則即告破裂。另一手是將情況告知張學良，由張向西安方面施壓。

張學良得知這一情況後，廿七日一早，在蔣的同意下，張用南京方面的電台緊急致電東北軍軍、師長，懇切要求部屬「立命部隊於今日正午以前開始移動，勿再固執誤事爲要」。電報中還直言不諱地埋怨其下屬「固執誤事」。稱：「若今日再不接受，而仍以良之問題爲先決條件，則愛我即以害我，不但害我，且害我團體，害我國家矣。時機緊迫，務望諸兄立即命部隊今日以前開始移撤，勿再固執誤事爲要。」[28]

壓歸壓，蔣介石態度也有所鬆動。他廿七日致電顧祝同，要其轉告東北軍將領說：「關於漢卿出處問題，一俟移防完畢後，可保證，必爲其負責請求，使漢卿出而效力國家。至於複權，更不成問題。但在此時萬勿提出事實上不可能之問題，以延誤大局也。」[29]

西安方面接到張學良的電報，又從談判代表米春霖處了解了蔣對張問題處理的解釋意見，又經過幾個小時的反覆討論，楊虎城和東北軍高層將領終於決定接受南京條件，只是要求撤退時間以七天爲限。對於這個結果，以周恩來爲代表的中共方面也是完全贊同的。

廿七日，西安方面的要求，經顧祝同電話報告何應欽，再由何應欽轉報給了蔣介石。蔣介石經過一番佈置（廿七日一早，張學良發電給了東北軍前方將領）後，廿八日，他通過何應欽再由何告知了顧祝同他的意見：「轉告顧主任三項辦法：

一、七天撤完一語，應定確實日數，如○月○日撤退完畢，能提早更好。

二、我方軍隊到西安，應定爲下月一日到達。

三、發一個月經費事，可酌備現款由洛陽送去。第一次不必帶過多，數目由何部長決定之。此款交顧主任派人與米春霖同去西安，將西安存款查明一併提發，不敷時可續寄。第三者移動時，如要求寬發經費，可酌允寬給之，免其從中阻礙。」㉚蔣介石爲什麼繞來繞去通過何應欽傳達口頭指示呢？這又是他的政治手段。一旦出現什麼差錯，雙方發生衝突，他完全可將責任推到何應欽這個當時被社會公認的「親日派」身上。

隨著潼關和平協議的準備最後達成，以應德田、孫銘九等爲首的一批人士（東北軍少壯派軍官居多，十七路軍中層軍官也有一些參與），加緊了活動，反對向南京妥協，要求推翻潼關談判達成的協議。

「一月底的一天晚上，東北軍一批團、師級軍官約五六十人，來到楊虎城的住所。他們情緒激奮地對楊說：「張副司令臨走時，手令東北軍聽從楊主任指揮，現在中央不講信義，扣留了副司令，我們的頭頭們無動於衷，置之不問。我們大家簽了名，請楊主任指揮我們作戰，我們只要求中央放張副司令回來，別無其他目的。副司令回來之後，命令我們繳槍我們也甘心情願。」他們一邊說，一邊哭，最後形成全體一致的放聲大哭。這種激昂悲憤的場面，使楊虎城和在場的十七路軍幹部也流下了同情的眼淚。」㉛

事後楊曾向人談到他的苦衷。他說：

事變不是我們一家幹的，我們不能要怎麼辦就怎麼辦，必須考慮到東北軍和紅軍的意見。紅軍方面還好辦，有周先生在這裏，隨時可以商量解決。問題是東北軍，上下既不一致，上層也各有各的打算。他們對周先生當面不肯多表示意見，但對我的說法，往往和對周的表示有所不同，這是我和周先生談話中發現的。

今天張先生走了，東北軍這個隊伍誰也抓不起來。于學忠名義上是個頭頭，那也是名義而已。我這個代張行使職權的人，更無能為力。但是就軍事力量來說，他們又是最大的一方，決不能不考慮他們的意見，究竟怎樣考慮呢，那又很難說。

我對張先生跟蔣走很不理解，現在他被扣了，我對他非常同情。我們兩個人共同搞了這麼一件大事，現在要我一個人來挑這個擔子，力不從心啊！在東北軍幹部營救張先生的活動中我怎麼能漠然置之呢?!我和他們一樣流了淚。但我又不能撇開上層直接對中下層有所表示，我的這種心情，曾和周先生談過，他不僅表示理解和同情，而且主動替我出主意和解除困難，我很佩服他，也很感激他，目前只有加強同中共代表團的合作，來挽救整個局勢，我們對友軍要忍讓，一定要顧全大局。㉜

以戰逼和、以戰釋張、以戰促進三位一體的團結，是西安方面爭取最大政治成功的正確選擇。在楊虎城的思想上，一直是想運用這一策略，以三位一體（當時有二十多萬兵力和陝、甘兩省群眾支持）爲基礎，以不懼戰爲前提，迫使蔣介石讓步。楊虎城一度希望，既不撤兵，也不主動挑戰，利用對峙的局面（時間），由各地方實力派出面進行武力調停（對此韓復、劉湘等人都有過積極表示）。使蔣感覺到，如果不放張，他將無法收拾西北的局面。但是隨著張學良立場的變化，中共方面又按照共產國際指示調整了策略，迫使楊虎城不得不向南京妥協。這時候他處於極度矛盾之中。

◆左右為難

一月廿八日凌晨三時，楊虎城將南漢宸從睡夢中喚起，鄭重地對他說：「我今天有要緊的事同你談。我們兩人是十幾年的朋友關係，這種朋友關係可分爲兩部分：一部分是純朋友關係，一部分是政治關係。在政治關係方面，十幾年我是對得起你的。一九二八年在皖北的時候，你們要暴動，蔣介石派韓振聲到皖北要我逮捕你，我不肯。我當時寧願離開我的部隊，去了日本，我不願同你們決裂。一九三〇年入關以後，我用你當秘書長。一九三二年冬，黃傑兵壓潼關，蔣介石命令逮捕你，我不惜冒著引起戰爭的危險，將你放走，從此，我與蔣介石的關係一直搞不好。因此，在政治上我是對得起你的。你這次來西安，我當然不反對你站在你們黨的立場，但是我希望你也要替我打算打算。你剛一來到我就對你說，和平解決就是犧牲我。張漢卿主張和平解決並親自送蔣回南京，結果如何，現在我差不多可以看出來了，回來希望不大，張的犧牲是差不多了。共產黨主張和平，可以同國民黨、蔣介石分庭抗禮，他們是平等的。我是蔣的部下，蔣的爲人是睚眥必報，和平解決以後，叫我怎麼對付蔣！所以和平的前途就是犧牲我。這種情形你爲什麼不替我想一想？你只一味地站在你們黨的方面說話。我現在不能看著自己就這樣完了。我們現在的政治關係是不能再繼續下去了。但是我仍願與你保持純朋友關係。現在的局勢發展很險惡，不知道會演變出什麼事來，我現在把你送到我老太太家裏去（三原東里堡），你在那裏是安全的，你今後不要再過問西安的事情。」㉝

南漢宸聽楊虎城說完後，對楊虎城表示說；「我是共產黨員，絕對不能離開黨的工作，不能這樣丟手不管。目前的嚴重局勢怎樣處理，我馬上就去找周先生研究這個問題。」南漢宸說完，就去向周恩來彙報了楊虎城對他講的那番話。周恩來聽完彙報對南漢宸說：「你回去告訴楊先生，就說我今天去三原紅軍司令部駐地開會，今天晚上一定趕回來，請楊先生放心，我們一定對得起朋友，絕不做對不起朋友的事。」㉞

南漢宸將楊虎城的意見報告給了周恩來。此時，中共代表團認識到，此時唯一能制約「左派」的就是張學良。爲此，周恩來發電給正在與國民黨聯絡的潘漢年，要求他「即轉蔣先生：（甲）我們在西安已盡最大努力，楊虎城已決心服從蔣先生，惟東北軍多數幹部痛於張漢卿不能回陝見面一次，決不肯先撤兵，恩來及何柱國、王以哲等向之說服亦無效。

（乙）除我們繼續努力向他們說服外，務請蔣先生撫念此流亡之師，以手書告東北軍將領，保證撤兵後，即給張恢復公權，發表名義，許張出席三中全會，並許張來陝訓話一次，以安東北軍之心。

（丙）請蔣先生許張漢卿寫親筆信給楊、于、孫、何、王（**指楊虎城、于學忠、孫蔚如、何柱國、王以哲**）及東北軍將領，堅其撤兵之決心。

（丁）請蔣先生許可西安及東北軍派代表見張一面，然後撤兵。

（戊）時機緊迫，請蔣先生速允辦，否則忍令此抗日之師互耗國力，必非蔣先生之所願。

（己）蔣先生有撫慰東北軍其他辦法，我們無不贊同。」

對於中共的要求，蔣介石遲遲沒有回覆。但張學良廿九日又有手書來，要求部屬務必遵照蔣介石之部署及商定辦法，迅速實施。然而這時，遠在奉化的張學良也遙控不住西安的局面了，一些少壯軍官趕至與中央軍對峙的前線，將前線師團級軍官數十人組織起來，一致抵制西安對南京的妥協決定，堅持非張學良回陝不撤兵。

之前，一月廿一日張聞天、毛澤東致電周恩來、博古並告彭德懷、任弼時。指出：

（甲）問題在於是否有保證讓步而確能停止戰爭。讓步而依然是戰爭，且能出比西安事變前更壞之局面，則不能讓步。

（乙）無論和戰，應使楊、孫、何、王、于、繆、劉（**指楊虎城、孫蔚如、何柱國、王以**

哲、于學忠、繆澂流、劉多荃）及左派自己打定主意，我們處在建議與贊助地位，免致不利時招怨。

（丙）無論和戰，紅軍主力應按前定計劃出至陝南，處在川陝之間。除二方面軍留渭北外，其餘應準備在數日內向南出動。請即調查山陽、柞水、鎮安、洵陽、安康、紫水、漢陰、石泉等城駐軍情形，並要求楊同意讓出各該縣。

（丁）西路軍東進，徐、陳（指徐向前、陳昌浩）電士氣尚旺，十天可達古浪，如該軍不再遭挫折，爾後當位於文、武、成、康地區，如此我主力在陝南、甘南，便可破壞南京把聯軍圍困於渭水以北之計畫。

（戊）漢年從南京來長電述蔣答覆周信之意見，內容與米春霖、李志剛所述略同，我們覆電要求保證。」㉟

從這個電報中可以看出，中共當時的對策基本上還是立足於「打」，試圖以「打」促「和」。

蔣介石在西安時作了那麼多的承諾，回去就不認了，他們又如何能夠相信蔣介石和南京政府真的會對紅軍表示誠意呢？他們惟一能夠依靠的只有目前西北的這個「三位一體」，一旦三位一體被破壞，等著他們的多半又是中央軍的大舉進攻，那時，東北軍和十七路軍或被調走或遭分化後，紅軍的處境肯定要比西安事變前的境遇還要危險得多。

問題是這個期間，中共中央又接到共產國際一月十九日發出的指示：

我們認為，和平解決西安事變具有特殊意義，但是這種解決辦法可能受挫，這不僅是因為日本帝國主義及其極力挑動內戰的走狗在搞陰謀，而且也是因為你們黨採取了錯誤的步驟。

現在比以前任何時候都可以更清楚地看出黨以前的方針（即力圖通過排除蔣介石和推翻南京政府的方法建立統一戰線）的錯誤，雖然最近黨對自己的政策作了一些修改，但是還沒有徹底擺脫這種錯誤方針。中央在蔣介石被釋放後作出的指示尤其證明了這一點。實際上黨在執行分裂國民黨而不是同它合作的方針。同蔣介石和南京達成的協定被視為蔣介石和南京的投降。同西安人的合作搞成了反對南京的聯盟，而不是同他們聯合行動，反對共同的敵人。所有這一切，助長了親日派的氣焰。

現在黨的主要任務是爭取切實停止內戰，首先是爭取使國民黨和南京政府放棄消滅紅軍的政策，爭取同南京共同抗日，即使初期沒有正式協議。因此，黨應該公開宣佈和堅決執行這樣的方針：支持國民黨和南京政府所採取的一切旨在停止內戰、聯合中國人民的一切力量反對日本侵略、捍衛中國領土完整和獨立的措施。

同張學良、楊虎城等人的軍隊的合作問題，應服從於完成這一主要任務的需要，並應在這方面向這些軍隊施加各種影響。在西安人的地區，不應組織共產黨的公開行動；不應就蔣介石在西安的許諾大發議論；不應提出立即對日宣戰要求；不宜強調同蘇聯結盟口號。

同時，在全國、特別是在國民黨統治區，必須加強群眾運動，爭取實現全國的統一和和平，以反對外來侵略，並且必須要求制止親日集團所策劃的「圍剿」行動。一旦「圍剿」軍派出，你們的任務則是自衛，但是你們自己無論如何不要為這種事態轉折提供藉口。在各種情況下，尤為重要的是保持共產黨和紅軍的統一，因為這是順利克服一切困難的保證。

要認真注意托洛茨基分子的陰謀，他們在西安同在全國一樣，試圖以其挑撥活動破壞抗日統一戰線事業，他們是日寇的走卒。

我們覺得艾格尼絲・史沫特萊的行為相當可疑，應該取消她以共產黨人名義或以共產黨人的所謂可靠人士的身分露面的機會。應該在報刊上嚴厲批評她的行為。

請確認收到此電。我們等待關於你們本著本指示精神所採取的具體措施的通報。㊱

接到國際這個指示後，中共中央開始明確地把爭取和平視爲其一切行動和政策的依據了。

爲了推動和平解決，彭德懷和任弼時利用到西安會見楊虎城和東北軍高層將領的機會，曾於一月廿二日上午邀請了和、戰兩派軍官進行了座談，希望能說服大家接受蔣之甲案，彭等談了近兩個小時，問大家還有什麼意見，可無人發言，只好散會。這反映出眾人對已跟不上中共政策調整的速度，對中共產生了看法。一月廿七日，毛澤東致電周恩來、博古：「無論如何要說服東北軍左派，全軍整然撤退，不可衝突。」「請以紅軍代表資格正式向左派申言，爲大局計應即撤兵。」

這時在西安的中共代表團和楊虎城一樣，也處在兩難的境地：若支持與南京方面抗爭，就會違反共產國際的指示；若支持與南京妥協，必失東北左派，前線便會混亂。況且，左派基本上是東北軍的骨幹，直接掌握部隊，失去這些左派軍官，就意味著三位一體事實上的不存在。要不要對左派力作讓步的問題迅速提出議事日程。對此，當時的中共中央總負責人張聞天態度極為明確，他在給毛澤東等黨內主戰人士的電報中提出：

毛並告彭、任：

（甲）此間左派主戰，張慕陶等托派分子亦主戰，東北軍高級將領軍長一級均主和，楊虎臣願和，但對和平前途缺乏信心。

（乙）我們的方針，應該毫不遲疑的堅決為和平奮鬥。

（子）為貫徹這一方針，必須要動員一切力量爭取左派中之大多數分子，相信我們政策之正確，對極少數不能聽〔說〕服的過激分子，應與之鬥爭。

（丑）向左派公開表示，我們堅決主張和平反對內戰態度，反對一切挑撥的行為。

（寅）提高楊虎臣及東北軍高級將領對和平的積極性，並給以和平有利的前途。

（卯）萬一少數過激分子開始挑撥行為，我們及一切願意和平的大多數，我堅持不參加內戰的決心，以爭取和平局面的實現。

（丙）此間正為這一方針奮鬥中，你有什麼意見。[37]

正是這個「堅持不參加內戰的決心」，違背了紅軍當初與東北軍與十七路軍結為「三位一局勢更加複雜。

體」的諾言。激怒了少壯派，出現了「集體請願」，引發了楊虎城對南漢宸的談話等情況，使

◆事變落幕

東北軍內部為了統一意見，一月廿九日，由董英斌代表王以哲（在生病）在渭南主持召開東北軍團長以上軍官參加的軍事會議。何柱國、馬占山、繆澂流、劉多荃、鮑文樾、高崇民、盧廣績等四十多人出席。會議原本是想說服少壯派軍官接受南京方面的條件從渭南前線撤兵，結果卻作出了「在張副司令未回來以前堅決不撤兵，中央軍如再進逼不惜決一死戰」的決議。到會的全體軍官都在決議上簽了名。

渭南會議後，周恩來與博古、葉劍英等為了勸說中共中央改變「堅持不參加內戰的決心」，當天傍晚，專程趕到雲陽，同張聞天、彭德懷、任弼時、王稼祥等政治局領導人一同開會討論研究東北軍要紅軍協同作戰的問題。會後當天，周恩來、博古、葉劍英又從雲陽鎮連夜趕回西安，將會議的決定告訴楊虎城和東北軍的高級將領和少壯派軍官。周恩來對楊虎城表示：「如果東北軍和十七路軍要打，作為「三位一體」的紅軍也會採取一致行動，並與你們堅持始終，我們決不做對不起你們這兩位朋友的事。」[38]也就是說，無論和戰，紅軍都是最靠得

住的朋友。周恩來通過何柱國向顧祝同提出，中共要求派代表參加潼關談判。中共的態度使有解體危險的「三位一體」又穩定了下來。但危機仍沒有解除，一場風暴隨之而來。

東北軍中的一部分人在張學良被扣後，在蔣介石的威脅、利誘下，抱定了要與南京方面進行妥協的立場。爲了否定渭南會議的決議，他們一月三十一日派飛機將在蘭州的于學忠接到西安。

于學忠到西安後，先到王以哲家探望了病中的王以哲。在王以哲家，王以哲、何柱國向于學忠說明了他們反對渭南會議的決議，主張與南京方面進行妥協的意見。當天晚上在王以哲家舉行了「三位一體」高級會議，決定和戰問題。

旁聽會議的張政枋後來說：

一九三七年一月三十一日下午八時，在粉巷王以哲宿舍召開高級會議，決定和戰問題。因王以哲患病不能出席在楊虎城辦公大樓開會，於是大家才驅車前往王宅開會。出席這次高級會議的有楊虎城、周恩來、何柱國、于學忠、王以哲、董英斌、應德田，旁聽的有張政枋（糧秣處長）、杜維綱（工兵團團長）、劉佩葦（炮兵團團長）等。因王以哲的東裏屋房間太小，僅能容下幾位高級將領開會，我們便在外屋旁聽。

于學忠主持這次會議。首先發言的是何柱國，他說今天我是徐庶進曹營一言不發，對和戰問題聽大家的。

第二個發言的是楊虎城，他說咱們十七路軍兵少力量小，打不打聽東北軍的。

第三個發言的是于學忠，他說我的幾個師都在蘭州，要打我的隊伍也來不了。

第四個發言的是周恩來，他說在荆紫關以內我們有點隊伍，但數目不多，打吧，幫助也不大，我想張副司令對蔣介石實行兵諫的目的是為了實現八項政治主張，主要是停止內戰、一致抗日，如果打起內戰來，就要兵連禍接，替日本鬼子造機會，對張副司令的主張有些不符合，請大家考慮。

第五個發言的是王以哲，他躺在床上，用兩隻手托著頭說，打就快打，和就快和，既不打又不和，沒有准主意，耽誤大事情。

第六個發言的是董英斌，他說必須打，不打，張副司令回不來，東北軍就要垮台。應德田同意董的意見。

最後于學忠作結論說，糊裏糊塗和就和了吧，如何進行和談，明日上午十時大樓（楊虎城辦公大樓）開會大家研究。

「于學忠本非東北軍出身，事變後依據南京任命又負有指揮東北軍和調處西北問題的全權，前此只因「眷屬不離蘭（州）終不免有所顧忌」，不能大膽行使職權。這時，其眷屬已撤離蘭州，主和意旨自然更加明朗堅定。加上此時楊虎城思想已通，對作戰主張再不提起，多數東北軍高級軍官也因于學忠態度堅定而紛紛附和。因此，當周恩來從雲陽回到西安後，發現整個上層的情況已經發生根本性變化。三十日晚所準備的方針雖仍可用於表示誠意，實際上卻幾乎已經派不上用場了。

另外，據密報，東北軍有四個師級指揮官已經秘密和南京方面聯絡，準備脫離西安。這使得西安整個上層更加軟化，決定迅速與南京達成妥協條件。據楊虎城事後告訴周恩來，于學忠不僅主張妥協，而且對西安赤化頗多疑懼，如于學忠也轉而投靠中央，那就連甘肅也沒有了。因此，現在只有在一事上堅持，就是要張學良回來訓話一次，至於其他已無從提起了。

在當天夜裏召開的三方會議上，周恩來說明了中共中央關於準備與友軍進退的決定。據周報告說：「我方同進乃退的主張相當的影響了張、楊兩部左派，（均）堅（決）主戰」。然而在高層中，只有王以哲態度動搖，討論竟夜，時間長達六個小時，最終會議仍舊決定主和。這種情況不能不使東北軍少壯派備受刺激。㊴

一月三十一日，蔣介石電告顧祝同：同意中共派代表參加潼關談判；紅軍駐地陝北，南京每月給二十萬至三十萬的經費。李克農到潼關後，顧又同意紅軍在西安設立聯絡處。

二月一日，西安方面派李志剛前往潼關繼續談判，中共方面派李克農一同前往。但當一早，二李一行出城時，孫銘九指揮部隊攔截，不讓出城。東北軍特務團一部甚至包圍了于學忠的住地，要于學忠收回成命，放棄頭天晚上的和談決定。後因何柱國大怒，以執行軍紀相威脅，後者才撤去。

上午，李志剛等到潼關，向顧祝同提出履行甲案的具體辦法。南京方面同意了張學良複權授職並出席三中全會、張可回陝訓話以便聯軍向甲案地區移防等條件。

鑒於南京方面在張學良的問題上初步答應了西安方面的要求，楊虎城和于學忠遂於當天下午向前線指揮官正式發佈命令，命他們立即撤退警戒部隊，二月二日將前線部隊撤至渭河以北，二月三日撤到渭南。中央軍二月五日將進駐渭南，二月六日前後將進駐西安。

這時楊虎城的心情極爲複雜，他與之可以傾訴思想的王菊人做了如下回憶：

楊處在這樣複雜，困難環境中，認為營救張回來，才能團結東北軍，蔣介石放張不放張，也是蔣是否有誠意改變反動國策的標誌。

在南京、奉化和蔣談判的結果，不戰，便無法撐持這個局面，不戰更無法營救張。當時希望，渭南前線不撤兵，不為戎首，作防禦戰，表示蔣介石不改變國策，不放張回來，便作戰到底。當時希望打幾仗，一方面使華北、桂李、川劉有武力調停的理由；一方面使蔣方認為，不放張回來，便無法收拾西北的局面。同時，十七路軍內部，作戰還可鞏固一時，若和平解決便各尋出路（因為有些軍官認為，和平了，十七路軍便完蛋）。這時楊的決心是主戰的。他去渭南前線視察，對部隊講了話，接談了一些軍官。他回來告訴我們：士氣是相當激昂，打一仗再談和的辦法。蔣介石吃軟不吃硬，你越軟他越欺負你，你硬了他會軟的。這時，十七路軍軍需處印了許多自己發行的軍用票（票名已忘記了），以濟東北軍、十七路軍之用。

這時，也作了作戰失敗的準備。趙壽山部隊，使用於渭北警備方面，為的是對洛水之敵施行戒備，並確保三原、耀縣一線。萬一失敗，便退到三原、耀縣一帶，逐步抵抗，以待局勢變化。

這是孤注一擲，戰與敗可能是十七路被消滅，楊本人地位不存在的辦法。設想到這一前途，楊本人又動搖起來，對主戰的人們，不能不表示主戰的意圖，對主和的人們，也不能不表示主和的願望，以此辦法來謀求新舊軍官之間，東北軍和十七路軍之間的團結。這時候，在楊對內心上，打不下去，和不下去，其處境是極為痛苦的。

他後來從奉化的談判中，看見張回來是無希望，東北軍的檀自新師叛變了，陝警三旅內部也發生了分化。仗是打不成了，只有和的一條路。40

楊虎城在痛苦作出抉擇後，親自向周恩來表示：既然中共方面已經決定放棄成立西北半獨立局面的想法，不願與南京作戰，他考慮再三，決定做中共政策的犧牲品，擁蔣抗日，雖然『他懷疑此種可能性，仍相信西北半獨立局面有由戰爭中求得可能，同時他估計我們擁蔣必將失去許多同情，但他仍願做共黨朋友到底』。對此，周恩來及毛澤東等均深受感動。周當場表示，中共決不會背棄朋友，如果蔣介石反過來陰謀對楊及十七路軍不利，紅軍絕不坐視不顧。」41

毛澤東一月三十日給周恩來、博古去電，讓其告訴楊虎城：「楊說願意做我們政策犧牲品，應向他說明此政策非我們的，乃張、楊與我們共同的。提醒他對整個政治前途之自信心，對其他高級幹部亦然，經過他們去提醒中級幹部，認識自己的前途，並說明我們與他們始終願在一起，爲和平統一禦侮救亡之總方針而奮鬥。撤兵後蔣如食言進攻，彼時曲在蔣，我們則爲最後自衛而戰，國人當同情，我們現在作戰則失去國人同情。」[41]

到一月三十一日，楊虎城、東北軍高層、中共三方在於南京方面和平談判問題達成了一致。可是已經備受刺激的東北軍少壯派，開始失去了理智。他們開始秘密醞釀要除掉投降派。

二月一日下午，在渭南前線的繆澂流致電楊虎城，請求保護于學忠、何柱國、王以哲等人的安全。此前，楊也接到東北軍有人要鬧事，並訂有暗殺名單的報告。接繆澂流來電後，楊立即派人將于學忠、何柱國、馬占山、孫蔚如、周恩來等接到新城嚴加保護。楊虎城曾兩次派車去接王以哲，都被他拒絕。傍晚，楊親自登門動員，也被王拒絕。因爲王對楊有猜忌，怕楊虎城吞併東北軍。不料第二天（二月二日），王以哲被東北軍少壯派軍官刺殺於寓所。

得知孫銘九等人槍殺王以哲後，東北軍一〇五師師長劉多荃率部立即撤出渭南，開回臨潼向西安警戒，誓爲王以哲報仇。之後，劉多荃殺害了根本沒有參加孫銘九等密謀的旅長高福源。東北軍騎十師師長檀自新在蒲城叛亂，將蒲城的民團全部繳械，縱兵在縣城搶劫，還扣留了楊虎城的母親作爲人質。幾乎與此同時，駐周至、眉縣的東北軍一〇六師宣佈效命南京，脫離西安。

二月三日上午，發動事件的苗劍秋、孫銘九、應德田等人才意識到他們控制不了東北軍，對造成的嚴重後果後悔莫及。爲了尋找出路，他們到中共代表的駐地，表示悔過認罪，請求周恩來等協助平息此事。考慮到中共人員劉鼎等人與應德田、孫銘九等長期以來關係密切，必會因此而受到牽連，周當即讓劉鼎帶苗劍秋等人乘車秘密出城遠避三原縣雲陽鎮的紅軍駐地。周告訴在雲陽的彭德懷等紅軍領導人，「劉鼎帶來之人勿要秘密，目前不可與外人見面，此事關係重大千萬注意」。[42]

「二二」事件發生後，形勢急轉直下。東北軍的分裂使潼關談判一度中斷，西安方面失去了從南京方面已爭取到的有利條件。然而，爲了推動西安事變的最後解決，二月四日，楊虎城領銜發表了《和平宣言》，表示接受南京方面的方案。

二月五日，東北軍于學忠、何柱國、繆澂流、劉多荃四將領在高陵開會，決定放棄原來三方都同意的甲案，接受將東北軍部隊調往蘇北、安徽的乙案，與十七路軍、紅軍分道揚鑣。有的將領公開表示，不願留下是怕部隊被赤化。周恩來曾力勸東北軍高層留在西北，與紅軍、十七路軍靠近，相互支持，以便以後共同抗日，但都不爲這些人接受。在東北軍的堅持下，西安方面在潼關談判中最後達成了接受乙案的協議。東北軍二月五日撤離西安，第十七路軍的大部也離開了西安。

楊虎城二月五日致函蔣介石：「刻値復員期間，諸凡尙形紛紜，一俟稍爲就緒，決即引咎辭退。」二月六日頒發「安民佈告」，二月七日，楊虎城離開西安到三原「處理復員與善後問題」。

注釋：

❶中央檔案館編：《中央書記處關於目前形勢及恢復蔣自由的條件給周恩來電》《中國共產黨關於西安事變檔案史料選編》，中國檔案出版社，一九九七年版，第二七〇頁。

❷申伯純：《西安事變紀實》，人民出版社一九七九年版，第一六三頁。

❸米暫沉：《楊虎城將軍》，中國青年出版社一九九八年版，二〇五頁。

❹李永山：《西安事變：張學良扣放蔣介石之謎》，人民網文化，二〇〇六年六月廿四日。

❺王菊人：《記西安事變前後的幾件事》，全國政協文史存稿。

❻中國第二檔案館、雲南檔案館、陝西檔案館編：《西安事變檔案史料選編》，檔案出版社一九八六年版，第八〇頁。

❼蔣中正、蔣宋美齡著：《蔣委員長西安半月記蔣夫人西安事變回憶錄》，台灣正中書局一九七五年版。

❽毛澤東：《關於蔣介石聲明的聲明》，《楊虎城年譜》，中國文史出版社，二〇〇七年版，第五一六至五一七頁。

❾竇應泰：《張學良遺稿》，作家出版社二〇〇五年版，第一二七頁。

❿中國第二檔案館、雲南檔案館、陝西檔案館編：《國民黨軍事委員會高等軍法會審關於張學良的審判筆錄》，《西安事變檔案史料選編》，檔案出版社一九八六年版，第八三頁。

⓫中央檔案館編：《毛澤東關於親日派有進攻西安可能及我們工作佈置給周恩來、博古電》《中國

共產黨關於西安事變檔案史料選編》，中國檔案出版社，一九九七年版，第二九四頁。
⑫賈自新：《楊虎城年譜》，中國文史出版社，二〇〇七年版，第五二七頁。
⑬中國第二檔案館、雲南檔案館、陝西檔案館編：《楊虎城請求蔣介石恢復張學良公權並令其返陝電》《西安事變檔案史料選編》，檔案出版社，一九八六年版，第九三頁。
⑭中央中央檔案館編：《張聞天、毛澤東關於鞏固三方團結速發擁蔣印張通電給周恩來、博古電》《中國共產黨關於西安事變檔案史料選編》，中國檔案出版社，一九九七年版，第二九四頁。
⑮中央中央檔案館編：《張聞天、毛澤東關於堅決備戰保衛西北革命局面給周恩來、博古電》《中國共產黨關於西安事變檔案史料選編》，中國檔案出版社，一九九七年版，第三一五頁。
⑯賈自新：《楊虎城年譜》，中國文史出版社，二〇〇七年版，第五三四頁。
⑰賈自新：《楊虎城年譜》，中國文史出版社，二〇〇七年版，第五三五頁。
⑱中國第二檔案館、雲南檔案館、陝西檔案館編：《委座致劉經扶、顧墨三庚戌溪機電》《西安事變檔案史料選編》，檔案出版社，一九八六年版，第一九三頁。
⑲中國第二檔案館、雲南檔案館、陝西檔案館編：《張學良為解決陝甘問題致蔣介石函件》《西安事變檔案史料選編》，檔案出版社，一九八六年版，第九六至九七頁。
⑳申伯純：《西安事變紀實》，人民出版社，一九七九年版，第一七九頁。
㉑《西安事變紀實》，人民出版社，一九七九年版，第一八〇至一八一頁。
㉒李志剛：《奉命奔走和談的經過》，《西安事變親歷記》，中國文史出版社一九八六年版，第

三四五至三四六頁。

㉓中國第二檔案館、雲南檔案館、陝西檔案館編：《楊虎城複呈蔣介石書》，檔案出版社，一九八六年版，第一三七頁。

㉔申伯純：《西安事變紀實》，人民出版社一九七九年版，第一八三頁。

㉕李志剛：《奉命奔走和談的經過》，《西安事變親歷記》，中國文史出版社一九八六年版，第三四七頁。

㉖李志剛：《奉命奔走和談的經過》、《西安事變親歷記》，中國文史出版社一九八六年版，第三四八頁。

㉗中國第二檔案館、雲南檔案館、陝西檔案館編：《何應欽關於顧祝同繼續與米春霖等會談情況的電話報告（四）》《西安事變檔案史料選編》，檔案出版社，一九八六年版，第一四九至一五〇頁。

㉘中國第二檔案館、雲南檔案館、陝西檔案館編：《張學良促前方各將領接受「移防「命令並移限撤退電》《西安事變檔案史料選編》，檔案出版社，一九八六年版，第一五一頁。

㉙中國第二檔案館、雲南檔案館、陝西檔案館編：《蔣介石告東北軍將領在部隊未移防完畢前萬勿提張學良複權問題的密電》《西安事變檔案史料選編》，檔案出版社，一九八六年版，第一五一頁。

㉚中國第二檔案館、雲南檔案館、陝西檔案館編：《蔣介石關於十七路軍與東北軍撤退事項及中央軍進駐西安日期複何應欽電話記錄》《西安事變檔案史料選編》，檔案出版社，一九八六年版，第一五二至一五三頁。

㉛米暫沉：《楊虎城將軍》，中國青年出版社，一九九八年版，第二二三頁。
㉜同上第二二二頁。
㉝申伯純：《西安事變紀實》，人民出版社一九七九年版，第一九八至一九九頁。
㉞同上，第一九九頁。
㉟中央中央檔案館編：《張聞天、毛澤東關於解決西安事變原則及軍事部署給周恩來、博古電》《中國共產黨關於西安事變檔案史料選編》，中國檔案出版社，一九九七年版，第三四三頁。
㊱中央黨史研究室第一研究部編：《共產國際執委會書記處致中國共產黨中央委員會電——關於中共領導在西安事變之後的方針政策問題》，共產國際、聯共（布）與中國革命文檔案史料叢書（十七）》，中共黨史出版社，二〇〇七年版，第三六二至三六三頁。
㊲中央中央檔案館編：《張聞天、關於在西安事變中我黨仍堅持和平方針給毛澤東電》《中國共產黨關於西安事變檔案史料選編》，中國檔案出版社，一九九七年版，第三五五頁。
㊳米暫沉：《楊虎城將軍》，中國青年出版社一九九八年版，第二二五頁。
㊴楊奎松：《西安事變新探》，台灣東大圖書公司，一九九五年版，第四一八至四一九頁。
㊵同上，第四一六頁。
㊶中央中央檔案館編：《毛澤東關於提醒楊虎城等對整個政治前途自信心給周恩來、博古電》《中國共產黨關於西安事變檔案史料選編》，中國檔案出版社，一九九七年版，第三六一頁。
㊷中央文獻研究室編：《周恩來年譜》，中央文獻出版社，一九八九版，第三四九頁。

九、大劇尾聲

隨著楊虎城二月七日離開西安到三原「處理復員與善後問題」。二月八日國民政府軍事委員會委員長西安行營主任、第一集團軍總司令顧祝同率部進駐西安。到此爲止，這場震驚中外由張學良、楊虎城策劃、領導中國共產黨參與的，東北軍、十七路軍廣大愛國將士和西安愛國民眾參加的西安事變。經過五十八個驚心動魄，跌宕起伏，險象環生的日日夜夜，終於以和平的方式落下了大幕。但此時，但楊虎城緊張了五十八天的心還不能放鬆，還有許多重大難題仍等待他去破解。

◆處理善後

楊虎城到三原後，首先緊張地對十七路軍的部隊重新做了部署和善後安排。經過這場變革，十七路軍雖然整體沒有垮掉，但由於馮欽哉一個軍，後又有警三旅兩個團、王勁哉的四十九旅相繼叛變，幾乎拉走了一半的力量，剩下了三萬多人。雖然事變發動時楊也作了「爲了救國，把這個攤子摔個響亮，也值得」的思想準備。到這時，看到原本經過一番精心策劃，驚心動魄的政治鬥爭，卻被張學良不負責任、感情用事，兒戲式的「送蔣」而搞得這如此結局，非常傷感。

而自己部隊中的王勁哉叛變，對他的精神打擊最大。時任十七路軍憲兵營副營長的謝晉生說：據楊的隨從參謀兼特務營長宋文梅告訴我：「馮（欽哉）的叛變楊主任感到很傷心。那幾天他愁眉不展，沮喪達於極點。不久，王勁哉也叛變了，他卻抑制不住自己的痛苦，竟痛哭流涕了。」

楊虎城爲何對王勁哉看得比馮欽哉還重要呢？因爲王勁哉原是楊的隨身弁目，過去對楊是忠誠的，綽號叫王老虎，打仗極爲勇猛，楊之所以信任他，把他不斷地提拔，官升得很快。後來，王升到了團長，在楊的面前仍如做弁目時那樣謙恭有禮。如有一次，楊虎城到漢南去督戰，因公路遭到破壞，楊坐的小轎車無法開回西安。王勁哉竟派士兵將這輛轎車抬走十多里，還親自護送到西安。這樣，楊怎麼不認爲他比任何人更忠實可靠呢？所以馮欽哉叛變後，楊虎城還敢手拍著胸脯向左右說：「我不怕，只要有王老虎這一旅人（這時王已升了旅長），我還可以幹他一番。」可見楊對他期望之深。

可是，在那緊急關頭，王老虎叛變了，這對他不是一個極大的打擊麼，焉能不特別傷心？

軍事上的鬥爭失去一隻腿，自然感到無所措手足了。後來，楊虎城被蔣介石逼迫出國考察前，他召宴十七路軍的團以上將領，在席上作了臨別贈言時，還傷心的談到這件事。他說：「我即將出國了，有一件事使我感到最痛心，就是我養了一隻老虎，他不去咬別人反轉過來倒把我咬了一口，我怎麼不痛心。」話沒說完，眼淚就籟籟而下。可見他對此事餘痛猶在。❶

楊將剩餘的部隊重新調配了幹部，將一些在事變中過於暴露的幹部疏散到了外地。並將十七路軍的財產和裝備做了分散和隱蔽，楊的副官蘇庭瑞曾對筆者講：當年楊派貼身衛士去南山就埋了一個團的武器，爲今後的發展做最後的努力。

◆救母脫險

楊虎城做事向來機警沉穩，大事前聲色不露，而且公事私情分得很清。西安事變前，他未向家人透露任何消息，致使大兒子楊拯民孤身一人在北平很是危險；「二二」事件發生後，母親孫一蓮又被東北軍騎十師扣爲人質，令他這個孝子十分擔心。但他都以大局爲先，集中精力處理「二二」事件引發的危局，在事變落幕後才設法營救母親脫離險境。

西安事變前，楊母由小兒子楊茂三陪同，住在蒲城甘北村老家。事變發生後，以爲縣城會安全，就住到縣城的家裏。不料，東北叛軍把楊家包圍起來，搶走了楊母一些財物，限制了他們的自由。楊虎城聽到檀自新叛變、母親被扣的消息很是焦急，找到何柱國軍長商量解救辦法。何柱國找來與檀自新交往較深的東北軍騎兵軍駐西安辦事處處長楊大實，請楊大實去蒲城找檀交涉。

楊大實二話沒說接受了任務，坐著楊虎城派的專車直奔蒲城。到了城門口，守衛不讓進，他把信件交給衛兵轉送檀自新。檀還夠朋友，讓楊大實進了城。當楊大實向檀說明來意並講了釋放楊母對檀部安全有利的一番道理後，檀經過一夜的考慮，終於放了楊母，由楊大實把楊母護送回三原東里堡。

當楊虎城帶著副官趕到東里堡迎接母親時，看到母親臉色陰沉，還以爲是受驚所致，遂深情地喊了一聲「娘」，並欲上前攙扶，誰知道卻引起老太太一頓數落：「你們幹的這是啥事？虧你還打了幾十年的仗！一不做，二不休，你們既然得罪了他蔣介石，就不該隨便放他。你比張學良大十幾歲呢，就這麼糊塗?!」

老太太把拐棍在地上敲得咚咚直響：「你們這是放虎歸山，是造孽啊！蔣介石今後能不報復？」

當時周圍的人都驚呆了。楊虎城低頭聽著母親的責怪，他心中有著難言之隱，母親哪裏知道事情的複雜性，兒子的處境、難處？可是老人家對蔣介石的品行、爲人看得如此清楚。

楊虎城一家對楊大實十分感激，楊母將楊大實認爲乾兒子，此事成爲事變中的一樁佳話。後來東北軍離開陝西時，楊大實未隨行，留在了西安，一直和楊家有來往。解放後，楊大實曾任陝西省政協委員。

◆促成轉折

事變雖然和平解決了，但蔣介石非常清楚，這是民國以來中央軍第一次正式進入陝西。要在與東北軍、十七路軍、紅軍同在的情況下，控制住陝西有很大難度。以楊虎城的地緣優勢和他主政時的顯赫成績，在地方百姓中的威望，都不是一下可以消除的。因此，穩定陝西需要先穩住楊虎城，待中央的力量站住腳後再逐漸收拾他。顧祝同在進入西安的前一天，接到蔣介石的電報，蔣令顧入城後要做好楊虎城的工作，應把楊看做是「三位一體之中心，自當稍加另眼看待，如使其能自動與我方就商其徹底辦法則更拖也」。❷顧祝同遵照蔣的指示，二月十日派黃傑、王宗山、盧廣績分別代表顧祝同、孫蔚如、于學忠、何柱國同赴三原請楊虎城回西安綏靖公署視事。這時國民黨五屆三中全會召開在即。此時，楊虎城最關心的是他在西安事變所提出的政治主張，能否被國民黨五屆三中全會接納？多少主張能夠得到落實？他遂於二月十四日由三原返還西安綏靖公署後。第二天就與于學忠聯名向全會提出了一個提案。❸這個提案再次重申了西安事變時提出的八項政治主張，希望國民黨五屆三中全會改變「攘外必先安內」的政策。

提案由何柱國於十四日飛攜南京。二月十六日，楊虎城又派李志剛赴京，持函分陳出席國民黨三中全會的蔣介石、何應欽、邵力子、宋美齡、孫科、馮玉祥、于右任、宋子文、孔祥熙、焦易堂、王陸一、張繼、戴季陶、汪精衛等人，做這些人的工作。

一九三七年二月十日中共中央通過紅軍廣播，發表了中共中央致中國國民黨五屆三中全會的電報：

中國國民黨三中全會諸先生鑒：

西安問題和平解決舉國慶幸，從此和平統一團結禦侮之方針得以實現，實為國家民族之福。當此日寇猖狂，中華民族存亡千鈞一髮之際，本黨深望貴黨三中全會，本此方針，將下列各項定為國策：

（一）停止一切內戰，集中國力，一致對外；

（二）保障言論、集會、結社之自由，釋放一切政治犯；

（三）召集各黨各派各界各軍的代表會議，集中全國人才，共同救國；

（四）迅速完成對日抗戰之一切準備工作；

（五）改善人民的生活。

如貴黨三中全會果能毅然決然確定此國策，則本黨為表示團結禦侮之誠意，願給貴黨三中全會以如下之保證：

（一）在全國範圍內停止推翻國民政府之武裝暴動方針；

（二）蘇維埃政府改名為中華民國特區政府，紅軍改名為國民革命軍，直接受南京中央政府與軍事委員會之指導；

（三）在特區政府區域內實施普選的徹底的民主制度；

（四）停止沒收地主土地之政策，堅決執行抗日民族統一戰線之共同綱領。

國難日亟，時不我待，本黨為國忠誠，可矢天日。諸先生熱心為國，定能允許本黨之請求，使全民族禦侮救亡之統一戰線從此實現也。我輩同為黃帝子孫，

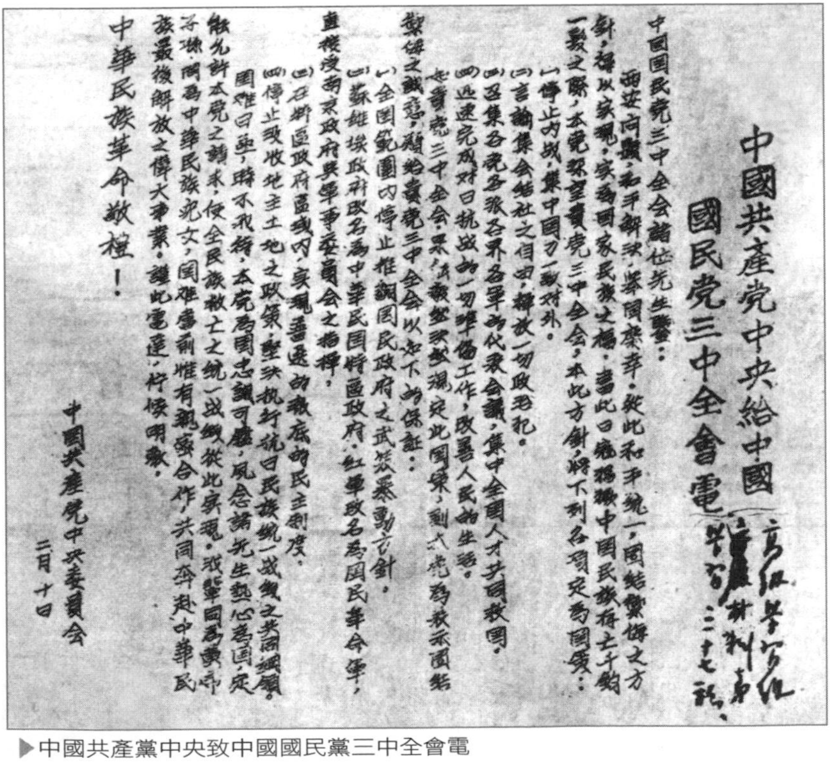
中國共產党中央給中國國民党三中全會電

中國國民党三中全会諸位先生鑒：

西安事變和平解決，舉國慶幸。從此和平統一，團結禦侮之方針，得以實現，實為國家民族之福。當此日寇猖獗中國民族存亡千鈞一髮之際，本党深望貴党三中全会，本此方針，將下列各項定為國策：

（一）停止內战，集中國力一致對外。

（二）言論集会結社之自由，釋放一切政治犯。

（三）召集各党各派各界各軍的代表會議，集中全國人才共同救國。

（四）迅速完成对日抗战的一切準備工作，改善人民的生活。

如貴党三中全会果能毅然決然，確定此國策，則本党為表示團結禦侮之誠意，願給貴党三中全會以如下的保證：

（一）全國範圍內停止推翻國民政府之武裝暴動方針。

（二）蘇維埃政府改名為中華民國特區政府，紅軍改名為國民革命軍，直接受南京政府與軍事委員会之指揮。

（三）在特區政府區域內，實現普選的徹底的民主制度。

（四）停止沒收地主土地之政策，堅決執行抗日民族統一战線之共同綱領。

國難日亟，時不我待，本党為國忠誠可鑒，夙念諸先生熱心為國，定能允許本党之請求，使全民族救亡之統一战線從此實現。我輩同為黃帝子孫，同為中華民族兒女，國難當前，惟有親密合作，共同奔赴中華民族最後解放之偉大事業。謹此電達，佇候明教。

中華民族革命勝利！

中國共產党中央委員會

二月十日

▶中國共產黨中央致中國國民黨三中全會電

同為中華民族兒女，國難當前，惟有拋棄一切成見，親密合作，共同奔赴中華民族最後解放之偉大前程。❹

當楊虎城看到中共中央致中國國民黨五屆三中全會的電報後，認爲這個文件十分重要。但根據他的判斷，蔣介石未必會讓中央委員看到這個文件。爲了向國民黨五屆三中全會宣傳中共的新政策，促成抗日民族統一戰線的建立，他找來馬文彥，派馬到南京去見于右任試圖通過于右任打開南京的宣傳缺口。

馬文彥回憶說：

楊將軍來了，他讓我到南京去，見于右任，通過他了解一些南京方面的動態。我擔心上次潼關擋駕後於還在氣頭上，不會接見我。楊說：「我們在南京除了于右任再沒有熟知的人，現在情況變了，蔣答應抗日，釋放政治犯，組織聯合政府……周先生（周恩來）也說，前些日子擋于也好，不擋也好，于是搞新聞工作的，會做宣傳。」

我心中仍有顧慮，恐到南京後被于拒絕接見。我還在猶豫，楊將軍又說：「還是你去一趟好，有關方面也希望你去。你到南京見到于先生先不要說別的事情，先拿出這個東西叫他看看。」說著，他從口袋裏拿出一個鉛印文件，我接過一看，原來是共產黨的「四項聲明」。楊將軍很有把握地說：「他看了這些東西，一定要說話的。」說罷，請李壽亭拿了一個鐵筒香煙，親自鏇開煙盒的鐵皮蓋子，仔細地把香煙取出來，又把煙盒內一層厚紙取下來，輕輕把文件疊好，緊貼香煙盒的周圍，再把原來煙盒內的那張厚紙裝進貼實，然後將取出的香煙重新裝進盒內，蓋好鐵蓋，楊將軍才把它交給我，讓我乘當天的火車出發。

我到南京後，直抵于右任家，適逢他外出未歸，我便在客廳裏等候，一會于先生回來了，果然上次擋駕的氣尚未消除，見到我後他氣狠狠地問：「你來這裏幹啥？」我說：「楊先生派我給你送這個東西，請你看看。」

我從鐵煙盒裏取出那份文件遞給他。起初他漫不經心地流覽著，越往後看，態度越嚴肅起來，他走到寫字台前，打開台燈仔細地反覆觀看著，激動地說：「我明白了，共產黨是真正要抗日哩！西安事變的真正內容我才知道！」

這時，他後悔當初為什麼不以個人名義進西安看看呢？我趁此機會對他說：「共產黨要求抗日是真的，楊要求抗日也是真的，楊將軍要求抗日，你在上海原是贊成的。」他說：「我贊成楊虎城抗日，並沒有同意他扣留蔣介石！」

于先生沒有剛才那麼大的氣了，我們便談到蔣回來後的情況。他向我介紹，蔣介石回到南京後只停了一天，就坐飛機到浙江去了，說是跌傷了腰骨需要休息，其他啥話都沒說。至於蔣在西安同三方達成的協議，答應抗日，釋放全國的政治犯，組織聯合政府等事情，于先生一點都不知道。

于先生說：「新聞界也封鎖得很緊，連張學良送蔣回京後，現在什麼地方等均不知道。要不是楊先生派你送來這個件，我們還都蒙在鼓裏。」

第二天中午，于先生從外歸來興沖沖地對我說：「你帶來的那份檔，今天早上在孫總理紀念周上宣讀了！」

我萬萬沒有想到會在這樣的場合全文宣讀，而且只有十幾個小時，共產黨的「四項聲明」就在南京宣傳出去了。

于先生說：「我昨夜看過這份檔，心裏很受感動，深夜也不能入睡。我便想一個辦法，親自用糨糊把那份檔貼在土地上，讓它黏些土，再輕輕地揭下晾乾。今天早晨，我請幾位老人來看我個檔，並告訴他們，這是一個熟悉的商人，路過陝西農村時揭下來，帶到南京送給我們的，於是我就請張繼委員在今天在紀念周上把它全文宣讀了。」

于先生還告訴我，張繼是國民黨西山會議派，一向是堅決反共的，同時又是西京籌備委員會委員長。由他宣讀，不會引起別人的懷疑。

我問于先生，張繼讀後有何反映？他說：「張繼認為『四項聲明』講得很沉重，很感人，看來『起義在東南，成功在西北』。其他人聽後都認為共產黨是真正要抗日。」

我速趕回西安，將南京一行向楊將軍彙報，他聽後大喜過望，非常高興地說：「辦得好！辦得好！」❺

在楊虎城的機智與不懈地努力下，共產黨的「四項保證」衝破了蔣介石的思想封鎖，在國民黨中央大員中流傳開來，爲即將召開的國民黨五屆三中全會吹入一股春風。

二月十九日周恩來致電中共中央書記處並彭德懷、任弼時、葉劍英報告了這一成功，電報說：「我黨所提四項保證已爲外間所知，同情者甚多，蔣既不能封鎖，亦不好再『剿共』，……。」

國民黨五屆三中全會二月十五日至廿二日在南京舉行，會議期間，蔣介石報告了西安事變的經過；除楊虎城、于學忠的提案外，宋慶齡、何香凝、馮玉祥等十三人提出了關於「恢復孫中山手訂聯俄聯共扶助農工三大政策案」；李宗仁等九人，向會議提出了有關反對獨裁政治，保障人民愛國言論自由，解放愛國群眾運動的議案；孫科、馮玉祥、于右任等幾人在《請特赦政治犯案》中批評了國民黨近十年來對「人民從事愛國活動，或發爲政治言論者，動輒指設嫌疑，因爲反對，羅致既多，冤抑日眾，或致流離失所，或者幽羈囹圄。」

與之相反，汪精衛在會上也提出了一個要堅持「剿共」的議案。可以說，這次會議是在西安事變的鼓舞與推動下，國民黨內進步民主力量對以蔣介石爲首的反動勢力多年推行的反動、賣國、獨裁政策的一次大批判。

會議對楊虎城、于學忠的提案作出了「不問其內容如何，惟既出叛逆之行爲，及威脅之方式，顯係托詞造亂，實國法軍紀不容，應不予致理，以絕效尤」的決議。但是經過激烈的爭論，通過了馮玉祥等十六人提出的《促進救國大計案》，決定「密交常務委員會及國民政府分別切實辦理」。

該議案要「努力收復失地，首先督助華北軍隊，並增派勁旅，先行收復察北、冀東以為收復東北四省之準備」；在外交方面還提出「今後應採取積極方針，以圖廢除不平等條約，收回被侵佔之領土」。對內政策上，宣佈放棄以武力安內政策。會議宣言提出：「此後唯當依據和平統一之原則，以適應，且以奠長治久安之局。」

國民黨五屆三中全會主席團決定對中共中央的來電不做公開正面的處理，同時以主席團名義提出了一個「根決赤禍案」並獲得會議通過。在這個提案中雖對中共多有攻擊之詞，但它再沒有拒絕中共提出要兩黨合作共同抗日的要求。而且因應中共的「四項保證」提出所謂四項「最低限度之辦法」，變相地答覆了中國共產黨。

中國國民黨五屆三中全會是中國國民黨歷史上，也是中國近代史上的一個重要轉捩點。它以隱晦的形式接受了西安事變張學良、楊虎城代表全國愛國力量所提出的政治主張；正式結束了長達十年的剿共內戰；開始了一個國內和平積極準備對日作戰的新時期。此後國民黨的新政策得到了全國各種力量的（包括共產黨）的支持，國民政府實現了政治意義上的國家統一。

國民黨五屆三中全會實際是西安事變的繼續與政治延伸。它的結果標誌了中國民主運動取得一次歷史性勝利，用楊虎城的話來說，他們沒有「白忙活」。

注釋：

❶謝晉生：《西安事變中的點滴見聞》《文史資料存搞選編》，中國文史出版社第七四頁。

❷中國第二檔案館、雲南檔案館、陝西檔案館編：《蔣介石關於中央軍進駐西安後應注意各事項致顧祝同密電》，《西安事變檔案史料選編》，檔案出版社一九八六年版，第二一二頁。

❸米暫沉：《楊虎城將軍》，中國青年出版社，一九九八年版，第二三七至二三九頁。

❹中央中央檔案館編：《中共中央給國民黨三中全會電》《中國共產黨關於西安事變檔案史料選編》，中國檔案出版社，一九九七年版，第三七六至三七七頁。

❺馬文彥：《記「西安事變」期間楊將軍讓我辦的幾件事》，《陝西文史資料》第十五輯，第二〇四至二〇七頁。

❻中央文獻研究室編：《周恩來年譜》，中央文獻出版社，一九九二版，第三六〇頁。

十、被迫出國

西安事變結束了，蔣介石被迫修改了政治政策，容納了政治上最大的反對派——中國共產黨。同時，對其他政治力量也有所放鬆。但對其內部的不同意見的壓制與迫害卻絲毫沒有減少。張學良表面上被恢復了「公權」，實際繼續被關押。在東北軍大舉東調離開陝甘的同時，對楊虎城和十七路軍的迫害接踵而來。

◆兩次見蔣

西安事變和平解決後，蔣介石僞裝寬厚，人事上將楊部的一些人員安置在陝西省政府。讓孫蔚如擔任省主席，杜斌丞任省政府秘書長，續式甫任財政廳長，周伯敏任教育廳長，李志剛蟬聯省政府委員，民、建兩廳長則原封未動，並讓顧祝同對楊儘量拉攏言歡，意在消滅對抗情緒。

軍事上，將十七路軍編爲一個軍轄兩個師。幹部安排上又尊重楊虎城的意見，由孫蔚如任軍長，趙壽山、李興中分任師長。

三月間，蔣通過一些人對楊屢屢吹來溫暖空氣。說他病好了，腰也不怎麼痛了，願與楊見面，並表示期望楊能主動去看他，而不提是他要見面，以爲這樣見面，最能恢復感情。這話起先由宋子文通過他人傳給楊的，沒有引起楊虎城的注意。後來顧祝同告訴楊同樣的話，楊才覺得這就是「命令」，便提出要與蔣見面。經過聯繫，蔣遂規定日期，電邀見面。

三月廿九日，中午十二時，楊虎城、于學忠、鄧寶珊、李志剛等，由宋子文、吳鐵城陪同，抵達杭州。下午，宋、吳陪同楊、于等晉謁蔣介石。晚，蔣宴請楊、于等，賀國光、錢大鈞、湯恩伯、胡宗南、上官雲相等作陪。

陪同楊虎城去見蔣介石的李志剛回憶說：

我陪楊先生乘飛機到杭州見蔣，會見時在座的有宋美齡、宋子文、鄧寶珊、于學忠、胡宗南和我共八個人。

坐定後，楊首先問蔣：「委員長身體好些了吧！」蔣答：「腰痛漸漸地好了，不要緊」。又說：「我對身體上的折磨，向來很能忍耐，吃一點苦，不算什麼。」接著又吹噓說：「我向來對人寬大，沒記舊怨，以往對人，你們全知道的，不必多說，但對部下，過於信任，以致發生這次事故，使各方面受到損失，我身為長官，自覺不足為訓。」說到這裏，驟然改變語氣，對著楊指桑罵槐地糟蹋張漢卿先生，他說：「張漢卿常對我說，有他老子，他跟著他老子走，沒有他老子了，他跟我走，勸我搞法西斯組織，說服從領袖，現在他竟如此，你看這是個什麼樣的人？」又說：「他打不住共產黨，就向共產黨投降，若是打不住日本時，還不是向日本投降嗎？」又說：「他的部隊正在前線犧牲，他和王以哲竟秘密到陝北與敵人議和了，怎樣對得起長官，怎樣對得起部下！」愈說聲愈高，大發脾氣，嘴裏說張顯然是對楊的，這時候宋美齡一再上樓拿蘋果給在座的人們吃，並且不斷地把梨和蘋果削皮送到蔣口邊打諢，蔣的語調才漸漸緩和了下去，蔣接著說：「張漢卿這樣一個人，虎城竟是跟著人一路走，仔細想想，能對得起誰！幸虧還沒有荒謬到底，假如後來不肯回頭，還能有今天嗎？」

蔣介石對于學忠講話時就又換了一副面孔，說：「孝侯只知聽從長官命令，沒有考慮選擇，以致走到這樣的錯路，十分可惜，不過處在那樣環境，對個人說來，也是一次不幸的遭遇，我們是不能深怪的。」最後說：「張漢卿這些天的反省，也已經認識了一些自己的過錯，我以為無論那一個人能認識過錯，就能得到原諒，只要改掉過錯就會有他的前途，我向來是這樣看人的，比如，唐孟瀟（生智），也曾一次背叛我，可是，他表示了真誠悔過，我還照樣信任他，這是我向來的作風。」

蔣介石這一場講話中，楊的態度是：目光下視，默不作聲，蔣說完後，楊表示極簡單幾句話，說：「委員長的話，我記住了。」

蔣介石自吹自擂地講了兩個多小時的話，就結束了這次會面。我們出來以後，楊對自己的人們說：「蔣一貫對人沒有誠意，不應對他有什麼幻想。」

第二天，蔣介石邀楊去談話，時間很短楊就出來了，楊出來後對我們說：蔣和他談話，主要有兩個意思，第一，蔣問他在事變解決後，中央對他的部屬安置，有不恰當的沒有？要他提出意見，可以改正。他說他沒有提什麼意見，因為覺著提出來對人對事全沒有益處，甚或起想反的作用，就不如不提。第二，是問他經過這次事變，繼續任職，情感上是否覺著有不便處？楊還沒有答言的時候，蔣就搶著又說：在事變中各級人員（指蔣的手下）對你是有不滿情緒，這是一時轉變不過來的，你繼續任職，在情感上有些不便，不如先往歐美參觀一個時期，回來再任職，出國費可由公家負擔，啓行的時期也不必規定，可以從容準備等語。

楊對我們說，他當面只好答應，並且說，這是他早就預料到的。[1]

◆逼迫成行

楊虎城雖然嘴上答應了蔣介石出國考察，但心裏卻非常的不願意。回到陝西後，他曾與部下商議，當時有兩種意見：一種意見是服從蔣的安排，出國考察，以便於他們行使職權；另一種意見不同意楊離開部隊，更不要出國。建議楊住到耀縣藥王山上，緊靠紅軍，與蔣周旋。其中許權中最爲堅決，願親自帶兵爲楊護衛，使楊很受感動。當時主要不想與蔣把關係搞僵，爲的是要參加抗戰，就沒有採納後者的意見。但也不急於出國，儘量拖延時間，希望抗戰能起，以此爲由就不出國了。可蔣介石不允許按楊的想法行事。嘴上說「可以從容準備」實際上，不斷地催逼楊儘早成行。

對於蔣介石威逼楊虎城出國的事情。周恩來分別同楊虎城、張沖、顧祝同商談過解決辦法。周並致電中共中央，建議致電蔣介石挽留楊虎城，並公開發文章對南京政府逼楊出國、裁撤西安綏靖公署表示不滿。

四月廿九日，張聞天、毛澤東、博古覆電周恩來：向張沖、顧祝同聲明，南京應顧楊虎城部的情緒，善處楊及其部屬。

蔣介石不理會中共的態度，於一九三七年四月三十日公開免去楊的軍政職務，提出讓楊出國考察軍事。

楊虎城對於中國共產黨的支持，非常感謝。他遂於一九三七年四月三十日致信中共中央領導人。他在信中寫道：「回憶虎城與諸先生，有締交方新，暢聆麈譚者；有久耳大名，迄未奉教者。然在民族統一戰線上同爲抗敵而努力之決心，則完全一致。」「虎城日內雖離陝遠遊，重洋萬里，深感依依。但在抗日戰線上，願作永遠之朋友。諸先生愛護國家之忠誠，實所欽佩。尙希益加努力，促進抗日實施。虎城異日海外歸來，重履故國，抗敵力量，當必有更進於今日者。斯則臨別贈言之微意，所盼於諸先生者矣。切祈不遺在遠，時惠箴言，用匡不逮。

臨池神往，不盡區區。專此布悃，敬祝爲國珍重！」❷表達了他與中國共產黨「願作永遠之朋友」的真誠。

在催逼楊虎城出國的同時，蔣介石也準備了用暗殺來對付不服從他的楊虎城。

就在楊虎城到杭州見蔣的前幾天，國民黨中央黨部調查科（中統），找到在鎮江江蘇區監察使署任職的褚龍吟（**褚的父親褚小毖在楊虎城堅守西安時，因暗通劉鎮華，主張投降被楊槍斃**），將褚叫到南京。先是一番盛情款待，第二天由陳立夫親自出馬，遊說褚爲他們暗殺楊虎城用「報殺父之仇」來替罪。

褚龍吟回憶當時：

> 陳立夫進來和我握手，傭人退出後，他問我對監察院的工作感不感興趣？又問我月薪多少？我一一答覆後，他裝出很惋惜的樣子說：「屈才！屈才！如果在我這裏，不會讓你小就的。」跟著像講學般的對我說「一個人要做頂天立地的事業，必需要求「大受」不可只求「小知」。又誇獎我「很有正氣」，如果能夠善養，將可塞於天地之間。他還說，過去顧建中等把我的自由限制了些日子，他根本不知道，後來他曾當面申斥，因為我放走了共產黨，對於黨國固然不無微疵，但仗義救友這一點究屬可取，觀過知仁。並說：「你並非異黨分子，當然不會危害黨國，為什麼還要限制你的自由？」
>
> 講完這一套後，他親自動手，扣上門鎖，靠近我坐下，低聲說：「這一次張、楊擁兵叛

變，劫持統帥，個個都欲得而甘心。可是委座豁達大度，對張學良僅判十年徒刑，還要呈請國府特赦。對於楊虎城毫不懲處，讓他逍遙法外。我今天作個持平之論，張學良對於黨國起碼有功有罪，如統一東北，統一華北，解散擴大會議，都不無微勞。楊虎城完全是委座提拔起來的，竟然犯上作亂，實在罪不容誅。許多忠黨愛國之士都激於義憤，要求殺他。我不能不俯順輿情，又不能不善體委座德意，所以把你特地找來，和你商議。只要你肯承認楊虎城是你殺的，事實上不一定要你動手，絕對保障你的生命安全。為了遮人耳目，頂多讓你坐上五個月牢，由中央提請國府特赦，我個人出資，供你出國留學。到哪一國去，你自行決定，回國以後的職位，我完全負責。至於具體行動，你和季元樸商量。這件事我想你一定不會不幹的？」

他兩隻狐狸眼睛注視著我的面部，頻頻捋著他的斑白頭髮，候我答覆。當我表示這件事我不能幹以後，他馬上聲色俱厲地問我：「你的殺父之仇，打算報不？」

「當然要報。」我答覆。

「那麼這樣天造地設的好機會，你為什麼不幹？」

我說：「不，楊虎城不是我的主要仇人。」

「難道楊虎城沒有殺害令尊？」他問。

「楊虎城僅負了個名，其實殺害家父的是劉治洲。」我答。

「那麼，你為什麼在三中全會中控告楊虎城？」他追問。

「我控告楊虎城的事實，陳先生沒有看見嗎？上邊何曾提到家父一個字？」我平靜地答覆。

「曉得嘍，這是你的聰明處，可是我查得明明白白，殺害令尊的確是楊虎城，現在報仇與否，聽你自行決定。」

我說：「這件事先不要談，楊虎城劫持統帥犯上作亂，盡可以用軍法、刑法，名正言順地判處死刑，何必假手於我，用子報父仇的名義殺他？如果五年以前，或者還說得下去，現在他揭櫫的是抗日救國的招牌，我偏要在這個當兒殺掉他，請問我自居於何等地位？君子愛人以德，這樣扶持楊虎城成名的事，我不能幹，就是陳先生你也應該審慎一下。」❸

褚龍吟拒絕了陳立夫的「美意」後，特務們還不甘心，他們又找到楊虎城入陝時，因抗拒命令圖謀做亂，被楊下令槍斃的地方武裝首領甄士仁的女兒甄芝彥。要她也借報父仇對楊虎城進行謀害。適與陝西旅滬進步學生彭毓泰在潼關相遇，聞之此事，向甄曉以大義後，甄芝彥也拒絕了特務們的策動。由於褚、甄二人深明大義，同時也由於在當時就謀害楊虎城，會對蔣介石正在上升的政治威望造成很大的損害，引起新的政治風波，得不償失，所以謀害計畫沒有繼續實施。

◆故土難離

楊虎城在西安事變期間精神高度緊張，極端勞累，事變和平解決後，身心暫時鬆弛了下來，可又面臨著一些新的問題，難以解決。五月初，他病倒了，高燒三十九度，數日不退，進而引發心臟病，一度病情緊急。就在楊虎城病重期間，他五歲的小兒子拯人也生病了。

長子楊拯民回憶當時的情形：

家裏由蕙蘭娘晝夜照顧父親，不幸的是拯人弟這時也病了，但由於家裏人都忙著父親的病，未能及時把拯人弟送醫院治療。

直到我從上海回到西安的當天，才把拯人弟送進了醫院。翌日，當我再到醫院去探望時，他已一命嗚呼了。何其不幸？真是禍不單行！拯人是西安事變後，我家成

▶楊虎城四子楊拯人照片

員中第一位離世者。我娘只有這一個孩子，撫養到五歲而夭折了，這對娘是莫大的打擊。傷心至極，致使神經一度失常，失去知覺，一連幾天不吃不喝，把她從醫院接回家時還不認識人，經數日調養診治緩過氣來後，竟嚎啕大哭不止。當時我家的情景，真是淒慘悲涼之極。

這時，南京當局一再催促父親赴滬出國。父親喪子又妻病，對他真可謂是雪上加霜。父親在蔣介石的催逼下，無法照顧安慰患病的妻子，相當苦悶。他提出要我先把娘送到北平，移地休養，免其睹物傷情，這也是沒有辦法的辦法。他說，原擬打算帶你一塊出國，現在你只好做些犧牲。於是我就帶著娘、拯坤妹、陳姨、副官閻繼明等七人，在父親赴滬前夕，先行離開西安去了北平。❹

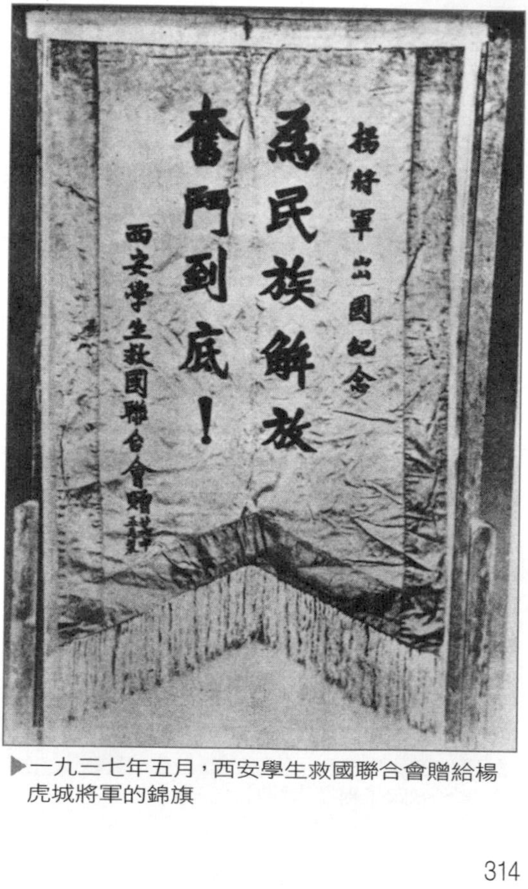

▶一九三七年五月，西安學生救國聯合會贈給楊虎城將軍的錦旗

長女楊拯坤回憶：

國民黨當局一再催促，啓程的日子定了，家人和親戚為父親送行。剛一舉杯，叔父就失聲大哭，在座的人都淚流不止，感情的閘門被衝開了，家人的情感爆發了，誰也沒有勸誰。父親不說話，拉著我的手走到院子，長出了一口氣。……本來父親要送我們去車站，當他到二門時卻頓住腳，「算了！不送了。」⑤

楊虎城在傷感中沒有送妻女去車站，誰知從此成爲與她們的永別。

楊虎城生病後，陝西各方人士紛紛出面，要求蔣介石和國民政府暫緩對楊的放逐。十七路軍旅長王俊以黃埔學生身分見蔣；陝西銀行經理李維城等代表陝西各界人士找宋子文；第十七路軍高級將領孫蔚如、趙壽山、孔從洲等人電蔣分別要求讓楊緩行；五月二十日，《西北文化日報》還刊出「楊虎城主任因感冒引發心臟病，醫生勸阻展期赴滬」的消息。但這些都遭到蔣介石的拒絕。

▶一九三七年四月廿三日，西安綏靖公署暨所屬部隊各級官佐在新城歡送楊虎城將軍出國

▶一九三七年五月廿七日，楊虎城離陝赴滬準備出國，西安機場上數萬群眾熱烈歡送。圖中楊虎城向各界群眾揮帽致意

▶各界群眾在機場歡送。上飛機舷梯者為楊虎城

在蔣的不斷催促下，楊虎城於一九三七年五月廿七日上午十一時三十五分乘飛機離開西安前往上海，準備出國。

這一天，風和日麗，晴空萬里。西安市的民眾和郊區的農民日前得知了楊虎城要離開西安的消息，一個大早就自發的從四面八方向西關外機場彙集。到十一時許，歡送楊虎城將軍者達十萬人。

《西北文化日報》廿八日做了這樣的報導：

計到學生三十三校約一萬三千餘人，工商團體四五十單位約八萬餘人，近郊農民如未央村、魚化村、薑村等聯保七千餘人，尤以大華、華峰、成豐、終南等廠職工及郵務、印刷、起卸業、運糧業工人送別情緒極為熱烈。軍政機關領導人有顧祝同、孫蔚如、杜斌丞、彭昭賢、續式甫、周伯敏、李儀祉，寇勝孚等士紳名流亦到機場歡送。

九時半，楊氏乘汽車入場，一進軍樂聲、呼喊聲、救亡歌聲齊起，全場空氣大為激奮。楊氏下車後，即與民眾團體及政府代表一一握手，隨即在軍民的行列中巡行，男女學生均將帽子擲至空中，表示敬禮。

楊氏深為感動，眼眶紅潤欲淚。軍民群眾因之淌淚者甚多。有一位青年學生趨向楊氏握手，說道：「楊先生，你要知道，我們今天不是來送你出國，而是在要求你救國。」楊氏遂破涕為笑。

▶一九三七年出國前在上海身著上將禮服的楊虎城將軍

楊氏巡行一周，入休息室略與各代表話別，即登機起飛東去。楊之隨行者有鄧寶珊、周梵伯、賈文鬱、亢維恪、申明甫、于明江等九人，米暫沉、呼延立人、金閩生乘火車赴滬。❻

如此多的人到機場，在當時的西安來說是萬人空巷了。這麼多人，自發的去送一個失去一切權勢的人，這在西安、在中國近代史上也是空前的。這充分表現了陝西人民對楊虎城的衷心擁戴。楊虎城被這種真誠與激情深深感動。

他登上飛機舷梯，站在機艙口，連連向歡送的人群揮手致意高呼「朋友們，同胞們，再見！」然而誰能料想，這次告別竟成了他與家鄉父老鄉親的訣別。十二年後，是以他的忠烈精骨和不朽的英靈，重新回到養育他的三秦大地。

◆政治交代

一九三七年五月廿七日上午十一時三十五分，楊虎城乘飛機離開西安前往上海，準備出國。可巧，他與去上海同國民黨談判的周恩來同乘一架飛機。當蔣介石得知這一訊息後，立即給戴笠發電：

廿六年五月廿九日委員長手令
特急
上海戴科長鑒，對周楊行動須極秘密，但勿使其感覺為要。
中　豔機牯印⑦

楊虎城到上海後，偕夫人謝葆真、次子拯中和秘書亢心栽、樊雨農等到上海住進新亞酒店。十七路軍原參謀長韓光琦和駐南京辦事處人員也到上海爲楊辦理出國手續，後來楊虎城偕妻兒移住到宋子文家中。

楊虎城到上海後，除宋子文、楊虎、戴笠等和幾位陝西同鄉常來看他外，一些相熟的高級官員來滬者，多

▶一九三七年楊虎城（右）出國前與王菊人上海合影

避嫌疑，不敢來看。六月初，蔣介石來電，再召楊到廬山見面。六月四日，宋子文、宋美齡、楊虎城、鄧寶珊，由滬飛潯。轉車登廬山。六月五日蔣介石在廬山接見楊虎城、鄧寶珊。並留便餐，邵力子作陪。六月六日，蔣介石在廬山再次召見楊虎城、鄧寶珊。在會見中，蔣介石問楊虎城：「到了國外，如果有人問到的『事件』，你打算如何解釋呢？」楊這時才明白了蔣召他上廬山的用意，他是怕世人知道西安事變的真相。楊遲疑了一下回答道：「頂好不提這事。」蔣聽了連連點頭：「好！好！這事今後就不要說了。」

六月十六日國民政府軍事委員會發佈指令：派楊虎城爲歐美考察軍事專員。外交部隨即發給護照，定廿九日由滬放洋，先赴美，後轉歐，定期一年。

楊虎城的行期確定以後，他的親友、故舊接踵來滬，與他送行。杜斌丞來滬時，帶來了由西安學聯蒲望文、李連璧、曹冠群等發動學生到終南山麓採集了許多植物製成標本，將這些標本分

▶楊虎城（前）和鄧寶珊（後）在廬山

貼在幾個紀念冊上，並寫上了許多懷念楊虎城的詞句，鼓勵楊在抗日愛國的道路上繼續前進，名為《故鄉的花草》的紀念冊。當楊虎城看到這寄託故鄉愛國青年期望的紀念冊時，激動不已，連聲說：「這份禮物太好了！」

楊虎城在上海出國之前與前來送他的一些部下、親屬做了臨別談話，講出了他對自己的評價；對部隊今後發展方向；以及對兒子的希望等重要問題。

馬文彥說：

一天，楊和我在馬宏根家小花園散步。楊說：「文彥，你是解西安圍救過我的，與別人不同。我有點事曾經考慮了很久，但一直沒有給人談過，今天我想跟你談談，希望你能記住我說的話。」

我說：「啥事情？請說吧，我一定記住你說的每一句話。」

楊說：「第一件事是殺了惡霸李楨。這件事你不知道，我向你大概說說。」

「李楨是蒲城縣的一個大惡霸，他橫行鄉里，欺壓百姓，無惡不作。他不但和蒲城縣的官吏勾結，而且和省城裏的官吏勾結。我二十一歲的那年，為了給地方除害，我就殺了這個惡霸。清朝時代，法禁森嚴，殺人償命，還牽連家屬。我殺了李楨，往北跑到原家（村名，距二十里）原家有個原老三，我過去認識他，是個摯友，就在他那裏躲藏。原老三這時雙目失明，只在家裏餵養牲口，他把我藏在牲口圈內小房裏，每天給我拿饃送飯，十分關照，我在原家躲藏了一個多月。離開原家，受了好多曲折之後才去吃糧當兵，從此我就走上了當兵之路，一直到現在，這是第一件事。其他三件事你都知道，今天只扼要地提一下。」

第二件事是：「一九二一年陝西靖國軍解體後，我孤軍作戰，眾寡懸殊，我打著靖國軍旗幟，撤往陝北，堅持孫中山先生的國民革命（即為民主主義革命）到底（鄧寶珊是靖國軍第四路的一員，該路接受了奉系收編。因此，這是今天沒有約鄧的原因）。」第三件事是：「堅守西安。這是為了縮短國民革命（即民主革命）和世界革命戰線。這話是在西安被圍時，我向李虎城講的。一九二七年一月初在三原史可軒家已向你講過。」第四件事是：「發起去年（一九三六年）的雙十二起義，促進了抗日，停止了內戰，你參加了全知道。」

「快要抗日了，我現在被逼迫著要出國……」說到這裏，他的心情有些沉重，再沒有繼續說下去。我看他眼圈濕潤，快要掉下淚來，便故意用別話岔開。這時，楊站了起來，大聲說：「總而言之，我這一生只做了這四件事，其他不足道也！」❽

六月廿六日楊虎城與十七路軍的趙壽山、孔從洲長談。

孔從洲說：

六月下旬一天晚上，我去看望楊先生，見面的時候，他一把握住我的手，激動地說：「哎呀，想不到這裏還能見上一面，太好了。兄弟，真對不起，臨走的時候，我把家當都拆散了。

分給了各個師，可沒有分給你一個兵，一枝槍，你不會怨我吧！」

我說，沒有什麼。

他說：「在經費方面、物資方面雖然沒有給你留下什麼東西，但是我給你交了個好朋友，北邊的好朋友，這才是最寶貴的，比給你幾個兵幾枝槍要有用多了。」

我心裏明白，楊先生所說的「北邊的好朋友」，不是別的，正是指的中國共產黨和它領導的工農紅軍，所以我笑著說：「主任，你給我們交的這個朋友，勝過千軍萬馬！」

楊說：「對對對！」

開始趙壽山同志在座，談話中間，于右任叫他吃飯去了，那裏就丟下我。這個時候，楊先生的思緒，又回到了遙遠的陝西，回到了過去的年代。那一樁樁曲折驚險的歷史事件，一幕幕驚心動魄的戰鬥場面，一張張神情各異的人物相貌，似乎全都在他的記憶裏泛起泡沫，交錯疊現，使他的心情激動不已。當楊先生講到靖國軍的時候，我插了一句話：主任還記得你在靖國軍時期寫的一首詩嗎？我記得是這樣寫的：「西北山高水又長，男兒豈能老故鄉。黃河後浪推前浪，跳上浪頭幹一場！」

▶十七路軍警備第二旅旅長孔從洲

楊先生聽了立刻答道：「不錯不錯，寫過這樣一首打油詩。它確實表達了我當時的思想情感，就是決心跟著時代的潮流前進，做時代的弄潮兒。我認為正是這種精神，才使我們十七路軍能夠保持到今天。」

楊先生不勝感慨地說：「這次事變。我的任務只完成了一半，扣了蔣介石，使他沒臉，不可能再打內戰了，所謂『停止內戰』這一點，大體上做到了。剩下的一半。『救亡抗戰』，我能不能親身參加還很難說。主要依靠你們了。我希望你們，一定要搞好內部團結。籬笆紮得緊，野狗鑽不進。團結起來，才有力量。蔚如、壽山和你相處有年，你們互相都比較了解，一定要真誠合作，團結一致。舍此，就有被蔣介石肢解、消滅的危險。同時，要在抗日戰場上積極作戰。我們是國民黨軍隊中首先提出抗日的部隊，應該言行一致，積極同日寇作戰。我們只要在戰場上有好的戰績，就會得到人民的擁護和支持，我在國外也會得到安慰，蔣介石就不敢把我們怎麼樣。所以，你們一定要力爭部隊參加對日作戰，共赴國難，多打勝仗，取得好的戰績。」

夜越來越深了，同他已經談了三個來小時。以「不夜城」聞名的上海，也漸漸地沉寂下來。附近街道上偶有一輛電車轔轔駛過，遠處的黃浦江面間或傳來幾聲低沉的汽笛，打破了夜的寧靜。可是楊先生的談興仍濃。

他喝了一口茶，點燃一支香煙，繼續興致勃勃地說：「還想和你談談中國共產黨和咱們的關係，這也是最重要的一點。靖國軍失敗以後，部隊到陝北，在榆林結識了魏野疇先生，我和共產黨從此有了接觸。我覺得他們是一些有識之士，愛國家，愛民族，有獻身精神，並不像有些人宣傳的那樣，是些十惡不赦的歹徒。在國共合作的形勢下，我們參加了大革命的行列。你知道，咱們部隊從榆林南下的時候，就是那麼幾千人，然而聲勢很大，打敗了北洋陸軍第七師吳新田的部隊，以後又堅守西安，頂住了劉鎮華八個月的圍困和進攻。」

「一九二七年大革命失敗以後，國民黨一天天腐敗，日益走向反動，我把國家和民族的希望，以及咱們部隊的前途，寄託在中國共產黨身上，所以才有了在皖北的合作。皖北暴動失敗以後，在一個長時間內，我對共產黨並沒有失望，只是對他們當時的某些政策接受不了。所以直到部隊重回陝西，只能通過漢宸、斌丞、明軒他們作些抗日救國活動，並和紅四方面軍達成互不侵犯的協定。」

「九一八事變以後，國民黨的賣國投降活動，一步緊似一步，而對內的法西斯統治，卻越來越嚴酷。我幾經試探，並親自跑到石家莊見蔣介石，要求參加抗戰，你們知道他怎麼回答？他說：『哼！你那點本錢，經得住幾下子折騰！』還說：『不消滅共產黨，就談不上抗日。』我對他說：『現在是國家民族存亡的關頭，應該以大局為重，擯棄前嫌，團結對外！』他聽了不耐煩地說：『別說了，別說了，這些話我早聽厭了。』從此以後，我對國民黨完全失望，對蔣介石再也不抱任何幻想。」

「可是，這時和共產黨的關係，由於和紅四方面軍破裂而發生戰爭，還有張漢民的犧牲，使我非常苦悶。但我深信中國不會亡國，蔣介石的反動統治絕不會長久。過去有一位朋友告訴我：中國歷史上各王朝的滅亡，不外乎三個因素，即外戚、宦官、藩鎮，有一於此，就可以使一個王朝覆沒。如今，蔣介石已經兼而有三，雖然名義上沒有宦官，但是他周圍的小人比比皆是，再加上外有強敵日本，內有武裝的反對黨——中國共產黨，他還能支撐多少時候？我非常同意那位朋友的看法。」

「一九三五年，中國共產黨發表了《八一宣言》，使我感到有了希望，及至毛澤東先生派汪鋒帶他的親筆信來找我，要和我們建立抗日民族統一戰線，我覺得共產黨的政策對頭了，也和我們有了合作的條件。我曾經反覆想過，毛先生之所以要主動地找我們，要和我們建立抗日民族統一戰線，這絕不是偶然的，他可能從我們以往與中共的歷史關係考慮的。相信我們這個部隊是主張抗戰的。因此，又建立了這一次的合作，發動了雙十二事變，扭轉了十年內戰的局面，得到了全國人民的喝彩。我們這個爛攤子，縱然這次摔掉了，我也毫不後悔，摔得值，摔得響！」

說到這裏，楊先生激動地站起身來，走到窗前，拉開沉甸甸的窗簾，眺望繁星密佈的夜色以及樓前高低明暗的燈光。「啪」的一聲，楊先生拉上了窗簾，敏捷地陡轉身來，依舊激動地說：「你要知道，中國軍閥哪個沒失敗在蔣介石的手裏？我自己纏不下他，你們更纏不下他，能纏下蔣介石的只有中國共產黨。沒有同中國共產黨的合作，就不會有今天的局面。你在我們部隊中歷史較久，和野疇、漢宸都很熟，也和漢民共過事，對共產黨有一定的認識。現在咱們部隊內也還有炳南、撲要等人在，必須保持好和他們的聯繫。要記住：咱們部隊的處境，北邊是朋友（當時部隊駐在渭北與紅軍比鄰），南邊（指西安）是冤家，北邊是光明，南邊是陷阱。到了蔣介石壓迫我們，使我們的存在發生危險時，我們就斷然倒向共產黨，跟著共產黨走。這話我跟蔚如、壽山也談過了。兄弟！你們負有更艱苦的任務，好自為之。我相信，十七路軍的前途，你們的前途，都是光明的！」

話，越談越深，情，越談越濃。我倆都十分激動，禁不住熱淚盈眶，相對唏噓。誰知道這次長談，竟成了他對我的最後贈言，我和他的生離死別。至今思之、仍不免黯然神傷！不過楊先生的這些指示，對爾後我們十七路軍部隊奮勇抗日，直到回到革命大家庭是起了重要作用的。[9]

六月廿八日晚，楊虎城與長子楊拯民進行了竟夜長談。

▶一九三七年六月廿八日，陝甘旅滬同鄉及西北各界代表在上海國際飯店公宴楊虎城

楊拯民回憶道：

父親出國前夕，二十八日晚與我作了竟夕談話。

他白天告訴我，要我晚上到他屋裏去等著他。晚上，我就在他屋裏直等到午夜過後他才回來。他歉疚地說：「一直抽不出時間和你交談，明天我就要走了，這一去不知什麼時候才能再見。今晚最後一宿，是最後的一個機會。我原打算把你帶到國外去，可不幸的是，拯人病歿了，你娘受打擊太大，神經失常。如果這時再把你帶走，對她又是個刺激，所以就不帶你了，以後有機會再說吧。」又問：「你新娘說你在北平時經常外出，晚上回來得很晚，都交了些什麼朋友？」

▶一九三七年五月廿九日楊虎城偕夫人兒子搭乘這艘「胡佛號」輪船出國考察

我只講了在北平參加民先隊組織，和同學們從事抗日活動的一些情況，而未講自己因思想苦悶空虛，交友隨便一節。當時的想法是，不要讓父親操心，自己以後交友注意就是了。

父親叮囑我要多關心我娘和坤妹，交友要慎重。談到政治信仰問題，他講「他是主張信仰自由的。但對我這個初中尚未畢業，高中尚未考取的中學生來說，談信仰還有點早」。他說「共產主義是個很好的理想，可在中國如何實現？還需要探索」。「過去共產黨一直很左，失掉了許多支援贊助他們的人，現在開始有了些轉變，但還要看。主義要和中國的現實相結合，光有理想沒有用」。

他認爲我還年輕，只有十五歲，應該首先學習充實文化知識。他說：「我自己沒有多少文化，但有一些知識，這些知識是在生活、鬥爭、軍旅生涯、生死拼搏、社會磨礪、多次成功與失敗的實際中得來的，這是經驗。」他說：「世界上的知識有兩種獲得方式：一是在實踐中通過時間磨煉得到的，這要碰許多釘子，遭很多艱難曲折，以至流血傷殘，乃至犧牲，我的知識就是這樣獲得的，很艱苦，不容易。因爲我那時受家境條件的限制，只能走這條路。你不適合走這條路，現在你也有條件，完全不需要走這條路。另一種方法就是先讀書學習，充實基礎知識。中學課程是起碼的基礎知識，要好好學習，別荒廢時光，趕高中畢業，上大學時，由你自願，願學文、學工、軍事、政治由你選擇。到那時候有了鑒別能力經過實踐，再談信仰，就不會盲從了。」⑩

楊虎城由於文化基礎所限，他的思想與理論一般都是由他講出來的。他在上海的三次談話，充分表達出了他對自己人生的回顧，理想的追求；當時無限惆悵的心緒與對未來的思考。懷著壯志未酬志不休的豪情，楊虎城離開了上海，踏上了出國的旅程。

一九三七年六月廿九日，楊虎城偕夫人謝葆真，次子拯中，秘書王麟閣、亢維恪，參謀樊雨農（陝西警備第三旅團長），一行共六人，搭乘美輪「胡佛總統號」，由滬出國考察。當天到碼頭送行的人很多，約有千人之眾。

楊虎城身著白色西服，登上了胡佛號輪船。在一陣陣的汽笛長鳴聲中，輪船漸漸駛離了碼頭，楊虎城站在甲板上護欄旁，不斷在向送行的人群揮手告別。看著越來越遠的碼頭和船尾不斷泛起的浪花，離別的酸楚和不能留下抗日的憤悶，油然而生，他不願回倉休息，久久地在甲板上踱來踱去。

注釋：

❶李志剛：《西安事變後楊虎城將軍出國經過的回憶》，陝西文史資料第十五輯，第二一〇頁。

❷《楊虎城致中共中央領導同志的一封信》，《丹心素裹》之四，中國文史出版社，一九八七年版，第四至六頁。

❸褚龍吟：《陳立夫密謀刺殺楊虎城紀實》《文史資料存稿選編》，中國文史出版社，第六〇四至

六〇五頁。

❹楊拯民：《往事》，中國文史出版社，二〇〇七年版，第一三八頁。

❺周盼（楊拯坤）：《父親楊虎城在西安事變前後》《楊虎城研究》，陝西人民出版社，一九九一年版，第九八至九九頁。

❻《西北文化日報》一九三七年五月廿八日。

❼蔣介石：《致戴笠密電》，台灣「國史館」《蔣中正檔案》。

❽馬文彥：《記楊虎城將軍出國前在上海和我的一次談話》《文史資料存稿選編》，中國文史出版社，第六〇七至六〇八頁。

❾孔從洲：《孔從洲回憶錄》解放軍出版社，第二〇五至二一〇頁。

❿楊拯民：《往事》，中國文史出版社，二〇〇七年版，第一四六至一四八頁。

十一、蔣介石誘捕楊虎城的經過

楊虎城出國考察的第一站是美國。當「胡佛總統號」航行在浩瀚的太平洋上時，七月八日晚飯後，楊虎城從旅伴處得到了「七七事變」的消息。楊聽後十分震驚，說：「這麼說，抗戰爆發了？」他讓秘書立即給宋子文發報，詢問情況。出國前，蔣介石將宋子文確定為他與楊虎城之間的聯繫人。宋交給楊一本專用密碼，以便聯繫。

七月十、十一日，楊虎城接連收到宋子文從上海發來的兩封電報。第一封說：「盧溝橋戰事已停，目前不致擴大，如有變化，當續告。」第二封又說：「盧溝橋戰事停而復作，敵並由關外調來大隊，我方已準備作戰。」

楊虎城在接到宋子文第二封電報後即刻覆電宋子文：「兩電均悉。日寇進迫，國將不國，惡耗傳來，五中痛憤。弟一革命軍人，何忍此時逍遙國外。擬由三藩市返國抗敵，乞轉陳委座。」

七月十四日下午，楊虎城到達了美國舊金山。剛住下就接到領事館轉來的宋子文的電報。

宋的電報大意是：依目前情勢，請稍緩返國。

楊對宋子文的覆電很失望，以爲宋沒有把他的要求表達清楚。七月十六日直接致電國民政府，請求准予中止考察軍事，返國抗敵。

七月廿二日楊接到宋子文來電。宋仍請楊留美國或先赴歐洲參觀，俟中日宣戰，再由中央電召回國。

七月廿三日，楊虎城接蔣介石來電。蔣要楊虎城繼續在國外考察。楊只好繼續進行歐美的行程，同時也積極謀劃如何突破蔣介石的阻撓回國。

▶楊虎城赴美途中，船抵火奴魯魯（檀香山）

七月廿八日下午，楊虎城僅偕秘書亢維恪（心栽）一人飛離三藩市，經芝加哥赴美國首都華盛頓。他對亢心栽說：現在國內抗日戰事吃緊，我待在國外每天遊玩應酬，實在乏味。宋子文來電要我先到歐洲，我考慮一下，這樣也好。我想同你前去歐洲，然後由那裏設法回國，明天下午就動身。」在華盛頓楊只做了晝夜的停留，遊覽了市容。三十日抵達紐約。

一九三七年八月九日楊虎城乘坐的輪船駛進英國南部的薩木敦港。兩天後，八月十一日上午，楊虎城離倫敦，下午五時乘火車抵達巴黎。到巴黎不久，他就通過中共旅法支部向蘇聯聯繫，但不見答覆。八月廿一日楊虎城派亢心栽向蘇聯駐法大使館提出入境申請，蘇聯使館稱，此事須向莫斯科請示，一周後可答覆。事前，楊也將這一打算

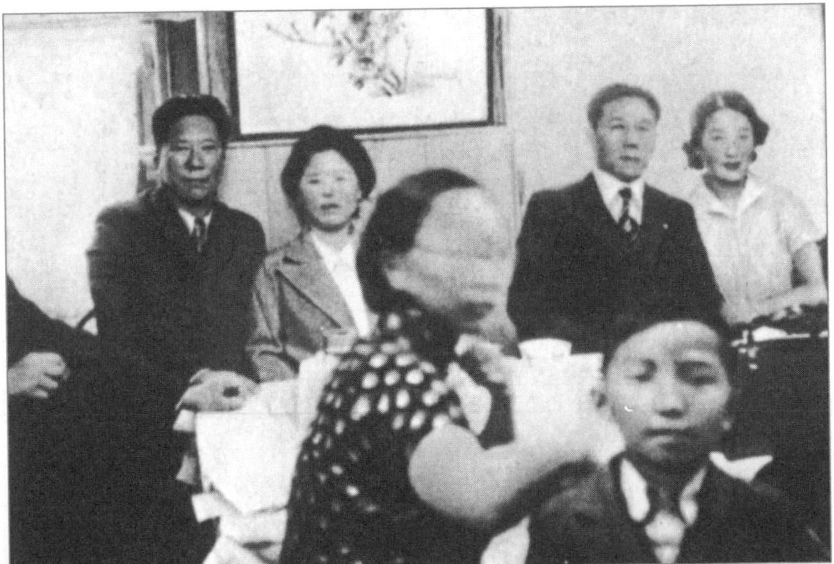

▶楊虎城（後排左二）在法國。左邊露半身者是連瑞琦，農工民主黨員，曾任楊部機器局（兵工）局長

告知中國駐法大使館，並得到了允許。

八月廿八日上午，楊虎城偕秘書亢心栽及連仲玉，由巴黎乘火車赴德國，在德期間，楊兩次派人到蘇聯使館去打聽簽證情況，結果都是莫斯科還沒有指示。

為了回國，楊虎城在赴德前，曾派楊明軒、胡希仲代表他去莫斯科，找中國共產黨駐共產國際的代表團。向中共代表團反映他「計畫走蘇聯經蒙古進入陝北解放區」的打算。希望疏通他去蘇聯的問題。

九月廿一日，楊虎城接

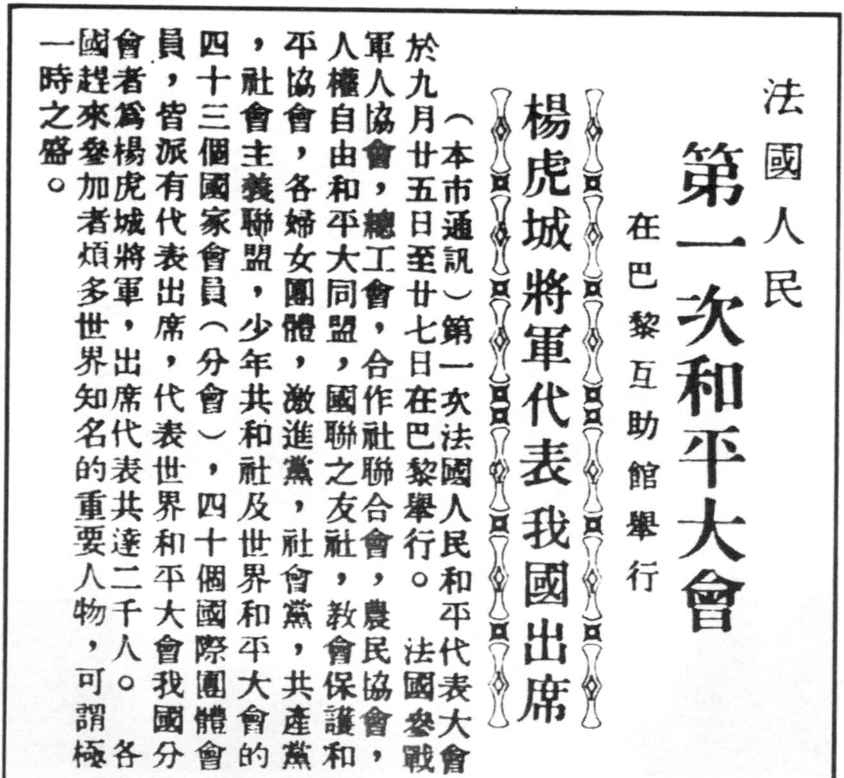

法國人民

第一次和平大會

在巴黎互助館舉行

楊虎城將軍代表我國出席

（本市通訊）第一次法國人民和平代表大會於九月廿五日至廿七日在巴黎舉行。法國參戰軍人協會，總工會，合作社聯合會，農民協會，人權自由和平大同盟，國聯之友社，教會保護和平協會，各婦女團體，激進黨，社會黨，共產黨，社會主義聯盟，少年共和社及世界和平大會的四十三個國家會員（分會），四十個國際團體會員，皆派有代表出席，代表世界和平大會我國分會者為楊虎城將軍，出席代表共達二千人。各國趕來參加者頗多世界知名的重要人物，可謂極一時之盛。

▶楊虎城在巴黎出席法國人民第一次和平大會

到楊明軒由柏林來函，稱其本周星期三可赴莫斯科。楊明軒和胡希仲到莫斯科後，找到中國共產黨駐共產國際的代表團，而且見到了當時代表團的負責人王明和康生，將楊虎城的打算及書信都交達給了他們。

十月二日，楊虎城在英國接到日內瓦轉來的宋子文來電說：「值茲全國抗戰，各方同志均紛紛集合，共赴國難。吾兄雖未奉電召，弟意宜自動返國。如何？盼覆。」

接到宋子文的這封電報後，楊虎城認爲宋轉達的是蔣介石同意他回國的訊息，於是開始安排回國的事情。

十月六日楊虎城夫人謝葆真、次子楊拯中及參謀樊雨農等由美抵達倫敦與楊會合。

同日，收到中國駐蘇大使蔣廷黻致駐法大使顧維鈞的電報。電報說：「關於中蘇關係，謠傳繁多。楊將軍此時赴蘇考察，不合

▶一九三七年八月二十日，楊虎城（左站立者）在法國比昂古華工招待會上演講

▶楊虎城抵美國舊金山後，美國太平洋要塞司令費勒卡森（前排右）於七月廿三日以上將歡迎儀式接待楊虎城（前排左）

▶舊金山市華僑於七月廿五日舉行宴會歡迎楊虎城(圖中箭頭所指處為楊虎城)

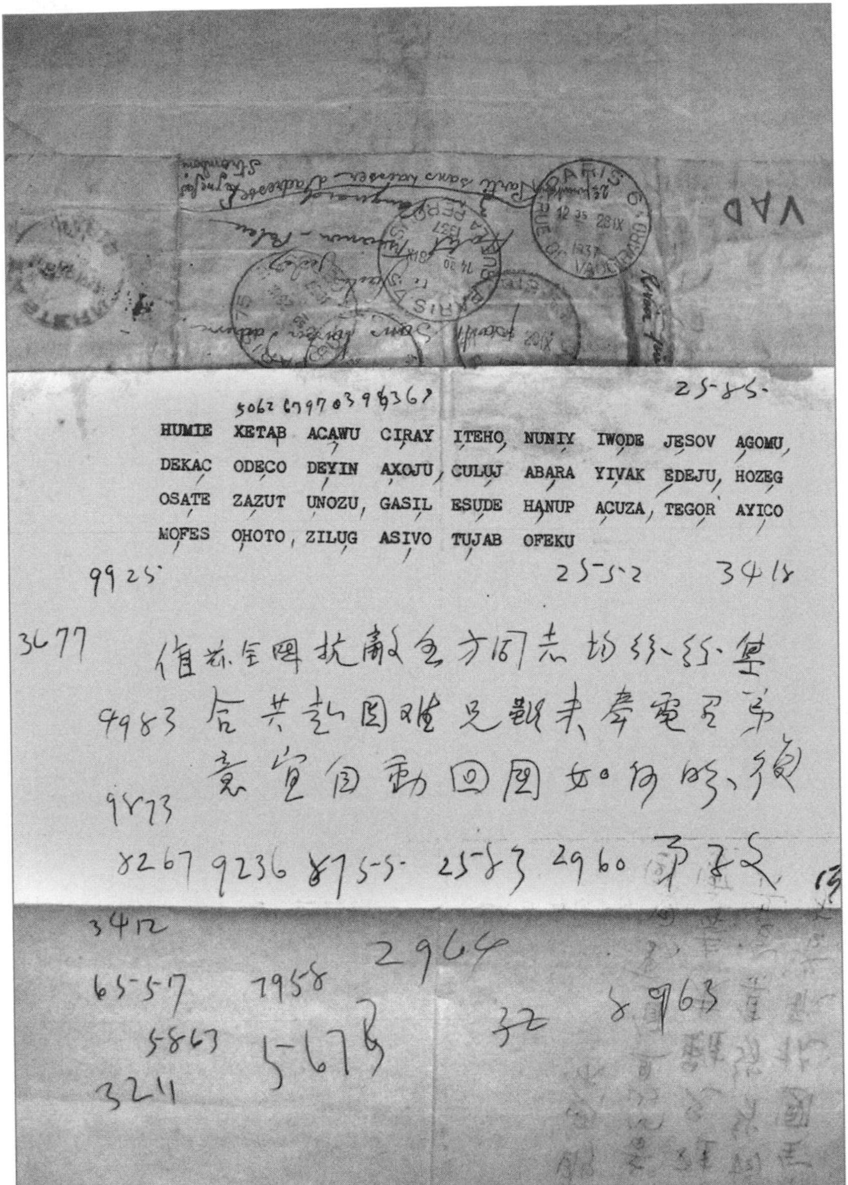

HUMIE XETAB ACAWU CIRAY ITEHO NUNIY IWODE JESOV AGOMU
DEKAC ODECO DEYIN AXOJU CULUJ ABARA YIVAK EDEJU HOZEG
OSATE ZAZUT UNOZU GASIL ESUDE HANUP ACUZA TEGOR AYICO
MOFES OHOTO ZILUG ASIVO TUJAB OFEKU

▶楊虎城在英國接到日內瓦轉來的宋子文電報

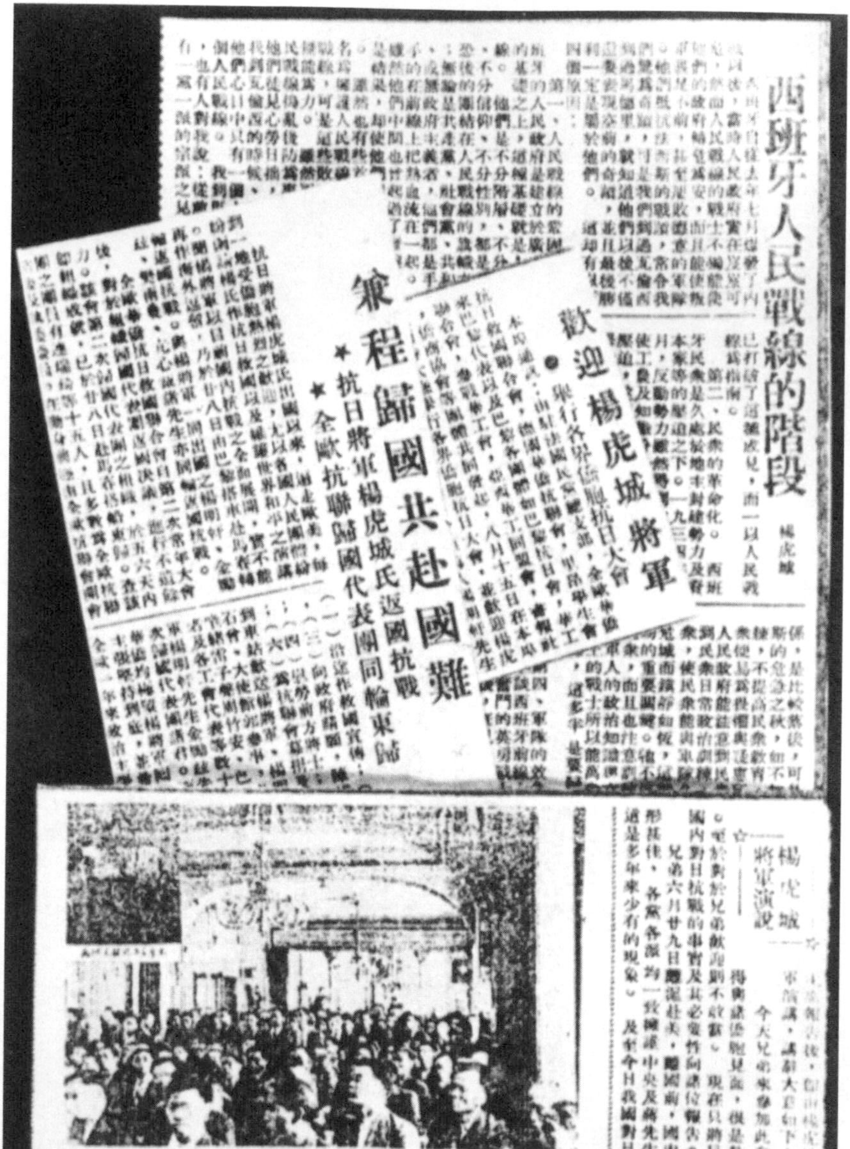

西班牙人民戰線的階段

楊虎城

歡迎楊虎城將軍

● 旅法各界僑胞抗日大會

兼程歸國共赴國難

★抗日將軍楊虎城氏返國抗戰

★全歐抗聯歸國代表團同輪東歸

楊虎城將軍演說

歡迎楊虎城將軍圖

▶《救國時報》報導楊虎城在國外活動的部分

時宜，請勸他推遲蘇京之行。」這封電報徹底否定了楊虎城去蘇聯假道回國的計畫。

當時，楊虎城身邊一些人從安全出發，認爲楊當時不宜立即回國。也有一些人則希望隨楊虎城一同回國。關鍵是楊虎城本人決意馬上啓程。

他說：「我們發動雙十二事變是爲了抗日，現在國內全面抗戰已起，如我仍逍遙海外，實無臉面對待中國人民。至於我回國之後，不管蔣介石怎樣對待我，我決不追悔，只要問心對得起國人，死何足惜！」

▶楊虎城途經新加坡、西貢（胡志明市），受到華僑的熱烈歡迎。
圖為西貢碼頭上的歡迎人群

◆一個誘捕的陰謀

宋子文為什麼會讓楊虎城「自動返國」呢？是什麼促使蔣介石改變拒絕楊要求回國，長期放逐海外的初衷呢？

上個世紀八十年代，台灣出版的民國人物小傳在《楊虎城》一文中，透露出蔣介石誘捕楊虎城的秘密：「二十七年八月，軍統局長戴笠獲悉楊與共黨勾結，疑返陝發動政變陰謀後，經周密計畫，於是年囚之於南昌，後解往長沙。益陽監禁。」關鍵在於「戴笠獲悉楊與共黨勾結，疑返陝發動政變陰謀」。作者將責任推給了戴笠，不提蔣介石。當時楊雖然被革掉軍政職務，但還是國家二級上將、國民黨中央監察委員。根本不是戴笠就能決定關押的。而「與共黨勾結，疑返陝」倒是關鍵。在歐洲，楊虎城曾派人代表他去莫斯科找中共駐共產國際的代表團，打算通過蘇聯回國。此事相當機密，蔣又如何得知呢？

曾任宋子文秘書、楊虎城高級參議的郭增愷一九六三年說，他在抗戰期間從接近蔣的近臣們中得知，原來是蘇聯領導將楊虎城準備通過蘇聯回國的這一秘密打算通報給了蔣介石。向蔣介石通報反對派的情況在蘇聯並不是第一次，馮玉祥寫給史達林的一些信件，也被史達林送給了蔣。

蔣介石根據史達林的通報，改變了原先不讓楊虎城回國的政策，設計了一個誘捕楊虎城的

▶一九三七年十月，楊虎城自歐洲乘法輪「冉．拉保底號」返國，途中在甲板上與同行者合影。第二排（坐）左二為楊虎城，左三為楊明軒

▶一九三七年十一月廿六日，楊虎城抵香港，十一月廿七日在港與友人合影。自左第五人為楊虎城，第六人為謝葆真，楊後站者為楊拯中

計畫。計畫的第一步是由宋子文發電以引誘和試探的口氣讓楊「自動返國」；第二步是當楊虎城響應宋的「自動返國」號召後，由宋親到香港去見楊。由宋轉交蔣介石要在南昌接見楊的電報。第三步則是當楊虎城按照蔣命赴南昌後即由戴笠組織拘押。事情後來的發展完全遵照了這個計畫。

一九三七年十一月廿六日凌晨，楊虎城一行乘坐的輪船抵達香港。一個穿黃軍服的人上船，說是代表軍委會來歡迎的，這個人實際是軍統局的少將特派員。

十一月廿七日宋子文專程到港來見楊虎城。宋子文見到楊虎城，表現得十分熱情，不但問候歡迎，還搬到楊下榻的半島酒店住，與楊徹夜暢談。事後，有人問楊的夫人謝葆真，「那宋子文又談了些什麼呢？」謝葆真說：「蔣介石來電囑你楊伯『到南昌相見』，我看宋子文這個人，充滿矛盾，忙忙亂亂倒很熱情，但不知道葫蘆裏究竟賣的是什麼藥？」

十一月廿八日，蔣介石來電給楊虎城說「派戴笠迎接，到南昌相見」。這封電報，不是直接發給楊的，也是宋子文轉交的。同日，楊虎城接到戴笠從長沙來電，約先至長沙後再赴贛見

▶楊虎城到香港後與王炳南等人合影，這是他被囚禁前的最後一幅照片。自左起：王炳南、謝葆真、楊虎城、楊拯中

▶一九三七年十二月楊虎城在南昌遭到蔣介石秘密逮捕，當時曾在這所樓房關押

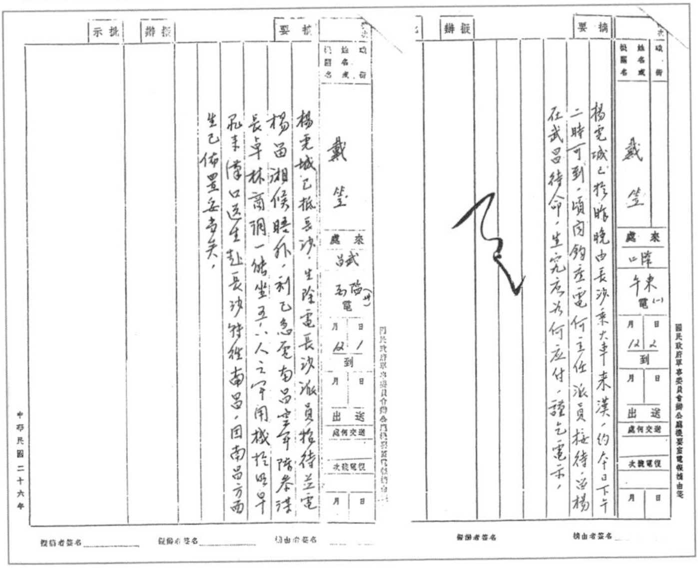

戴笠

來處 漢口 午東電（一）

月 12 日 2 到

摘要

楊虎城已於昨晚由長沙乘大車來漢，約今日下午二時可到，頃因鈞座電令主任派員接待，並楊在武昌待命，生究應如何應付，請先電示。

戴笠

來處 武昌 西電（卅）

摘要

楊虎城已抵長沙，生除電長沙派員招待並電楊留湘候晤外，刻已急電南昌黨部陪參謀長卓林商調一號坐五六人之專用機於明早飛來漢口送生赴長沙接往南昌，因南昌方面生已佈置妥當矣。

中華民國二十六年

▶戴笠電報

蔣。很快，宋子文安排了楊虎城去南昌的行程。楊虎城決定部下王根僧（江西人）跟他一起去南昌，可臨到十一月三十日出發時，宋子文只給了一張機票，後經一再要求，宋才又給了一張機票（可能宋動了一點惻隱之心吧）。

宋子文能到香港專門來見楊虎城，按常理（西安事變後楊見蔣都是宋陪楊去的）還應陪楊一起去見蔣介石。這次他不但不陪還安排楊孤身前往，明顯是參與了蔣介石誘捕的陰謀，至於宋知情多少則是另一回事。

一九三七年十一月三十日下午，楊虎城乘坐的飛機由香港飛抵長沙。楊先住進六國飯店。王根僧按照戴笠交代的地址去聯繫戴笠，戴笠根本不在，僅留下一張便條讓楊去武昌找他。無奈，當晚楊虎城又乘粵漢火車從長沙赴武昌。

十二月一日午後，楊虎城乘火車抵達武昌車站。戴笠率武漢行營及湖北省政府百餘人員在車站「迎接」。隨後，楊虎城偕王根僧去拜訪在武漢的于右任，這時已有大批特務跟隨。當于要留楊虎城這位老友吃碗家鄉麵條時，卻被特務以謊言制止，楊只好告別老友回到住地。

十二月二日，楊虎城由戴笠陪同乘飛機去南昌。在機場戴笠以飛機小為由，只讓楊虎城一人上飛機。後經王根僧再三要求，戴才將他的人換下，同意王上機。

據軍統局戴笠手下的幹將沈醉後來說：

當楊啓程返國消息傳來，蔣立刻電召軍統首腦戴笠去南昌，當面指示辦法。戴笠回到武漢，馬上命令軍統特務隊長李家傑，在特務隊中挑選了便衣警衛二十餘名，經戴笠一一親自點名傳見後，由李家傑率領先往南昌佈置。同時蔣介石還加派憲兵一連，共同負責擔任押解和看守楊的工作，以免發生意外。

楊虎城一到南昌，就被這些便衣警衛和憲兵完全的管制了起來，失去了與外界的一切聯繫和行動自由。蔣介石誘捕楊虎城的計畫獲得了成功。

十二、遭囚十二年

我在台灣，與朋友談到祖父楊虎城在被秘密逮捕後所遭受到的非法與不公正待遇時，朋友不解地問，「那張學良又怎麼樣呢？」

他之所以這樣發問，是因為不清楚那段歷史和蔣介石非法囚禁、殺害祖父的秘密。他和許多善良的人一樣，以為逮捕、監禁以致殺害楊虎城都是在合法的情況下進行的。

一九三七年十一月，楊虎城在宋子文一封「值茲全國抗戰，各方同志均紛紛集合，共赴國難。吾兄雖未奉電召，弟意宜自動返國。如何？盼覆。」的電報誘惑下，毅然從歐洲返回祖國，渴望親身參加抵抗日本侵略者的戰鬥。

不料卻遭到蔣介石親自佈置，戴笠親自組織實施的秘密逮捕，和之後長達十二年沒有審判的監禁，以及最後殃及子女、部屬的屠殺。

◆獄中生活

楊虎城被秘密逮捕完全失去自由後，先被移居到距離市區三十華里，原國民黨江西省主席熊士輝的梅嶺別墅裏。這裏四面環山，山上長滿了青竹，環境十分幽靜，但特務的看押卻十分嚴密。

當時的看押分爲兩層，內層看押的由軍統局的特務負責，他們和楊住在同一棟樓房裏，楊住在樓上一間屋內，特務們住在樓下，但晝夜都有特務在樓上值班。外層由憲兵一個排負責警衛。特務隊加憲兵總體有七十多人。總負責人是特務隊長李家傑（上校銜），分隊長曹澤民（少校銜），指導員張光宇（上蔚銜）。

這一時期，還屬於軟禁。

▶楊虎城被囚處之一——重慶磁器口楊家山

楊虎城還被允許每週到附近鄉間去散步，但每次出去特務們都不離左右，處在嚴密監視之中。在這裏楊虎城一直被關押到一九三八年五月。

在台灣國史館藏檔案中戴笠給蔣介石的電報中對關押楊虎城的地點是這樣報告的：「銅鼓不通汽車，修水也不甚適宜，今日親往梅嶺看定房屋，惟缺廚房與傢俱，故四五日之佈置，該處離南昌三十餘里，離汽車道僅里餘，必要時遷湖南亦便，對楊之處置尚未明告，生因此事尚未完妥，不能立即回京隨侍，心甚焦急，首都防守，已負責有人，敢乞鈞座早日離京。」

在香港，楊虎城的夫人謝葆真與丈夫分別後，攜子於十二月二日離港，經武漢三日回到西安。路過武漢時，謝也到于右任處拜訪，從于右任口中得知楊虎城的行動已受限制，心裏十分不安。回到西安數天後，得知楊虎城失去自由，心急如焚，千方百計打聽

▶謝葆真被囚處。遠處房屋即楊虎城被囚處

消息了解情況。並打算親自去探望楊虎城。

當時，葆真夫人以爲蔣介石會以對待張學良的方式（張的夫人和趙四小姐可以輪流陪伴）來對待楊虎城，她帶孩子去是想探望，給楊以精神安慰。殊不知蔣對待這兩人是有天壤之別，對她更是懷疑重重。

一九三八年一月十四日，謝葆真攜子拯中，由西安抵漢口尋覓丈夫的下落。原第十七路軍諸將領商量後派副官閻繼明、張醒民同往，當時張醒民剛結婚不久。在武漢，謝葆真找到了戴笠，由戴笠安排他們一月十七日乘船去南昌。結果一到南昌，他們四人也都失去了自由。戴笠將他們秘密關押在市里的一處居所。直到半年後才讓他們與楊虎城相聚。

一九三八年秋初，楊虎城由長沙移囚於益陽桃花倉。與原囚於南昌市里的夫人謝葆真、次子拯中及副官閻繼明、張醒民，合囚一處。住在軍統設在那裏的臨時監獄的附近民房內。直到冬天武漢撤退時，楊一家又被解往貴州。

爲了安排好張學良、楊虎城的遷移，戴笠曾於一九三八年十月廿八日專門給蔣介石寫報告要運送的汽車。他在報告中寫到：「查張漢卿留居沅陵，楊虎城留居桃源。現爲籌謀安全起見，已覓妥貴州息烽縣屬之玄天洞爲楊遷移之新址，修文縣屬之陽明洞爲張遷移之新址，不日均可佈置完竣，著手遷移。惟生處缺乏大批之交通工具足供遷移之用，查西南運輸處長沙分處所存卡車頗多。擬懇，鈞座賜電宋主任准電長沙分處就近撥借卡車二十四輛，俟遷移完竣，即將原車送還。是否有當？謹乞鑒核示遵。」蔣介石批示：「照辦」。

▶貴州息烽玄天洞秘密監獄，楊虎城一家在這個山洞裏被關押達六年之久
若干年後，楊虎城之子楊拯民（左二）前去察看

經過一路跋涉，一九三八年冬，楊虎城一家被戴笠秘密由益陽移囚於貴州省息烽縣陽明坎。從此楊虎城結束了「軟禁」，開始了正式的囚禁生活。

剛到息烽，玄天洞內的監舍還未修好。只好將楊虎城和其他犯人都一起關在陽明坎看守所裏。後來看守所擴建該名為軍統局息烽監獄。關押人最多時達到三、四百人。專門用作囚禁中共黨員、進步人士和違犯軍統紀律的軍統特務分子用的。如中共四川省委車耀先、羅世文、黨員張蔚林、張露萍、馮傳訊、楊光等許多人，以及民主人士馬寅初、黃顯聲等都在這裏囚禁過。這段時間，雖然生活很差，但難友很多，楊一家人的精神還能得到一些慰藉。

「玄天洞」在息烽縣城東十三華里的一個極為偏僻的山頂上，這個山洞只有一個出入口，易於警戒。地方找好後，戴笠還親自上山察看一番，他很滿意。叫在附近修建供特務隊和憲兵等居住的房屋以後，即將楊移送過去。玄天洞是一個天然的鐘乳石大山洞，有十丈多高，當時裏面有一所道觀，叫「玄天觀」，據說已有三百多年歷史，香火很旺。但當特務們看中此處後，趕走了道士，停了香火。

玄天洞位處接近山頂的峰間，距山下有千餘公尺，下山只有一條崎嶇小路。洞前，只有十幾平方米的一塊平地，出洞後面、左右都是大山，前面是溝壑，不遠又是大山擋目。楊虎城與家人在洞前只能看到的是山和不大的一片天。

一九三八年十月，戴笠親赴貴州視察對張學良、楊虎城的關押情況後給蔣介石的電報報告如下：

二七年十月十四日　戴笠

（一）生於八日離渝往息烽晤虎城，修文訪漢卿，各處警備頗密。

（二）張楊情況就表現觀，楊仍好談外交及政治；張則興致所致，對政治也多議論，張之情緒較佳。楊不免苦悶，而楊妻近似稍患神經但無妨。

對於看守楊的工作，蔣介石曾再三叮囑戴笠不可大意。一九四〇年，戴笠又親自往息烽佈置一番，除在楊住宅四周設有便衣特務嚴密看守外，外層憲兵也分兩層布崗。憲兵連部設在後山高地，可以控制後山和楊住宅；軍統特務隊則設在前面上山的路口。白天崗哨距離，彼此能看得很清楚；晚上更縮小範圍，並採用傳更辦法：那是用大竹子劃兩道口，像過去城市打更用的竹梆一樣；以木棒敲打會發出很大聲音。每到夜間，隔一定時間，由第一個崗位先敲幾下，梆聲剛落，第二個便得接著敲打。就這樣輪流著一個個敲下去，只要一處不響，帶班的馬上去檢查。每到天黑以後到第二天黎明，梆梆之聲響徹高山深谷，十分陰森恐怖。

玄天觀座落在接近山頂的岩壁上，在山上的峭壁隘路上依山傍岩，有幾處零星的小廟，在小廟裏駐有一排多的憲兵，擔任該禁閉室的週邊警戒，到了觀門前，便有軍統的武裝守衛廟後的高地，也設有崗哨，整個警衛戒備的情形，比關押張學良的那個禁閉室顯得森嚴得多。觀內的正殿及其他配房，分別作爲看守負責人的辦公室及警衛人員的宿舍等。

在正殿旁邊架築於岩石之間的閣樓式的偏殿，便是楊虎城的關押所。這個禁閉室的規模設備都不及張學良那裏，對楊虎城也不裝點非禁閉的形式，守衛就是守衛，看守就是看守，楊所住的那些房屋，都裝有木柵欄的。室外活動，也有一定的時間，不是可以隨意出入，更說不上到附近地方去趕集之類，生活待遇也是按照規定開支，伙食雖然也是有葷有素，但是由大廚房做好送去的，沒有自己的小廚房。整個生活顯得單調和嚴肅。

白天，楊可以在門口走動一下。他最愛走到離住所幾十步遠的一個山嘴去眺望通過息烽的公路。因為山上終年沒有外人來往，只有從那裏可以看看往來在公路上的汽車。一到夜間，便不准出門，只能在屋內活動。

到息烽後，特務隊隊長仍然是李家傑。

據特務後來講：

當時戴笠對張學良生活上的待遇安排較好。加上張夫人于鳳至與趙一荻（即趙四小姐）兩人在一九四四年前是每年輪流陪張，她們都是去美國休息，回來總帶不少東西，生活比較好點。而楊因為蔣介石對他特別仇恨，從來沒有外面接濟；他自己有一點錢又捨不得拿出來用；加上當時法幣天天貶值，經手特務揩油，所以生活相當困苦。他想換一套新棉衣都很不容易。

一九四一年，謝葆真在獄中生下了小女兒楊拯國，這給楊虎城精神上帶來不少安慰，但這種暫時的安慰，很快就變成憂傷。謝葆真由於產後營養不良和長期囚禁生活，在特務們的迫害下精神漸漸有些失常。特務們不但不給治療，反而故意刺激她，使她的病情越來越重。也影響到了楊虎城和孩子們的生活。在萬般無奈的情況下，楊虎城向特務提出兩個要求，一是爲女兒請一位奶媽，解決女兒的養育問題；二是由他自己出錢在洞外蓋兩間平房，使謝葆真有一個養病的條件。

找奶媽的事情解決得較快，特務從當地農村找了一位叫吳晴珍的婦女來餵養拯國。特務隊長李家傑是雲南鹽津人，一向貪財如命，聽楊虎城願意自己出錢修房子，便極力替他向戴笠請求，經過一番請示也得到批准。楊拿出了四百元美金，交與李家傑代辦。李除在兌換美金時便揩了一筆油水外，又在修建時偷工減料，弄得非常簡陋。楊對此非常生氣，但也無可如何，只好將就下去。

一九四二年春，戴笠去看楊虎城。楊虎城在忍無可忍的情況下，向戴笠提出要撤換李家傑，因爲李使他太感痛苦了，戴只好答應下來，到重慶後便改派龔國彥去接替李任隊長，另外派原來在特務隊任醫官的張靜甫兼任副隊長。戴笠認爲李家傑經常反映楊夫婦情況，看守有功，提升李爲中央訓練團警衛組上校副校組長，代理戴笠所兼任的組長職務。

龔國彥，浙江人，係戴笠所辦杭州特訓班畢業的特務，戴一向認爲他忠實可靠。他外表較李對人溫和，而實際上同李是一樣的毒辣陰險。張靜甫，河北人，係戴笠所辦湖南臨澧特訓班畢業的特務；曾學過幾年醫，但沒有什麼臨床經驗。當時除了在醫藥費上揩點油外，什麼病他也看不好。楊夫婦有病，經常請息烽軍統特訓班醫官去診治，偶爾也請過幾回中醫。約在一九四四年前後，楊夫人病情有了好轉，才准許楊搬出洞外，與她同住。

戴笠對看守楊的工作，除了前面所談到的警衛佈置外，還特別叮囑軍統息烽監獄主任周養浩經常去看看。周是戴的小同鄉，也是一個非常兇狠殘暴的特務頭目。戴很信任周，因周管理息烽監獄那一整套的嚴密管制犯人的辦法，很爲戴所稱讚。雖然看守楊的特務隊是直接受軍統司法處和特務總隊所領導，但也要受周的監督，因爲多一層關係，可以更好地防止日久發生意外問題。

周經常去陪楊打打小麻將消遣，每次總有龔國彥在場。楊因心情不暢，每打必輸。由於周養浩表面斯文，說話比較客氣得體，有時也幫助楊虎城解決一些生活上的小問題，使楊對周有一些好感。楊虎城曾對人說過，他對軍統的特務非常厭惡，但是，周養浩卻是一個好心腸人。

◆堅持立場 不為所誘

在楊虎城被囚禁之後，蔣介石也曾希望楊虎城能向他的迫害低頭。向他表示「悔過」，揭發共產黨的「欺騙」，作爲他們進行反共和對內部進行教育的材料和實例。他曾派戴季陶、朱紹良、戴笠等前去進行過勸降，結果都被楊虎城嚴詞拒絕。戴季陶在勸說失敗後對于右任說，楊虎城態度很頑固。

一九四五年，日本投降的消息傳到息烽，人們都很高興。楊虎城也希望隨著八年抗戰的勝利，能夠減少蔣介石對他的仇恨，還他自由。當時就連一些特務也都這樣認爲，對楊的態度也有改善，同意將閻繼明、張醒民送到玄天洞與楊一起生活。

一九四六年春天，在重慶召開的全國政治協商會議上，中國共產黨提出了釋放張學良、楊虎城、羅世文、車耀先等政治犯的要求。蔣介石表面上不反對，但是暗地裏，卻加緊想辦法對付這些政治犯。他趕忙下令殺害了羅世文、車耀先，卻謊稱早已處決了。張學良被秘密押送到台灣。楊虎城一家和兩位副官也被移到重慶特區的另一個秘密處所——楊家山繼續關押。這時，楊虎城對自由的希望完全失去，他情緒十分低落。楊夫人更加氣憤，致使精神分裂更加嚴重。她經常責罵蔣介石太沒心肝，特務不是人。八年的折磨，楊夫人身體越來越壞。特務們因爲恨她，病了不但不醫治，反而藉故刺激她。到了一九四七年，她便含著滿腔憤恨，與世長辭。楊虎城悲痛萬分，他堅持將屍體火化，將骨灰放在身邊，希望兩人繼續相伴。

就在這個時期，特務們進一步加強了對楊虎城的迫害。

據曾李玉方回憶說：

一九四六年，楊虎城將軍由貴州息烽縣玄天洞被轉押到重慶中美合作所。那時，戴笠已死，我搬進戴的楊家山公館（戴改名為養付佳山公館）辦公。我的職務是國防部保密局重慶財產管理處主辦會計。楊先生住在我的住房後的半山腰。相距約百米的一幢平房內。這個地方，抗日戰爭期間，汪精衛的偽駐德大使張治平（安徽人）、上海英文《大美報》編輯馬佩衡（上海人）都住過。楊先生每天都在山上散步，山下為警戒區，是不准下來的。我因工作忙，沒機會上山，所以沒有機會接觸

就在這年八九月間，重慶行營主任朱紹良前來看望楊先生，由財產組高硯宸（河北豐潤縣人，高樹勳之侄）、張秉午（河北人，刺殺史量才時開車的司機）、特務隊長龔國彥（浙江人）和我接待。

那天，朱下車後，先到山上去看楊先生。我因和總務人員一道準備接待朱吃飯，沒有同去，朱、楊談了些什麼無從知曉。大約兩個鐘頭左右，朱就下山，來到楊家山會議室吃飯。飯後，龔國彥向朱彙報楊先生情況，我也在場。龔說：楊認為抗戰勝利一年多了，仍然不釋放他，表示憤慨。而且他本人近半年來和楊先生關係緊張，至於上級（指毛人鳳、蔣介石）交他誘使楊先生吸食大煙之事，完全失敗。楊先生不但不吸大煙，就連香煙都不吸。

我聽了以後才明白，龔國彥除了看押楊先生的任務之外，還有個「孝敬」楊先生吸毒的任務。真是喪心病狂，無所不用其極。

在長期的迫害以及夫人去世的打擊下，楊虎城說話變得很低沉，身體也消瘦下來。不久就病倒了，一九四八年秋，楊虎城胸口以下疼痛難忍，服用止痛藥也止不住。特務只好將楊送到他們的專用醫院「陪都」醫院進行救治，經檢查，發現楊患了嚴重的膽結石。醫生對楊實施

了手術，切除了膽囊，從膽囊中取出了一把結石。在楊虎城生病住院期間，保密局都有電報向蔣介石報告病情，這些電報還都保存在台灣國史館館中，其中有二封：

編號110145 俞濟時 九．二十一

楊虎城注射盤尼西林後病情趨和緩。十一日體溫恢復三十七度五，十二日送陪都紀念醫院治療。十五日體溫三十七度二，惟大便經檢查發現有半米哩石頭，據醫生告此與膽囊結石有關，須用手術割除膽囊。惟楊年事較高，手術須由中央醫院外科主任陳人亨等舉行，內外科會診討論不敢草率。後事恐在一二日內尚不能動手術。

呈閱

保密局九月二十四日報告：楊虎城體溫連日仍在三十七度上下，經於十六日下午五時續攝X照片究明確係膽囊結石病。乃於二十二日上午施行手術，取出膽石，情況尚佳。惟楊本人迄當日仍在昏迷中。

呈閱

在楊虎城住院期間有位醫生姓張，他在給楊虎城治病時偷偷地把從報上看到楊拯民在延安的消息偷偷告訴了楊虎城；楊虎城也把戴季陶、朱紹良、戴笠他們奉蔣介石之命，到息烽玄天洞、重慶的楊家山幾次勸降，要他承認錯誤就可獲得釋放的事情告訴過張醫生。他當時對朱紹良說：「我有什麼錯誤？我一生做的事對得起中華民族！歷史會證明是我錯了，還是蔣先生錯了。蔣先生不釋放我，我也死而無憾。」

在陪同父親楊虎城住院期間，楊拯中因患扁桃體炎需要做手術。特務從中央醫院接來耳鼻喉科主任李志新、醫生任光珍和嚴偉年，在陪都醫院為楊拯中做了扁桃體摘除手術。現已八十六歲的嚴偉年老先生於二〇〇三年寫下了這段難忘的經歷。嚴老說，一九四八年春的某一天，耳鼻喉科主任李志新親自通知他：「明天要到陪都醫院去為楊虎城的兒子作扁桃體摘除手術，你要住在那裏值班，請你作好準備。」

第二天一早，嚴大夫一行被特務接到陪都醫院，稍事休息便開始了手術。手術由李志新主任施行，任大夫和嚴大夫作為助手協助。

楊拯中是被擔架抬進（按當時的醫學要求病人要被抬入）手術室的。楊拯中的手術進行得很順利，只幾分鐘就結束了。手術後，特務領著三位大夫到陪都醫院後山坡上去吃午飯。這時大夫見到了囚禁中的楊虎城。

嚴老說，當他們三人在特務的帶領下到達後山坡上的一小塊空地上，只見空地上有一個小飯桌，桌上放有剛烹調好的幾盤菜和一大碗肉湯。就在這時，從旁邊的屋裏健步走出一個人來。特務急忙向他們介紹：「這是楊虎城先生。」接著他們就圍著飯桌坐了下來。

「當楊虎城將軍就坐後，他操著濃重的陝西口音向大夫們介紹了楊拯中的病情：『拯中幼時患扁桃體炎，曾在上海作過扁桃體電灼術，沒有解決問題，以後經常復發。這次感謝幾位，徹底根除了拯中的病患。』」

嚴大夫見到這時的楊虎城是：「身高一點七幾米，微胖面部豐滿，紅光滿面，神采奕奕，灰黑頭髮，未蓄鬍鬚，未戴眼鏡，腰杆筆直，身著褪了色的暗紫藍色中式布質長袍，下著中式深藍色中式布質長褲，腳穿深藍色線襪和黑色步鞋。談話從容、自如，聲音宏亮。他大將軍的風度依存。」

午餐後，其他兩位大夫返回中央醫院，留下嚴大夫值班，觀察楊拯中手術後的情況。第二天八時許，嚴大夫去楊拯中住的臨時病房，檢查手術後的情況。

這個臨時病房，就是陪都醫院的太平間，面積約五十平方米，灰磚牆壁，沒有天花板，一眼可見房頂的黑瓦。房子的兩壁開有四個窗戶，都是有木質百葉窗的雙層窗戶。但當時只開了其中一扇，其餘緊閉。房中除了一張木質雙人床供楊虎城父子使用外，再無任何傢俱。床安置在房門邊，床頭靠窗。窗台中央很顯眼地立著一套紅布精裝的《魯迅全集》。《魯迅全集》的右側擺著一個紅布包裹，從形狀大小看應該是楊夫人的骨灰盒。

當嚴大夫進屋時，看到楊虎城穿著昨天那身衣服，坐在床上專心致志地閱讀一本《魯迅全集》，由於過於專心，連與醫生都沒打個招呼。楊拯中躺在父親的身邊。經檢查，傷口癒合很好。查完房，嚴大夫就被特務用車送回了中央醫院。

在獄中，楊虎城還結識了一位西北籍的特務。

曾擔任國防部保密局重慶財產管理處主辦會計的李玉芳回憶說：

我到隊以後，楊先生知道我是甘肅人，非常親熱，因為他在被囚禁的十多年來，根本沒有見過一個西北人。楊先生迫不及待地問我，西安鼓樓、蘭州金千觀遭日機轟炸沒有，還問了陝甘二省地方的情況。他知道我是甘肅定西縣人後，馬上又問：李振西（國民黨師長）你認得嗎？我說，他們鎮離我們那裏還有三十華里，只知道他有個妹子名叫李蓮秀，至於李振西本人，我沒見過。楊先生笑了笑說，原來如此。什麼意思，我無法理解。初次見面，在押的七人都圍著我問長問短，多半是陝甘風土人情一類的話題。我非常敬佩楊先生記憶超群，連國民黨一個師長是哪省哪縣人都記得非常清楚。那時他已經是五十多歲的人了。

楊先生每天早睡早起，東方發白就起床散步，如果那天早上吃的是羊肉泡燴饃，一定叫我去吃。吃完早飯，便由秘書宋綺雲先生讀報給大家聽。楊先生聽得很認真，閉目靜聽，如果前幾天報上某個戰場上戰事很激烈，今天報上不提的話，他就說，那個地方已經在戰事激烈的那天丟了，驗之事實皆準。我記憶中的楊先生，思維敏捷，記憶力強，分析任何事情相當準確，非常樂觀，有說有笑。楊先生還曾對我說：周養浩在貴陽與人合夥修建了一座樓房，當時因錢不足，把我的兩千元美金拿去了。這座樓房，據說是租給貴陽市汽車工會了。

楊拯中（楊虎城之子）、宋綺雲先生二人終日緊鎖雙眉，在我們相處的半年多時間裏很少見到笑容。宋夫人徐林俠女士成天縫縫補補，裁裁洗洗，照顧著兩個孩子楊幼女拯國、宋子振中，是個標準的賢妻良母。拯國長兩個大眼睛，活潑可愛。副官閻繼明（河北人）身體魁梧健壯；張醒民（陝西人），中等個子，由於不習慣南方生活，加之長時期得不到自由，身體非常單薄。他們兩人早上鍛練身體，風雨無阻，對楊先生倍加尊敬，總是稱楊為主任（因楊一九三六年前是西安綏靖公署主任）。他們對別人說起話來，只要一提到楊先生，便主任長、主任短的，好像和一九三六年在職時一個樣，視與楊先生同甘共苦、共患難為理所當然，甚至連自己是個階下囚也不在乎。

◆拒絕釋放 繼續迫害

一九四九年初，蔣介石發動的「剿匪」戰爭，經過「遼沈」、「淮海」、「平津」三大戰役遭到了慘敗。一九四九年一月廿一日蔣介石被迫發表「引退」文告。宣佈「於本月廿一日起，由李副總統代行總統職權」。

一月廿三日，李宗仁飭行政院釋放政治犯。

一月廿四日，李宗仁指示顧祝同釋放拘押的張學良、楊虎城。二月一日，顧函覆李宗仁，將此事推給時任台灣省主席的陳誠和西南軍政長官的張群。

二月五日，陳誠在台灣就李宗仁飭釋張學良問題向應邀訪台的程思遠表示，張非受台省管束，台省無權決定，予以推諉。

時任國民黨國防部保密局重慶辦事處處長的郭旭後來說：

一九四九年一、二月間李宗仁代理總統時，宣佈釋放政治犯，首先宣佈釋放張學良和楊虎城，命令國防部保密局釋放張、楊。

新任局長徐志道接到李宗仁的命令，由廣州打電話給時在上海的前局長毛人鳳，因毛仍掌握著保密局的實權。毛在上海告訴我說：「李宗仁令徐志道釋放張學良和楊虎城一事，經去奉化溪口請示總裁，總裁當時很生氣地說：『如果張、楊當年聽我的話，不鬧西安事變，那我就把共產黨消滅了，不會搞到今天這樣的局面。現在把他們放出去，楊就會去投共產黨，於我們不利。楊在重慶目標太大，馬上將他秘密轉移於貴州。』」

當我請示如何答覆李宗仁，總裁說：『叫徐志道推說不歸他管，要李宗仁直接找你，你就置之不理。』我已電覆徐志道，叫他推說囚禁張、楊的特務隊是由我直接指揮的，不歸他管，請直接找我好了。

不久，李宗仁以毛人鳳當時在國防部已無名義，公文也無由投遞，乃令重慶市市長楊森釋放楊虎城。楊森推說找不到毛人鳳，不知道楊虎城囚禁在哪裏。實際上，楊森接到李宗仁的命令後，親飛上海同毛商量後，又飛回重慶才答覆李宗仁的。李宗仁因楊森答覆找不到毛人鳳，於是在南京登《中央日報》找毛人鳳，叫毛釋放張學良和楊虎城。周養浩看到這個消息後打電話報告上海的毛人鳳時，毛早已知道此事了。因爲在一月十五日蔣介石已對張學良、楊虎城的處置做了安排。

據國史館蔣介石的事略稿本記載：

一月十六日

昨夜十二時，公醒後切思北平國軍將領李文化…。午回慈庵接見王樞銘副總司令、毛人鳳局長研究討論救北平國軍方針…。繼指示毛人鳳對張學良、楊虎城之處置辦法。呈以李代總統已于二十四日令傷空軍派飛機分赴台灣省及重慶接張、楊二人赴京。並分電陳誠主席及楊森市長撤銷對張、楊之監視。公當毛人鳳局長轉達陳誠主席及楊森市長，對李宗仁釋放張、楊之命令暫置勿覆並歎曰：「李宗仁意圖構陷及其掠奪一切，野心未及五日已昭然若揭矣」。

蔣介石堅決反對釋放楊虎城，而代總統李宗仁派出接載楊虎城的飛機又要來了，重慶的特務們怎麼辦呢？毛人鳳、徐遠舉等人決定把楊虎城先轉到貴陽。

當徐遠舉去找楊虎城勸他轉移時，楊曾向徐遠舉大發脾氣說：「李代總統要釋放我，你們為什麼還要把我轉移地方？我不是小孩，今天轉這裏，明天轉那裏，我不走！我要死就死在這裏。」徐遠舉知道楊虎城對周養浩比較信任，就請周養浩去勸楊虎城轉移。

周養浩這樣對楊虎城說：「蔣總裁認為如果現在由李宗仁把你釋放，你更加恨他了，所以他想把你暫時移往貴陽，不久將會把你送往台灣，然後和張學良一起釋放。」

一則楊虎城對周養浩信任，二則周亦言之成理，於是楊虎城就同意在周養浩的陪伴下專機轉往貴陽。同去的還有宋綺雲夫人徐林俠、幼子宋振中和楊虎城的副官閻繼明、衛士張醒民。就這樣，一九四九年二月，楊虎城與子女及宋綺雲一家，被從重慶「中美技術合作所」監獄，移囚於貴州省貴陽縣黔靈山麒麟洞的一所房內。這裏地處市郊，是貴陽風景區之一，當年戴笠爲了討好蔣介石，替他在這裏修了一所公館，實際上蔣介石從來沒有去住過，而完全由戴笠自己享受，當時在軍統稱之爲麒麟洞公館。楊在這裏又住了近七個月。

黔靈山下麒麟洞，有廟宇六七棟，修建精巧，爲貴客名勝之地。楊虎城等七人住前面二棟內，後面幾棟住了老尼姑一人，還有十七歲的女尼姑十多人。這裏有三十多名看守隊員日夜輪流看守，憲兵一個排擔任週邊警戒，駐貴陽市的第八十九軍（軍長劉伯龍係老牌軍統特務）也負保安責任。

關押楊虎城期間，麒麟洞戒備森嚴。除了寺內尼姑可以出入外，就連週邊的憲兵都不敢越池一步。一次，八十九軍參謀長想到麒麟洞來玩玩，週邊憲兵看到他帶著少將領章沒敢阻止，但他快到警戒區時，卻被一個姓湯的看守隊看到。姓湯的走上前來，不問原由見面就打，將他打得頭破血流躺在地上。當旁人知道趕去看時，那人已經爬起，聲稱他是八十九軍參謀長。可姓湯的看守公然說：「我知道你是少將，對你還是客氣的，下次再來就槍斃你。」說著還要打。直到其他特務把姓湯的叫回，那個參謀長才狼狽而去。

十三、愁雲慘霧 名將死難

一九四九年八月廿四日，蔣介石從廣州飛抵重慶，連日召見西南有關的軍政大員，部署軍事、政治方面的最後活動。

時任國民黨國防部保密局重慶辦事處處長的郭旭後來說：

毛人鳳一九四九年十月下旬在台灣告訴我和馬志超、毛森：當我在重慶請示總裁是否把楊虎城送到台灣來時，總裁指示將楊和其秘書宋綺雲兩家六人（楊虎城將軍和其男女公子及宋綺雲夫婦和宋的一男孩）解回重慶，秘密殺掉，勿讓外人知道。我當時恐怕把楊虎城殺了之後，引起張學良的不安，建議把宋綺雲全家在重慶搞掉，將楊全家解到台灣來繼續囚禁。總裁躊躇了一下指示說：「留下他們做什麼？還是在這裏（指重慶）把他們秘密搞掉了吧。」因此我叫周文豪（即周養浩）前往貴陽把楊等接到重慶。

沈醉說：

一九四九年八月間，蔣介石由台灣到重慶。他對毛人鳳一再說：「今天之失敗，是由於過去殺人太少，把一些反對我們的人保留下來。這對我們太不值得了！」所以當毛人鳳向他請示楊虎城如何處理，是否要解送台灣，他毫不考慮地回覆：「留了他做什麼？早就應該殺了！」但他最後叮嚀毛人鳳，應當把楊解回重慶，秘密進行，不能讓外人知道。

遵照蔣介石的指示，八月廿七日，毛人鳳在重慶羅家灣交警旅長何龍慶公館召集徐遠舉、周養浩開會，密謀殺害楊虎城等人的計畫。會上，毛人鳳傳達了蔣介石的指示，並提出整個行動要極端秘密。徐遠舉先提出在貴陽附近公路邊的荒僻處動手，因爲害怕被發現，難以保密，就決定還是在重慶中美合作所內秘密執行。毛人鳳對周養浩說：「白公館有行動員，你回去找他們談談，做秘密案子除了手槍外，還有什麼辦法。但不要告訴他們處決的是誰，你同他們談後，回頭告訴我，我和徐遠舉要親自召集他們商議決定，還要他們履行宣誓手續，以保秘密。」同時佈置周養浩到貴陽，負責將楊虎城一行押回重慶。

當天下午，周養浩通過白公館負責人陸景清、楊家山找來了楊進興、安文芳和楊輕典。簡單提出了任務要求，問如何執行？當時楊進興首先說：「不用槍打，就用匕首。」周養浩問楊輕典：「你能參加執行不？」楊輕典說：「我沒有經驗。」周養浩說：「那你就協助。」楊進興隨即又推薦了王少山和熊祥。周養浩將選定的劊子手報告給了毛人鳳後，自己就趕去貴陽。

▶一九四九年九月六日，楊虎城遇害處

在周養浩離開重慶之後，九月二日，毛人鳳和徐遠舉召集劊子手開了一個極秘密的會議，在會議上，劊子手集體宣誓，表示堅決完成這次任務，絕對保守秘密，爲蔣總裁效忠。毛人鳳還在會上宣佈，事情完畢後，蔣總裁將會論功行賞。會議同時進確定了一些具體的行動和步驟，例如決定匕首行刺，以避免發生驚動等。毛人鳳還親自察看準備行兇用的匕首。將執行地點定在中美所內松林坡「戴公祠」內，因爲那裏最僻靜。參加這次會的劊子手有白公館的看守長楊進興、熊祥、王少山、安文芳、林永昌、楊輕典等六人。

▶一同被害的楊拯中幼年時

九月一日，國民黨軍統局西南特區少將副區長周養浩來到貴陽黔靈山麒麟洞，矇騙楊虎城到重慶「晉見」蔣介石，然後轉押台灣。特務們的這一舉動，楊虎城也是心懷疑慮，但他沒想到蔣介石就要殺他。

據李玉芳說：

一九四九年九月五日左右，周養浩從重慶帶領一班人馬，分乘大小吉普車各一輛、六輪卡車一輛，來到貴陽楊先生住地，稱蔣介石到了重慶，要召見，很可能獲釋。周養浩走後，楊先生說，釋放希望渺小，很可能又要轉移，這次可能是去台灣，明天周來我提出你和我們一同去重慶轉台。我答應了。

第二天，周來了，楊先生提出後，周說，只有張鵠一人陪你前去，其他人員由張靜甫和他兩人率領，到昆明雲南綏靖公署保防處，安置和路上的一切開支費用，都得他（指我）去報賬。因此我沒有去成。行前，楊先生把收拾好的一個白鐵箱子交給我，並說，裏邊有拯國的書籍和一個褥子，叫我帶

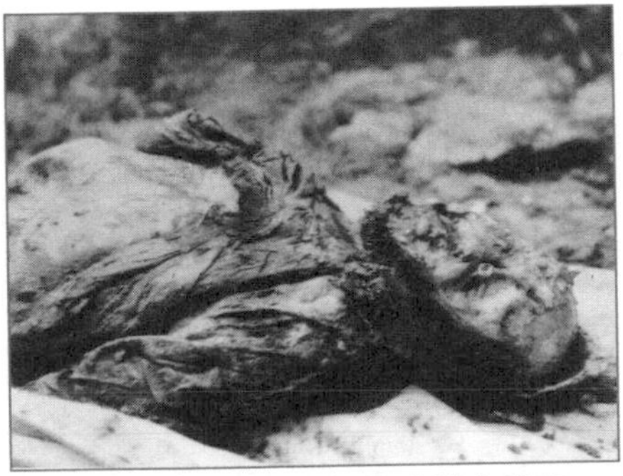
▶楊虎城遇害後，面部又遭鏹水毀容，意圖保秘

▶楊虎城遺體被秘密埋葬在這裏

上，由昆轉台。這天早飯後，周養浩和張鵠以及楊先生一行七人，和由重慶來的幾個警衛，分乘大中小三輛汽車去了。

周養浩按照毛人鳳預先約好的做法，九月六日，在楊虎城終於答應周養浩，和他一起回重慶時，周緊急電報通知毛人鳳，他們的汽車就會到達重慶，好讓重慶的特務們準備輪渡及安排行刺的工作。

楊虎城一行在周養浩及看管楊的軍統特務隊長張鵠等的押送下，分乘三部汽車，駛向重慶。第一輛小汽車上坐的是周養浩。第二輛汽車是救護車，坐的是楊虎城及其兒子拯中，還有看守楊虎城的特務隊長張鵠，第三輛汽車所乘坐的人最多，是楊虎城的秘書宋綺雲及夫人徐麗芳（林俠）、兒子振中、楊虎城夫人在獄中誕生的小女兒以及楊虎城的兩個

▶與楊虎城同遭難的宋綺雲

▶與夫同亡的宋夫人徐林俠

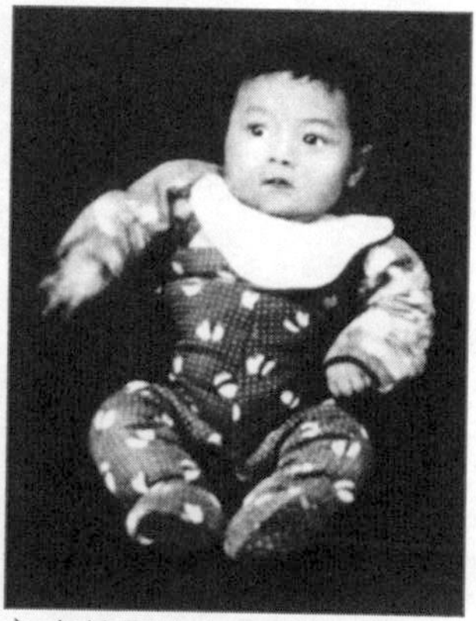

▶宋綺雲的小兒子宋振中

副官閻繼明和張醒民。

周養浩所乘的第一部車子開得特別快，黃昏過後已抵海棠溪。這時候由毛人鳳派專人攔路，轉交一封親筆信，囑周養浩先回家用休息，一切後事由來人接洽。毛人鳳並已準備好渡輪，於是他們很快就過了江。周養浩立即回到了「中美合作所」楊家山他自己的家裏，等待消息。周先生說，至於後來楊將軍等人怎樣遭遇行刺的情況，都是從臨場的特務隊長張鵠口中得知的。

十點鐘過後，第二部汽車也過了江，向戴公祠急駛而去，到達戴公祠的時間是午

▶楊虎城將軍靈柩由重慶啟程運往西安

夜十一點多鐘。楊虎城走下汽車，張鵠即告訴他說，準備在這裏住兩天，一方面等蔣介石接見；另一方面等待台灣的飛機。接著在張鵠的帶引下，兩名特務左右挽住楊虎城，走向山坡上的「戴公祠」。剛剛二十出頭便已花白了頭髮的楊拯中佝僂著腰，捧著母親謝葆真的骨灰盒，沿著陡峭的石階，跟在父親身後，氣喘吁吁地攀援而上。到「戴公祠」後，楊拯中抱著母親的骨灰盒被擁進了樓梯旁的屋子。此時，早已埋伏在那裏的楊進興、熊祥、王少山、林永昌等四名劊子手，正握著刀分成兩組，隱伏在樓上樓下的房間內。

王少山和林永昌趁楊拯中欲進門之際，突然竄出，手持兩把利刃，迅即朝楊拯中腰間刺去。他慘叫了一聲：「爸！」還來不及掙扎就倒下來。兇手接著又是數刀，

▶二〇〇六年，作者楊瀚（左）訪問殺害楊虎城的兇手（右），楊輕典流下懺悔的眼淚

將他的腰椎都刺斷了。這時走在前的楊虎城已知有異，忙轉頭探看。楊進興和熊祥一前一後，將兩把利刃插進了他的胸膛。楊虎城「哎喲」大叫一聲，重重地摔倒在地上。兩組劊子手不由分說，撲上前又狠狠地補上幾刀，然後擦擦手上的血跡，便下山覆命去了。

楊虎城倒下後不久，宋綺雲和夫人徐林俠、他們的兒子和楊虎城小女兒楊拯國乘坐的汽車也到了「戴公祠」。他們被引到警衛室，喘息未定，幾個劊子手握著血淋淋的屠刀，闖進房內。先把宋氏夫婦逼向牆角，他們剛明白這是怎樣一回事時，利刃已刺進他們的軀體。宋夫人徐林俠則苦苦哀求特務們放過兩個幼小的孩子，特務們哪管這些，一刀刺向了徐林俠。夫妻雙雙倒在血泊之中。

這時候，兩個不滿十歲的小孩，突然被這種可怕局面嚇住。楊輕典一個箭步向前，用手扼住宋振中的脖子，企圖將他掐死，楊進興拿利刃刺向了宋的身上，兩個小孩慘叫著，倒在了地上，在血泊中結束了

▶楊虎城將軍陵園——西安市南郊韋曲
墓碑是寇遐題的字

他們短促的生命。

特務們行兇後，刀上的血跡尚未凝固，就下山喝酒吃肉去了。不僅如此，他們還瓜分了楊虎城隨身攜帶的錢物。爲他們做飯的伙夫也分到了楊將軍女兒的一塊銀牌。這塊銀牌正面刻著「長命富貴」四個字，背面刻著「楊先生女公子雙月紀念，張止戈」。這是將軍女兒滿雙月時，息烽特務團長送作紀念的。

楊虎城和楊拯中的屍體被特務們埋入花園的一座花台裏，爲了保守秘密，還用鏹水淋了他們的面部，宋綺雲夫婦和他們兒子的屍體被埋在他們遇害的房子裏。令人奇怪的是，楊拯國的屍體卻一直沒有找到，當時只找到一塊連著頭髮的頭皮。

這是黑暗血腥的一天，是一九四九年九月六日午夜十二時半。

蔣介石終於將楊虎城處死了，報了十三年前被扣西安的大仇，使他多年倍感恥辱的心靈得到一點安慰。事後毛人鳳對沈醉談到此事時說：「老頭子（蔣介石）對於這件事幹得如此乾淨俐落，很感滿意。」❶

注釋：

❶沈醉：《楊虎城將軍被囚禁和被慘殺的經過》，《文史資料選集》第二十八輯，第十七頁。

結束語

西安事變過去整整七十六年了。當年，爲了挽救國家、民族的危亡，張學良、楊虎城率領東北軍和十七路軍，以「捨得一身剮，敢把皇帝拉下馬」的大無畏精神，毅然在西安發動兵諫，迫使蔣介石和南京當局，改變了反動的「攘外必先安內」政策。促成了全國抗日民族統一戰線的建立，形成了半年後的全民抗戰的新局面。

楊虎城在西安事變中起了多大的作用？是什麼角色呢？蔣介石爲什麼殺他而不殺張學良？這些，一直都是人們關注的問題。特別在海外和台灣的人們，大多只知道西安事變是張學良發動的；西安事變自蔣介石回到南京也就結束了。隨著世界的進步，歷史的發展，國共兩黨的歷史文件和參加西安事變一些重要當事人的私人文件，不斷公開，楊虎城的名字越來越多地出現在了這段歷史當中。他在這場愛國民主運動中的作用也就逐漸顯現出來。

蔣介石把楊虎城看做是「三位一體之中心，自當稍加另眼看待」。

張學良恢復自由後講出了：「西安事變就是楊虎城，當然我們兩個人，那是楊虎城不平啊。」又說：「那西安事變……那可以說他是主角啊，不過名義是我，我是主角了」的話。

作爲親眼看到西安事變的部分真相的一個英國記者貝特蘭，在一九八〇年他爲《楊虎城傳》英文版寫的序言中談了他對楊虎城的認識。

貝特蘭說：

如果有人問我：「楊虎城將軍在西安事變中起了什麼主要作用？」我想我應當這樣來回答：

第一，正是楊虎城說服了少帥，只有運用兵諫戰略，抓住最高統帥，才有希望使他停止對共產黨作戰，並團結全國共同抗日。

第二，正是楊虎城堅決反對在沒有作出書面保證、改變其政策的情況下讓蔣介石返回南京；後來是周恩來說服了楊接受口頭保證，以代替書面保證。

第三，正是楊虎城在一九三七年一月間擔當了西北地方的主要發言人，而且他通過與王炳南及其他共產黨人的聯繫，鼓勵著進行積極的宣傳活動，以維持公眾的士氣，並對統一戰線給予支持。

第四，正是由於楊虎城精明地處理了第三次西安武裝政變，即一九三七年二月二日孫銘九與『左翼分子』企圖清除較為保守的東北軍指揮官，才制止了另一次流血事件，並且使和平解決軍事爭端成為可能，這樣就最終地解決了西北的全面危機。

作為一個在短暫時刻掌握人民命運的人物，楊虎城並沒有扮演一個不光彩的角色。如果從本性上說，他遠不及少帥那樣富於理想、豪俠尚義的話，但從他堅決要求民族團結抵抗日本侵略這一主要威脅來看，他畢竟是一位正直而又忠誠的中國人。

【附錄一】

重慶渣滓洞大慘案真相

徐遠舉

一九四九年，大陸解放前夕，蔣介石爲進行垂死掙扎，在人民解放軍解放大西南之時，慌忙從台灣趕到重慶，一面佈置以胡宗南、宋希濂所統率的百萬軍隊進行軍事頑抗，一面準備在潰逃前進行大屠殺、大破壞。我是執行蔣介石這種反動政策的罪魁禍首，現謹將重慶渣滓洞大屠殺的真相憶述於後。

一九四九年八月，蔣介石偕蔣經國、陶希聖、黃少谷、俞濟時、毛人鳳等，由台灣到重慶，除進行軍事和政治部署外，並指示保密局特務頭子毛人鳳，對囚禁在中美合作所集中營的革命人士進行殺害。當時，我在重慶任西南軍政長官公署第二處處長兼保密局西南特區區長，負責領導保密局在西南地區的特務機關。毛人鳳一到重慶，即找我談話，地點是在漱廬何龍慶家中。毛人鳳劈頭就說：「奉總裁的指示，將楊虎城在重慶殺掉，陳儀在台灣交付軍法會審，以後張學良也要幹掉。你把過去所逮捕的共產黨員，擇其重要的先殺一批。」毛接著說，「你們過去的工作做得不好。爲什麼將民主同盟的人和傅作義的家眷都放掉了呢？」我答覆說：「這是西南長官公署張長官（張群）的意思。」毛人鳳即說，他準備去看張長官，將總裁的指示告訴他。又說，陳公治（陳儀）的問題，總裁非常憤恨，曾狠狠地說過：「陳公洽我有什麼對不起他？他從浙軍投降過來，是如何地重用他，他今天來背叛我呀！」毛人鳳傳達了蔣介石的話以後，譏諷地說：「這都是他們政學系的人呀！國家到了這個局面，就送在他們南北二張（指張群，張治中）的手上了。」毛人鳳隨即佈置屠殺的任務：派西南特區副區長周養浩，赴貴陽提解楊虎城將軍及其家屬；同時指示西南特區清理積案，派國防都軍法局高級法官毛惕園，幫同西南特區進行審核，擬定名單。

楊虎城將軍於九月六日由貴陽提解到重慶。在未解到以前，毛人鳳同我早就準備了行刑的劊子手。在西南特區行動組和白公館看守所，選調了過去殺人的老手熊祥、王少山、楊進興等六個劊子手負責執行。毛人鳳和我在中美所大禮堂找這些劊子手談過一次話，給他們佈置任務，並叫他們宣誓，絕對不准洩露秘密。爲保密起見，毛人鳳叫他們殺的時候，不要用槍殺，用斧子和刀砍死，以免有槍聲，殺了以後要毀屍滅跡。我們選定中美合作所松林坡戴笠原來的住所爲執行的地點，楊虎城一到重慶，立即執行。又派楊進興去重慶南岸離海棠溪四公里半的地方去接車。九月六日，楊將軍及其男女公子各一人，楊之秘書宋綺雲夫婦暨其子宋振中等共六人，被一併殺害於中美所松林坡。執行完畢後，毛人鳳對劊子手分別給予獎金，以資獎勵，這是保密局對殺人如麻的劊子軍一貫的獎勵辦法。這也是中美所進行大屠殺之始。

渣滓洞大屠殺，是一九四九年十一月廿七日集體執行的。這是一次震駭中外、慘絕人寰的大屠殺，是國民黨政府臨崩潰前瘋狂的殺戮。「渣滓洞大屠殺」，包括渣滓洞、白公館、新世界三部分。渣滓洞看守所是屬於西南長官公署領導的，主要囚禁《挺進報》事件的共產黨員和愛國民主人士。白公館看守所是屬於保密局領導的，主要囚禁被迫害多年的政治犯，如東北軍將領黃顯聲等。新世界看守所是屬於重慶衛戍總司令部領導的，多係重慶稽查處和丙種會報於臨解放時所逮捕的革命人士。因這三個看守所被害的革命人士，都是於十一月廿七日在中美合作所被集體屠殺的，以渣滓洞殺害共產黨員最多，故後來稱之爲重慶「渣滓洞大屠殺」，又名「中美合作所大屠殺」。

渣滓洞大屠殺，分爲先後兩次。第一次屠殺，在一九四九年十月底，是毛人鳳在重慶核定的殺害名單。公開殺害的十人，秘密殺害的三十二人，計有王朴、塗孝文、蒲華輔、陳然、劉國志、成善謀、鄧興酆等，內中都是中共地下黨工委、地委、縣軍委、學委等負責人或成員。公開殺害的，由西南長官公署命令重慶警備司令部在重慶大坪公開執行槍決。秘密殺害的，由西南特區會同西南長官公署第二處，派行動科科長龍學淵，率領行動組和警衛組劊子手漆玉麟、熊祥、李磊等十餘人，在中美所嵐埡執行屠殺的。當時，西南特區並奉台灣的指示，將被害的革命人士拍成照片，送往台灣核備。

第二次屠殺在十一月廿七日，其時重慶已面臨解放，解放軍已迫近重慶南岸南溫泉附近。毛人鳳下令，將渣滓洞、白公館、新世界三個看守所所囚禁的革命人士全部殺害。在幾天前，毛人鳳即命令西南特區、西南長官公署第二處、白公館看守所、重慶稽查處，將所囚禁的革命人士名單列冊送核。廿七日，毛人鳳將屠殺名單分別交給我及白公館看守所所長陸景清、重慶稽查處處長周養浩等按單執行，共計殺害共產黨員及愛國民主人士黃顯聲、李承林、韓子重、黎又霖、周均時、王白興、周從化等一百六七十人，共分三處執行。渣滓洞看守所被殺害的約一百餘人，由我派西南特區行動科科長龍學淵、西南長官公署第二處課長雷天元，率領劊子手熊祥、王少山、徐貴林等二十餘人，會同警衛部隊執行屠殺。原準備勒死，因時間倉促，劊子手們即用美製湯姆生機槍掃射。屠殺後爲毀屍滅跡，又派西南特區行動總隊副總隊長鐘鑄人，攜帶汽油馳往中美所，將渣滓洞看守所予以焚毀。

白公館看守所計殺害黃顯聲等三十二人，內中有少數違犯紀律的軍統特務，被一併殺害，係由白公館看守所所長陸景清、看守長楊進興執行的。新世界的屠殺，共殺害三十餘人，由城內解至中美合作所松林坡屠殺，係由重慶衛戍總部稽查處處長周養浩派行動組組長廖雄、特務鄧培新等前往執行的。另有少數革命人士，囚禁於重慶城中西南長官公署第二處臨時看守所，由西南特區行動總隊執行殺害。這是蔣介石在重慶中美合作所犯下的滔天罪行。所有參加屠殺的保密局特務，除部分逃往台灣外，其餘均未逃脫歷史的懲罰。

（一九六二年）

《文史資料存稿選編 第十四輯 特工組織（下冊）》，中國文史出版社出版，全國政協文史資料委員會編，二〇〇二年八月，第六〇七至六〇八頁。

【附錄二】

訪周養浩談楊虎城之死

香港《七十年代》雜誌記者劉慕農

八月二十八日下午，被中共釋放等待回台的前國民黨軍統保密局西南特區少將副區長周養浩先生，在接受本刊記者訪問時，談到了他在一九四九年執行蔣介石的命令、參與殺害楊虎城將軍的經過。這一段驚心動魄的往事，由當年參與行動的今天被中共特赦的周養浩先生道來，不但可作爲歷史的見證，而且也具有一定的現實意義。因爲楊虎城將軍是由於當年發動「西安事變」、促成國共合作抗日而被蔣介石囚禁和殺害的。而今天，國共鬥爭未息，周養浩先生也因此不能順利同台灣和他的家人相聚。憶往談今，周養浩先生談起「西安事變」，談起楊將軍之死，難免感慨繫之。

訪問是在帝國酒店周養浩先生的住房中進行的。年屆古稀的周養浩先生（到今年十月，他正好七十歲），身材修長，頭髮花白。由於近年來患有慢性支氣管炎，在談話時有點氣喘。然而，他還是熱心地跟記者談了好幾個鐘頭，所談的又是一件對他來說是不愉快的往事。周養浩先生這種敢於正視歷史事實、敢於評價自己過去的精神，的確使人感佩。

周養浩先生是浙江江山縣人，同國民黨的特務首領戴笠、毛人鳳份屬同鄉。也是由於戴笠的介紹，周養浩當一九三二年在上海法學院法律系畢業後，於一九三三年加入了國民黨早年的特務組織——復與社特務處。當時監督周養浩宣誓加入這特務組織的，就是現在還在台灣擔任國民黨中央委員的唐縱。從那時起，到一九四九年被俘，周養浩爲國民黨幹了十六年的特務工作。特別是在一九四九年，國民黨在大陸大潰敗，蔣介石在這一年的五月逃到台灣以後，又多次飛抵重慶，住在離機場很近的地方，親自主持在重慶、成都、昆明等西南地區的大破壞和大屠殺。周養浩也就在這時候『臨危受命』，擔任了重慶衛戍總司令部保防處處長、保密局西南特區副區長等職，執行蔣介石和他手下的特務首領毛人鳳的命令，其中包括了謀害楊虎城的案件。

◆西安事變時，周養浩正任職於西安公安局

周養浩先生回憶一九三六年「西安事變」發生的時候，他當時也正好在西安，擔任陝西省會公安局第三科科長。他承認，當時他對張學良、楊虎城拘捕蔣介石實行兵諫的行動，既不同

情也不理解，因爲在當時他的思想觀念裏面，下級對於上級應該唯命是從，至多只能苦諫，「犯上作亂」是不對的。至於抗日戰爭、民族命運以至朋友的感情，在他當時看來，同上下級關係來比是較次要的。這種觀念一直支配了他十多年。一九四九年他在西南特區執行蔣介石、毛人鳳的命令時，毛人鳳對他說這是「臨危受命」，他的回答也仍然是「唯命是從」。當年爲國民黨如此效忠的一個人，今天被摒諸台灣門外，他的心境是可以想見的。

周養浩先生爲記者簡述了楊虎城將軍在「西安事變」之後的經歷。

「西安事變」翌年，楊虎城被迫出國考察，到過歐美各地，遊蹤所至，必對當地華僑和進步的留學生宣傳抗日。後來國內七七盧溝橋事變爆發，楊虎城非常焦急，希望能早日回國投入抗戰。他先後幾次打電報向蔣介石請示，但是蔣氏始終沒有答覆，後來據說還是宋子文覆電給他，同意他回來。當時張學良已經被蔣介石公開軟禁，所以也有些好心的朋友勸楊虎城還是暫時不要回國爲宜，但楊虎城認爲外侮當前，豈可逍遙國外，終於不顧個人安危，毅然從馬賽啓程回國。

一九三七年十一月，楊虎城偕同夫人謝葆真，幼子拯中一行抵達香港。上岸之後，旋即被軍統特務暗中監視。接著，蔣介石也從南昌來了電話，要他到南昌相見，並說已吩咐戴笠歡迎他。在香港住了幾天之後，楊虎城一家便搭飛機往長沙，後來在武昌見到了戴笠。

◆楊虎城回國抗戰，被蔣介石囚禁

戴笠把他帶回南昌，軟禁在自己的辦公處，所謂蔣介石要在南昌接見他，完全是一種騙人的圈套。當時，楊夫人謝葆真偕同幼子拯中已去西安，後來聽到這個消息，趕忙折返南昌，自此之後，就一直陪在楊將軍身邊，過著被囚禁的生活。

一九三八年春，南京淪陷，蔣介石親自命令戴笠，把楊虎城轉押往後方較為偏僻的地方，以便於看管。於是，楊將軍就先後被轉押到長沙、益陽等地，但始終都是由軍統的特務來看管。直到這一年的冬天，武漢撤退時，他又被解往貴州。

◆息烽時期與楊虎城有過多年交誼

在貴州，楊虎城最初被監禁的地方是息烽陽朗壩的看守所。這地方後來成為軍統的一個重要監獄，也就是息烽監獄，可容納三、四百人。一九三九年，戴笠到息烽視察，認為楊虎城被監禁的地方不夠安全，離公路太近，於是在點烽縣城東十二華里的一個極為偏僻的山頂上，找到一個名叫「玄天洞」的山洞，這個山洞只有一個出入口，易於警戒，於是戴笠就把洞中的一個道士趕跑，把楊虎城全家轉押在這個山洞裏。

玄天洞終年不見天日，洞裏異常潮濕。在這惡劣的環境中，再加上精神方面所受的重重折磨，楊虎城的身體一天天衰弱，常常鬧病。後來不得已自己還出錢在警戒圈子裏蓋了一個簡陋房子。一九四一年，楊夫人生下了一個女兒，孩子的出世，更爲他們帶來無限的憂傷。就在這一年的春天，周養浩來到了息烽，直到一九四六年，他擔任息烽監獄長兼軍統息烽辦事處主任。由於職權所在，他需要經常和楊虎城見面，後來見面的次數越多，彼此之間也就熟絡起來。周養浩常到楊的住處，陪他喝酒打麻將消磨日子。後來，楊虎城曾對他的一個朋友說，他對軍統的特務非常厭惡，但是周養浩卻是一個好心腸的人。周養浩先生談到這裏，一再重覆楊虎城的這番話，他臉上的神情則流露出內心的負疚。過了一會，但終於說出了心裏話：「後來，我把他騙到重慶，這是很不應該的。」

一九四五年，楊虎城在獄中聽到抗戰勝利的消息，非常高興，除了爲抗戰勝利而高興之外，他還以爲自己很快就可以得到自由。當時，周養浩也是這麼想。但是，事實很快就把他們的幻想粉碎。一九四六年，軍統把息烽集中營結束，釋放了一些人，但卻把楊虎城一家押到重慶，加以更嚴密的看管。

一九四六年春天，在重慶召開的全國政治協商會議上，毛澤東提出了釋放張學良、楊虎城、羅世文、車耀先等政治犯的要求。據說蔣介石表面上是同意了，但暗地裏，卻加緊想辦法對付這些政治犯，其中一些比較重要的政治犯都被化名秘密轉解到一些易於警戒的監獄裏。楊虎城將軍這時也被移到重慶特區的另一個秘密處所——楊家山。在這段日子裏，楊夫人由於長期受到精神折磨，不幸染上了神經病，一九四七年在獄中逝世。楊虎城悲痛萬分，他日夜以楊夫人的骨灰箱子爲伴，連睡覺的時候也要放在枕邊。當時知道這種情形的人無不受到感動。

息烽集中營於一九四六年七月結束後，周養浩先被調到貴陽，一九四八年再被調重慶，負責前中美合作所地區內包括白公館、渣滓洞等特務監獄的監督工作，四八年十一月還兼任保密局西南特區的副區長，區長是徐遠舉。西南特區在當時的權力是很大的，因爲毛人鳳的國防部保密局已移到台灣，而華東一帶也紛告易手，所以西南特區就等於是保密局在大陸的唯一分局了。

◆李宗仁接受中共條件，曾下令釋楊虎城

一九四九年春，蔣介石眼看國民黨大勢已去，就假意告退回他的家鄉溪口，由李宗仁擔任代總統來承擔罪責和收拾這個爛攤子。但實際上，蔣介石仍然暗中控制著國民黨的主要部門，尤其是特務系統。李宗仁當上了代總統之後，曾接受中共的和談條件，下令釋放政治犯。他一方面給重慶市市長楊森一道釋放楊虎城的命令，另一方面更派一架專機來重慶要把楊將軍接走。當時重慶「中央日報」也登出了這消息。楊虎城看到報上登載的消息之後，非常高興。

且說楊森接到李宗仁的電話，就設法通知毛人鳳。毛人鳳是戴笠的繼承人，當時他的權力之大是無法形容的，如果他不點頭，一百道李宗仁的命令也無濟於事。由於毛人鳳住在上海，楊森拿不定主意，就只好一邊給李宗仁覆電推搪說，毛人鳳不在，楊虎城關在什麼地方沒有人清楚，而一邊卻叫周養浩打一個長途雷話給毛人鳳。毛人鳳和周養浩是世交，又是同鄉，他們講的家鄉話（浙江江山話），外鄉人聽來就像外國話一樣，絕對聽不懂的。周養浩用家鄉話同毛人鳳商量有關釋放楊虎城的事。毛人鳳也拿不定主意，就去請示告退在溪口的大老闆蔣介石。蔣介石斷然反對釋放。

蔣介石既反對釋放，而代總統李宗仁派出的接載楊虎城的飛機又要來了，重慶的特務們怎麼辦呢？毛人鳳、徐遠舉等人決定把楊虎城先轉移到貴陽。當徐遠舉去找楊虎城勸他轉移時，楊曾向徐遠舉大發脾氣說，「李代總統要釋放我，你們爲什麼還要把我轉移地方？我不是小孩，今天轉這裏，明天轉那裏，我不走！我要死就死在這裏。」徐遠舉知道楊虎城對周養浩比較信任，就請周養浩去勸楊虎城轉移。周養浩這樣對楊虎城說：「蔣總裁認爲如果現在由李宗仁把你釋放，你更加恨他了。所以他想把你暫時移往貴陽，不久將會把你送往台灣，然後和張學良一起釋放。」一則楊虎城對周養浩信任，二則周亦言之成理，於是楊虎城就同意在周養浩的陪伴下專機轉往貴陽。同去的還有楊虎城的秘書宋綺雲和夫人徐麗芳、幼子宋振中，和楊虎城的兩位副官閻繼明和張醒民。

◆秘密會議決定把楊虎城接回重慶處決

一九四九年八月間，蔣介石在逃到台灣後，又折返重慶親自主持對西南特區的破壞活動。當時，毛人鳳遵照蔣介石指示，暗中策劃殺害楊虎城。他在重慶召開了秘密會議，商討怎樣處決楊虎城的問題。周養浩也參加了這個會議。在會上，有人主張在貴陽就地處決，但是徐遠舉卻極力反對，他認爲就地處決，難免會露出風聲，還是把他們騙回重慶後再行事。徐遠舉當時是西南特區的區長，所以也就聽了他的話。但是要怎樣把楊虎城一行再騙到重慶呢？這可是個難題。終於，毛人鳳、徐遠舉認爲還是由周養浩出面最合適。周養浩先生回憶道，當時明知把楊虎城騙回重慶是要殺害他，但接到這個命令時，自己腦子裏所想到的，仍然只是「唯命是從」這四個字。

這次秘密會議還決定，處決楊虎城等人的地點在「中美合作所」內松林坡「戴公祠」。這所「戴公祠」是戴笠生前的別墅，四周有松林圍繞，非常僻靜。一九四六年戴笠死後，軍統的特務便把它改名爲「戴公祠」。

當周養浩離開了重慶之後，毛人鳳和徐遠舉召集六個劊子手開了一個極秘密的會議，在會議上，劊子手集體宣誓，表示堅決完成這次任務，絕對保守秘密，爲蔣總裁效忠。毛人鳳還在會上宣佈，事情完畢後，蔣總裁將會論功行賞。會議同時還討論了一些具體的行動和步驟，例如決定匕首行刺，以避免發生驚動。

這六個劊子手包括白公館的看守長楊進興、西南軍政長官公署第二處行動組長熊祥等人。其中除了楊進興一人外，其餘五人後來都由毛人鳳派專機逃往台灣去。而這次行動的主要策劃人之一的徐遠舉，卻和周養浩一樣，來不及逃走，就被中共俘虜，在北京戰犯管理所關了二十多年，終於在一九七三年病逝。這是周養浩先生這次被釋到北京時才知道的消息。

再說周養浩於九月一日到了貴陽，見到楊虎城。當時楊很警惕地帶周到他的房內問究竟，周佯稱蔣總裁在重慶可能要見他，把他送去台灣。楊虎城信以為真，但要求周養浩在貴陽住幾天再走。於是，周養浩在貴陽住了幾天，每天都陪著楊虎城上街，逛公園，找朋友，令楊心情開朗。周先生回憶道，當時陪著他們一起的還有貴州民政廳廳長袁世斌夫婦，袁氏早年留學法國，後來曾任職何應欽私人秘書。周先生秘密把楊虎城介紹給他倆認識時，他倆對於楊虎城既表敬佩也表同情，並請楊虎城和周先生吃了幾次飯。

九月六日，楊虎城終於答應周養浩，和他一起回重慶。於是周養浩按照毛人鳳預先約好的做法，立刻秘密打了一個緊急電報，通知毛人鳳什麼時候他們的汽車就會到達重慶，好讓重慶的特務們準備輪渡及安排行刺的工作。

就這樣，楊虎城一行在周養浩及看管楊的軍統特務隊長張鵠等的押送下，分乘三部汽車，駛向重慶。

第一輛小汽車上坐的是周養浩；第二輛汽車是救護車，坐的是楊虎城及其兒子拯中，還有看守楊虎城的特務隊長張鵠；第三輛汽車所乘坐的人最多，是楊虎城的秘書宋綺雲及夫人徐麗芳、兒子振中、楊虎城夫人在獄中誕生的小女兒以及楊虎城的兩個副官閻繼明和張醒民。

周養浩所乘的第一部車子開得特別快，黃昏過後已抵海棠溪。這時候由毛人鳳派專人攔途轉其一封親筆信，囑周養浩先回家休息，一切後事由來人接洽。毛人鳳並已準備好渡輪，於是他們很快就過了江。周養浩立即回到了「中美合作所」楊家山他自己的家裏，等待消息。周先生說，至於後來楊將軍等人怎樣遭遇行刺的情況，都是從臨場的特務隊長張鵠口中得知的。

◆戴公祠裏楊氏父子被殺身亡

十點鐘過後，第二部汽車也過了江，向戴公祠急駛而去，到達戴公祠的時間是午夜十一點多鐘。楊虎城走下汽車，張鵠即告訴他說，準備在這裏住兩天，一方面等蔣介石接見，另一方面等待到台灣的飛機。接著，在張鵠的帶引下，他們走進了「戴公祠」。

楊虎城將軍的兒子拯中，雙手捧著盛滿他母親楊夫人骨灰的箱子緊跟在後面。這一年，他才十七、八歲，但是頭髮已經花白。這時早已監視著他們的劊子手楊進興、熊祥等人，怕楊拯中會有所反抗，所以決定分別在不同房間同時向他們下手。當楊拯中走上石級，步入正房的一間臥室時，楊進興從後迅速以匕首刺入他的腰間，他慘叫了一聲：「爸！」還來不及掙扎就倒了下來。這時走在前面的楊虎城已知有異，正想轉回頭來看一看，但是說時遲，那時快，經驗豐富的劊子手已把刺刀刺進了他的腹部。楊虎城將軍掙扎了幾下，也倒了下來。

楊將軍倒下後不久，從貴陽來的第三輛汽車也到了「戴公祠」。這時除了楊將軍的兩位副官在過江後被帶往戴公祠坡下汽車間之外，宋綺雲夫婦及兩個無知小孩都先後下了車。周先生補充道，本來毛人鳳也想把閻繼明和張醒民兩位副官一起殺掉的，但是周先生卻極力反對，他認為閻、張兩人是無辜的，如果說他們對上司盡忠，那也是應該的，不是他們的過錯。毛人鳳勉強同意了他的意見，所以車子過江以後才秘密把他們押往渣滓洞監獄。特務們哄騙他們說，毛人鳳想要了解楊將軍的生活情況，好向蔣介石彙報，所以要先見見他們兩位。但是他們始終逃不了死亡的厄運，在後來的重慶大屠殺中，他們也都先後遇難，不能倖免。

再說宋綺雲夫婦和兩個不足十歲的小孩子下車之後，跟著就被劊子手帶往一間警衛室。一進門口，兩把早已等待在那裏的匕首，先把宋氏夫婦逼向牆角，在他們剛明白這是怎樣一回事時，利刃已刺進他們的軀體。這時候，兩個本來正玩得開心的小孩，突然被這種可怕局面嚇住，他們不約而同的哭著跪在地上求饒，但是年幼無知的他們，又怎知道眼前是一批軍統的劊子手呢？這時候，一名劊子手一個箭步向前，拿著利刃往小孩的背上插入，小孩呱的慘叫一聲，往前撲倒在地上。第二個小孩馬上撲前去，正準備抱著自己的小夥伴，但是劊子手從後又是一刀。血，從孩子們的身上淌著，染紅了地面。就這樣，兩個小孩子也終於在血泊中結束了他們短促的生命。

楊虎城和楊拯中的屍體被特務們埋入花園的一座花台裏，劊子手們爲了保守秘密，還用鏹水淋了他們的面部。而宋綺雲夫婦和兩個小孩的屍體也被埋在附近。這一天，是一九四九年九月六日午夜十二時半。楊虎城將軍的一生就這樣結束了。

「講起來真是令人難過萬分」，周養浩先生用這句話來結束他所講述的楊虎城將軍的遇害經過。

儘管整個事件的經過顯示出：殺害楊虎城將軍的主兇是蔣介石，是他把狹隘的個人仇怨放置在國家民族的大義之上；主謀是毛人鳳和徐遠舉，是他們佈置了整個行刺的過程，執行的劊子手是楊進興、熊祥等人，是他們把匕首送進楊虎城、楊拯中等的軀體。然而，今天周養浩先生談起了這一段往事，仍然心情沉重，語調低沉，因爲他在這一過程中也扮演了一個不光彩的角色：他把楊將軍送往貴陽，使他失去了獲釋的機會，其後又把他接回重慶，交到劊子手的掌握中。難怪他今天一再地重複說：「這是很不應該的。」

◆毛人鳳曾答應把周養浩帶往台灣

當年促使周養浩先生去執行蔣介石的骯髒使命的，除了他對上級「唯命是從」的觀念，以及他想升官發財的個人欲望之外，就是蔣介石、毛人鳳等對他能安全去台灣的保證。

周先生回憶說，在一九四九年十一月，毛人鳳從台灣飛抵重慶，策劃和指揮對西南特區的大規模破壞活動，以及佈置國民黨撤去後的反共遊擊活動，當時他任命了周養浩擔任重慶保防處處長。爲了使周養浩能安心工作，楊森和毛人鳳決定先把周的妻子和八個兒女送去台灣。當時，周的妻子對他留在重慶很擔心，曾提出反對，毛人鳳就安慰她說，「只要我毛某人跑得了，也一定會負責把養浩兄一起帶走。」就這樣，周養浩先生的家屬九人就在十一月廿五日乘搭專機飛往台灣了。

十一月卅日中午，重慶易手。在這一天早上六點鐘，周養浩和毛人鳳、徐遠舉到山洞找蔣介石。山洞是蔣介石一個公館的所在地，離市區二十多公里，但是離飛機場卻很近。他們知道蔣介石要飛往成都去，於是他們也就跟著搭第二架飛機往成都。

周養浩先生說，這是他初次到成都，所以就在成都玩了幾天。毛人鳳同他開玩笑，問他：「你還不走，是不是想等著見劉伯承？」周回答說：「你曾答應我老婆，要帶我一起走的。現在你還沒走，我爲什麼要先走呢？」毛人鳳就告訴周，說蔣介石留他自己一起走，叫周先走一步。於是第二天，周養浩便和毛人鳳分手，與徐遠舉等人乘搭蔣介石撥給軍統的三架飛機，由成都飛往昆明，準備轉飛台灣。

誰料當飛機抵達昆明後，張群等專機也隨後而到，盧漢即宣佈起義，於是被扣在機場，第二天便被指名押解到昆明警備部了。而毛人鳳和蔣介石卻在成都易手的前一天，乘飛機直飛台灣。

周養浩先生講完了他的被俘經過，接著表示：「當年我臨危受命，為國民黨在大陸做了最後的破壞工作，甚至參與謀害楊虎城將軍這樣的使我一生痛悔的行動，並把家小託付給國民黨。毛人鳳當時答應負責把我送往台灣，雖然未能實現，我也不埋怨他。但是經過二十多年後的今天，我被釋放出來了，有機會同自己的家人見面，國民黨卻把台灣的大門緊閉著，既不讓我進去，又不讓我的兒女來香港同我會面，這怎麼說得過去呢！」

◆一海之隔，父女不能見面

記者提出國民黨中央黨部發行的「中央月刊」第七卷第九期，曾有一篇文章解釋台灣當局不批准他們這些獲釋「戰犯」去台灣的原因，是恐怕使人「產生一種可以『和平談判』或『和平統一』的錯覺，……影響我敵愾心理，消除敵我界線，瓦解我反共的民心士氣，動搖我反攻復國的決心……顛覆我民主政府……。」

記者說到這裏，周養浩先生不覺笑道：「我怎麼樣也想不到我們十個人會發生如此重要的作用，國共是否和談，是重要的國策問題，怎麼會因為我們十個人去了就和談，不去就無法和談呢？」

周先生對記者說，他的子女有三個在大陸，其他的現在分別有四個在台灣、五個在美國和西班牙。他們知道父親到香港之後，都先後來電、來信，並寄來許多照片，表達了對父親的懷念及渴望會面。他在台灣的女兒，最近給他的信中就說，想不到一海之隔，一個多鐘頭的路程，我們父女就不能見面。現在，周先生在美國的女兒，已替他辦理去美國的手續，可能在十月中旬就會辦妥。但是，周先生表示，如果在去美國之前，台灣當局批准他入境的話，他還是選擇去台灣，因爲究竟在一個中國人的社會，生活比較習慣。

記者問周先生，但在台灣的老同事、老部下，難道不能幫他請講話嗎？周先生說，由於他在軍統的時間長，以前可以講私話的老同事、老部下，現在在台灣的就超過三百人。「比如像楊森、唐縱、馬志超、張師、葉翔之這些人，他們照道理是可以幫我講話的，」周先生說，「但我都沒有給他們寫信，因爲我知道他們是無能爲力的。決策的是蔣經國，是蔡省三以前的朋友，不是我以前的朋友。」

◆獲釋時與楊虎城大兒子同住一旅店

在同周養浩先生告別之前，周先生告訴記者最後一件同楊虎城將軍有關的事情：就在今年三月，他們被特赦釋放到北京時，剛好楊虎城將軍的大兒子楊拯民來北京出差，和他一同住在前門飯店裏。

楊拯民是共產黨員，二十多年來均在中共的政、軍部門擔任重要職務。據說，當時有人問楊拯民：「當年參與殺害你父親的人，這次釋放了，你有什麼感想？」楊拯民不假思索地回答說：儘管父仇不易忘記，但他完全同意與服從黨和人民的寬大政策，無話可說。

楊拯民的答覆，使周養浩先生深深感動，他認爲，作爲共產黨員的楊拯民，認識到共產黨的寬大政策，表現出深明大義的廣闊胸襟。

一九七五年刊登於香港《七十年代》雜誌

【附錄三】

楊虎城的家庭與個人生活

西安事變改變中國的歷史，也改變了楊虎城一家的生活軌跡。作爲一個正直而誠實的中國人，作爲一個能夠推動中國歷史進程的人，楊虎城的個人生活及家庭又是怎樣？也是人們一直關注的問題。

◆婚姻與妻子

楊虎城在個人生活上是個很嚴肅的人，但他一生卻結過三次婚，有過三位夫人，這三位夫人，每人都對他和他的事業做出了貢獻與犧牲。

楊虎城的第一位夫人叫羅佩蘭，一九〇二年出生，四川省廣漢縣人。因其家境貧寒姊妹又多（**她排行老大，除一弟弟外都是女孩**），其母爲一個叫張西銘在四川做生意的陝西商人當雇工，做一些洗洗縫縫的事情。羅佩蘭雖然年齡不大但很懂事，經常幫忙母親做事。張西銘觀察到，羅佩蘭年齡雖小可聰明乖巧，令人喜愛，就將羅佩蘭認作義女。當張西銘要返回故里陝西時，提出將羅佩蘭帶回陝西的想法。經羅佩蘭父母的同意，羅隨義父張西銘來到了陝西大荔縣張家。那時楊虎城任陝西陸軍第三混成團一營營長，駐防大荔縣。與張西銘相識，常去張家做客，就有緣認識了羅佩蘭。一來二去，兩人相互傾慕，產生了感情。那時不興自由戀愛結婚，爲與羅佩蘭結婚，楊虎城自己做主托請媒人到張家提親。張西銘雖覺得自己不是羅的親父，但他認爲楊虎城是個正直的軍人，是個有抱負的青年，就答應了這門親事。

▶一九一九年楊虎城與夫人羅佩蘭在陝西臨潼櫟陽合影

楊、羅一九一六年結婚，婚後夫妻感情彌篤。羅佩蘭慧敏機智，生性好強，婚後一直伴隨在楊虎城左右，楊虎城爲她延師教學，她還學會了騎馬打槍。她認爲：給軍人做妻，就得學會騎射。她爲人活潑善於團結聯絡楊的部屬和朋友，他們有什麼事也願意和她交談。靖國軍後期，部隊轉戰武功一帶時，沿途戰鬥激烈，損失很大。爲安定軍心，她不顧身懷有孕，仍騎馬隨夫奔走前線，慰問傷患，鼓舞士氣。一九二二年靖國軍敗北，楊虎城擬率部撤退到陝北榆林。這一決定公佈後，一時人心惶惶，是她遇有機會就向大家解釋，去榆林是爲了保存實力，不是投降，更不是逃跑，早晚還是要打回來的道理。做了團結將士、鼓舞軍心的工作。在一些關鍵時刻，她總能給楊虎城一些支持和幫助，爲楊虎城排憂解難。爲此，楊虎城對她既鍾愛又敬重。她在楊虎城的部屬和朋友中享有聲望，受到大家的尊重，口碑甚好。

羅佩蘭的去世，楊虎城異常悲痛。出殯時，楊虎城因兒子太小，就親自承擔了孝子的角色。他從頭至腳一身重孝，拉著纖繩引路。當時下雨道路十分泥滑，由兩個衛士扶著他。他上身濕碌碌的從膝蓋以下都是泥漿。沿途遇有路祭時，就停下來向設祭者致謝。途中還不斷有騎馬者送來挽帳，于右任派人送的是：「有靈爲我催楊虎，多難思君弔木蘭。」楊虎城這樣爲妻子披麻帶孝，打幡引路，執孝子之禮，在陝西關中一帶實屬罕見，但從中可體感到楊虎城對妻子的情感。

在舊中國的封建傳統習俗下，婚姻大事都要由父母作主。楊虎城的母親孫一蓮也想爲兒子娶一房令自己滿意的媳婦，便讓楊虎城結了第二次婚，娶了第二位夫人張蕙蘭。楊虎城在與羅佩蘭結婚後，一次回蒲城老家探望母親，也見到一些老朋友。其中有老友張仰卿，張仰卿在蒲城孫鎮開有一家中藥鋪，本人也懂醫道。當年，楊虎城出道反抗官府時，一次負了槍傷，曾在張家養過傷。張仰卿有恩於楊虎城，兩人也談得來，遂成莫逆。

張對楊一向很佩服，認爲楊虎城是個有膽、有識的青年，將來一定有大作爲。這次相逢，張仰卿明知楊虎城已經結婚，有了妻室，但他還執意要把自己唯一的女兒張蕙蘭許配給楊虎城

▶ 一九一六年楊虎城與夫人羅佩蘭結婚。羅生一子一女，一九二六年病歿。旁立者為長子拯民，懷抱者為長女拯坤（周盼）

作妾。當時，楊虎城一再推託，說明道理，婉言謝絕，並曉以利害，張仰卿不以爲然，竟以「寧爲君子作小，不爲小人作大」爲由進行辯解，連自己妻子的反對也聽不進去。在楊虎城離開蒲城後，他繼續向楊的母親遊說，硬是把這門親事給訂了下來。

一九一九年一天，楊虎城的母親託人以家中有事爲由，將楊虎城叫回家中，命楊與張蕙蘭成親。楊虎城是孝子，只好遵從母命拜堂成婚，成了一樁名副其實的封建包辦婚姻。這時，張蕙蘭

▶一九三一年楊虎城與夫人張惠蘭

十四歲，還是個孩子，一切只是聽大人的。待到年歲稍長，遭遇到具體問題煩擾的時候，才有所悟。從而對自己的父親產生了怨恨和不滿。她斷絕了與父親的來往，不願再見到她的父親。她不回娘家，也不許她父親來楊家。想母親時，就接母親來楊家相聚。直到她父親去世埋葬時，在婆母勸說下才回去參加了葬禮。她把對婚姻不滿的一切怨氣都撒在自己父親身上，可對丈夫楊虎城卻始終是敬愛如初。她到楊家後，羅佩蘭在世時，兩人相處不錯，羅把她當作小妹妹，婆母把她視作女兒一般。她沒有文化，但善良賢慧，楊虎城對婚事不滿，但對她十分同情。一家人和睦相處，相安無事。以下兩封信充分反映了當時的狀況：

一九二二年十二月廿二月，楊虎城寫信給夫人羅佩蘭、張蕙蘭：

「佩蘭、蕙蘭兩賢妹青覽：久客榆陽，抑鬱寡歡。昨得佩蘭妹函告久病情形，益令人煩悶。不已，特召像師攝影，寄贈兩妹覽之，可知旅中近況也。虎城白題，十一年長至日。」

「長至」亦為冬至之別稱。

十二月廿七月，楊虎城接家信，得知自己有了兒子十分高興。他立即給張蕙蘭寫信說：

「蕙蘭妻覽：你佩蘭姐幸生男孩，我聞之不勝欣忭！但你姐平素身體虛弱，又在新病之後，一切飲食起居，我妻務須小心伺候，以免你姐勞神。只要你姐母子平安，便是你的功勞，我便非常感激也。千萬萬。此問近安，並頌闔家吉祥。懋手諭，十一月初十日。」

從這兩封楊虎城親筆的家信，可見他對羅、張兩位夫人的親情，對蕙蘭夫人的尊重。

一九二六年十月羅佩蘭病逝後，兩個幼小的兒女，拯民、拯坤就由蕙蘭夫人撫養。蕙蘭夫人對這兩個孩子視爲己出，十分疼愛。兩個孩子稱蕙蘭夫人爲娘，

▶楊虎城與夫人謝葆真

待她也如生母。西安圍城結束後，楊虎城率軍離開陝西參加北伐，將蕙蘭夫人和兩個幼小的孩子留在了陝西三原。

楊虎城是在北伐的過程中認識謝葆真，原名寶珍，生於一九一三年五月廿九日。西安圍城時，謝葆真是西安市的中學生，她曾積極參加了中共組織的支援守城的活動。西安解圍後，她參加國民軍政治部組織的前線工作團，離開西安參加北伐。

南漢宸說：「謝葆真十五六歲時被劉伯堅收留部隊，在前線工作團時入了黨，後來到楊虎城軍政治部做宣傳工作。她工作潑辣，革命熱情高，特別是口才流利，講演有

▶自右起：楊拯民、楊拯漢、楊拯中、楊拯陸、楊拯美、楊拯英

聲有色，深得楊虎城讚賞並愛上了她。一九二八年一月，經黨組織批准，在太和他們結了婚。我們喝了喜酒。在宴席上有個同志問：楊將軍爲什麼愛上小謝？他坦率回答：我知道她思想進步，爲了革命需要她；結了婚，她可以直接幫助我。謝葆真說：俺不要你海誓山盟，只要你革命就行了。楊虎城高興地舉杯說：好！爲革命到底，白頭到老，大家共同乾杯。以後我每次去楊家找謝葆真商議黨的工作，楊總是藉故避開。」

婚後，謝葆真隨楊虎城離開了部隊，後來又去了日本。在楊、謝離開部隊不久，發生了「皖北暴動」，魏野疇等人犧牲，楊虎城部隊中共黨員完全暴露。從此，謝葆真失去了與共產黨的組織關係。

由於國民黨特務掌握了楊部中共黨員的名單，所以他們一直特別注意謝葆真。西安事變後，一些人還以爲共產黨是通過謝葆真影響了楊，才發動西安事變。當楊虎城被扣，葆真夫人前去探望，即被扣押而且單獨關押了半年多，特務們也是想搞清她的身分。監禁中特務們對謝百般折磨，在一定程度上也是基於她有過一段共產黨的經歷。

謝葆真與楊虎城結婚後，基本不離楊的左右，隨楊征戰東西。後來，當楊虎城主持陝政後，謝又經常以夫人身分陪伴楊或獨立參加一些政界交際和社會活動。西安事變期間，帶頭組織了西安市婦女救國後援會，積極參加當時的愛國群眾運動。

葆真夫人先後生育有兩子：楊拯亞（幼年病歿）、楊拯中，五女：楊拯美、楊拯英、楊拯漢、楊拯陸、楊拯國。

一九二九年，陝西地方治安惡化，土匪出沒。蕙蘭夫人顧及孩子們的安全，就帶著拯民、拯坤到山東莒縣去找正在當地剿匪的楊虎城。也見到了葆真夫人，楊虎城讓兩個孩子稱葆真夫人為新娘。蕙蘭夫人和孩子們在莒縣住了一段時間後，為了增加他們的知識，了解社會，楊虎城刻意安排蕙蘭夫人和孩子，隨部隊的一些幹部一起去遊覽了南京、上海和杭州。使蕙蘭夫人的眼界大開，使這位陝西農村出來的青年婦女，增加了不少知識，產生了要學習文化的要求。此後不久，楊虎城率部離開馮玉祥系統，到河南南陽參加蔣、馮、閻大戰。楊虎城將蕙蘭夫人和孩子們安排在北平、天津和母親弟弟一起居住。

一家人住到天津後，生活上和睦相處，但在楊拯民的上學問題上，蕙蘭夫人與婆母孫一蓮、夫弟楊茂三發生過分歧。

楊拯民說：祖母和叔父主張請個家庭教師，教我讀四書五經。我娘則堅持叫我去公立學校念書，接受新的全面教育。娘認為父親是個革命軍人，一向崇尚先進，追求進步，在子女教育問題上理應順應社會潮流。娘自己也打算到慈惠小學附設的婦女識字班學習文化。（這隱寓著她不願受家庭束縛的心願）。兩種意見，相持不下，就派蘭俊源去南陽，徵求我父親的意見。一個多星期蘭俊源回來，帶回父親對叔父的批評（他當然不好批評祖母）：「茂三也不看都到什麼時代了，還要孩子在家念死書，真糊塗！要讓拯民進學校，蕙蘭去識字班。人是社會的人，不和社會接觸，將來與人怎麼相處，怎麼融入社會？」這場爭論在父親的支持下，我娘獲得了勝利，我得以進天津義租界慈惠小學讀書，我娘到該校附設的識字班學習，開始了新的學習生活。我娘後來能夠看書寫信，都是在識字班學習的效果。當時，每天我和我娘吃早點後就去學校，中午在校外買兩個芝麻燒餅、一碗餛飩算是午餐。

一九三〇年底，楊虎城打回陝西，並擔任了陝西省主席。楊的家人結束了流離生活，回到陝西。當時，楊虎城與葆真夫人和出生不久的楊拯中住在新城（十七路軍總部所在地）的宿舍裏，蕙蘭夫人則帶兩個孩子與婆母孫一蓮、夫弟楊茂三一家住在離新城很近的南長巷子一處租賃的院落裏。後來從長巷子遷到紅阜街，租住了清朝大將董福祥家的一座大院子。一九三一年蕙蘭夫人生下了她唯一兒子楊拯人。

平時，楊虎城在外給家裏寫信，一般都寫給弟弟楊茂三，再由茂三將內容轉告其他家人。一九三七年十一月，在楊虎城回國途中身陷囹圄之前，他親自給蕙蘭夫人寫了一封家信：「蕙蘭吾妻鑒：雨農回家，可以把我的情形告訴你。祝你近好。拯坤、民都好。夫虎城。」這個舉動也是少見的。

楊虎城前後有過三次婚姻，在同一時期內有兩位妻子。初始是羅佩蘭和張蕙蘭兩人，羅佩蘭去世後又是張蕙蘭和謝葆真兩人。他們結婚的形式又各不相同，第一次實爲兩情相悅，可不得不通過媒妁之言的過場；第二次是地地道道的封建包辦婚姻；第三次是自由戀愛的婚姻。三位夫人對他感情都很深厚。只是在不同時期的不同情況下，有著不同表現形式。

◆儉樸生活 良好習性

楊虎城出身貧苦，奮鬥一生，他以實現三民主義為己任，念念不忘孫中山「革命尚未成功，同志還需努力」的遺訓。既不好色，也不貪財，一心只想走出一條中國民主革命的道路來。

一九三〇年以後，楊虎城已身居封疆大吏的高位，又掌握著一支能打惡戰的軍隊，但他始終過著儉樸的生活，保持著許多優良作風。他長年住在新城的西安綏靖公署之中的一棟平房裏，為的是貼近部隊，保持軍人的生活習慣。

早上，他起床後先要看駐新城部隊的出操，然後由醫生來給他檢查身體或治療，再就是秘書長來請示公務，研討問題；秘書長去後，機要科長王菊人，或機要秘書米暫沉、周梵白等人給他念讀文電、信函、中外報紙的有關報導（包括國內主要報紙的社論，及外文《學林西報》、《密勒士評論報》的主要文章）。

楊因沒有什麼文化，識字不多，自己閱讀有一定困難。為了提高工作效率，便於他集中腦力思考，就讓秘書將文件和書籍念給他聽，在念的過程中，他邊聽邊思考，隨時把需要答覆處理的事情告訴秘書。然後在會客室接見來訪客人，他分別接談，隨即處理。不需馬上解決或涉及幾個方面需要研究討論的問題，則定下時間，交代有關部門開會討論解決。

▶楊虎城與子拯民、女拯坤

他辦事乾脆俐落。對此，部下對楊多有讚譽，說他具有超常的記憶力，理解能力也強，複雜的問題，他只要聽一遍彙報，便能理解熟記。難理解的問題，一點就通。當秘書給他讀電報文章時，包括文言文，如有差錯他都能聽辨出來；發出的電文信函有不妥的詞句意思，立即指出更改。

他對報紙雜誌非常重視，一般是由主管的秘書先看一遍，根據秘書自己的理解勾畫出重要的部分，然後拿去給他讀，先讀標題，如他無表示，就一直讀下去，讀標題後，他如不感興趣這個問題，就會說：「這一段不要讀了。」然後接著讀其他部分。外文報紙，一般唯讀與中國有關的部分，由人翻譯出大意後再讀給他。有時他也會要將他感興趣的文章全文翻譯出再讀給他聽。聽讀報是他每天生活中的一項重要工作，往往要佔用很多時間，但他對此極有興趣，因爲這是他了解外界，特別是外國資訊的重要管道。

楊虎城在大小會議上及群眾場合的講話、發言和在國外的講演，都不要秘書寫稿，而是結合實際，按照自己的思想脈絡去講，沒有空話套話，既有論點又有論據，非常通俗易懂，深受聽眾歡迎。

他的飲食十分簡樸。按當時的習慣，一天只吃兩餐飯。一般是十點以前辦公，十點鐘左右吃上午飯，主食多爲饅頭麵條。一同就餐的有辦公室主任，幾位秘書，或來辦事的僚屬約七、八個人。晚餐以稀飯饅頭或連鍋麵爲主。他愛吃菜麵，尤其是用野菜做的（把野菜剁碎與麵粉和起來做成麵條或麵片），典型的西北飯食，四個菜，兩葷兩素，冬天加個火鍋。飯後稍事休息，但不睡午覺。他與家人共餐的時間有限，一旦回家與母親妻兒一同吃飯，他都十分興奮，經常說一些詼諧的語句活躍氣氛，「餃子湯比肉香」，就是他的「名言」。這是我的蕙蘭祖母告訴我的。

下午時間，楊虎城大都用來外出巡視、參觀，以親自掌握第一手的情況，同時直接向有知識的人學習請教。他爲了增加兒子的知識，許多視察參觀都帶著楊拯民。

楊拯民回憶說：

如果下午有空暇，父親就外出巡視、參觀，有時把我帶在身邊，像在莒縣時那樣。還記得帶我參觀過大、小雁塔，未央宮遺址，大、小碑林等古跡。小碑林原位於新城北門西北方向，內有古碑，當時頗為名貴。

我隨父親巡視過醫院，在醫院裏，他曾把一位炮兵連長背部的紗布揭開，探視被炮彈打傷的傷口情況；還巡視過軍械廠、藥廠（陝西是個落後的地區，那時工廠很少）；到武功縣參觀過農林專科學校。父親每參觀一個地方，一般都要找個內行陪伴解說，一邊看一邊認真聽解釋。這種場合他總是聽得多，問得多。我跟父親還到過涇惠渠水利工程工地。我們從大荔返回西安途中，特意轉到洛惠渠工地。父親了解工程品質和進度。工程技術人員在向父親彙報中提到影響工程進度的流沙問題，和他們提出解決流沙問題的意見。當時我聽不懂。途中在車上詢問父親，才得知，在修築洛惠渠將至大荔的一個隧道時，發現有流沙層，用水泥固定不住。

（那時還沒有快乾水泥）往往水泥尚未凝固，就被流沙沖走了，隧道屢屢塌方，影響工程進度。故而「流沙層」這個地質上的名詞，給我留下了深刻的印象，使我在十幾年後，從事石油鑽井工程中，每遇「流沙層」一詞倍覺親切，常令我憶起一些往事。

父親還帶我到陝西交際處拜會過中央來陝的要員。記得的有張繼、于右任、何遂、何成浚、胡逸民、陳國璋等人。父親下晚有暇時還常去一些朋友家串門聊天，偶爾也帶上我，印象裏常去的人家有寇遐（大書法家，「止園」兩字就是他書寫的）、王寶山、李壽亭、姬匯伯、鄧寶珊、張伯彥、李百齡、韓望塵、劉文伯幾家。如果碰上人家吃飯，也不客氣，就隨同一塊吃。當時我就愛吃人家的飯，味道有所不同就覺得好吃。

他們談話的內容很廣泛，涉及水利、農業、教育、甚至秦腔，方方面面，無所不涉及。許多問題我也聽不大懂。起先我以為他們只是聊天，消遣，解悶。後來聽父親說，他是為了建設治理好陝西而聽取各方面人士的意見，並說這些人中不乏學識淵博、見多識廣之士，和他們接觸交談可以受啓發，可以印證自己的決定，把事情安排處理得更周全些。我跟著父親在這些活動中耳濡目染，從表面上學到了些待人接物的禮數。但大人們所談的問題，一些社會人文知識，我則是似懂非懂。

父親對有學識的人非常崇敬。記得一九三五年暑假，我隨父親到蒲城縣、大荔縣視察。有一天，他帶著我用了半天的時間找到一個墳墓。墳墓已很荒蕪，只有一塊殘碑上刻著「曹直之墓」四個字。他對曹直墓那樣費勁尋覓，是因為他聽李元鼎先生講過，曹直是清末人，學問很好，但一生沒能中舉，是個被埋沒的人才。我們在附近的一座關帝廟中，看到一副對聯。上聯是：兄玄德弟翼德不服孟德。下聯是：師臥龍友子龍手持青龍。下款是布衣曹直書。他看後非常高興，要我把對聯記來。父親對曹直的學識被埋沒深感惋惜，嗟歎不已。

楊虎城爲了貼近部隊和及時處理公務，他自己與謝葆真夫人常年住在新城的十七路軍總部裏。母親與其他家人剛到西安時先租住在西安紅阜街的一個院落裏，後來才將這個院落買下。

一九三四年十月蔣介石偕宋美齡第一次到西安視察。蔣聽說楊虎城是一個「孝子」，爲了體現「恩寵」，便通知要到楊家謁見楊虎城的母親。楊虎城聞訊感到十分突

▶一九三四年楊虎城（右一）為母親孫一蓮（中坐抱孩子者）祝壽時留影，右二為張蕙蘭夫人，左三為謝葆真夫人

然，遂誠懇婉謝，努力勸阻。但勸阻無效，只好通知紅阜街的家裏作好接駕的準備。十月十六日下午三點左右，蔣介石偕宋美齡在楊虎城和謝葆真的陪同下來到了楊虎城的家裏。在楊家的大廳裏蔣介石向楊母孫一蓮行了三鞠躬禮，而後即請至客房落座。楊家的客房實在簡陋狹小，除了一個方桌幾把中式椅子外還有一個床。當時楊母、楊虎城陪蔣介石做在椅子上，謝葆真陪宋美齡坐在床上。這使留過洋又常年生活在大都市的宋美齡十分奇怪，不禁發問客房裏為什麼要放床？楊虎城解釋說家裏親朋許多來自農村，需要留宿時也就住在這裏，故而備床。蔣介石聽了則連聲說：「好！好！這樣很好！」

通過這次「接駕」，楊虎城感覺到他的家舍過於簡陋，與他的身分與政治活動很不適應。便在紅阜街不遠的九府街購地建造了一處別墅，取名為「止園」，意寓為停止內戰。「止園」建好後，楊虎城依然住在新城的十七路軍總部裏，家人也仍住紅阜街。楊虎城把「止園」只是作為開展政治活動的場所。楊虎城在「止園」秘密會見了中共代表王世英、西安事變時又在此初識了周恩來……。就是西安事變後楊虎城被解除了軍政職務，他從新城搬到了紅阜街居住，也沒有使用「止園」。

十七路軍被撤銷時，楊虎城為了給部隊以後的發展留下基礎，將可觀的資金和財產都分散在一些部屬個人名下。其中一些人在解放後將這部分錢財交給了國家，也有人看到楊已死，無人知曉當時的秘密，就將錢財貪為己有。楊虎城當時也未想到，出國會成為與家人的永別，沒有給蕙蘭夫人和子女留下什麼資產。好在拯民、拯坤很早就去了延安，沒有花費多少。蕙蘭夫人依靠丈夫留下的一點生活費用，勤儉度日。直到「文化大革命」結束後，蕙蘭夫人病臥在床，生活拮据，經過申請，國家發給生活補助，承擔了醫療費用。楊虎城的後人沒有從他身上繼承到什麼物質的東西，得到的只是是愛國愛民的精神財富。

◆孝順母親 關愛子女

楊虎城的母親孫一蓮，蒲城孫鎮人。因丈夫被殺，年輕守寡，生活十分艱辛。楊虎城成人後，投軍參加辛亥革命。接著打死李楨，爲官府所通緝。後來楊虎城雖然事業有成，但一直率軍在外東征西戰，無力顧家。楊母不但飽受生活的困苦，而且經常受到官府和楊虎城敵人的騷擾，長期生活在驚恐、擔憂和四處流離的狀態中。好在有小兒子楊茂三一直在身邊侍奉，楊母的生活得以維繫，精神有所安慰。

楊虎城對自己不能照顧母親的生活，還因自己讓母親生活無法安定深感內疚。他只要有一點錢，都要捎回家，以維持生計。後來條件稍好一些，他讓弟弟楊茂三不要做其他事，專門侍奉老人。一九三〇年以前，爲了躲避敵方的騷擾，他將母親和弟弟一家都曾安排到平、津兩地蟄居。楊虎城對母親的意見十分尊重，只要老人提出的要求他都儘量滿足，有些違背他的思想，他也儘量遷就，包括他與蕙蘭夫人的婚姻。對母親他從不頂撞，有時實在接受不了，一走了之。蕙蘭祖母曾對我說：「你『老婆』（蒲城人將祖母叫婆，曾祖母叫老婆），有時說起你爺來，脾氣又大時間還長，你爺低頭聽著從不辯解，有時實在聽不下去了，就托有公務脫身，留下我一人聽訓。」

孫一蓮信奉佛教，常年吃齋念經，非常虔誠。在兒子楊虎城主持陝政後，經常佈施行善。西安八仙庵、西嶽華山上的廟宇等都接受過她的捐助。楊虎城自己不信佛，但對於母親的這些要求都儘量照辦。兒子楊拯民上學後，認為祖母信奉佛教是封建迷信，曾向父親楊虎城反映。楊拯民說：「我和祖母沒有多少共同語言，她天天要拜佛念經。關於拜佛問題，我後來曾向父親反映過，說祖母太迷信了，你應該予以勸阻。他說，『你小孩子不懂，她迷信固然不好，可燒香拜佛三跪九叩，也是一種運動。她過去不是常害胃病嗎，現在一天早、午、晚拜跪三次，跪下，起來，再跪下，再起來，這是一種運動鍛練，對她身體有好處。』確實祖母的胃病後來再未犯過。」

孫一蓮為人很嚴厲但很忠厚，平時除對家事發表一些意見外，從不干涉楊虎城的軍政事務。

一九三一年，是楊虎城打回陝西後的第一年，這時他的事業比較順利，全家生活也都安定了下來。於是楊虎城萌發為母親做一次壽的想法，他想借機和多年不曾見面的親友聚聚，給老人家一個慰藉，討老太太個歡喜，減輕自己長期以來對母親的負咎感。他把這個想法與僚屬們一說，不僅得到了僚屬們的贊同，而且幕僚們還鼓勵他要把祝壽之事辦好，要「當個大事來辦」，以便達到「團結部屬，揚威友鄰」的效應。楊虎城也覺得此建議不無道理，擴展了做壽的意義。隆重地給母親「大辦」了次壽辰。

所謂的「大辦」，就是把壽日延續爲三天，除了請客吃飯外還在後花園唱了三天的秦腔。

一九三四年，孫一蓮又逢六十歲整壽，楊虎城又爲她作了一次壽。與上次同樣是祝壽三天。但還新添加了一個項目，是楊母別出心裁，大發善心，提出要在做壽的正日子，施捨乞丐，給每個乞丐發放五角錢，兩個饅頭。楊虎城不敢違悖母意，只能照辦。結果在過正壽日子的那天，西安城裏近千名乞丐彙聚到楊家門口領取施捨。老太太爲此十分開心，認爲自己是在做好事，積德行善。

一九四三年孫一蓮辭世時，楊虎城還關押在獄中，未能盡孝爲老人送終。據說當時于右任先生曾向蔣介石請求，讓楊虎城回陝西爲其母奔喪，竟遭蔣介石拒絕。

楊虎城被扣壓的前幾年，楊母很是掛念，常向各方打聽兒子的消息，常問家裏人：「虎城有沒有寄信來？」幾年過去了，兒子仍無訊息（**楊虎城給家人的信件都被特務扣押了，家裏不可能收到**）。有關楊虎城的傳聞也越來越模糊，隨著歲月的流逝，楊母也越來越顯沉默寡言。她不再提問兒的情況了。她自己不提不問，還不願聽別人說起。後來當家裏人獲悉點有關父親的傳聞消息，也不敢在她老人家面前議論。楊母把對兒子的思念深深地埋在心底，把更多的時間用於拜佛念經。

孫一蓮去世後被安葬在蒲城縣甘北村邊。一九六五年當地進行所謂「四清」運動，開展了破除迷信的「平墳」活動。在工作隊的帶領下，先將老人的墓碑毀了，正打算毀墓時，據說傳來國務院周恩來總理的指示，老人的墓才保留了下來。

楊虎城對母親如此孝順，對子女也十分關愛，他一心想將子女培養成對國家民族有用的人。他盡力爲子女提供良好的上學條件，同時還在其他方面也注重對他們的影響與教育。

楊拯坤回憶說：

一九三〇年父親出任陝西省政府主席後，我們有了個比較安定的家。當時父親公務繁忙，但他還是抽時間親自為我們安排好學校，囑咐我們好好讀書。每次回家不管多晚都要到我們房間去看看，有時我們已經睡了，他就吩咐不要叫醒我們。

父親每有閒暇往往要帶我們去臨潼、東里堡等地小住，其中最難忘記的是領著我們去遊翠華山。他一路興致很高，一會兒談笑，一會兒做詩。晚上睡覺時，父親安排我們睡在他的身邊，照顧得妥妥貼貼，這種時候父親絕對不允許別人代勞。同遊的前輩們讚美說：「虎公真會帶孩子。」他得意地笑了，像是彌補了他征戰生活中無暇照顧孩子的內疚。

唯讀過兩年多私塾的父親，深嘗自己文化不高的苦頭，對於子女學習的要求是很嚴格的。但他反對死讀書，閒暇時，常常從書架上抽本小說或散文集，要我讀片斷給他聽，以考察我的閱讀能力，也常常問我除了學校的作業以外還讀了什麼書。如果我說的是《水滸》或《三國演義》上的片斷，那他也高興地說上一段。

父親很重視培養我們的簡樸作風，家境寬裕了，但是吃、穿、用一直保持著儉省的習慣。父親自己很儉樸，吃飯從來不挑剔。並向母親（蕙蘭夫人）再三交代，不准孩子特殊，絕對限制我們的零花錢。穿衣服是學校規定什麼就穿什麼。我們在學校的衣著比同學們還樸素。

父親待人溫和、平易；對祖母非常孝順，無論多晚回家，定要先去看望祖母；對母親尊重、體貼，真是相敬如賓；對周圍的人說話和和氣氣。最令人感動的是，他飽經風霜歷經坎坷遭遇澆鑄了一顆善於體察別人困難的心。我們家的親戚多是窮人，來到家裏，只要他見到，定要親自招呼，問長問短，安頓得妥妥貼貼，使人感到親切溫暖。他這樣做，誰也不敢怠慢鄉村來的人。一次，父親讓人尋哥哥，回答說：「少爺不在。」父親說：「什麼『少爺』，以後不許叫『少爺』『小姐』，就叫拯民、拯坤。」從此家裏再也沒有了「少爺」「小姐」的稱呼。

一九三七年六月一日在上海準備出國的楊虎城親筆寫信給長子拯民、長女拯坤。

民、坤兩兒見。上月二十八日的信，我前天收到。你們近況，我都知道，也放心了。你們對我所要求，我定如你們的志願。但我的行期還未定，大約是在二十幾，已後去函通知。可是，不讓你們送我。因為耽擱事，也不便。惟我有兩事常在心上，總覺不放心，就是你母親的心境和她那身體。我現在是無法盡力，責任就全靠你兄妹。你們的一切都應注意到。再，你們今後讀書，一時一刻都不敢荒唐。祝你母親和你們的健康。六，一。

在獄中，楊虎城最煩惱的是小兒子拯中的教育問題。眼看著孩子一天天長大，卻不能受到正常的教育，使他非常著急。多次向各級特務頭子提出兒子的教育問題，都得不到解決。無奈之下，只好請特務代買了一套百科全書（或萬有文庫）給兒子閱讀。就這也是多次請求後，總算准許了，使他愛子之心得到一點安慰。

◆楊家後人　繼承父志

大陸解放後，楊虎城的大兒子（唯一留存的兒子）楊拯民主動要求從軍隊轉業到經濟戰線工作。一九五〇年他到條件艱苦的玉門石油基地一幹就是八年。先後擔任過玉門石油礦務局局長，黨委書記。玉門市市長，中共玉門市委第二書記。爲新中國的石油工業的建立與發展做出了積極貢獻。

一九五八年後任陝西省副省長，中共陝西省委常委，書記。一九六三年一月任天津市副市長。文革中飽受衝擊。一九七八年到北京任國家第三機械部規劃設計院院長，黨委書記。一九七九年八月任國家建築材料工業部副部長，黨組成員。一九八二年任全國政協副秘書長，黨組副書記，一九八八年任全國政協祖國統一聯誼委員會副主任。一九九三年任全國政協文史委員會主任。

他是全國政協第一屆會議代表，第二屆至第四屆委員，第五屆至第九屆常務委員會委員。在全國政協工作期間，他廣泛團結海內外各界人士，爲溝通海峽兩岸關係，促進祖國統一大業做了大量工作。他晚年的一個願望，是去看望旅居美國的張學良。一九九六年初都已拿到了美國的簽證，臨行時因生病而未能成行。一九九八年十月病逝於北京。

長女楊拯坤（後改名周盼），一九三九年在上中學期間加入中國共產黨，開始從事黨的地下工作。一九四一年進入延安後一直從事共產黨的宣傳教育工作。一九四九年前後先在中共西北局宣傳部工作。

▶一九六七年張蕙蘭（中）到津、京探望「文革」中的兒女，與子楊拯民（左）女楊拯坤（右）在天津海河邊合影

解放後到北京，到中共中央宣傳部工作。一九五七年至一九六二年先後在北京豐台區任宣傳部長，教育部長，區委常委、副區長。後調任北京市中蘇友好協會副秘書長。文革中被下放昌平縣沙河鎮勞動。一九七二年恢復工作，擔任「國旅」北京分社副經理。一九八〇年後擔任北京旅遊局副局長，黨委副書記，紀檢書記；北京旅遊學會長。全國婦聯第四、五屆執行委員。北京市政協第六、七、八屆常務委員。一九九四年病逝於北京。

女兒楊拯美，一九四八年上高中時秘密參加了共青團組織。解放後不久被選派到北京中央團校學習，一九五〇年八月學習結束後分配到西安共青團西北工委工作。一九五四年作爲調幹生進入中國人民大學學習。一九四八年畢業後分配到甘肅省工作，一九八五年以前先後在甘肅省經濟委員會、甘肅省統計局、甘肅省輕紡工業廳工作，曾任副處長、處長，輕紡工業廳副廳長等職務。爲改變甘肅輕紡工業基礎薄弱的情況，她深入全省各地進行調研，制訂發展規劃，爲發展甘肅的輕紡工業做出了積極貢獻。一九八五年後任甘肅省政協常委、副秘書長兼辦公廳主任。一九八七年至一九八八年十一月到中國科學院蘭州高原大氣物理研究所任黨委書記。一九八八年九月至一九九八年三月任甘肅省政協常委、祖國統一委員會、民族宗教和三胞聯絡委員會主任，從事統一戰線工作。爲聯絡各界人士，促進祖國統一，民族團結做了大量富有成效的工作。曾任六屆全國人大代表，八屆、九屆全國政協委員。二〇〇三年後離職休息。

女兒楊拯英，一九五〇年六月加入共產黨後在西安高中從事專職黨支部工作。一九五〇年到中共西安市委機關工作。一九五九年到西安市第十九中學任校長，黨支部書記。文革中工作幾經變動，一九七九年任西安中學副書記兼副校長。曾任陝西省政協五至八屆委員。一九八五年退休後籌建了「楊虎城將軍社會福利會」，擔任會長。

一九五〇年，不滿十六歲的楊拯漢在轟轟烈烈的抗美援朝運動中，參加了軍事幹部學校機要幹部學習班的學習。學習結束後，前後在中共西北局機要處、中共中央機要局和國務院城市建設部機要室從事機要工作。一九五八年中央機關精簡機構，被下放到河北農村勞動鍛煉，與農民同吃、同住、同勞動。親身體驗了農村「人民公社」化的過程。一年後，回到建設部系統，先後在江西九江水泥造船廠和西安電機廠擔任秘書工作。

一九六三年，到新疆克拉瑪依市與丈夫謝宏團聚。在新疆石油管理局下屬的生產廠、處，先後擔任勞資員、勞資工程師、經濟師、主任經濟師等工作。一九八七年

▶作者童年時與蕙蘭祖母在一起

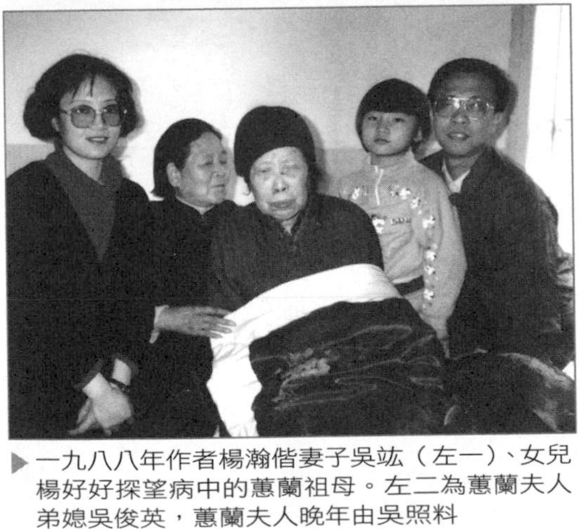

▶一九八八年作者楊瀚偕妻子吳竑（左一）、女兒楊好好探望病中的蕙蘭祖母。左二為蕙蘭夫人弟媳吳俊英，蕙蘭夫人晚年由吳照料

任新疆石油管理局經濟研究所主任經濟師。一九八八年獲高級經濟師職稱。曾任克拉瑪依師第七屆人大常委會副主任；新疆自治區第六、七屆政協委員。一九九八年退休在家安享晚年。

在楊虎城的子女中，楊拯陸的事蹟最爲突出，她在姐妹中最小，一九五五年大學一畢業，十九歲的拯陸自願報名去了偏僻艱苦的新疆從事地質勘探工作。

那時地質勘探隊的條件是很艱苦的。她到新疆後，拒絕留在科室工作的安排，選擇了從事艱苦的野外地質勘探工作，曾擔任地質大隊大隊長、大隊黨總支委員，管理局團委委員多項職務。她工作作風潑辣，認真勤奮，善於體察隊員情況，工作頗有成績。

一九五八年九月廿五日，她在野外工作告一段落，正在巴里坤做收尾工作時，突遇暴風雪。在與風雪搏鬥中，爲了保護辛苦勘探獲得的資料不被狂風吹散，她把地質資料掩藏在自己貼身的襯衣裏，最後被凍死在野外。

楊拯陸犧牲時，才二十二歲。當時她已和戀人謝宏（後擔任過克拉瑪依油田管理局局長、新疆自治區人大副主任）商定，準備這次野外工作結束後就辦喜事，孰料天不從人願。爲了紀念她的精神，國家把她爲之奮鬥獻身，所勘探的當地地質構造命名爲「拯陸背斜層」。新疆石油礦務局授予她「黨的優秀兒女、優秀共產黨員」革命烈士稱號。她的骨灰被安葬在西安烈士陵園。她是楊虎城家在和平時期爲祖國建設而捐軀的一員。

楊拯民與夫人陳因生育子女五人，依次爲楊延武（女）、楊協（子）、楊祁（女）、楊計（女）、楊瀚（子）。

【附錄四】

楊虎城所屬十七路軍主要幹部小傳

◆孫蔚如（一八九六—一九七九）

原名樹棠，一八九六年十一月三十一日出生於陝西省長安縣（今西安市）灞橋鎮豁口村，一九一〇年考入咸長初等實業學校，一九一一年轉入長安高等小學。一九一二年考入西北大學預科，旋改爲省立北三中學。一九一三年考入長安陸軍測量學校，畢業後任陝西測量局地形課班員。

袁世凱竊取辛亥革命果實後，立志反對北洋軍閥，加入了孫中山領導的中華革命黨。一九一八年參加靖國軍，任第三路第二支隊第一營連長，後轉入楊虎城部任營長。一九二三年，在鐵佛寺截擊甘督陸洪濤械彈之戰鬥和武功、馬嵬戰鬥中屢建戰功，因手臂受傷，留鳳翔醫治，至一九二三年初到陝北與楊會合。

一九二四年，楊虎城部與井嶽秀部組成陝北國民軍，楊任前敵總指揮，孫任參謀長，揮師南下，驅逐直系軍閥、陝西督軍吳新田。部隊到達耀縣，楊虎城將原教導隊護編爲教導營，孫兼任營長，後楊部改編爲國民軍第三軍第三師，楊任師長，孫任參謀長。一九二六年春，在西安八個月的守城鬥爭中，孫協助楊指揮部隊堅守東北城角，打退了敵人多次進攻，爲守城作出了巨大貢獻。

一九二七年春，楊部改編爲國民革命軍第二集團軍第十軍，孫以軍參謀長職隨部隊東出潼關，參加北伐戰爭，一九二八年初楊赴日本療養，認爲孫忠實可靠、深沉穩練，委託孫對內代理軍務。

一九二九年四月楊部倒馮附蔣，改爲新編十四師，旋改爲陸軍第十七師，孫仍任旅長。一九三〇年五月，馮、閻聯合攻蔣，中原大戰爆發，七月，蔣任命楊虎城爲國民革命軍討逆軍第十七路軍總指揮，西進潼關。孫仍守備南陽，確保前線補給和後方安全。

一九三一年楊電請以孫暫代甘省主席，而蔣只命孫爲甘肅宣慰使。

一九三二年四月，蔣任命邵力子爲甘省主席，任孫爲三十八軍軍長，先移駐平涼，後駐天水。

一九三六年「西安事變」期間，孫擔任軍事顧問團召集人、西安戒嚴司令、抗日聯軍臨時西北軍事委員會負責人、抗日援綏第一軍團軍團長等職，協助楊虎城處理有關事宜。事變後，南京政府逼楊出國考察，任命孫蔚如爲陝西省政府主席。

一九三七年六月廿七，楊出國後，第十七路軍縮編爲三十八軍。一九三八年七月，孫部改編為第三十一軍團，孫被解去省政府主席之職，任軍團長，隨即率在陝各部由大慶關東渡黃河對日作戰。

一九四〇年，八路軍發動百團大戰，孫部積極配合，深入敵後，破壞鐵路、公路，遊擊敵人。在中條山防禦的兩年多時間先後十一次粉碎日軍掃蕩，給敵人以大量殺傷，孫部被譽為「中條山的鐵柱子」。

一九四二年至一九四三年，河南遭受嚴重的旱、蟲災害，民不聊生，孫號召全軍官兵每人每天節約給養糧二斤，賑濟災民，並從陝西關中地區籌措大批糧食運往河南救災，被譽為「豫中人民的救星」。

一九四四年三月豫西戰役中，時為主力的湯恩伯部一觸即潰，陣地連連告失，而孫蔚如之第四集團軍在虎老關激戰七晝夜，殺傷日軍數千人。一九四五年六月，孫蔚如升任第六地區司令長官。

一九四五年八月，日本投降，孫受任武漢戰區受降長官。一九四六年第六戰區改組為武漢行營，旋改行轅，程潛為主任，孫為副主任。一九四八年，孫調任戰略顧問委員會。

一九四九年初，蔣介石威逼孫赴台，他以台灣尚未安排住房並且經濟有困難為由搪塞於蔣。四月中旬，以經滬赴台為名，遷居中共地下組織選定的上海住址。一九五〇年八月，加入中國國民黨革命委員會。歷任民革中央常委，民革陝西省委員會主任委員，陝西省一、四屆政治協商委員會副主席，一、二、三屆陝西省人民代表大會代表、陝西省人民委員會副省長、第五屆全國政協委員會委員，國防委員會委員等職。一九七九年七月廿七，在西安病逝，享年八十五歲。

◆馮欽哉（一八九〇—一九六三）

原名敬桂，又名精一。後改或敬業，字欽哉。一八九〇年四月一日出生於山西省萬泉縣（今萬宋縣）薛明村農家。一九〇三年考入山西省運城宏道學校，一九〇九年加入了中國同盟會。一九一〇年春考入山西省優級師範學校（兩級師範），一九一一年十月廿九日，山西新軍中的革命黨人發動起義，成立以閻錫山爲都督的山西省政府。是年冬，回萬泉縣組織了獨立大隊，自任大隊長，歸河東政府民兵總司令張士秀領導，進行革命活動，辛亥革命後，又回師範學校就讀。

一九一三年夏，加入閻錫山組織的征蒙隊。年冬，任山西陸軍暫編師直轄騎兵團第二營軍需長。一九一七年到上海，以山西討袁軍代表的名義拜謁了孫中山先生。隨後經人介紹來到西安，協助陝西省警備軍統領耿直籌畫成立了靖國軍，任第三路第四支隊模範連連長期間，與第一支隊司令楊虎城結識。不久，到楊部任第三營營長，楊部改編爲靖國軍第三路後，馮任第三團團長。

一九二二年七月，隨楊部駐防三邊整訓時，任中校團副兼第三營營長。一九二四年冬，楊部被改編為陝西國民軍第三支隊，馮任第二營營長，次年，升任國民軍第三軍第三師第六旅旅長。一九二六年春，參加了堅守西安的戰鬥。一九二七年春，馮隨楊出潼關，參加北伐。次年春，楊虎城赴日期間，代理第十軍軍長職務。在國民黨下令「清黨」時，馮遵令辦理，認為「最少也要抓幾個應付一下，否則第十軍將無前途。」是年秋，第十軍轉入山東駐防，並奉命改編為第二集團軍暫編第二十一師，馮欽哉任第一旅旅長。次年二月，率部參加了消除當地匪患的鬥爭。一九二九年四月，楊離馮附蔣，改編為第二紡遺區陸軍新編第十四師，馮任旅長。九月，部隊移防南陽。十二月，在楊虎城的指揮下，參加了與唐生智作戰，側擊右翼。被蔣介石晉升一級，得賞兩萬元，獲蔣介石「猛將」的讚譽。遂背著楊與蔣介石建立了密切聯繫。

一九三一年四月十日，楊部擴編為國民革命軍討逆第十七路軍，馮任第四十二師師長，駐防大荔一帶。蔣介石又多次派秘書楊永泰到西安對其拉攏，企圖將他分離出楊虎城部。一九三二年升任為第七軍軍長兼四十二師長和陝西政府委員。一九三三年春，長城抗戰爆發，楊虎城命馮欽哉率部，四月中旬東出潼關，奔赴順義、懷柔地區參加對日作戰，歸屬北平行營主任何應欽指揮。八月撤回原防。

一九三六年一月廿三日，晉升為中將，並奉命對陝北紅軍圍剿。是年冬，西安事變發生，楊虎城令馮「迅速集結部隊撤回關中地區，駐防潼關」，隨即與劉峙、樊嵩甫等人通電全國，反對張、楊，被南京政府委任為討逆軍渭北司令，率部隊沿渭河北岸西進，對西安方面實行警戒。西安事變和平解決後，馮因擁蔣叛楊有功，所部擴編爲第二十七路軍，馮任總指揮。自此，馮部脫離楊虎城的十七路軍，徹底投靠蔣介石。

七七事變後，馮欽哉率部開赴河北，在保定同友軍一起抗擊日軍。隨後，又以總指揮的名義率部參加娘子關戰役，負責防禦左翼。一九三八年春，馮部編爲第十四軍團，任軍團長，率部在晉南開展抗日遊擊戰爭。一九三九年二月七日，調任第十四集團軍副總司令，失去了直接指揮舊部的權力。不久即被改任第十三集團軍代總司令兼九十八軍軍長（原二十七路軍舊部），進駐晉東南，和朱德、彭德懷領導的八路軍在太嶽地區共同開展抗日遊擊戰。

一九三九年冬，將馮欽哉調離九十八軍（交武士敏指揮），改任第一戰區副司令長官常駐洛陽。一九四一年八月廿六日，免去第一戰區副司令長官之職，被任命爲察哈爾省主席。一九四五年夏，在國民黨第六屆代表大會上當選爲中央執行委員。一九四六年夏，被免去省主席之職，改任第十一戰區副司令長官兼張垣綏靖公署副主任。次年冬，該公署撤銷，調任國民政府主席北平行轅副主任。

一九四八年八月三日，北平行轅又撤銷，調任華北「剿總」副總司令。期間不到軍職，而在北平經商，開辦「仁昌銀號」自任董事長，並兼天津建華麵粉公司董事長。

一九四九年一月解放軍兵臨北平城。蔣介石曾派員到北平勸說馮欽哉南下去台灣，被馮拒絕。

解放後，中國共產黨派人徵求他的意見，以便安排適當的工作，馮欽哉都加以拒絕，表示：「政府給我了解放證、市民證，我是求仁得仁，心滿意足了。絕對不求做官，願當老百姓。」遂在北京家中養起雞來。一九五六年加入民革，任北京市民革第十三支部委員。同年冬，任北京第一屆政協委員。一九五八年被錯劃爲右派分子，開除民革黨籍。一九五九年，因「西安事變」時殺害楊虎城派去的代表張依中一案被捕入獄。一九六一年因病保外就醫。一九六三年一月廿二日病逝於西安家中，終年七十三歲。

◆趙壽山（一八九四－一九六五）

原名趙生齡。一八九四年十二月十七日出生於陝西省戶縣。一九〇九年考入陝西陸軍小學，後入西北大學預科，轉入陝西陸軍測量學校讀書。

一九一七年，他參加靖國軍。一九二四年在楊虎城部下任教導隊排長、隊副、軍事教官等職。一九二四年十月楊率部從陝北南下關中，趙任第二中隊長，兼教導營營長。一九二六年隨楊虎城守西安城八月獲勝。楊部改編爲國民軍聯軍第十軍時，趙任該軍第二師混成團團長參加北閥。一九二七年初，楊出關後，趙曾一度留北地區任補充團團長。一九二八年秋，趙壽山奉令東進單縣。楊部編爲暫編二十一師，趙任第七團團長。一九二九年，楊虎城率部投蔣，駐守南陽。

一九三〇年，蔣與馮、閻大戰中原。楊命爲十七路軍總指揮，參加了對馮、閻的作戰。率部進軍潼關，趙奉令率部向潼關西十里的吊橋進攻，迫使駐潼關的馮系宋哲元部隊北撤朝邑。順利佔領了潼關大門，保證了楊向西安進軍。不久，趙部收編了馮系餘部近兩萬人於渭北，遂升任爲第十七路軍十七師五十一旅旅長，駐軍三原。同年十二月，趙旅奉命進駐漢中，任漢中綏靖區司令。

一九三五年三月，趙旅奉命調駐黃陵、洛川、白水一帶，與紅軍正面作戰。趙便向楊託辭請假去外地視察，以期尋找出路。十月到北平。華北事變，亡國滅種迫在眉睫，而蔣介石仍推行「攘外必先安內」的反動政策。一二九救亡運動，使趙壽山受到了前所未有的啓發和教育。後又去上海，與抗日救國會的進步人士楊明軒等人接觸，又閱讀了一些馬列著作及進步雜誌，使他從思想上完全接受了中共關於「停止內戰，一致抗日」的主張。

一九三六年十月趙回陝，向楊虎城提出「如果蔣來西安，必要時，我們把他扣起來，逼他聯共抗日」的重大建議。

「西安事變」期間，趙任公安局局長，指揮解除了西安城內的蔣系武裝，維持了西安的社會秩序。後爲做好同南京「討伐軍」作戰的準備，楊虎城任命趙爲渭北警備司令，駐三原縣城。此時趙多次與任弼時、王稼祥、彭德懷、徐向前、賀龍、楊尚昆等紅軍將領來往，協調共同抗擊蔣軍進攻事宜。

西安事變後，十七路軍被縮編爲三十八軍，趙壽山任該軍十七師師長。七七事變爆發後，正在廬山受訓的趙壽山請纓抗戰，遂於七月廿一日率十七師一萬三千餘人，從三原誓師開赴前線。

一九三七年底，趙先後到綏德、延安參觀，受到毛澤東、等中共領導人的接見。

一九三八年秋，蔣介石把原十七路軍縮編為三十八軍和九十六軍兩個軍。趙壽山被任命為三十八軍軍長，率部到山西中條山作戰。先後粉碎日軍對中條山十一次掃蕩，給日軍以極大的殺傷。日軍稱中條山為其華北戰場上的「盲腸炎」。國民黨第一戰區長官衛立煌則稱三十八軍是「中條山鐵柱子」。

趙於一九四二年底經中共中央批准入黨。蔣介石為了瓦解楊虎城的舊部，一九四三年調趙壽山到重慶國民黨中訓團受訓。一九四四年二月調趙壽山至甘肅武威任胡宗南指揮的第三集團軍總司令。

一九四六年八月，趙壽山以「出國考察水利」為由，卸去第三集團軍總司令職務。在董必武的精心安排下，由上海乘船經天津輾轉於一九四七年三月進入晉冀魯豫根據地。七月六日發表反蔣通電，公開宣告起義。一九四八年，趙壽山被任命為中國人民解放軍第一野戰軍副司令，協助彭德懷司令員指揮解放大西北各個戰役的勝利鬥爭。解放大西北，進軍大西南作出了貢獻。

解放後，他先後擔任過青海省人民政府主席、陝西省省長。一九五六年當選中共第八次全國人民代表大會代表。一九五四年、一九五九年、一九六四年先後當選為第一屆、第二屆、第三屆全國人民代表大會常務委員會委員。一九五九年和一九六四年先後當選爲國防委員會委員。一九六五年六月二十日病逝於北京，終年七十一歲。

◆杜斌丞（一八八八—一九四七）

原名丕功，字斌丞。出生於陝西省米脂縣城一個破落地主家庭。一八九五年，七歲時入私塾讀書。一九〇五年，在綏德中學讀書。一九〇七年考入三原宏道高等學堂，在校期間閱讀了《民報》、《夏聲》等進步刊物，愛國思想得到了進一步啓發和提高。

一九一三年杜斌丞考入北平國立高等師範學校史地部。一九一七年畢業後回到榆林，任榆林中學教務主任兼史地教員，後任校長。他從北京聘請學識淵博思想進步的魏野疇、李子洲、呼延震東、王森然、朱橫秋等來校執教，講授和傳播新文化運動、中國革命和馬列主義思想等。他資助籌辦了綏德、延安、米脂等地的師範學校、中等學校和榆林職業中學，推薦榆林學生分赴陝北各縣任教，推動並促進了陝北教育事業的發展。被周恩來譽爲「革命的教育家」。

一九二二年秋，楊虎城在率部蟄居榆林期間與杜相識。兩人一見如故，肝膽相照，休戚與共。一九三〇年十月，楊虎城任陝西省政府主席、潼關行營主任，電邀杜斌丞由北平回陝，任陝西省政府高級參議、陝西清鄉總局副局長職務。

日本侵華野心日益暴露，但蔣介石堅持「攘外必先安內」政策，加強對地方異己勢力和主張抗日愛國軍隊的控制和分化瓦解。杜向楊指出：只有西北大聯合，進而促進南北大聯合財能對付蔣介石。」由此產生了杜斌丞、楊虎城和鄧寶珊三人謀取甘肅、寧夏、新疆，聯絡青海的意圖，即以後的西北大聯合。西北大聯合主張，是包括共產黨領導下的革命力量和西北反對蔣介石獨裁統治的地方勢力的大聯合。爲實現這個戰略，杜斌丞赴甘肅聯絡和爭取甘肅地方各股武裝力量，同楊虎城建立了關係。

一九三一年十一月，孫蔚如平定甘亂，杜斌丞以高級參議身分隨軍入甘，與地方武裝勢力合作，不到一月攻克蘭州。孫蔚如任甘肅宣慰使，杜任秘書長。一九三二年，蔣命邵力子爲甘肅省主席，並爲拉攏杜而許以官職，遭拒絕。一九三三年，蔣把楊在甘肅的部隊調到陝南「圍剿」紅四方面軍時，杜即向楊提出了聯共反蔣抗日主張，得到楊虎城、孫蔚如的贊同。一九三三年春，杜推薦孫蔚如部參謀武志平代表楊部，與在川陝邊區的紅四方面軍領導人會晤，取得聯繫，達成「互不侵犯」協定。一九三五年十二月初，毛澤東特派汪鋒爲代表，分別給楊、杜、鄧寶珊寫了親筆信，由汪帶去，臨行前，周恩來專門囑咐汪到西安先找杜斌丞先生。

汪鋒到西安後多次與杜會晤、深談。會談中轉達了周恩來的問候。杜積極協助汪鋒做楊虎城的工作，並對如何合作提出中肯建議。西安事變第二天，杜接任陝西省政府秘書長，積極推行張、楊提出的八項主張，使全省政令統一，社會安定。他還任政治設計委員，代表楊虎城參加了周恩來領導的紅軍、東北軍和西北軍三方面組成的「聯合辦公廳」的工作。一九三八年秋，杜斌丞卸陝西省政府秘書長職，徒有省政府委員的名義。蔣介石為拉攏他，派胡宗南登門拜訪，表示殷勤，許以軍事委員會參議之職，高薪求之，遭斷然拒絕。一九四〇年七月十六日深夜，國民黨特務闖入杜斌丞家，以搜捕共產黨為名，抓走家裏的傭人和客人。杜斌丞憤而與國民黨政府斷絕關係，不上衙門，不做國民黨的官。專心致志從事抗日民主運動。

一九四一年，杜斌丞在重慶正式加入了「中國民主革命同盟」和「民主政團同盟」。一九四三年他從重慶到昆明，與當地民盟聯繫並參加當地的民主活動，廣泛接觸西南聯大、雲南大學的一些著名人士，結識了李公朴、聞一多、吳晗等人士。把抗日根據地軍民的艱苦奮鬥精神和八躔國的英勇抗戰事蹟實地告訴大家，同時也揭露了蔣介石、胡宗南在西北的黑暗統治，使聽者耳目一新，為之振奮。

一九四四年十月，杜與楊明軒、王菊人、郭則沉等人成立民盟西北總支籌委會，提出「親蘇、友共，努力實現新民主主義」的政治綱領。一九四五年二月，正式成立了民盟西北總支部，他被選為主任委員。並同楊明軒一起促使《秦風日報》和《工商日報》出聯合版，使聯合版成為很有影響的西北民盟的機關報，一九四六年二月，他在報上發表公開談話，表明他為中國早日實現民主政治，結束一黨專制而鬥爭的決心。特務對杜進行監視、跟蹤、盯梢等活動，使杜的人身自由與安全受到威脅。共產黨領導和許多朋友勸他去陝北或香港。民盟總部也電邀他到南京去。但他認為留去應由工作決定。他鎮定地告訴親友：「革命不能讓恐怖嚇倒，鬥爭就難免犧牲。」

一九四七年三月二十日，胡宗南侵佔延安的第二天，國民黨特務、軍警四十多人衝進杜宅，採用極其卑鄙的栽贓誣陷手段，將海洛因放在杜的枕頭下，以「搜到了毒品」將杜斌丞逮捕。在敵人的監獄和法庭上，他堅貞不屈，大義凜然，痛斥特務的卑劣伎倆，指斥內戰的爆發完全應由國民黨負責。一九四七年夥，下令對杜「即行處理，以免後患」。十月，杜斌丞先生在西安玉祥門外慷慨就義，終年六十歲。

噩耗傳出，在全國廣大進步人士中激起了很大悲憤，民盟主席張瀾向全國民黨政府提出抗議。毛澤東同志親筆寫了「為人民而死，雖死猶生」的輓辭。一九五二年十二月廿一日，杜斌丞遺體安葬在西安南郊烈士陵園（現西安南郊陵園）。

◆南漢宸（一八九五—一九六七）

原名南汝冥，化名王劍秋，一八九五年出生於山西趙城（今洪洞）縣，十一歲入私塾。

一九一一年入太原第一師範學校。後考入太原高級工業專門學校。一九一五年回鄉任教。

一九一七年任煤炭公司經理。

一九二三年赴天津，參加陝軍第一師。一九二四年北京政變後，參加國民黨第三軍，任軍需官。一九二五年秋，被派至第三軍參謀處處長。九月任第三軍政治工作委員會委員長，十一月加入中國共產黨，並作爲國民陪軍參觀團赴蘇聯訪問。

一九二七年六月回國，任河南省政府秘書主任兼第一科科長，同年夏，任第十軍軍事幹部學校校長，十二月任中共皖北物委書記。一九二八年春至開封，不久任豫南賑災委員會主任委員，十月任信陽縣縣長。一九二九年夏，就任河南省政府秘書，行政人員訓練所主任和區長訓練所教育長等職，一九三〇年任陝西政府秘書長，協助楊虎城，團結省內外關心本省災情的各界人士，求濟災荒，恢復生產，以工代賑，修建經惠渠水處利工程，對發展陝西的各項事業起到了巨大的作用。

一九三二年爲躲避蔣介石的通緝避居日本，一九三三年八月回國。同年冬，經中共上海中央局批准，前往包頭孫殿英部開展統戰工作，被聘爲高等顧問。一九三四年任中國人民反法西斯大同盟中央委員會委員、秘書長；同年十一月，調往上海，在中共中央局工作，負責編輯國際情報。一九三五年隨上海中共中央局機關搬到天津，被派赴中共北方局下屬的聯絡局，主持情報收集等工作。

一九三六年十二月西安事變後，調西安協助中共代表團工作。一九三七年十月，任戰區總動員委員會組織部副部長。一九四〇年赴延安，任中共中央統一戰線工作部副部長。一九四一年任陝甘寧邊區參議員，邊區政府委員，邊區財政廳廳長。抗戰勝利後被派往張家口，任晉察冀邊區政府財政處處長。一九四七年至河北平山，任中共中央財經委員會副主任，後又調任華北財經辦事處副處主任，華北銀行總經理。一九四八年十二月，任中國人民銀行行長。中華人民共和國成立後，歷任國務院財經委員會委員，中國人民銀行總行行長，中國銀行董事長。一九五二年春，任中國國際貿易促進會主席，黨組書記。此外還擔任民主建國會副主任委員、黨組書、中外友好協會副會長，中日友好協會副會長。第一、二、三屆全國人民代表大會常務委員會委員。一九六七年一月廿七病逝，終年七十二歲。

◆張漢民（一九〇三年—一九三五年）

一九〇三年五月六日出生在山西省稷山縣農家。少年時在家鄉上學，後考入新絳縣中學，一九二四年西渡黃河，到了陝北安邊楊虎城創辦的教導隊學習軍事。

一九一五年春，楊揮師南下，先後駐防耀縣和三原，張漢民任中尉排長。一九二五年九月十月，當教導營第一中隊改紡爲炮兵營時，他又升爲營副。是年冬，張率部駐守三原期間，加入了中國共產黨，一九二六年四月，北洋軍閥劉鎮華進犯陝西，企圖佔領西安、三原和咸陽，張漢民領導的炮兵營，奉命留守三原和駐當地陝軍一起，抗擊劉鎮華匪軍的進犯，經多次激戰，終使三原未陷敵手。西安解圍後，在國民聯軍駐陝總司令部創辦的中山軍事政治保衛隊任中隊長。

一九二八年冬被宋哲元以共產黨犯，將張漢民逮捕，後在黨組織營救下倖免，回家以小學教員為掩護，繼續從事革命活動。一九二九年春，張漢民由稷山縣到山東臨沂，又回到楊虎城將軍的部隊充任連長。一九三〇年十一月，楊虎城就任陝西省政府主席，任命張漢民為省政府衛士營營長；一九三一年該營擴編為警衛團，張漢民任團長，駐防西安北院門，在此期間，他在陝西省委的領導下，搜集軍事情報，支援了陝甘遊擊隊的物資，掩護劉志丹、謝子長、周紅彥等來往西安開展黨的工作。

一九三二年冬季，中國工農紅軍第四方面軍從鄂豫皖地區出發向西轉移，其先頭部隊進入陝西東南地區時，反革命即電令西安綏靖公署主任兼陝西省政府主席楊虎城將軍，速集中兵力出師陝南堵擊紅軍，企圖把紅四方面軍圍殲在秦嶺山區，以防紅軍西進。楊虎城將軍對警衛團的使用，一向是非常慎重的，從不輕易調動，楊虎城為了建立與紅軍的聯繫，於一九三二年十月，命令張漢民率警衛團出師秦嶺北麓的引駕回、太乙宮待命，但當警衛團抵達引駕回時，紅四方面軍卻已沿秦嶺北麓經周至、眉縣地區南入秦嶺，張漢民遵命向西「尾隨」紅軍。

張漢民深知楊虎城將軍把警衛團列入戰鬥序列的用意，他設想這次紅四方面軍大部隊西來，警衛團進入秦嶺後，若能與紅軍取得聯繫與其會合，則可以縱橫西北，革命形勢必將有大的轉變。經過兩三天的準備，張漢民率部出發到引駕回原形向西「尾隨」紅軍到周至縣時，獲悉該縣監獄裏關押著共產黨員雷展如，張漢民親自派人到縣政府將雷展如營救出獄，並任為通訊排長。兩次派共產黨員張含輝攜帶軍用地圖和大批醫藥去川北同紅四方面軍聯絡。

一九三三年春，警衛團被調往城固天明寺一帶，張漢民率部收繳了當地地主豪紳武裝的槍支。在駐城固二里壩時，正值鼓樓壩區長收土匪張正反發動了馬耳岩事件，紅二十九軍李艮、陳淺綸、孟芳洲等領導人慘遭殺害。事件過後，張漢民得知即帶部人以平亂爲名將反動區長扣捕鎮壓，爲死難的同志報了仇。

一九三三年秋，張漢民對警衛團的領導班子作了調整，把不可靠的兩個營長換成共產黨員崔啓敬和閻揆要，使全團實力掌握在了共產黨的領導之下；進而在團部建立了相當總支形式的黨團組織，各營建立了黨團支部，各連建立了黨團小組。截至一九三四年，該團的共產黨員已達兩百餘人。

一九三四年四月，張漢民根據陝南特委汪鋒同志的意見，遂把用布在寧強、勉縣各地的遊擊隊員集中了八九十人，在勉縣諸葛廟以東的馬超廟裏訓練了二十多天，編了三個中隊，六個小隊，配發長槍六十枝，命名爲勉縣墾荒遊擊隊。十七路軍一些人電告楊虎城，說「張漢民是共產黨，不聽指揮，胡作非爲」，要求解除警衛團的武裝。楊虎城沒有答應，並說「張漢民不聽指揮，由我調回西安。」

一九三四年十一月，楊虎城將軍從西安出發巡視陝南，來到秦嶺山區十七路軍的駐防區域，張漢民向楊虎城面陳了警衛團所受的非難和歧視，請求把他調回關中駐防。楊將軍允許所請，遂調警衛團向關中轉移。

當紅四方面軍折返四川時，楊虎城正由警衛團護送繼續巡視，經山陽到商縣，又從黑龍口到牧虎關，遇見紅二十五軍宣傳隊，楊虎城警衛團阻截紅軍，集合部隊講話後返回西安。張漢民當即率警衛團沿鐵索橋葛牌鎮一帶搜索前時，到楊家斜與紅二十五軍相遇，雙方隔河對峙。張漢民遂派共產黨員馬宗仁、張明遠等與紅二十五軍聯絡，並商定互不侵犯，即立了聯絡口號。

紅二十五軍當時無電台與黨中央聯繫，因此他們提出要電台、軍用地圖、醫藥器械等，張漢民立即將陝南川北軍用地圖抽送一份，並派人到上海、西安購買電台、電訊器材和醫藥。由於紅二十五軍流動無定，兩次運送均未接手，直到同年九月下旬，才用卡車送至陝北交給紅二十五軍。

紅二十五軍在楊家斜駐下七天，飛帶向湖北而去。警衛團「尾隨」紅軍到溫川關，雙方堅守成約，從未交戰。警衛團後奉命開駐鎮安駐編。

一九三五年二月廿七，警衛團奉命擴編為警備第三旅，張漢民被任命為旅長。這時，轉戰中的紅二十五軍，已由湖北鄖西一帶，在無人察覺的情況下，神速地攻到佛坪，消滅了駐軍十七路軍的張飛生旅，並從那裏向東運動。

張漢民接到西安綏靖公署命令其堵擊紅軍的命令之後，一面派人去紅二十五軍送信，一面率七、九兩個團由鎮安出發尾隨紅二十五軍。

三月廿七，當部隊行至蔡玉窯地區時，有人即提出，前派出送情報人未回，值得注意，可等去上海中央局請示與紅二十五軍協同問題的陝南特委的汪鋒同志到來再動。張漢民認為以往已與紅二十五軍來往數次，並約定好互不侵犯條約，相隨亦非一日，並未違約開火，絕對沒有問題。於是按計劃尾隨前進，十八日到曹家坪，十九日向目的地九間房前進。

當時九團任前衛，於部隊前進中，團長閻揆要每進一段路程，即向張漢民報告所見情況。十九日下午，快到九間房附近，閻揆要報告紅軍業已堅壁清野，溝內似有埋伏，可以距九間房十餘里處村莊宿營，以免誤會。

這時，張漢民堅持己見，仍命大膽前進，毫無戒備，當先頭部隊已進入九間房，正在集結宿營，左側宿營警戒即上山時，槍聲大作，爲避免交火，張漢民當即決定向右側山撤退。剎那間，紅二十五軍從正面和兩側衝來，警三旅遂潰不成軍，除未進入宿營地的官兵逃出外，其餘都被包圍俘去，張漢民亦被俘，戰鬥不到一小時即告結束。俘去的官兵，凡是說明自己是共產黨員的都被殺害，非黨人員卻被釋放。張漢民等共產黨員被紅二十五軍錯當反革命處決。中共中央召開第七次代表大會時，追認張漢民爲革命烈士。

◆許權中（一八九四—一九四三）

一八九四年出生於陝西省臨潼縣櫟陽鎭聶家村農家。從雲南講武堂韶關分校炮科畢業。一九一八年參加于右任、胡景翼組織的陝西靖國軍，反對段祺瑞政府及陝西督軍陳樹藩，曾任總司令部副官、總部繪圖科長、連長等職。

一九二四年冬，馮玉祥、胡景翼、孫岳推翻了曹錕的北洋軍閥政府，在北京建立了國民聯軍。許權中在胡景翼的第二軍中任營長、團長、旅長，指揮作戰屢次獲勝。一九二五年，經共產黨人史可軒的介紹，來到北京，結識了李大釗，接受了馬克思主義。不久加入中國共產黨，曾赴蘇聯參觀學習。

一九二六年，時值西安圍城進入到最艱苦的時期。直系軍閥劉鎮華派重兵圍攻楊部防守的渭北重鎮——三原縣達五個月之久，企圖孤立西安守軍。馮玉祥、于右任在蘇聯的幫助下，在綏遠五原組成國民聯軍，率軍援陝，策應北伐戰爭。許權中奉命率援陝軍第三路擊敗了圍攻三原的劉鎮華部隊，有力地支援了楊虎城堅守西安城的戰鬥。並在國民聯軍駐陝總司令部在西安建立西安中山軍事政治學校，許權中任總隊長，西北軍暫編第三旅旅長。

一九二七年夏，原國民軍總司令馮玉祥追隨蔣介石、汪精衛背叛國民革命，公開反共實行「清黨」。七月，在西安中山軍事政治學校和國民聯軍駐陝決司令中政治保衛部領導者的政治保衛隊的成員爲骨幹分子基礎上組建一個旅。許權中任旅長，抗拒馮玉祥的蠶食，率部開赴渭北地區。是年底，到達商洛，歸屬楊虎城部，許仍爲旅長。一九二八年四月，派旅部中黨員張漢俊等人率部分骨幹返回渭華，幫助組建了「陝東赤衛隊」。

五月十日，舉起了「工農革命軍」的紅旗，參與領導了渭華起義，任西北工農革命軍總顧問兼騎兵分隊隊長。起義失敗後，帶領部隊暫歸劉文伯部。八月，劉師被馮玉祥迫出商洛進入河南，許旅在鄧縣被打散。隨後，許赴辦聯莫斯科中山大學、紅軍大學學習。

一九三〇年回國後，許奉命到天津中共中央北方局軍委工作，次年被捕入獄。一九三二年夏保釋出來。一九三三年五月，馮玉祥、吉鴻昌等在察北張家口成立了察綏抗日同盟軍，許受中共北方黨組織派遣率部參加，任同盟軍軍委常委，許部編爲十八師，任師長，歸屬於吉鴻昌領導的北路軍開赴前線。許權中協助吉鴻昌制定作戰計畫組織指揮機構，從日僞鐵蹄下收復康保、寶昌、沽源、多倫等察北四縣。戰鬥中，許率十八師戰鬥在最前沿，衝鋒陷陣，沉著冷靜地指揮，使十八師成爲威震敵膽的主力師。

由於國民黨政府和日僞軍勾結，抗日同盟軍在八月被迫解散。

一九三六年冬，應楊虎城之邀，許回陝任十七路警備二旅副旅長。西安事變中，他指揮宋文梅的特務營，包圍了西京招待所和花園飯店，扣留了來陝的國民黨軍政要員及家屬五十六人。西安事變後，許權中被任命爲十七中軍獨立旅旅長。一九三七年五月，西安綏靖公署及十七路軍總部被改編爲三十八軍。許獨立旅爲三十八軍一七七師，番號五二九旅，許權中任旅長。八月廿八日率部在三原誓師東渡黃河，開赴華北抗日第一線。九月在河北易縣荊紫關開展遊擊戰，掩護主力部隊安全撤退，並在唐縣與八路軍一一五師騎兵團聯合阻擊日寇，初戰告捷。十月初守備山西曲陽縣東西口、南青觀一帶，將西犯之敵擊退。

十月十八日，忻口會戰開始，五二九旅奉命增援，日夜兼程趕到忻口援助晉軍。在他的帶領下，廣大官兵同仇敵愾，與友軍同日寇在忻口激戰十四個晝夜，堅守了陣地，打退了敵人多次進攻，並收復了一些友軍失去的陣地，殲敵三千多人，使日寇板垣師團大為震驚。許旅也付出了重大代價，三千多官兵僅剩千餘人，卻無一人逃跑。

許旅的英勇頑強，忻口前線總指揮衛立煌也五次下令嘉獎「自許旅增援上來，形勢轉危為安。」五二九旅被譽為雄師。

一九三七年秋末，許權中被調任為九十六軍、一七七師參謀長，協助師長李中興指揮部隊，守備晉東南，並任晉東南自衛軍指揮官。

一九三八年五月，日軍大興進攻晉東南，許權中率一七七師一部挺進永濟，在張營鎮與日軍激戰四晝夜；在吳王渡與日軍展開白刃戰，連續九次打退日軍進攻；破安邑、打運城，收復亞南三角地帶十三個縣，保衛了黃河，堅守住河防。事後，許被國民黨固派撤銷職務，被任命為一七七師少將參議。是年冬，由於長期南征北戰，胃潰瘍復發，許權中不得不離開抗日前線，回到家鄉休養。

一九三九年至一九四三年秋，許按黨中央的指示，利用一七七師參議兼陝西省保安司令部參議的合法身分，進行地下鬥爭。國民黨頑固派一面對許權中暗中監視，一面又以高官厚祿勸說脫離共產黨，都被許斷然拒絕。

一九四三年夏，許權中調任第四集團軍總司令參議，第九十六軍後方屯墾處處長。八月，許率九十六軍輜重兵一個手槍連，來到了眉縣太白山麓萬家原，開闢墾區，準備建立後方遊擊根據地。一九四三年十二月九日，許權中、任耕三等人到千陽查看地形，行至眉縣以東二十里槐芽鎮洪水溝時，被早已埋伏在這裏的國民黨胡宗南特務殺害，是年四十六歲。

一九四九年十二月九日，人民政府在西安、臨潼舉行了許權中烈士遇難六周年追悼大會。深切地懷念這位抗日民族英雄，「革命先驅、人民功臣」。西北軍區輓聯是：「一生爲黨爲國家，譽滿天下眾從誇。武裝起義鬧革命，鮮血灌滿勝利花。」

◆孔從洲（一九〇六－一九九一）

原名祥瀛，字郁文，一九〇六年十月二日出生在西安市灞橋鎮上橋梓口村農家，七歲時進入本村新式學堂——中國小學讀書，兩年後考入楊虎城部「安邊軍事教導隊」。後楊虎城在繳獲吳新田二十四門野炮的基礎上組建了炮兵營，孔被升爲該營排長。

一九二五年七月，經三民軍官學校培訓學得了實際操作等炮兵技術的能力。一九二六年在堅守西安的戰鬥中，打毀了敵人的觀察哨，打死敵團長，受到楊的讚揚，晉升爲連長。

一九二七年春，炮兵營改爲第十軍軍部直屬炮兵連，孔任連長。九月蔣馮大戰爆發，楊部奉命守備河南南陽守備，以阻馮軍進入中原。這時孔升任炮兵營營長，十二月打敗唐生智部，攻克駐馬店。之後楊虎城將繳獲來的裝備組成了炮兵特種兵指揮部。

一九三〇年三月，楊部改編爲陸軍第十七師。同年五月，蔣、閻、馮中原大戰爆發。孔隨楊由南陽、晉城、臨汾向洛陽挺進。一九三二年冬，十七路軍成立炮兵團，孔任團長，勵精圖治，加強炮兵團的建設，培訓人才，改善裝備，成立了輸送部隊，參加地方建設。

西安事變前夕，孔任十七路軍警備二旅旅長。事變前，遵照楊虎城的命令，利用夜間演習摸清了蔣系部隊在西安城內駐軍部署情況。事變中指揮部隊，解除了城內中央軍憲兵團、公安局、保安處、交警大隊、常駐省政府憲兵的武裝，佔領西郊機場，扣留了五十餘架飛機，及西京招待所國民黨軍政要員。

楊虎城出國前，他與趙壽山趕去上海送行，聆聽了楊虎城的最後教誨。

抗戰期間，孔從洲一直在第三十八軍任警二旅旅長、新編三十五師師長等職，戰鬥在抗日第一線，與日軍浴血奮戰，並同國民黨反共陰謀進行了堅決的鬥爭。一九三八年初，率部開往朝邑平民一帶佈防，保衛河防。六月渡黃河，堅守永濟，阻敵西渡，與日軍牛島師團的一旅團的兵力血戰八晝夜，陣地幾經失而復得，斃傷日軍一千餘人，擊敗日軍進攻。

永濟戰役後，警二旅遂改編爲獨立第四十六旅，孔從洲任旅長，歸三十八軍建置，投入到守備中條山的戰役中。一九三八年秋，奉命開始了中條山守備戰。一九三九年一月廿三日，日軍主力沿張茅公路兩側南下，進入孔旅陣地，經過三天的激戰，擊落敵機一架，活捉敵駕駛員，粉碎了日軍對中條山地區的第一次大規模進攻。

在堅守中條山近三年的時間，與日軍進行了大小戰役百餘次，在最殘酷的六六血戰中，孔從洲成功果斷地組織部隊向北突圍，保存部隊生力。

一九四〇年十月，四十六旅改編爲新編第三十五師，孔從洲任師長，並率部進駐鞏縣汜水地區，擔任汜水、棗村溝、呂布城沿線的河防任務。一九四四年春，孔從洲率部參加了中原戰役。在河南登林、汜水、絡鄉等地英勇抗擊日軍。一九四五年八月，日軍投降。

九月，孔從洲奉第四集團軍之命，率受降先遣部隊進駐鄭州，任鄭州警備司令。

一九四六年蔣介石發動內戰，在企圖用軍事手段解決三十八軍的危急關頭，孔遵照黨中央的指示，於一九四六年五月十五日，通電全國，率領五十五師起義，進入晉察魯豫解放區。同年九月，中共中央在原起義的十七師基礎上，在晉察魯豫根據地重新組建西北民主聯軍第三十八軍，孔從洲任軍長，率部參加人民解放戰爭。

一九四六年九月一日，由毛澤東批准，孔從洲加入了中國共產黨。新三十八軍經過六個月整頓後，南渡黃河，參加豫西戰役，在靈寶、陝縣與敵作戰。轉戰豫陝鄂地區，協同主力部隊，積極參懷開闢豫西、陝南根據地，取得了重大戰績。在輾轉兩年的解放戰爭中，參加大小戰役近六十餘次。

一九四八年夏，中原軍區決定三十八軍就地整編，合併組成豫西軍區，孔從洲爲軍區副司令員。同年十月，鄭州解放，孔從洲從豫西調任鄭州警備區司令員。翌年二月下旬，孔轉任第二野戰軍特種縱隊副司令員，率縱隊由商丘向南挺進，參加渡江戰役。渡江作戰中，特種縱隊炮兵隊發揮了強大威力，給敵人以嚴重的殺傷，保證步兵渡江。隨後，參加南京接管工作，孔任南京軍事接管會主任。其後，特種縱隊進行整編擴充，由不完整的三個團護編爲完整的七個團。

一九四九年十一月，孔率領特種縱隊參加解放大西南的戰役。是年底，率縱隊進入重慶擔任軍事接管與改造起義部隊的任務。一九五〇年四月，成立西南軍區炮兵部隊，孔從洲爲司令員。率部隊進軍西藏，解放拉薩。

一九五一年三月十日，中國人民解放軍第二炮兵軍校在四川銅梁成立，孔兼任校長。同時率部配合友鄰及地方政府，投入剿匪、征糧的鬥爭。從一九五一年至一九五五年，孔一直主持西南軍區炮兵工作。一九五五年七月，調任瀋陽高級炮兵學校，開始了培養炮兵高級人才的工作。一九五五年被授予中將軍銜。

一九六〇年三月，孔離開瀋陽高級炮兵學校，受命參加組建南京炮兵工程學院。經過西安、武昌、南京的實地考察和實踐，一九六二年正式定點南京，建立了南京炮兵工程學院，孔從洲任院長。一九六四年七月，被委任以中國人民解放軍炮兵副司令員兼沈炮兵科學技術研究院院長。曾任第二、三屆國防委員會委員，五屆政協常務委員，第三屆全國人民代表大會常委等職。一九九一年六月七日在京逝世，享年八十五歲。

◆閻揆要（一九〇四—一九九五）

漢族，一九〇四年生於陝西省佳縣一個農民家庭。榆林中學畢業後於一九二四年三月考入黃埔軍校第一期，編入學生第三隊。十一月，閻揆要從黃埔軍校畢業，被派到北方革命第三軍工作，曾任騎兵團營長。一九二六年加入中國共產黨，後被派到井嶽秀部第十一派從事兵運工作。

一九二七年十月，閻揆要與唐澍、謝子長等以為井嶽秀部的旅長石謙被殺報仇為名，在清澗發動了武裝起義。成立了西北工農革命軍遊擊隊，唐澍、謝子長分任正副總指揮，閻揆要任參謀長。這是陝北高原最早建立的工農武裝。

一九二八年初，清澗起義失敗，閻揆要被派到楊虎城的西北軍從事兵運工作。一九三〇年楊虎城率十七路軍入陝主持陝政，一九三一年成立了陝西省政府警衛團，張漢民任團長，閻揆要任團副。一九三一年秋末，張漢民派閻揆要把情報和彈藥送到陝甘邊三家原，交給謝子長、劉志丹。一九三三年，閻揆要任警衛團三營營長。

一九三四年春節，紅二十五軍由豫入陝，警衛團奉命堵擊。張漢民派人同紅二十五軍聯絡，雙方商定互不侵犯。閻揆要奉命曾兩次派人給紅二十五軍送藥，均因駐地不定未成送到。同年九月，閻揆要派汽車將電台和藥物送給了陝北紅軍。一九三五年二月廿七，警衛團奉命擴編爲警備第三旅，張漢民爲旅長，閻揆要任九團團長。

九間房事件後，一九三五年五月，西安綏靖公署改建特務第二團，閻揆要任團長，有官兵千餘人，負擔西安城防任務，後來全團奉命開往禮泉、乾縣、彬縣、淳化一帶，團部太淳化縣城。特二團各連隊先後成立黨支部或黨小組。一九三六年九月，黨中央派汪鋒到白水轉遞到周恩來給閻揆要的信以及傳達周恩來就如何在十七路軍開展黨的工作的談話。周恩來這些極爲重要的指示，使特二團黨的工作有了根本性的轉變。

一九三六年十二月十二日，張學良、楊虎城發動了「西安事變」。南京國民黨親日派首腦何應欽，在所謂「救蔣」名義下，重兵壓境，飛機轟炸渭南一帶，西安形勢突變緊張。閻揆要率部星夜兼程到達目的地，在渭南赤水原一線英勇阻擊一個星期，爲「西安事變」和平解決爭取了時間。阻擊任務完成後，特二團又奉命到藍田許廟配合紅軍阻擊中央軍進攻西安。這時成立了綏靖公署獨立旅，特二團編爲獨立旅第一團。

一九三七年四月，獨立旅在耀縣改爲五二九旅，許權中任旅長，閻揆要任一〇五八團團長。在閻揆要領導的這些部隊中，都建立了黨的地下組織，發展了一批黨員，爲建立抗日民族統一戰線作出了一定的貢獻。

一九三七年，七七事變後，五二九旅奉命開赴華北抗日前線。九月初，五二九旅由陝西三原出發時，汪鋒來此轉交了周恩來給閻揆要的信。信中指示：「共產黨員在戰鬥中和統一戰線中要起模範作用。」十月十三日，忻口戰役開始，晉北吃緊，五二九旅奉命增援，在忻口作戰半月有餘，殲敵三千多人，十一月二日奉命撤退。五二九旅向南撤退途經商城時，閻揆要見到了周恩來，周指示，盡可能不要西渡黃河，要堅持敵後戰爭。

一九三八年三月，五二九旅開赴晉東南，在第二戰區東路朱德總司令、彭德懷副總司令指揮下，開展遊擊戰爭。自抗戰開始後，閻揆要先後擔任八路軍（後改稱十八集團軍）總司令部第一科科長、參謀處處長、副司令員兼參謀長、副司令員等職。一九四七年九月，西北野戰軍第四縱隊成立，王世泰任司令員，閻揆要任副司令員兼參謀長。

一九四八年夏，任西北野戰軍參謀長。一九四九年二月，西北野戰軍改稱中國人民解放軍第一野戰軍，彭德懷任司令員兼政委，閻揆要任參謀長。先後參加宜川戰役、西府隴東戰役、荔北戰役、陝中戰役、蘭州戰役、寧西戰役等著名戰役的指揮工作。

新中國成立後，閻揆要歷任第一野戰軍參謀長、第一野戰軍兼西北軍區參謀長、西北軍政委員會委員、西北軍政委員會人民監察委員會委員，中央軍委情報部部長，中國人民解放軍武裝力量監察部副部長，濟南軍區副司令員兼參謀長、軍事科學院秘書長、副院長、顧問等職。一九五五年九月，被授予中國人民解放軍中將軍銜和一級獨立自由勳章、一級解放勳章。

一九六二年十二月，任政協第四屆全國委員會委員，一九七八年二月，當選爲政協第四屆全國委員會常務委員。擔任第一屆全國人民代表大會代表和中國共產黨第八次全國代表大會代表。一九八二年九月，在中共第十二次全國代表大會上，當選爲中央顧問委員會委員。一九九五年病逝北京。

◆王菊人（一九〇六—一九七五年）

名若淵，字菊人，後以字行。原籍陝西蒲城縣，五世祖王鼎，清道光年間任軍機大臣，其父在光緒二十年中進士，任翰林院編修，在京任職。其母出自姑蘇名家，精通史書。一九〇六年十一月二十日，王菊人誕生於北京，第二年父病逝，其母攜菊人兄弟地珍投奔在河南任寶豐縣令之菊人伯父家。從四歲起，王菊人隨母讀書。一九一二年，伯父病逝，王菊人又隨其母舉家遷回原籍蒲城，王母為兩子延聘家教，後因家庭困難，王菊人隨其父之友周政伯先生讀書，十七歲時，其母病故，菊人輟學半年，後經周先生勸慰，被保送到第一高級小學讀書，一九二四年考入陝西私立成德中學。

一九二六年入中國共產主義青年團，同年轉為共產黨員，不久，即擔任了共青團成德中學支部書記，兼任西安西區區委宣傳委員和共青團週邊組織陝西青年社宣傳部長，負責青年運動工作。一九二七年畢業後回蒲城縣高級小學任教，任中共蒲城縣委書記，發展黨員一百二十餘人。因組織農民抗稅運動，被宋哲元派人緝捕，先逃西安後赴上海而脫離共產黨。遂後在上海藝術大學中國文學系上學，因生活所迫輟學赴山東參加楊虎城部隊。

此間正逢楊將軍去日本考察，隨寓居劉威誠處，一九二八年楊回國後，由米暫沉引薦，派往馮欽哉部見習。不久又調趙壽山團任指導員。一九二九年秋被調回師部任上尉副官，不久，米暫沉任南陽縣長，王兼任機要秘書，辦理楊虎城之公私往來函電，一九三〇年，蔣、馮、閻中原大戰爆發，楊親臨前線指揮，王菊人隨侍左右。一九三〇年楊將軍任陝西省政府主席，兼任民政廳廳長，王菊人任十七路軍總部少校機要秘書兼民政廳秘書。一九三一年秋，楊將軍兼任潼關行營主任，王菊人任行營辦公廳機要科中校科長。一九三三年二月，在楊虎城資助下，王攜夫人東渡日本學習，九月楊電召返回西安，仍任總部機要秘書，綏署機要科長。

一九三五年冬，中共中央派汪鋒攜帶毛澤東親筆信到西安找楊虎城談判。楊虎城在接見汪後，即委派王菊人與汪鋒、王世英等商談具體辦法。楊虎城在政治上對王極端信任，政治上許多大事都與王交談，傾訴。

一九三六年西安事變前夕，王菊人同高崇民、盧廣績、應德田、洪鈁、黎天才等人奉命在絕對機密的情況下，起草《爲「兵諫」告人民書》、《與各省通電》、《八項主張》等文件。王苦幹七晝夜，至十二月八日一切政治文件準備就緒，才得以稍事休息。十二月十七日，中共代表到達西安，王菊人奉令擔任抗日聯軍西北臨時軍事委員會政治設計委員及政治處副處長，並協助南漢宸籌建十七路軍抗日同志會，參與解決「西安事變」的決策工作，並擔任與中共代表團的通訊聯絡。

西安事變後，張學良被扣，楊虎城被迫出國。王受楊囑託，仍留西安，輔佐孫蔚如主席掌握部隊，王以參議名義，負責與部隊聯繫，全力協助孫蔚如。

一九三七年楊將軍返國，王曾代表孫蔚如前去香港迎接。楊被囚後，王退隱家中，胡宗南得知王的才幹，多次請王出來爲他做事，都被王拒絕。但王卻秘密同杜斌丞、楊明軒等人籌畫建立中國民主同盟西北總支，從事抗民主活動。此間，楊拯民受黨之委託，邀王菊人到陝甘寧邊區關中分區首府馬欄，西北局書記張德生接見了他，共同商討擴大統一戰線，推動抗日救亡等工作。王菊人返回西安後，於一九四四年與杜斌丞、楊明軒成立了中國民主同盟西北總支籌委會，一九四六年中國民盟西北總支正式成立，杜任主席，王菊人等任執行委員。

一九四七年三月三十日，國民黨當局將王菊人和杜斌丞逮捕，十月七日槍殺了杜斌丞，王菊人則被繼續囚禁。一九四九年西安解放前夕，王菊人被轉囚城固，後因解放大軍逼近，又被押往四川。途中，在南江縣兩河口，被我十兵團追擊部隊截擊敵軍，王菊人等乘機逃到城固投宿難友家中，始脫離魔掌。

解放後，王菊人被委任爲西北軍政委員會文化教育委員會副秘書長兼辦公室主任，因病未能到職。一九五一年秋，病情好轉，受中共中央統戰部委託，籌建陝西民革組織。一九五三年，民革陝西省分部成立，旋改爲陝西省委員會，王菊人擔任副主委。並先後兼民革西北工作指導委員會委員兼秘書長、民革中央二、三、四屆委員會委員。陝西省西安市人民政府委員、交通廳副廳長、一、二、三屆省人民代表、二、三屆人大代表、二屆全國政協委員。一九六〇年任陝西省政協副主席，一九七五年年元月四日病逝，終年六十九歲。

王菊人生前曾致力於收集、整理了大量有關楊虎城和西安事變的歷史資料。

◆米暫沉（一九〇二－一九九三）

陝西省蒲城縣賈曲鄉人。出生於一個鄉間的書香門第，自小隨父親讀私塾，一九二〇年就讀陝西省省立第一中學。在校期間，一九二四年曾代表陝西省出席第一次全國運動會。他深受其老師、中共陝西黨組織創建人魏野疇的影響，於一九二四年夏加入了中國社會主義青年團，成爲陝西省第一批青年團員。畢業後，他回到蒲城縣擔任小學教師。一九二六年冬，經魏野疇介紹加入中國共產黨。在第一次國共合作時期，他曾任國民黨陝西省渭南縣黨部宣傳部長兼農民協會幹事，參加領導了當地的農民運動。

一九二七年，楊虎城將軍領導的國民革命軍第十軍，出潼關參加北伐戰爭。楊軍途徑渭南時，米暫沉組織當地群眾召開並主持了歡迎大會，由此結識楊虎城將軍並得到其賞識。在楊虎城的熱情邀請和魏野疇的親自支持下，他開始跟隨楊虎城將軍擔任其機要秘書等職。

一九二八年，奉中共皖北特委之命跟隨楊虎城夫婦離開部隊前往日本，「皖北暴動」失敗後，他與中共黨組織失去聯繫。自日本歸國後，米暫沉一直擔任楊虎城將軍的機要秘書，並先後兼任河南省南陽縣縣長、陝西省民政廳秘書主任、長安縣縣長、陝西省保衛委員會秘書主任等職。這期間，在楊虎城將軍指示下，他爲陝西省的各方面建設做了許多工作，如負責籌建堯山中學等。他還經常冒著風險資助中共地下組織，並數度成功地營救過被捕的中共黨員。

西安事變前後，他積極參與了促進紅軍、十七路軍、東北軍合作抗日的「三位一體」的形成，西安事變中，受命擔任西安綏靖公署軍法處處長，爲事變的和平解決作出了貢獻。

西安事變後，米暫沉前往英國留學，在倫敦大學學習市政管理專業。期間協助旅歐的楊虎城開展抗日宣傳活動。歸國後，在四川省三台縣東北大學附中任教，並投身於抗日愛國的民主運動。一九四一年，中國民主同盟成立之初，他以個人身分加入，成爲愛國民主運動的先驅者之一。

一九四二年冬，他受中共代表團和周恩來同志委派，前往湖北，調解楊虎城舊部王勁哉與新四軍的摩擦。抗戰勝利後，隨孫蔚如將軍前往武漢接受日寇投降，後任第六戰區司令部機要室科長。其間，米暫沉向中共提供了大量情報和有益的幫助。後因受到特務的注意，於一九四八年底進入解放區。

此後他參與了中國人民銀行的籌建，歷任中國人民銀行總行專員、金融管理處處長、公私合營銀行總管理局秘書長。一九五六年政協第二屆全國委員會召開，開始擔任全國政協委員。後調全國政協任文史資料委員會辦公室主任、副主委等職。

建國後至文革前，米暫沉對新中國的國家黃金外匯管理體系的建立，對中國銀行錢莊業、特別是上海銀行業的公私合營，對中國近現代文史資料搜集研究事業的開創，都做了大量卓有成就的工作。

「文革」期間，他因有不滿林彪、江青集團的言論，被以現行反革命罪在北京市第一監獄關押三年多。文革結束後，恢復全國政協委員的職務。一九七八年，他以七十六歲的高齡，撰寫了《楊虎城傳》，一九八六年改版爲《楊虎城將軍傳》。爲楊虎城寫下了第一本詳實可靠的珍貴史料。

◆王一山（一八八四—一九五五）

原名王治馨。一八八四年出生於陝西省旬陽縣。面對清政府的喪權辱國，十三歲立志投筆從戎，挽救祖國。遂於一八九八年考入西安陸軍小學堂。畢業後保送入陝西陸軍中學學習深造。

一九一〇年加入同盟會。當年即在家鄉旬陽參加哥老會反對清政府的暴動，製造了外形似梨，用銅鑄成的炸彈——「麻辮子炸彈」。暴動失敗後，哥老會大爺王久昌被清政府殺害，王一山涉案被捕，後被營救脫身，返回西安。

一九一一年十月廿二日，陝西同盟會回應武昌起義，發動武裝暴動。王受命與陸軍中學堂的部分同學組成敢死隊，並擔任隊長，帶領敢死隊擔負起保衛藩庫（當時陝西金融中心）、進攻蒲城的任務。

一九一三年正月初十，革命軍會攻禮泉，王任炸彈隊隊長，率炸彈隊在禮泉以西薛祿鎮一帶潛伏作戰，敵人聞風喪膽，炸彈隊聞名遐邇。

辛亥革命後，王加入靖國軍，後寓居上海。一九二六年，從上海回到陝西，在西安高等學堂任教。同年四月，西安被圍，結識了楊虎城。

西安解圍後，楊部擴編爲國民聯軍第十軍，王任第十軍軍務處處長。一九二七年，楊虎城率部東出潼關，參加北伐戰爭，王一山任孫蔚如第十軍第二師的參謀長。

一九三〇年十一月楊虎城率部入關。王任十七路軍總指揮參謀長。同時線建陝西省政府，王出任省政府委員。一九三二年春，又擔任西安綏靖公署參謀長，協助楊治理陝西政務、軍務，建樹頗多。

任職期間，有日本間諜小泉潔太、美國間諜艾克佛、瑞典間諜多福壽刺探西北軍事情報被截獲。時因楊在外休養，王遂同意將此三人處決，因而引起三國政府對南京政府的不滿。

蔣派員到陝查辦，王多方應付，終以三人攜帶金銀，路遭「土匪」搶劫而斃命了解此案。事後，爲不連累楊虎城，王一山引咎辭職，辭去綏靖公署參謀長之職，改任十七路軍總參議。

一九三四年因牙病赴上海治療，結識愛國進步人士杜重遠，成爲知己。

一九三六年夏秋之際，王奉楊虎城電令，回陝參與了組織領導十七路軍的軍務工作。

西安事變爆發後，王任十七路軍總參議代理陝西省政府主席兼民政廳廳長。上任第二天，就將關中幾個與國民黨有關係的縣長撤換，換之同情革命進步人士。隨後，又將其部屬李煥卿的西安北大街二府街三號公館、西安南院門榮盛合瓷器店等處提供給中共陝西臨時省委、西安中心市委、渭北工委、中央北方局駐西安交通站等黨的地下機關作活動據點。

中共代表團來西安後，王一山密切同周恩來、葉劍英等人合作，處理西安事變時期的行政事務，為國共合作做了一定貢獻。

一九三七年二月，王辭去省政府主席兼民政廳廳長職務。五月，在送楊虎城赴國外考察時，又辭去十七路軍總參議職務，去北平治病。七七事變後，潛往天津，乘船繞道香港回到陝西，此時，楊虎城舊部已改編為第四集團軍，由孫蔚如率領開赴山西中條山抗日前線。王只好攜帶家眷到陝西城固縣暫居。

一九三八年秋，王返回西安居住，曾「閉門謝客，不問政治」，過起了長達十年的半隱居生活。但與地下黨員宋綺雲、楊曉初、李敷仁，愛國人士杜斌丞來往密切。一九三九年，蔣介石來西安，曾讓時任陝西省政府主席的熊斌轉囑王一山能夠出來工作，王一山以身體有病難以支持而推辭。

一九四六年三月，特務分子衝進西安八路軍辦事處，搗毀進步報刊《秦風日報》、《工商聯合報》營業部。王一山與張鳳、韓望塵等聯名抗議國民黨反動派的暴行。

一九四九年五月西安解放，王一山不顧身體多病，體力孱弱，積極投入到新中國的建設中，當選為陝西省各界人民代表大會會議代表，出任省人民政府委員、省政協委員等職務。

一九五五年一月一日病逝，終年七十一歲。

◆武士敏（一八九二—一九四〇）

字勉之，生於一八九二年，察哈爾省（今河北省）懷安縣人。幼時上私塾，一九〇八年考入宣化府公立宣化中學堂。辛亥革命後，外蒙在沙俄支持下獨立，全國各地一片譁然，武士敏參加了宣化中學成立的征蒙先鋒隊，接受軍事訓練。一九一三年考入天津洋政法專門學校。一九一五年在太原憲兵營當司書。

一九一七年投身靖國軍戰爭，結識了靖國軍將領于右任、胡景翼、楊虎城等。期間，曾受于右任委託前往廣州謁見孫中山報告陝西軍事政治情況，深得孫中山贊許，並資士敏八百銀元去蘇聯考察學習，回陝覆命後，由於靖國軍當時與直軍劉鎭華的鎭嵩軍陳樹藩部激戰正酣，陝西局勢危急，赴蘇之事未能成行。一九二一年到察哈爾省豐鎭縣任員警所長。

北京政變後，擔任新編的國民三軍第三支隊司令，但糧餉多由國民二軍胡景翼和弓富魁接濟。不久，他又改任國民三軍騎兵旅旅長。

一九二六年春，國民一軍遭奉、直、魯系軍隊圍攻，主力各部沿京線敗退南口，他率部退向懷柔、涿鹿，轉戰雁北。一九二六年九月，馮玉祥在五原誓師，組織了國民軍聯軍總司令部。九月廿七，國民軍聯軍召開了中國國民黨國民軍聯軍全軍代表大會。武士敏在會上同方振武、劉伯堅、弓富魁等被推選爲執行委員。後到蘇聯考察一年有餘。返國後，在楊虎城部國民革命軍第十軍第一師（馮欽哉任師長）任第一旅旅長，在魯西一帶駐防。是年冬，隨馮欽哉移駐膠東，參加剿滅劉桂棠、顧震等軍閥餘孽的戰爭，由於作戰勇敢，領兵有方而立大功。

一九二九年楊虎城歸附蔣介石，部隊縮編為新十四師，士敏改任第一團團長，駐防皖南。楊虎城部後又改編五十七師，士敏任九十七團團長。一九三〇年夏參加了中原大戰，經方城、葉縣一路挺進，參加了攻打洛陽的戰役，後又攻破潼關，進入陝西。楊虎城部進入陝西後，正式擴編為國民革命軍討逆第十七路軍，楊任命總司令，下轄十七師、四十三師，馮欽哉任四十三師師長，武士敏任一二四旅旅長，在穩定陝西局勢中，兼任潼關警備司令。

一九三三年春，日寇佔領熱河，進攻長城各口，武士敏隨馮欽哉出關抗日，進軍河北順義、懷柔等縣，展開了與日軍的第一次正面交鋒。五月與日寇在長城交戰。一九三四年奉命開赴陝北，與劉志丹、謝子和領導的紅軍作戰，進軍延安、延川等縣。南京國民黨政府授予他雲麾勳章，晉升陸軍少將。

一九三六年秋，武士敏為提高軍事素質，增強作戰能力，請准到陸軍大學特別班學習，到南京後適逢西安事變爆發，因其部隸屬楊虎城的十七路軍，因此隨于右任回陝，靜待局勢發展。

西安事變後，武士敏為二十七路軍，一六九師師長，一九三七年七月，盧溝橋事變爆發，武士敏奉命率部開赴河北保定抗擊日寇。由於日寇攻勢甚盛，北部戰場失利，被迫南撤，之後武士敏率部在定縣、安國、深澤一帶阻擊敵人推進，掩護友軍十萬大軍安全轉移，後又轉戰石家莊、平山、滹沱河一帶，參加了娘子關戰役，前後與敵浴血奮戰三個月，因傷亡過大，馮欽哉奉命將所部整編一個師，由武士敏率領，轉入晉東南山區作戰，日軍恨之入骨，調精銳來攻，武士敏率部機動作戰，不與日軍正面交鋒，而從側面、後方襲擊敵軍，使之欲戰不能，欲罷不成，累挫敵鋒，有效牽動日軍兵力，並有力配合了我軍正面作戰，顯示了武士敏傑出的統兵作戰才能。

一九三九年夏，武士敏率部與日軍大戰於沁源、沁縣一帶，充分利用有利地形，同敵迂迴周旋，使敵軍受到重創，日軍遂集結大批增援部隊，士敏鑒於敵眾我寡，爲保護有生力量，避免無謂犧牲，奉命後退，安渡沁水。渡沁水後，士敏率部在洪屯、沁陽間站穩腳跟，組織民眾，奠定太嶽政權，作好與日軍作長久戰的準備。是年冬，武士敏因功升任第九十八軍軍長，改屬第五集團軍節制，移防中條山。

一九四〇年秋開赴陽城，又改隸衛立煌的第十四集團軍。此後，士敏在沁陽以東，自晉中以西地帶，建立根據地，組織太岳區黨政軍聯合委員會，他任主任，領導當時軍民發展政治、軍事、經濟建設，鞏固根據地，這塊根據地，成爲威脅日寇側背的重大障礙，日寇恨至極，調動大軍與士敏決戰。

一九四〇年九月，日軍出兵兩千五百人，大炮四十門，分九路侵犯我九十八軍陣地，並以飛機轟炸，配合地面作戰。自廿三日開始，激戰數日，雙方傷亡都很慘重，武士敏親自到前沿陣地指揮作戰，不幸腿部中彈，經裹紮後，仍繼續督戰指揮，日寇衝鋒十七次，被我軍擊斃三百餘人，子彈打完了，我軍繼以白刃血搏，接連擊退日軍數次進攻，士敏頭部、腰部均受重傷，誓死不下火線，猶臥地方呼：「拚到底，不成功便成仁。」及至我官兵殆盡，敵兵攻破我軍陣地，士敏奮力地從地上爬起，手執戰刀，殺死敵人數人，然後自戕，爲國捐軀，時年四十八歲。

◆王俊（一九〇二—一九四一）

曾用名王竣，字傑三，一九〇二年出生在陝西省蒲城縣東鄉堯堡一個農民家庭。一九一八年就讀蒲城高小，一九二〇年便考入陝西同州師範學校。一九二四年秋到耀縣楊虎城部第二支隊司令部任文書，後經楊虎城介紹考入黃埔陸軍軍官學校第三期。一九二六年回楊虎城部隊任侍從副官，參加了堅守西安八個月的圍城鬥爭。

一九二九年，楊虎城部隊被改編爲陸軍新編十四師，王俊被任命爲十四師第二旅第五團第一營營長。一九三〇年，隨楊入陝，次年駐防陝西麟遊縣、耀縣。一九三三年，升爲陝西警備第一旅第一團團長。一九三五年升任爲陝西警備第一旅旅長。一九三六年十二月十二日在西安事變中，率部隊維持西安城內的治安，出色完成了城防任務。一九三七年七月七日，全面抗戰爆發，太原失陷，王率部隊抵達黃河西岸，警戒黃河河防，投入抗日戰場，支持山西境內各軍與日軍作戰。在山西，我軍正面戰場受挫，各路大軍轉進，開闢山西我根據地。王俊曾指揮其屬下的第一團東渡黃河，入山西支援友軍作戰，並在山西永濟一線阻擊南下日軍。第一團將士在王俊指揮下血戰永濟，英勇殺敵，大部分將士壯烈殉國，他們用鮮血和生命捍衛了祖國的土地。譜寫了一曲可歌可泣的壯麗詩篇。

一九三九年，陝西警備第一旅因戰功顯赫，被國民政府軍事委員會編為第一戰區陸軍第八十軍新編第二十七師，王俊被提升為少將副師長，後又升為師長。一九四〇年，王奉命率部地駐山西南部中條山，開展敵後遊擊戰爭。在破壞日軍的運輸線、炸毀日軍倉庫、殲滅小股敵人活動中，聲東擊西，給日軍造成了很大的威脅。一九四一年五月七日，中條山戰役揭開序幕，日軍向根據地發起瘋狂猛烈的進攻。王俊率二十七師陣地扼守中條山根據地西段內家莊、羊皮嶺、門檻山等平陸地區，東與第五集團軍第十二師銜接。部隊依山背水為陣，誓死固守，日軍用各種重型下器瘋狂攻擊二十七師陣地，王親臨前線，鎮定自若，鼓舞戰士英勇殺敵，衛國光榮。全師官兵在他的激勵下，冒著日軍密集炮火的轟炸。經過兩晝夜的鏖戰守住了陣地，但因敵眾我寡，彈藥不足，損失慘重，戰鬥力逐漸減弱。

五月十一日下午起，中條山狂風大作，天昏地暗，氣候突變寒冷。日軍利用惡劣天氣，兵分三路，向中條山發動進攻王俊的二十七師八十團陣地。雙方拼死格鬥，殺聲震天，戰局對二十七師不利，周圍擁滿了進攻的日軍，有人勸王俊向上級請示撤退。王俊斬釘截鐵地回答：「在這危急關頭未能殲敵，恥耳！有何面目見人？軍人不成功，便成仁，當與諸君死此！」眾將士與日軍展開了殘酷的血戰。

十二日黎明，日軍飛機臨空掃射轟炸並施放毒氣，師長王俊、副師長梁希賢和參謀長、副官主任等官兵四百餘名被炸死。誓殲倭寇奮不顧身的王俊背中彈片穿胸，左臂已折，右手仍緊握手槍，面向敵方，張著嘴，似乎在大聲高喊「殺敵報國」！

王俊指揮的部隊在中條山堅守了六個多月，與日軍作戰數十次，給敵人以重大挫傷，他為抗日事業以身殉國，年僅三十九歲。

王俊犧牲後，遺體運回西安，在長安縣郭杜鎮坡南村修建了陵園。國民政府特追贈為陸軍中將。一九八七年五月七日，陝西省人民政府追認其為革命烈士。

【附錄五】

楊虎城生平大事年表

● 一八九三年十一月廿六日

誕生於陝西省蒲城縣甘北村　父親楊懷福，母親孫一蓮。

● 一九〇〇年　七歲

蒲城縣遭遇了大旱災，民食野菜樹皮。死人無數。八國聯軍佔領了北京。滿清王朝的統治者慈禧太后帶著已被廢黜的光緒皇帝逃難來到了陝西省府西安，住了近一年時間。楊家生活日漸困難。

● 一九〇三年　十歲

就讀本村私塾，天生聰慧、學習努力。

● 一九〇六年　十三歲

家庭經濟破產，輟學到孫鎮一小飯鋪做童工，初嘗生活艱辛。

● 一九〇七年　十四歲

父親楊懷福因命案被捕入獄，辭工回家擔起全家重擔。後赴西安探監，為父送終。

● 一九〇八年　十五歲

父親楊懷福被清政府判處死刑，五月三十一日絞殺於西安，終年四十四歲。楊虎城隻身推著父親屍首，跋涉二百多里返回故里；在鄉親幫助下埋葬。遂後與鄉鄰七家好友結成喪葬互助的「孝義會」。十月「蒲案」發生，在井勿幕等人的發動下，反清思想在當地傳播。

● 一九〇九年　十六歲

「孝義會」在「蒲案」的推動下，開展了抗捐抗債活動，會員激增。陰曆八月十五，改名為「中秋會」，確立宗旨為「打富濟貧，打強扶弱」。被推舉為會長。

● **一九一一年　十八歲**

十月　陝西辛亥革命起。率中秋會百名會員參加革命軍，隸屬秦隴複漢軍向字營，與清軍作戰於乾州一帶，作戰驍勇有名。

● **一九一三年　二十歲**

袁世凱竊取辛亥革命成果，當上中華民國大總統後即打擊革命力量。向字營被解散，與中秋會會員一起退伍還鄉。還鄉後在鄰村經營一小客棧，後因當地惡霸地主的妒忌，被迫關店。之後，再次赴西安投軍。

● **一九一四年　廿一歲**

春季再次退伍回鄉。夏季，隻身打死惡霸李楨。遭到官府通緝，見惡於郭堅。集合起「中秋會」的一些青年成員，自稱「革命軍」，專門開展打富濟貧的活動。劫奪了澄城縣解省的公款，活動於同州、合陽一帶。

● **一九一五年　廿二歲**

隊伍受編爲蒲城東鄉民團，任副團總（負實責）。在蒲城東鄉一帶，打擊土匪保境安民。袁世凱稱帝，全國討伐。率軍參加討袁，與袁軍交戰於華陰地區。

● 一九一六年　廿三歲

討袁戰爭結束，因作戰英勇，所部被編爲陝西陸軍第三混成團一營，任營長，駐防大荔縣。與羅佩蘭結婚。

● 一九一七年　廿四歲

孫中山發動的反對北洋政府的護法鬥爭，陝西靖國軍成立，率部參加，任左翼軍第五遊擊支隊司令，旋改爲第三路第一支隊司令，駐軍臨潼櫟陽鎮。

● 一九一八年　廿五歲

靖國軍總司令部成立，于右任、張鈁就任陝西靖國軍總、副司令，井勿幕爲總指揮。與北洋軍陳樹藩、劉鎭華部激戰於關山附近之界坊，鞏固了靖國軍三原後方根據地。

● 一九一九年　廿六歲

孫中山先生爲首的南方軍政府和以段祺瑞爲首的北洋政府，形成了南北對峙局面。陝西靖國軍也與陳樹藩部隔渭河對峙。尊母命與張蕙蘭結婚。

● **一九二〇年　廿七歲**

率部從臨潼櫟陽鎮西進，先克武功縣城，繼據扶風等縣。在臨潼櫟陽鎮創辦「櫟陽小學」。

● **一九二一年　廿八歲**

直系閻相文、馮玉祥部入陝，陳樹藩部敗走陝南。閻相文率部進入西安，就陝西督軍職。馮玉祥誘殺郭堅。陝西督軍閻相文自殺。北京政府徐世昌特任馮玉祥任陝西督軍。靖國軍諸將陸續投降北洋政府，唯其不爲所動。

● **一九二二年　廿九歲**

迎于右任至武功，重設靖國軍總司令部。任靖國軍第三路司令。在乾縣鐵佛寺截擊甘軍，奪獲軍用品甚多。與北洋軍交戰於扶風、武功一帶；送于右任經四川去滬；自率所部轉進陝北，住榆林養病；靖國軍失敗，部隊改編爲「陝北步兵團」，以李子高爲團長。派姚丹峰赴上海向孫中山彙報情況，並請示今後的行動方向。建立了與孫中山的直接聯繫。結識杜斌丞。十二月，羅佩蘭夫人生長子楊拯民。

● 一九二三年　三十歲

姚丹峰返榆林，傳達孫中山指示。經杜斌丞結識共產黨人魏野疇，開始接觸共產主義思想。通過他人學習政治、文化、軍事等知識。再派姚丹峰赴滬謁見孫中山。

● 一九二四年　三十一歲

中國國民黨第一次全國代表大會在廣州召開，派姚丹峰代表其參加；加入中國國民黨。羅佩蘭夫人生長女楊拯坤。成立安邊教導隊，聘趙壽山等爲教官，招收青年學生，用新思想培養骨幹，改造部隊。任陝北國民軍前敵總指揮，率部回師關中，駐耀縣。

● 一九二五年　三十二歲

擊敗北洋軍吳新田部於岐山、寶雞一帶，繳獲頗多。孫中山逝世，在耀縣召開追悼孫中山大會。通電譴責帝國主義製造五卅慘案。所部被編爲國民第三軍第三師，任師長。在耀縣創辦三民軍官學校，照「黃埔」模式訓練軍官。

● 一九二六年　三十三歲

爲支援北伐與李虎臣、衛定一堅守西安，抗擊北洋軍劉鎮華部十萬人圍攻，歷時八月，終獲勝利。十月廿四日，夫人羅佩蘭病逝於三原。

● 一九二七年　三十四歲

就任國民軍聯軍第十路總司令，旋改爲第十軍任軍長。五月，東出潼關參加北伐。任國民軍聯軍東路軍前敵總指揮，與北洋軍交戰於歸德、徐州間。冬轉進至安徽太和，與中共皖北特委合作。

● 一九二八年　三十五歲

一月　在安徽太和與謝葆真結婚。

二月　因不願意「清共」又不同意中共左傾主義，離開部隊。

四月初　中共領導的皖北暴動失敗，魏野疇犧牲。

四月末　在衛定一資助下赴日本學習。

在日本學習期間收獲很大，與鄧演達的代表連瑞奇多次會晤，形成其獨立的政治路線。

十一月　回國。

一九二九年　三十六歲

部隊改編爲國民革命軍第二集團軍暫編二十一師，任師長移防山東臨沂，剿辦顧震、劉桂堂等土匪，深得民心。「濟南慘案」之後，日軍撤退，接防膠濟路。蔣介石、馮玉祥決裂，附蔣離馮，所部改編爲國民革命軍新編十四師，任師長。移防河南南陽，與馮玉祥部作戰於內鄉、淅川一帶，屢獲勝利。

十二月　唐生智舉兵反蔣。

一九三〇年　三十七歲

一月　出奇兵奔襲攻佔駐馬店，一舉擊潰唐生智部，見功於蔣介石。

三月　部隊改編爲陸軍第十七師，任師長。

四月　蔣（介石）、閻（錫山）、馮（玉祥）戰爭爆發。率部由南陽挺進，擊敗馮軍。先後任第七軍軍長，討逆軍第十七路總指揮。

七月　夫人謝葆真生三子楊拯中。

十月　進佔西安。受任爲陝西省主席，任南漢宸爲省府秘書長。開展救災工作。

● 一九三一年　三十八歲
發佈施政綱領，取消苛捐雜稅，鼓勵生產。
七月　代顧祝同潼關行營主任職，旋改潼關行營為西安綏靖公署，任主任兼十七路總指揮，直至西安事變後。經略陝、甘、寧、青四省軍政事務。
九月十八日，日本發動侵略戰爭佔領東北。廿三日即通電全國要求抗日。
十一月　北洋軍閥吳佩孚率百餘人由四川抵達蘭州，派孫蔚如率十七師主力入甘，驅逐吳佩孚出甘。大興水利，涇惠渠開工。四子拯人出生於西安。為夫人張蕙蘭所生。

● 一九三二年　三十九歲
二月　次女拯美出生於西安。為謝葆真夫人所生。支援十九路軍上海抗擊日軍。
六月　涇惠渠建成放水。霍亂流行，組織全省防疫。孫蔚如率十七師返陝。
九月　陝西警備師長馬青苑受南京方面策動在天水叛變，隻身逃南京受蔣庇護。

● **一九三三年　四十歲**

與紅四方面軍訂立互不侵犯協定。

三月　赴石家莊晉見蔣介石，要求抗日。

五月　被南京政府撤免其省政府主席職務。設立綏署步兵訓練班，經常親自進行政治教育。創辦堯山中學。洛惠渠水利工程開工。

九月十八日　舉行「國難日」閱兵，提出「屏絕一切內戰，統一意志，以圖救亡。」的口號，公開反對「攘外必先安內」的政策。

● **一九三四年　四一歲**

三女拯英出生於西安。爲謝葆真夫人所生。

四月　籌建西北農林專科學校，在武功縣張家崗奠基。全國經濟委員會常務委員宋子文到西北視察，與宋建立良好個人關係。紅四方面軍撕毀互不侵犯協定，進攻十七路軍防區。

十月六日　爲母孫一蓮六十壽辰在紅阜街私邸開筵慶祝。迎第一次來陝視察的蔣介石夫婦和張學良。

一九三五年　四二歲

一月　四女拯漢出生於西安。爲謝葆真夫人所生。

紅二十五軍進入陝西，襲擊警備三旅，旅長張漢民被俘，後被殺害。東北軍進入陝、甘剿中央紅共。楊當選國民黨中央監察委員。中共中央發表《八一宣言》，楊贊同這個宣言。中央紅軍長征到達陝北與陝北紅軍、紅二十五軍會合。

十月　西北「剿總」成立，蔣介石自兼總司令，張學良副之。毛澤東派汪鋒攜親筆信到西安與楊面商合作問題。從此與中共中央建立正式聯繫。與張學良溝通情感，逐步建立政治互信。

一九三六年　四十三歲

與張學良結成政治聯盟，開始進行抗日準備。積極聯繫各地實力派。

三月　五女拯陸出生於西安。爲謝葆真夫人所生。

五月　張學良、楊虎城在西安南郊王曲成立軍官訓練團，張、楊分任團長、副團長，對軍官進行抗日思想教育。

七月　「兩廣」事變發生，張（學良）、楊（虎城）準備武裝回應。

八月　毛澤東再次致信楊，雙方商定了合作辦法，張文彬作爲中共駐十七路正式代表。

十月　蔣介石到西安佈置剿共軍事。

十一月廿八日 舉行堅守西安勝利十周年紀念大會，張、楊蒞會發表抗日講話。

十二月四日 蔣介石到西安，住臨潼華清池，逼張、楊剿共。楊向張建議扣蔣逼其抗日。

十二月八日 毛澤東致信楊，尋求財政和軍事裝備的支持。

十二月九日 西安學生舉行大規模示威遊行，紀念一二九運動一周年，在赴臨潼向蔣請願途中爲張學良勸阻，張應允以行動回答。蔣介石以蔣鼎文爲前敵總司令，準備對紅軍發動全面進攻。

十二月十二日 西安事變爆發，扣留蔣介石與陳誠等一批要員，發出救國八項主張「文電」。

十二月十三日 張學良、楊虎城諭令西北「剿匪」總部、西安綏靖公署軍法處等，立即「開釋愛國救國罪人」。第十七路抗日同志會成立。會長楊虎城，南漢宸、孫蔚如、趙壽山、王炳南等人參加領導。紅軍聯絡處成立。

十二月十四日 毛澤東、朱德、周恩來、張國燾及紅軍各方面軍負責人公開聯名致電張學良、楊虎城對事變表示支持。抗日聯軍臨時西北軍事委員會成立。公推張學良爲西北軍委主任，楊虎城爲西北軍委副主任；撤銷「剿匪總司令部」；改組陝西省政府。蔣介石的英國顧問端納到西安。蘇聯《真理報》發表文章批評西安事變。

十二月十五日 紅軍總司令朱德率紅軍將領致電南京政府，要求停止內戰，接受張、楊主張。楊虎城對全國發表廣播講話。

十二月十六日　召開西安市民大會，張、楊出席講話。南京政府對張、楊下令討伐，空軍轟炸華縣、三原等地。

十二月十七日　周恩來率中共中央代表團到西安。西安組織抗日援綏軍第一軍團，委孫蔚如為軍團長，王以哲為副軍團長。何應欽就任「討逆軍總司令」，中央軍部分部隊進入潼關，馮欽哉叛楊投蔣。

十二月十八日　何應欽下令進攻華縣。

十二月十九日　委任趙壽山為渭北警備司令，準備抗擊中央軍進犯。

十二月二十日　宋子文偕郭增愷、端納一行到西安。中央軍桂永清部占華縣。

十二月廿一日　日本停止攻綏。宋子文一行返南京。劉峙指揮東路集團軍近十個師從潼關進逼西安，顧祝同指揮西路集團軍十個師擬向天水、隴西集中，經寶雞、鳳翔進逼西安。周恩來、張學良、楊虎城商定，集中東北軍、第十七路軍、紅軍主力在西安以東與劉峙決戰，以一部兵力鉗制顧祝同部東進。

十二月廿二日　宋美齡、宋子文、端納、戴笠等到西安。蔣介石授意宋子文、宋美齡代其與西安方面談判，並說對商定好的條件，他以「領袖」人格保證，不作書面簽字，回南京後分條逐步執行。

十二月廿三日、廿四日　與張學良、周恩來一起同宋氏兄妹談判，蔣接受六項條件。

十二月廿五日　違心同意張學良送蔣回南京。

十二月廿六日　蔣介石回到南京，張學良失去自由。楊虎城、王以哲、周恩來商議決定，全部釋放西安事變時扣留的南京方面各級官吏。晚，楊設宴歡送南京方面的軍政大員，簡短致詞，並望邵力子留陝繼續主政。

十二月廿七日　蔣介石發表炮製的《對張、楊訓詞》。

十二月廿八日　毛澤東代表中共中央發表《關於蔣介石聲明的聲明》。

十二月廿九日　致函陝西各縣縣長，述西安事變的經過及和平解決情形並告今後施政方政。

十二月三十一日　南京政府對張學良進行軍事審判，蔣介石呈請「特赦」。披露蔣介石答應的六項條件。蔣介石請辭，南京政府慰留，蔣去奉化養病。

●一九三七年　四十四歲

一月一日　楊發表《告民眾書》。舉行元旦閱兵；西安軍民舉示威遊行，反對審判張學良。

一月四日　楊虎城、王以哲請紅軍主力迅速開到關中地區，全力支援東北軍、第十七路軍。南京政府對張學良進行「特赦」，「交軍事委員會嚴加管束」。

一月五日　南京政府發表顧祝同爲西安行營主任，孫蔚如爲陝西省主席，王樹常爲甘肅綏靖主任，楊虎城、于學忠撤職留任。領銜通電中外抗議南京政府扣押張學良將軍挑動新的內戰。

附錄五：楊虎城生平大事年表

一月九日　西安各界民眾四百七十五個團體十五萬人，舉行武裝示威大遊行。通電全國，要求國民黨中央立即撤退入陝各軍，懲辦挑撥內戰分子，實現對內和平、對外抗戰之救國大計。蔣介石派王化一、吳瀚濤攜和談甲、乙兩個方案到西安。甲案：東北軍調甘肅，第十七路軍不動，歸楊虎城指揮，紅軍返陝北，中央軍駐潼關至寶雞沿鐵路各縣。乙案：東北軍調豫皖，第十七路軍調甘肅，紅軍回陝北，中央軍駐潼關至寶雞沿鐵路各縣。

一月十二日　楊虎城、王以哲、周恩來研究南京方面的甲、乙兩案及楊虎城駐南京代表李志剛帶回的蔣介石十日來信。

一月十三日　和周恩來、彭德懷、賀龍會談。次日商定，只要中央軍一發佈進攻令，紅軍即向富平、蒲城開進，支援關中。

一月十五日　出席東北軍、第十七路軍、紅軍三方將領會議。會議決定：堅持和平方針；聯絡川、桂、粵、晉、綏及南京抗日派在國民黨五屆三中全會期間共同提出改變國策，改組政府；防區分配與營救張學良同時進行。委派鮑文樾、米春霖、李志剛持函晉京，向蔣介石呈送解決陝事之方案。

一月二十日　鮑文樾、米春霖、李志剛下午五時抵陝，攜回經蔣介石修訂的解決陝事方案。

一月廿一日　出席東北軍、第十七路軍軍政負責人會議。會議決定派李志剛攜楊虎城的信飛奉化，向蔣介石表示接受甲案，並要求：（一）中央軍暫退華縣，待西安方面軍隊移定後再行動。（二）潼寶線上，中央軍不多駐兵。（三）東北軍留一部在咸陽到蘭州的公路上，留一部在西安。（四）第十七路軍留一師在西安。（五）給不允回陝的張學良以名義。（六）在三中全會未決定國策之前，由楊虎城接濟紅軍。

一月廿二日 蔣介石決定由顧祝同在潼關和西安方面談判，並電告顧：（一）東北軍可留一師在咸陽到州段，第十七路軍可留一二團在西安附近。（二）張學良問題待西北問題完全解決後另定。（三）中共部隊將通過楊虎城接濟。

一月廿四日 電覆蔣介石，同意派代表赴潼關直接與顧祝同商談。一月廿八日 西安方面和潼關顧祝同達成東北軍七天內將渭河南岸部隊撤到北岸的協議。

一月廿九日 由董英斌代表王以哲在渭南主持召開東北軍團長以上軍官參加的軍事會議。何柱國、馬占山、繆徵流、劉多荃、鮑文樾、高崇民、盧廣績等四十多人出席。會議原本是想說服少壯派軍官接受南京方面的條件從渭南前線撤兵，結果作出了「在張副司令未回來以前堅決不撤兵，中央軍如再進逼不惜決一死戰」的決議。到會的全體軍官都在決議上簽了名。

一月三十日 張聞天、周恩來、博古、彭德懷、任弼時、王稼祥等在雲陽鎮紅軍司令部舉行緊急會議，研究東北軍要紅軍協同作戰問題。毛澤東等覆電周恩來等：「我們意見如下：（甲）和平是我們基本方針，也是張、楊的基本方針。（乙）但我們與張、楊是三位一體，進則同進，退則同退，我們不能獨異失去張、楊。（丙）向張、楊兩部表示我們始終同他們一道，在他們不同意撤兵以前，我們不單獨行動，協助他們爭取更有利條件。

（丁）用以上態度，爭取最後的和平。」

一月三十一日　在王以哲家召開高級會議確定「戰」、「和」問題。

二月二日　王以哲被殺。東北軍政治處發表《告東北軍將士書》，爲爭取張學良歸來不惜一戰。保護何柱國等逃過追殺。

二月三日　東北軍檀自新部在蒲城叛變，扣留楊母爲人質。渭南東北軍撤防。

二月四日　東北軍高福源、于文俊被殺。領銜發表《和平宣言》。

二月五日　東北軍衛隊團撤出西安。楊子恒代表劉峙策反第十七師四十九旅旅長王勁哉奏效。王拒絕楊虎城、孫蔚如北撤渭北的命令，率領兩個團「自由行動」到終南山，投靠了顧祝同。

二月七日　離開西安去三原「處理復員與善後問題」。

二月八日　中央軍進入西安。

二月十日　顧祝同代表黃傑，孫蔚如代表王宗山，于學忠、何柱國代表盧廣績，同赴三原請楊虎城回西安綏靖公署視事。中共中央致電中國國民黨五屆三中全會，提出「四項保證」。

二月十四日　楊返西安。周恩來會見楊虎城。建議楊加緊鞏固和訓練部隊及地方團隊，加緊團以下的工作。

二月上旬　派馬文彥赴南京找于右任，通過于向南京政要散佈中共中央的「四項保證」，促進國民黨五屆三中全會的進步。

二月十五日 中國國民黨五屆三中全會在南京開幕。楊虎城、于學忠聯名向全會提出的提案，重申「八項主張」。

三月九日 在新城對新聞界宣佈。「所屬第三十八軍遵令編爲兩個師，同時撤銷第十七路總指揮部，並對西安綏靖公署按照規定編制淘汰冗繁，加以整飭。」

三月廿九日 楊（虎城）、于（學忠）去杭州見蔣介石。

四月十二日 主持西安綏靖公署舉行的孫中山紀念周會。報告赴杭三次晉謁蔣介石的情形。

四月二十日 東北軍完全撤離陝西、甘肅。

四月廿七日 被迫致電蔣介石請辭西安綏靖公署主任及十七路軍總指揮職務。

四月三十日 蔣介石覆電楊虎城，准辭本職，出洋考察軍事。

五月一日 南京政府撤銷西安綏靖公署及第十七路番號，所屬部隊統歸三十八軍節制。

五月四日 中共陝西省委發佈《爲西北抗日領袖楊虎城氏出國問題致西北軍將士的公開信》。

五月五日 《西北文化日報》發表題爲《送楊主任出洋》的社論。

五月六日 患感冒，高燒三十九度，數日不退。引發心臟病。

五月十三日 四子拯人年甫七歲，因患猩紅熱症，醫治無效而夭殤。

五月廿七日 由西安飛滬，準備出國考察。西安軍民約十萬人自發到機場送行。

六月五日　蔣介石在廬山接見楊虎城、鄧寶珊。並留便餐，邵力子作陪。

六月六日　蔣介石在廬山再次召見楊虎城、鄧寶珊。

六月十六日　國民政府軍事委員會指令，派楊虎城爲歐美考察軍事專員。

六月廿六日　晚，與趙壽山、孔從洲就部隊的歷史與前途長談。

六月廿八日　與長子楊拯民就學習、信仰等問題作竟夜長談。

六月廿九日　偕夫人謝葆真，三子拯中，秘書王麟閣、亢維恪，參謀樊雨農（陝西警備第三旅團長），一行共六人，搭乘美輪「胡佛總統號」，由滬出國考察。

七月七日　航行在太平洋上，突聞日軍進攻盧溝橋的中國駐軍。

七月八日　急電宋子文，詢問盧溝橋確切情況。心情十分激動，與隨行人員談論國內抗日形勢和發展前途，至次日凌晨二時難以入寐。

七月九日上午　乘輪抵達美國夏威夷群島首府火奴魯魯。受到中國領事館梅景周總領事和黃蔭余領事以及百餘華僑代表、新聞記者和群眾的熱烈歡迎。

七月十一日　接宋子文來電云：「盧溝橋戰事停而複作，敵並由關外調來大隊，我方已準備作戰。」覆電宋子文：「兩電均悉。日寇進迫，國將不國，噩耗傳來，五中痛憤。弟一革命軍人，何忍此時逍遙國外。擬由三藩市返國抗敵，乞轉陳委座。」

七月十四日　下午三時，乘輪抵達美國西海岸的三藩市港。中國駐三藩市領事館黃朝琴總領事、主事鄺兆榮和新聞記者登輪迎接和訪談。接中國領事館轉來的宋子文覆電。大意謂：

依目前情勢，請稍緩返國。

七月廿二日 參觀三藩市要塞、飛機場、炮兵。接宋子文來電。宋仍請楊留美國或先赴歐洲參觀，俟中日宣戰，再由中央電召回國。

七月廿三日 接蔣介石來電。蔣要楊虎城繼續在國外考察。應請在金山廣播電臺講演約三十分鐘。

七月廿五日 由中國留學生唐錫朝介紹，應加州大學教授之邀赴夜宴並參加座談。

七月廿八日 離三藩市，廿九日到華盛頓參觀，三十日到紐約。

八月四日 偕秘書亢維恪（心栽）一人，乘法輪「諾曼第號」赴英國。

八月九日 抵倫敦。八月十一日 上午，偕亢維恪、米暫沉、周梵伯離倫敦，下午五時抵達巴黎北站。

八月十四日 與來訪的方振武將軍晤談。方謂已決定回國，問楊怎樣打算。楊云：正在計畫返國。

八月十五日 出席巴黎各界僑胞在服爾特大廳舉行的抗日大會並講演。在講演指出：「在戰略方面，我們只希望中日戰爭能持久、延長。我們要忍耐沉靜。只有長期的抗戰，勝利才是屬於我們的。」為回國抗戰，計畫走蘇聯經蒙古進入陝北解放區。此為秘密返國抗敵路線，必須秘密進行。著秘書亢維恪以「楊將軍意去蘇聯參觀」為由，去蘇聯駐法大使館申請入境簽證。同時派楊明軒、胡希仲代表他到莫斯科直接找中共駐共產國際代表尋求幫助。

八月廿八日 到柏林。

八月廿九日、三十日 連續三晚，應邀出席旅德抗日救亡聯合會在會員寓所秘密舉行的形勢座談會。

九月一日 偕連仲玉飛往南德。會見休假之中的孔祥熙。

九月七日 偕連仲玉、張明鼎、亢維恪，由柏林乘火車赴捷克斯洛伐克首都布拉格。在捷克期間參觀斯科達兵工廠等軍工廠。

九月十日 由布拉格乘火車赴奧地利維也納參觀。

九月十二日 由維也納動身返布拉格。

九月十四日 偕連仲玉、張明鼎、亢維恪，乘火車離布拉格赴瑞士日內瓦遊覽。

九月十七日 由日內瓦返回法國巴黎。

九月廿六日 接八路軍總指揮朱德來電，通報一一五師在山西平型關阻擊日寇獲大捷。

九月廿八日 偕亢維恪、連仲玉夫婦等離法國巴黎，赴英國倫敦進行抗日宣傳。

十月二日 晨，接由日內瓦轉來的宋子文來電云：「值茲全國抗戰，各方同志均紛紛集合，共赴國難。吾兄雖未奉電召，弟意宜自動返國。如何？盼覆。」接王炳南從上海發來的法文電報。「請立即返國抗敵。」

十月三日 下午，在英格蘭北部達拉姆出席左翼書屋會舉行的宣傳大會，向英國群眾講演。

十月五日 拜會工黨領袖。並談援助中國事。

十月六日 夫人謝葆真、三子拯中及參謀樊雨農等，由美抵達倫敦。

十月七日 應社會黨之請，在倫敦政治學院講演一小時。

十月八日 應邀在倫敦大學講演。

十月九日 下午偕樊雨農、張明鼎飛法。

十月十一日 偕參謀樊雨農和到歐洲遊歷的舊部金閫生，由巴黎飛赴西班牙新都。

十月十八日 應邀在西班牙馬德里向英美發表廣播講話。提出「中國對日抗戰乃一長期的艱苦的戰爭。中國人民以為非持久抗戰不能達到民族解放的目的，非民主不能持久抗戰」的重要觀點。

十月廿一日 偕樊雨農、金閫生等由西班牙返抵巴黎。

十月廿二日 致電宋子文。陳述出國近五個月來的抗日宣傳活動情況，並對宋的關懷和幫助表示深切謝意。

十月廿三日 分電蔣介石、于右任、孫蔚如，述明歸國行程。

十月廿八日 離巴黎，往馬賽。

十月廿九日 偕夫人、三子及隨行人員搭乘法輪「冉‧拉保底號」，離馬賽回國。同船的還有楊明軒、連仲玉、張明鼎及十多個中國留學生。

十一月廿六日 凌晨一時，乘輪抵達香港。

十一月廿七日 應邀出席香港同濟中學舉行的歡迎會，並講話。在講話中，他深入地分析了日本的經濟狀況，得出日本侵略必敗的結論；指出「我國此次抗日，係全民戰爭。係四萬萬五千萬人民抗日戰爭。敗可亡國，勝則還我自由。」

十一月廿八日 在半島酒店訪當日由滬抵港的宋子文。接蔣介石從南京來電。派戴笠迎接，到南昌相見。接戴笠從長沙來電。約先至長沙後再赴贛見蔣。此時，行動已被特務監視。

十一月三十日 持宋子文提供的兩張機票，偕王根僧飛往長沙會見戴笠。因戴前日已返武昌，午夜十二時二十分又乘粵漢火車從長沙赴武昌。

十二月一日 午後三時三十分，抵達武昌車站。戴笠率武漢行營及湖北省政府百餘人員在車站「迎接」，被「軟禁」在湖北省政府招待所。傍晚，偕王根僧拜訪監察院院長于右任。

十二月二日 偕王根僧同戴笠乘小飛機，從漢口空軍航空站飛抵南昌。寓二緯路一號戴笠的辦公處所。至此失去自由。

十二月十日 戴笠以南昌常遭敵機轟炸「安全」無保證為詞，要將楊虎城遷到鄉下「隱蔽」。並不准王根僧副師長隨去。楊被移囚在南昌郊區白花洲熊式輝的別墅中。

●一九三八年　四十五歲

一月十四日　夫人謝葆真攜三子拯中，由西安抵漢口覓夫下落。原十七路軍諸將領商予副官閻繼明、張醒民陪同謝同往。

一月十七日　晚九時，謝葆真等被戴笠「安排」由漢口乘輪往江西。到南昌後即被另行囚禁，未能見楊。夏初，楊被戴笠秘密由南昌移囚於長沙東郊朱家花園。秋初被戴笠秘密由長沙移囚於益陽桃花倉。與原囚於南昌的夫人謝葆真、三子拯中及副官閻繼明、張醒民，合囚一處。冬被戴笠秘密由益陽移囚於貴州省息烽縣陽明壩看守所。

●一九三九年　四十六歲

被戴笠移囚於貴州省息烽縣玄天洞秘密監獄。

●一九四〇年　四十七歲

繼續被囚於貴州息烽縣玄天洞監獄。

●一九四一年　四十八歲

繼續被囚於貴州息烽縣玄天洞監獄。六女拯國（亦名拯貴）在玄天洞監獄出生。

一九四二年　四十九歲

繼續被囚於貴州息烽縣玄天洞監獄。

一九四三年　五十歲

九月三日　母孫一蓮憂鬱而逝。終年六十九歲。

繼續被囚於貴州息烽縣玄天洞監獄。

一九四四年　五十一歲

繼續被囚於貴州息烽縣玄天洞監獄。

二月　蔣介石調趙壽山爲第三集團軍總司令，張耀明爲第三十八軍軍長。開始對楊的舊部動手。

十二月廿八日　周恩來致函美國總統代表赫爾利，就「聯合政府」問題向國民黨當局提出四項要求。其中第一項要求是：釋放全國政治犯，如張學良、楊虎城、葉挺、廖承志及其他大批被監禁的愛國志士。

● 一九四五年　五十二歲

繼續被囚於貴州息烽縣玄天洞監獄。

六月十六日　國民政府軍事委員會任命孫蔚如為第六戰區司令長官。長官部駐湖北省恩施縣。

七月　原三十八軍十七師五十一團團長劉威誠率十七大部在河南洛寧之故縣鎮起義，投奔共產黨。

● 一九四六年　五十三歲

一月到四月　繼續被囚於貴州息烽縣玄天洞監獄。

一月十四日　周恩來在政治協商會議討論改組政府和保障人民基本自由權利問題時，要求釋放張學良、楊虎城。他指出：張、楊「九年前挽救國家民族一大危機」，西安事變「為民族產生了驚天動地的團結抗戰」。同月，陝西部分社會知名人士致電蔣介石要求釋放楊虎城。

一月三十日　中國民主同盟在政協會議上提出：「釋放政治犯。張學良、楊虎城應予釋放。」

四月十日　從息烽縣玄天洞移囚於四川省重慶原「中美技術合作所」內的楊家山秘密監獄。

五月　孔從洲率三十八軍五十五師在河南鞏縣起義，進入解放區。孔從洲指示宣傳隊以「民盟」名義，在起義部隊進軍沿途，張貼了「立即釋放張（學良）、楊（虎城）兩將軍」等標語口號。

九月十五日 國民革命軍西北民主聯軍陸軍第三十八軍成立。軍長孔從洲、副軍長劉威誠發表就職通電云：「本軍爲楊虎城將軍所手創之西北人民革命武裝」，我們主張「無條件停止全部內戰。即刻釋放張、楊兩將軍及一切政治犯」。

十二月十二日 延安各界舉行西安事變十周年紀念大會。中共中央書記處書記周恩來，陝甘寧邊區參議會副議長謝覺哉，陝甘寧邊區政府副主席李鼎銘，陝西著名教育家李敷仁，原第十七路總部政治處處長申伯純，楊虎城之長子、陝甘寧晉綏聯防軍延屬分區副司令員楊拯民講話。大會通過要求國民黨蔣介石立即釋放張學良、楊虎城將軍等決議。

十二月底 夫人謝葆真被特務份子迫害，死於獄中。

●一九四七年　五十四歲

繼續被囚於四川省重慶楊家山秘密監獄。

三月 趙壽山秘密進入解放區。

七月六日 趙壽山在華北解放區發表通電云：「余之長官楊虎城將軍，盡瘁革命，卓著功績，只以雙十二兵諫，禁錮十載，並今生死不明，其部隊又橫遭壓迫分化瓦解並篡奪以去」。「余決以堅決行動，反對蔣介石反動政府之賣國獨裁內戰政策到底。」

● 一九四八年　五十五歲

繼續被囚於四川省重慶楊家山秘密監獄。

● 一九四九年　五十六歲

一月　蔣介石發表「引退」文告。宣佈「於本月廿一日起，由李副總統代行總統職權」。

一月廿四日　李宗仁指示顧祝同釋放拘押的張學良、楊虎城。

二月一日　顧函覆李宗仁，將此事推給陳誠、張群。

二月　爲對抗李宗仁指示，保密局特務將楊與子女及宋綺雲一家，從重慶「中美技術合作所」監獄，移囚於貴州省貴陽縣黔靈山麒麟洞繼續囚禁。

八月廿四日　國民黨總裁蔣介石從廣州飛抵重慶，連日召見西南有關的軍政大員，部署軍事、政治方面的最後掙扎。指示毛人鳳秘密殺害楊及子女。

九月六日　晚，楊虎城一行從貴州解到重慶，楊虎城與三子拯中、小女拯國及宋綺雲一家三口被殺於重慶歌樂山「戴公祠」內。兩月後，副官閻繼明、張醒民，被殺害於重慶渣滓洞監獄。

十二月一日　楊虎城等人的遺體被發現。

十二月十六日　中共中央電唁楊虎城將軍家屬：「楊虎城將軍在一九三六年與中國共產黨合作，推動全國一致抗日，有功於國家民族。」「楊將軍由此而受到囚禁十二年之久，並因堅持愛國民主立場而犧牲。這個犧牲是光榮的。楊將軍的英名，將爲全國人民所永遠紀念。」中央人民政府電唁楊虎城將軍家屬：「楊虎城將軍長期繫獄，復遭殘害，舉國聞訊，同伸憤慨。將軍推動抗日，有功民族解放事業，今日犧牲，將永遠爲人民所悼念。」

●一九五〇年

一月十五日　西南軍政委員會在重慶召開追悼大會。

一月十六日　靈柩由輪船載運離渝。

一月廿五日　靈柩運抵武漢，中南軍政委員會舉行公祭。

一月廿六日　靈柩由鐵路北運。

一月三十日　到西安。

一月三十一日至二月六日　西安各界民眾進行公祭。

二月七日　安葬於西安城南長安縣韋曲。是日中國人民政治協商會議全國委員會發表公告，中央人民政府在北京軍管會禮堂舉行公祭。

第五屆中央執行監察委員履歷表

姓名	楊虎城
字	
年齡	四十四歲
籍貫	陝西蒲城
履歷	曾任陝西第三混成團第一營營長陝西靖國軍第三路第一支隊司令民十三任陝北國民軍總司令國民第三軍第三師師長民十五任國民聯軍第十路總司令國民革命軍第二集團軍第十軍軍長民十七任國民政府軍事委員會委員兼暫編第二十一師師長新編第十四師師長民十九任第十七路總指揮兼第七軍軍長暨第十七師師長潼關陸海空軍總司令行營主任旋任陝西省政府主席兼民政廳廳長并陝西省黨部特派員民二十任西安綏靖公署主任民二十四被選為第五屆中央監察委員
通訊處	南京鄧府巷西安綏靖公署駐京辦事處
備攷	

中國國民黨中央執行委員會黨史史料編纂委員會調製

民國廿五年徵集之黨年鑑材料

楊虎城之孫楊瀚就要求中國國民黨為楊虎城平反昭雪答香港《亞洲週刊》記者丁果問

丁記者：在國共大和解的氣氛中，是否過去糾纏不休的恩怨歷史都可以得到公正合理的平反？

楊：二十世紀初，中國人民推翻了沿襲幾千年的封建制度。就在這新舊社會交替的劇烈動盪時期，誕生了代表不同外來思想和本國不同階級利益與中國民族主義相結合的兩個政黨——中國國民黨與中國共產黨。也可稱之爲中國政治舞台上的一對同母異父兄弟。在長達八十多年的歷史中，兩黨合作只有十五年。在六十多年的你死我活的殘酷鬥爭中雙方積累了眾多的恩怨，各自也背上了沉重的歷史包袱。在新世紀，在全球化的潮流下，在振興中華的目標下，國共兩黨應站在國家民族的高峰消除恩怨，回首歷史，卸下包袱。當然歷史上所有的問題要得到完全公正的平反是不可能的。但是對典型歷史事件與人物進行客觀的評價和平反則是當今政治進步與政治民主的基本體現。

丁記者：為什麼你認為楊虎城將軍的問題需要國民黨來負責澄清？

楊：楊虎城是同盟會時期就參加國民革命，後由孫中山親自介紹加入中國國民黨的老黨員。在發動西安事變時，任中央監察委員、西北綏靖公署主任、十七路軍總指揮。事變後，雖被革去所任軍政職務，但仍是國民黨中央監察委員，陸軍二級上將，並以軍事專員的名義被派往歐美考察軍事。一九三七年十二月在南昌被秘密拘禁。隨後又秘密囚禁十二年。一九四九年九月六日被已下野但仍擔任國民黨總裁的蔣介石下令秘密殺害（用匕首，死後用硫酸毀容）於重慶。在秘密囚禁的十二年中，中國國民黨從未對其做過任何的處分與審判。作為一名中央監察委員、陸軍二級上將就從人間蒸發了。國民黨難道不應負這個歷史責任嗎？

丁記者：在全民抗戰的歷史評價上，胡錦濤主席的講話承認了國共兩大戰場並存的重要性，但西安事變的評價，國共的評價卻是南轅北轍，你認為這對楊虎城將軍的評價會帶來怎樣的影響？

附錄六：楊虎城之孫楊瀚就要求中國國民黨為楊虎城平反昭雪答香港《亞洲週刊》記者丁果問

楊：國民黨之所以不能正確地評價西安事變和楊虎城，我個人認爲主要由幾個方面的因素所致。一是在思想上仍然堅持封建主義思想。至今沒有弄清楚在國共鬥爭中國民黨失敗的根本緣由。以爲只靠封建統治的殺戮政策就能消滅一種政治思想與勢力。所以一些人把失敗歸罪於張學良楊虎城和西安事變。認爲共產黨即將被剿滅了，張楊卻出了問題，所以是黨的罪人。二是堅持神化蔣介石，繼承蔣先生的仇恨。因爲蔣始終認爲西安事變是他個人歷史上的「奇恥大辱」。而認識不到，是西安事變挽救了已經四分五裂，各種勢力心懷異志的中國國民黨：蔣某人在西安事變後由於改變了錯誤的「攘外必先安內」政策，成爲了全國各階層（包括共產黨）擁戴的領袖人物。如果蔣先生是神，一貫正確，就不會發生西安事變，他也不會敗退到台灣。如果承認他是人，那反對了他的錯誤的人就不應受到不公正的對待。三是國民黨在黨內還沒有真正的思想與政治民主；從來就沒有認真檢討過自身在歷史上犯過的錯誤，也就建立不起對歷史冤案平反的機制。

丁記者：雖然台北對五十年代的白色恐怖有了反省的契機，但之前的國共紛爭卻是正溯之爭，如果國民黨對楊虎城將軍的評價發生變化，對蔣介石的評價會帶來怎樣的影響？會否動搖百年老店的黨本？

楊：前面我已講到蔣先生是人不是神。希望國民黨站在現代科學民主與發展的角度，把蔣從封建迷信的神壇上請下來。要相信歷史是公正的，人民是公正的。作爲政黨不應只對領導人和傳統負責，而更應對歷史對人民負責。如果國民黨敢於重新評價西安事變，爲楊虎城平反昭雪，一定會給中國國民黨這個百年老店的黨本注入新活力。

丁記者：在西安事變中，到底楊張誰扮演的角色更重要？

楊：在西安事變中從位置講，當然是張學良在先，張是官高權重兵多，在國內外的知名度也遠遠超過楊虎城。但從另外的情況看，楊在事變前與事變中和事變後都發揮了十分重要的作用。首先是楊一貫堅持抗日的堅定立場，在九一八事變發生後第五天就公開發表《楊虎城泣告全國》書，堅決要求抗日。此後，不斷要求抗日均遭拒絕。隨著日寇入侵的不斷深入，而國民黨卻頑固堅持不抵抗和「攘外必先安內」的政策，中華民族陷入最危亡的情況下。他認識到蔣太頑固，不對其採取非常手段，是不能令其改變政策的。於是主動與張建立起共謀抗日的夥伴關係。進而向張建議用「兵諫」的方式迫蔣就範。他還認識到要領導全民族的抗戰，一定要有一個民主的，且能團結全國人民的政府。他主導了西安事變政治綱領的制定，提出民主、自由的訴求。在張總是猶豫不決時，他促使張最後下了捉蔣的決心。當張背著他與宋氏兄妹商談，作出放蔣送蔣的決定時，他顧全大局服從了張的決定。張到南京被扣後，他在西安獨撐危局使得事變和平解決。

丁記者：為什麼在過去漫長的歷史歲月中，人們總是評價張學良多，而忽視了楊虎城將軍的存在？

楊：從國民黨方面看，張雖然發動西安事變，但事後已有不斷的悔過。張本身的影響大，很長時期還健在，最後不回大陸不被中共統戰所用。而楊一貫堅持自己的立場，可謂軟硬不吃。一涉及楊必會牽出屠殺楊及兩個子女的黑幕。從另外方面，張一生中傳奇多故事多，也成爲人們關注多的因素。

丁記者：你給連戰寫信的動機何在？連戰的沉默你如何理解？

楊：西安事變到明年就整整七十年，我祖父楊虎城被害也已五十六年了。當年張、楊和東北軍、十七路軍官兵發動西安事變就是爲了抵禦外敵，維護國家統一，停止內戰，結束專制，建設民主自由的國家。可至今，國家還未統一，日本右翼又在窺視我國的領土與資源。我很讚賞連戰敢於跨過台灣海峽與共產黨第三次握手的精神。可以說他開始帶領國民黨正在試圖走出歷史的陰影。我給他寫信希望通過對楊虎城的平反，有助於國民黨早日走出歷史的陰影。也有抗戰時期他在西安生活，應該較他人更多了解西安事變的因素。我也理解連戰的沉默。到底，國民黨反共尊蔣幾十年了。邁出聯共這一步亦屬不易。要翻歷史的案還要些勇氣。

丁記者：你也準備給馬英九寫信，你估計馬英九會給你怎樣的回應？馬上台後，提出先連接台灣，而不是著眼重寫百年國民黨史，雖然他也給五十年代國民黨在台灣製造的白色恐怖黑幕打開了一扇窗戶，你認為他對國民黨過去製造的冤假錯案，包括楊虎城將軍的問題會帶來怎樣的新氣象？

楊：馬英九主席能把二二八事件的受害者和遺屬請進國民黨黨部，承認是「官逼民反」。可敬可佩！但，希望這決不是爲一時爭取民眾選票的權宜之計。國民黨若能以此爲開端，認真的檢討自己，還歷史以本來面目，丟掉背上沉重的歷史負擔，在政治上還是大有前途的。馬主席不是要爲對岸的民主討個公道嗎？我希望馬主席先從自家門裏做起，給西安事變給楊虎城一個公道。

西安事變·八年抗戰與楊虎城

作者：楊瀚
出版者：風雲時代出版股份有限公司
出版所：風雲時代出版股份有限公司
地址：105台北市民生東路五段178號7樓之3
風雲書網：http://www.eastbooks.com.tw
官方部落格：http://eastbooks.pixnet.net/blog
Facebook：http://www.facebook.com/h7560949
信箱：h7560949@ms15.hinet.net
郵撥帳號：12043291
服務專線：(02)27560949
傳真專線：(02)27653799
執行主編：劉宇青
美術編輯：許惠芳

法律顧問：永然法律事務所 李永然律師
北辰著作權事務所 蕭雄淋律師

版權授權：楊瀚
初版日期：2013年5月
ISBN：978-986-146-685-9

總經銷：成信文化事業股份有限公司
地　址：新北市新店區中正路四維巷二弄2號4樓
電　話：(02)2219-2080

行政院新聞局局版台業字第3595號 營利事業統一編號22759935

定價：420元

國家圖書館出版品預行編目資料

西安事變·八年抗戰與楊虎城／楊瀚 著. --初版
臺北市：風雲時代，2013.04 面；公分

ISBN 978-986-146-685-9（平裝）

1. 楊虎城　2. 傳記　3. 西安事變
782.886　　102004587